신영복 다시 읽기

신영복 다시 읽기

권진관, 김동춘, 김진업, 김창남, 김창진, 박경태, 백원담,
임규찬, 정윤수, 조병은, 최영묵, 하종강, 한홍구 지음

2026년 1월 15일   초판 1쇄 발행

펴낸이	한철희
펴낸곳	돌베개
등록	1979년 8월 25일 제406-2003-000018호
주소	(10881) 경기도 파주시 회동길 77-20 (문발동)
전화	(031) 955-5020
팩스	(031) 955-5050
홈페이지	www.dolbegae.co.kr
전자우편	book@dolbegae.co.kr
블로그	blog.naver.com/imdol79
인스타그램	@Dolbegae79
페이스북	/dolbegae

편집	이경아
표지디자인	신덕호
본문디자인	이은정·이연경·김민해
마케팅	고운성·김영수·정지연
제작·관리	윤국중·이수민·한누리
인쇄·제본	영신사

ISBN   979-11-94442-82-0 (03040)

신영복

복 다시 읽기』

『신영복 다시 읽기』

돌베개

차례

2

3

일러두기

1. 이 책은 성공회대학교 대학원 공통 과목으로 개설된 '신영복함께읽기' 2024년 2학기 강의 녹취록을 토대로 팀티칭 담당 교수들이 각자 글로 정리한 것입니다.

2. 이 책에서 인용한 신영복 선생의 저서는 전집(《신영복 전집》, 2026)으로 묶이지 않은 단행본입니다.

— 『감옥으로부터의 사색』(3판, 2018); 『강의』(초판, 2004); 『나무야 나무야』(초판, 1996); 『냇물아 흘러흘러 어디로 가니』(초판, 2017); 『담론』(초판, 2015); 『더불어 숲』(개정판, 2015); 『변방을 찾아서』(초판, 2012); 『손잡고 더불어』(초판, 2017); 『신영복의 엽서』(초판, 2003); 『처음처럼』(개정신판, 2016); 『청구회 추억』(초판, 2008)

— 『신영복 함께 읽기』(초판, 2006); 『중국역대시가선집』(초판, 1994)

지금 다시 신영복을 읽는 이유

김창남

이 강의 시리즈는 신영복 선생의 삶과 사상에 대해 각기 전공 분야가 다른, 저를 포함한 13명의 교수가 각각의 시각으로 해석하고 정리한 내용을 담고 있습니다.

신영복 선생은 2014년 겨울까지 성공회대학교에서 강의하셨고 2016년 1월에 돌아가셨습니다. 곧 10주기가 됩니다. 선생이 살아 계실 때 성공회대에서 강의하면서 다른 곳에서도 강의를 많이 하셨어요. 이분을 뵙기도 하고 직접 강의를 들은 분들도 있겠지만, 또 많은 분이 그럴 기회가 없었을 겁니다. 생각해 보면 참 안타까운 일입니다. 신영복 선생의 강의를 듣는 건 그분의 책을 읽는 것과는 또 다른 차원의 놀랍고 감동적인 경험이거든요. 여러분이 그걸 직접 경험하지 못한 걸 안타깝게 생각합니다. 저를 포함해 이 강좌에서 강의하는 13명의 교수 누구도 신영복 선생을 대신

7

할 수는 없습니다. 신영복 선생은 그야말로 유일무이했던 분입니다. 그럼에도, 이 강좌를 통해서 여러분이 신영복 선생에 대해 간접 체험이라도 하실 수 있기를 바랍니다.

강좌 소개

먼저, 앞으로 진행될 이 강의 시리즈의 대략적인 순서와 내용을 소개하겠습니다.

저는, 일종의 입문 강의로 앞으로 진행될 강의들을 개괄적으로 소개하고, 신영복이 어떤 분인지, 선생의 저서와 사상의 핵심은 무엇인지, 10주기를 맞는 지금 그분의 삶과 사상을 다시 한번 톺아보는 의미가 무엇인지 언급할 것입니다.

한홍구 교수는 역사학자로서 신영복 선생이 살았던 시대의 맥락에서 그분의 삶을 이야기합니다. 신영복 선생은 75년의 삶을 사셨는데, 그 시기는 일제강점기에서 분단과 전쟁, 군사독재, 산업화, 민주화, 세계화의 근현대사를 고스란히 담고 있는 시기입니다. 그 역사의 소용돌이 속에서 신영복 선생이 살아온 과정에 대해 이야기합니다.

김동춘 교수는 진보적인 사회학자로서 신영복 선생의 진보주의와 사회변혁에 관한 관점에 대해 강의합니다. 젊은 시절 신영복 선생이 가졌던 사회에 대한 관점과 이념이 어떤 것이었는지, 이후 오랜 수형 생활을 거쳐 다시 사회에 나왔을 때 어떤 자각과 변화를 보여 주었는지 사회학자의 시선으로 살펴봅니다.

김창남

권진관 교수는 성공회대학교 신학과에서 오래 강의하다 은퇴하신 민중신학자입니다. 권 교수는 민중신학자의 시각에서 신영복 선생의 이야기꾼으로서의 면모에 대해 이야기합니다. 사실 신영복 선생은 뛰어난 이야기꾼이었습니다. 권 교수는 신영복 선생이 강의 때나 일상적인 대화에서 자주 하시던 많은 이야기 속에서 그분 사상의 핵심을 짚어 줍니다.

최영묵 교수는 저와 함께 『신영복 평전』을 쓴 저자입니다. 최교수는 신영복 선생의 동양고전에 대한 특유의 해석에 대해 강의합니다. 신영복 선생은 오랜 감옥 생활에서 중국의 고전들을 깊이 있게 공부하고 사유하셨어요. 그 속에서 서양의 근대 문명이 가진 모순을 극복할 대안을 찾으셨고 그것을 성찰적 관계론의 사상으로 승화시켰지요. 그에 대해 이야기합니다.

신영복 선생의 가장 대표적인 저서가 『감옥으로부터의 사색』입니다. 감옥에서 가족들에게 보낸 편지를 모은 책이지요. 정윤수 교수는 옥중문학이라는 관점에서 신영복 선생의 글들이 갖는 의미를 이야기합니다. 감옥에서 뛰어난 작품을 배태한 사례는 국내외적으로 적지 않습니다. 정 교수는 비슷한 맥락에 있는 많은 문학적 성취 속에서 신영복 선생 특유의 빛나는 문학 세계를 이야기합니다.

그다음엔 백원담 교수입니다. 신영복 선생은 중국의 작가 루쉰을 좋아하셨어요. 출소 후 얼마 되지 않은 시점에 『루쉰전』이란 책을 번역하신 바도 있습니다. 중국의 대문호이자 사상가 루쉰과 신영복 선생을 비교하는 내용입니다. 중국 근대화의 과정에 온몸을 던져 싸우면서 치열한 문학적 성과를 이루어 냈던 루쉰의 삶과 문학에서 신영복 선생은 무엇을 배우고 어떻게 자신의 세계를 만들어 갔는지를 이야기합니다.

신영복 선생은 문사철(文史哲)이라는 인문학적 인식 틀과 함께 시서화악(詩書畵樂)이라는 예술적 상상력의 중요성을 늘 강조하셨어요. 시를 좋아하셨고 강의에서 시를 즐겨 인용하시기도 했습니다. 성공회대 영어학과에서 오래 강의하고 은퇴한 조병은 교수는 신영복 선생의 말과 글에서 드러나는 예술적 상상력 속에서 그 사상의 얼개를 그립니다.

임규찬 교수는 신영복 선생의 서화에 담긴 미학을 이야기합니다. 임 교수는 원래 문학 전공자인데 서각과 목공예를 하면서 신영복 선생의 서화 작품을 서각으로 만들기도 했습니다. 임 교수는 신영복 선생의 대표적인 서화 작품들을 통해 선생 특유의 미학과 예술적 감각 그리고 그 속에 투영된 사상적 깊이에 대한 본인의 해석을 들려줍니다.

김진업 교수는 정치경제학 연구자의 입장에서 신영복 선생에 대해 이야기합니다. 흔히 신영복 선생이 젊어서는 정치경제학자였지만 출소 이후에는 인문학자로 변모했다고 이야기하는데 김 교수는 그 이면에 놓인 어떤 일관성에 주목합니다. 이를 위해 과학에 대해, 또 사회과학에 대해, 그리고 인문학에 대해 매우 원론적인 접근을 시도합니다.

박경태 교수는 소수자 문제 전공자답게 소수자의 시선으로 신영복 선생의 변방론을 이야기합니다. 신영복 선생은 변방이야말로 창조의 공간이라고 이야기하셨지요. 박 교수는 우리 사회의 현실 속에서 소수자들, 특히 인종적 소수자들이 처해 있는 상황을

김창남

통해 변방이 어떻게 새로운 변화와 창조의 출발점이 될 수 있는지 이야기합니다.

하종강 교수는 잘 알려진 노동운동가이고, 성공회대학의 노동 아카데미 과정 주임교수를 맡고 있습니다. 하 교수는 한국 사회의 노동 현실을 보여 주는 다양한 사례를 이야기하며 신영복 선생의 생각과 언어가 현재 상황에서 어떤 의미를 가지는지 이야기합니다. 글자 그대로 '노동의 시각으로 본 신영복 사상'입니다.

마지막으로 김창진 교수는 자본주의와 제국주의의 질서를 넘어서고자 하는 신영복 선생의 문명론적 사상에 대해 이야기합니다. 신영복 선생은 자본주의 근대 문명의 핵심이 자기의 존재를 키우고 권력과 소유를 극대화하기 위한 패권과 지배의 논리에 있다고 봅니다. 그래서 이를 극복할 대안으로 존재보다 관계를 앞에 두는 관계론적 사상을 이야기합니다.

전공 분야가 다른 이들이 각기 다른 시각에서 이야기한다고 하지만 아무래도 신영복 선생의 책과 강연을 토대로 이야기하게 되니까 강의하는 이에 따라 비슷한 대목이 인용되거나 비슷한 내용이 반복되는 부분도 없지 않을 것입니다. 그런 부분은 그만큼 중요하기 때문이라고 생각하시면 되지 않을까 생각합니다.

신영복의 생애

신영복 선생의 생애에 관해 간략히 이야기하겠습니다. 신영복 선

11

생의 책들을 보면 간단한 약력이 소개되어 있습니다. 1941년 경남 의령에서 태어나 밀양에서 어린 시절을 보냈고 부산상고와 서울대 경제학과를 졸업한 후 대학원에 진학해 석사과정을 마치고 숙명여대에서 강의하시다 육군사관학교 교관으로 임용돼 강의를 합니다. 그러다 1968년 이른바 통일혁명당 사건에 연루되어 구속되고 무기징역을 선고받습니다. 20년 20일을 복역한 후 1988년에 특별가석방으로 출소하고 1989년부터 성공회대학교에서 강의하십니다. 1998년 3월에 사면 복권되어 정식 교수로 임용되었고, 2006년에 정년 퇴임한 후 석좌교수로서 강의하시다 2016년 1월 15일 별세하셨습니다.

부친은 교사였고 교장 선생님이셨어요. 그러니 부유하다고 말하기는 어려워도 상대적으로 가난하지는 않은 환경에서 성장했다고 할 수 있지요. 위로 누님이 두 분 계셨고 형님이 한 분 그리고 남동생 한 분까지 다섯 형제였습니다. 그중 형님이 특히 동생 신영복 선생에 대한 사랑과 정성이 지극하셔서, 신영복 선생이 감옥에 계실 때 아버님과 함께 오만 군데를 다니면서 구명 운동하고 옥바라지하셨습니다. 당시 가톨릭 시민운동을 하던 김정남 선생이 '세상에 이렇게 아름다운 형제가 있을까' 그런 생각을 했다는 글을 쓰신 적도 있지요.

밀양에서 초등학교와 중학교를 다녔는데 초등학교 시절의 한 에피소드가 신영복 선생의 기억에 오래 남았습니다. 3학년 말 학교를 파하고 집으로 가는데 한 친구가 앞을 가로막더니, "네가 1등 했다고 하지만 그건 네가 교장 선생님 아들이기 때문이다. 사실은 내가 1등이다"라고 쏘아붙였대요. 신 선생은 그 말에 어이가 없었지요. 그런데 얼마 후 그 친구가 며칠 학교에 오질 않았답니다. 그때 담임 선생님이 신 선생더러 그 친구 집을 가 보라고 합니다. 물어물어 그 친구 집을 찾아갔더니 다 쓰러져 가는 너무나 가난한 집에서 세 형제가 며칠 굶은 채로 앉아 있더라는 거지요. 신 선생은 전기가 들어오는 교장 사택에 사는 자신의 처지와 그 친구의 처지를 비교하며 그 친구가 1등이란 말이 맞는다고 생각합니다. 이후 신영복 선생은 되도록 1등을 하지 말아야겠다고 생각하고 장난꾸러기가 됩니다. 사실 원래 장난기가 많은 분이시기도 했어요. 교수 시절에도 늘 재밌는 농담을 하면서 분위기를 유쾌하게 만드는 분이셨어요. 어린 시절이나 대학 시절의 친구분들 증언을 들어봐도 그런 말씀을 많이 하십니다. 중고등학교 시절엔 그런 장난기를 잘 발휘해서 응원단장을 하시기도 했어요.

밀양중학교 2학년 때 부친이 국회의원(당시엔 민의원) 선거에 출마했다 낙선하면서 가세가 급격히 기울기 시작합니다. 그러다 보니 자연스럽게 상업고등학교에 진학해서 빨리 취직해야 한다, 그런 분위기가 된 거죠. 그래서 부산상고에 진학하게 됩니다. 대학 진학이 아니라 취업을 위해 고등학교에 진학한 터라 약간의 좌절감이 깔려 있었지만, 신영복 선생의 고등학교 생활은 매우 즐거웠던 것 같아요. 응원단장도 하고 학생 대상 백일장에 나가면 늘 상을 받기도 하고 그림도 그리고 책도 많이 읽었습니다.

고등학교를 졸업할 때 신영복 선생은 한국은행 입사 시험을 봅니다. 1차 시험을 보고 왔을 때 선생의 실력을 아깝게 생각한 부산상고의 여러 선생님이 대학 진학을 권합니다. 결국 서울대 경제학과 입시를 치르고 합격하게 되지요. 부친이 당시 어려운 사정에도 등록금을 만들어 줘서 결국 대학에 진학합니다.

대학 입학 후에는 아르바이트도 하고 입주 가정교사도 하면서 바쁘게 지냅니다. 대학 2학년 때 4·19를 겪습니다. 하지만 우리 모두 잘 알듯이 4·19의 감격은 오래가지 못했습니다. 1년 만에 5·16 군사 쿠데타로 좌절합니다. 민주주의는 질식하고 친미 반공을 기조로 한 군사독재의 근대화 이데올로기가 사회를 지배하게 됩니다. 선생은 그런 모습을 보면서 좀 더 근원적인 차원의 사회변혁이 필요하다는 생각을 합니다. 이후 공부도 더 열심히 하고 여러 개의 서클에서 활동하기도 하고 후배들을 지도하기도 하고 『상대신문』에 만평도 그리면서 바쁜 대학 생활을 하게 됩니다.

학부를 졸업하고 곧 대학원에 진학합니다. 대학원 진학은 물론 공부를 더 하기 위해서였지만 좀 더 근본적으로는 '양심' 때문이었다고 이야기합니다. 당시 경제학과를 졸업하면 대기업이나 은행에 취업하는 게 자연스러웠지요. 기존 사회 시스템의 일부로 편입될 수밖에 없는 거지요. 학부 시절 내내 사회 문제와 변혁의 문제를 고민하며 토론했던 선생으로서는 '양심상' 가기 힘든 길이었어요. 그래서 고민 끝에 대학원에 가게 된 것이지요. 대학원에 다니는 동안에도 서울대의 서클들뿐 아니라 여러 대학의 독서 모임을 지도하기도 하면서 바쁘게 생활합니다. 석사과정을 마치고는 숙명여대에서 강의하면서 활동을 이어 나갔지요. 그러다가 교수님의 천거로 1966년 6월부터 육군사관학교 교관이 됩니다. 육군 중위, 군인이 된 거지요. 육사 교관으로 있으면서도 후배들 지도를 계속했어요. 그러다가 1968년에 이른바 통일혁명당 사건이 터집니다. 이때 구속되어 군인 신분으로 재판을 받습니다. 처음에 사형 선고를 받고 결국은 무기징역으로 감형되면서 긴 징역 생활을 시작하게 됩니다.

처음에 사형수 신분으로 남한산성 육군교도소에 있었습니다. 언제 죽을지 모르는 상황에서 그는 다른 재소자들의 한 많은 사연과 억울한 하소연을 들어주고, 중형을 받고도 변호사를 구할 형편이 못 되는 병사들을 위해 항소이유서를 대신 써 주기도 하고, 영어나 수학을 가르치기도 했습니다. 그때 남한산성 육군교도소에서 쓰신 글 중 하나가 「청구회 추억」입니다. 「청구회 추억」은 육사 교관이 되기 두 달 전인 1966년 4월에 우연히 만나 구속되기 직전까지 만남을 이어 오던 어린 친구들과의 추억을 회상하는 글입니다. 여기서 '청구회'는 어린 친구들과의 모임 이름입니다. 무기징역이 확정되고 민간 교도소로 이감할 때 이 글을 적은 종이를 헌병에게 맡깁니다. 원래 감옥에서는 편지 외에는 글을 쓰지 못합니다. 똥종이라 불리던 휴지에 몰래 썼던 글들이죠. 그러니 혹시라도 이 글의 존재를 들키면 압수될 수밖에 없어요. 그래서 평소 친근하게 대하던 헌병에게 맡기면서 가족에게 보내 달라고 부탁했던 거지요. 그러곤 긴 징역살이를 시작하게 됩니다. 20년이 지난 후 가족 품으로 돌아와 이사를 하게 되는데 그때 남한산성에서 쓴 이 글이 발견됩니다. 그 헌병이 가족에게 전해 준 것이지요. 생각해 보면 그 헌병도 참 고마운 사람이에요. 재소자 부탁인데 무시하고 버려도 할 수 없던 거잖아요. 달리 생각하면 그만큼 신영복이란 사람이 헌병들에게도 존중받을 만한 사람이었음을 알 수 있지요.

15

『월간중앙』 1991년 12월호에 이 글이 실렸어요. 당시 내가 『월간중앙』에 가끔 글도 싣고 하던 시절이라 이 잡지를 받아 보고 있었어요. 이 글은 내가 신영복 선생의 글 가운데 가장 처음 읽은 글입니다. 선생의 이름은 알고 있었지만 아직 『감옥으로부터의 사색』도 읽기 전이었습니다. 처음 「청구회 추억」을 읽었을 때의 감동을 지금도 잊지 못합니다. 마치 무엇에 홀린 것처럼 단숨에 다 읽고 나서 한동안 멍하니 앉아 있었어요. 눈물이 쏟아질 것 같은 느낌을 참으면서 앉아 있었어요. 한참을 앉아 있다가 다시 읽기 시작했습니다. 제 생애 그런 경험은 처음이었습니다. 이후 『감옥으로부터의 사색』을 찾아 읽으며 선생에 대해 좀 더 알아 가기 시작했지요.

감옥에서 나온 선생은 친구들의 도움으로 결혼도 하고 사회인으로서 삶을 살게 됩니다. 그런데 20년간 감옥에서 살다 나온 48세의 중년이 할 수 있는 일이 많지 않았지요. 그때 선생의 절친이신 이영윤 선생이 세실극장의 극장장으로 계셨어요. 신영복 선생은 세실극장에 자주 나가 간판을 그리거나 하면서 지내셨지요. 이 세실극장이 서울시청 앞 성공회주교좌성당 바로 옆에 있어요. 거기서 이영윤 선생의 소개로 성공회의 이재정 신부를 만나게 됩니다. 바로 성공회대 총장과 경기도 교육감을 지내신 그분입니다. 이재정 신부는 1988년 10월에 성공회대학 전신인 천신신학교 교장으로 취임합니다. 이재정 신부는 신영복 선생께 강의를 부탁합니다. "그가 감옥에 가기 이전에 서 있던 자리에 다시 서도록 하는 것이 바깥에 있었던 사람들의 도리이며 군사정권의 청산"이라 생각하셨다고 합니다.

16

김창남

신영복 선생은 천신신학교에서 성공회신학교로 이름이 바뀐 1989년 3월부터 '동양철학' 강의를 시작합니다. 아직 사면복권이 안 된 상태여서 법적으로는 시간강사였지만 이재정 신부는 선생께 연구실을 제공하고 학교에 관한 모든 일을 선생과 상의합니다. 이후 불과 5~6년 사이에 성공회신학교에서 성공회신학대학으로, 다시 성공회대학교로 승격하고 성장하는 과정에서 신영복 선생은 학교의 정신적 지주이자 상징이 됩니다. 내가 이 학교에 온 것이 1996년인데 교수 임용의 마지막 관문인 총장 면접할 때 신영복 선생이 이재정 총장 옆에 함께 계셨어요.

신영복 선생의 강의는 인기가 많았어요. 그런데 경제학을 전공하신 분이 웬 '동양철학' 강의? 이상하게 생각하는 분도 있을 거예요. 신영복 선생은 어려서부터 할아버지 슬하에서 붓글씨를 배우고 한문 공부도 하고 그러셨어요. 대학 때도 붓글씨도 잘 쓰고 한학에도 조예가 깊었지만 그 시절엔 다양한 경제학 사상과 이론들, 정치학, 사회학 뭐 이런 공부를 하면서 후배들 지도하고 그러느라 동양고전을 공부할 여유가 없었지요. 그런데 감옥에 가니까 한 사람이 책을 세 권밖에 가질 수가 없어요. 그래서 한번 갖다 놓고 오래 읽을 수 있는 동양고전을 공부하기 시작합니다. 가족들에게 『논어』, 『맹자』 같은 고전들을 한 권으로 묶어서 보내 달라고 해서 그걸 놓고 두고두고 읽으면서 공부했어요. 특히 대전교도소에서 한학자인 노촌 이구영 선생과 함께 생활하면서 그분께 많은 걸 배우셨다고 하죠. 그렇게 감옥에서 고전을 읽으면서 동양철학을 독특한 시각에서 해석하는 관점을 갖게 되신 거예요.

김대중 정부가 출범한 1998년에 선생은 드디어 사면복권되고 정식 교수로 임용됩니다. 가석방된 후 9년 8개월 만의 일입니다. 이후 학교에서 대학원장 등 보직을 맡기도 하셨지요. 그리고 2006년 8월에 정년 퇴임하시게 됩니다. 8월 25일에 학교에서 퇴임식이 열렸는데 정말 많은 분이 오셨어요. 그때 윤도현(YB), 안치환, 한영애, 강산에, 나팔꽃 모임(백창우, 김현성, 이지상, 홍순관, 이수진) 등 가수들이 공연했고요. 소설가 조정래 선생 등 지인들이 회고담을 이야기하기도 했지요. 그날, 당시 삼성그룹 이학수 부회장, 현대그룹 현정은 회장, 고 김근태 선생 같은 분들도 오셨어요. 글자 그대로 좌우가 함께하는 '더불어숲' 같은 모임이었지요.

정년 퇴임 후에는 석좌교수로서 강의를 계속하셨어요. 그러면서 '우이기금'을 만들어 마르크스 경제학자로 유명한 고 김수행 선생을 석좌교수로 모시기도 했고요. 인문학습원을 만들어 인문학 강좌를 운영하시기도 했지요. 2010년 무렵에는 전국을 돌며 신영복과 더숲트리오가 함께하는 강연 콘서트를 하기도 했습니다.

선생은 서예가로도 잘 알려져 있죠. 본인은 서예가라는 호칭을 단 한 번도 쓰신 적이 없지만. 어려서 할아버지께 처음 붓글씨를 배웠고 특히 감옥에서 집중적으로 서예를 연마합니다. 감옥에서 나온 지 얼마 안 됐던 1988년 11월에 친구들 주선으로 세실 레스토랑에서 첫 번째 전시회를 합니다. 1995년 3월에는 인사동 학고재에서 개인전을 하지요. 그 이후엔 특별히 개인적인 전시회 같은 걸 하진 않았어요. 그렇지만 선생은 자신의 글씨를 원하는 사람들에게 아낌없이 선물했습니다. 또 많은 서예 제자를 가르치기도 했고요. 성공회대 교수들도 여러 명이 선생님께 붓글씨를 배웠습니다. 전시회도 몇 번 했어요. 전시회 수익금은 학교에 기부했

김창남

습니다. 여러분 잘 아시는 소주 '처음처럼'의 로고도 선생님 글씨입니다. 브랜드디자인 회사를 운영하던 손혜원 전 의원이 이 작품을 소주 로고로 쓰면 좋겠다고 선생께 부탁드렸고, 선생이 동의하셔서 성사된 일이지요. 당시 소주 회사와 손혜원 씨가 함께 1억 원을 만들어서 학교에 기부했습니다. 선생은 한 푼도 받지 않았어요.

만 70세를 넘긴 시점에도 여전히 순회강연도 다니고 서화 작품도 많이 쓰시고 했는데 2014년 10월경에 몸에 이상 증상을 느껴 병원에 갔다가 흑색종 진단을 받고 투병을 시작합니다. 그때 생이 얼마 남지 않았다고 생각하고 마지막 저술 『담론—신영복의 마지막 강의』 집필을 서둘러 마무리하십니다. 이 책이 나왔을 때 『담론』 출판 기념 북콘서트가 있었어요. 개그맨 김미화 씨가 사회를 보았고 고 노회찬 의원도 그 자리에 오셨지요. 물론 더숲트리오도 나왔습니다.

2015년 8월에 만해마을에서 만해문예대상을 수상합니다. 만해상 상금도 성공회대에 전액 기부하셨어요. 시상식 때 많은 분이 함께 가서 축하하고 또 강릉으로 함께 가서 1박 했던 기억이 생생합니다. 그때만 해도 선생 상태가 많이 호전된 터라 우리는 곧 회복하시리라 생각했어요. 그런데 가을 무렵부터 다시 상태가 악화되고 결국 2016년 1월 15일에 세상을 떠나셨습니다. 선생의 장례는 성공회대학교장으로 치러졌어요. 추운 날씨였는데 징말 낳은 분이 빈소를 찾아 조문했고 영결식에도 많은 분이 함께해 주었습니다. 만 75세를 채 다 채우지 못하고 돌아가셨으니, 요즘으로 보면 너무 빨리 가신 셈이지요.

지금 다시 신영복을 읽는 이유

저는 1996년에 성공회대에 부임해서 근 20년 가까이 신영복 선생을 아주 가까운 거리에서 뵙고 대화도 나누고 일도 함께하면서 지냈습니다. 선생이 돌아가시기 얼마 전에 해 주신 말씀을 늘 마음에 새기고 있어요. 명나라 때 사상가인 이탁오의 글을 인용하면서 '스승이 되지 못하는 친구는 좋은 친구가 아니고, 친구가 되지 못하는 스승은 좋은 스승이 아니다'라는 말씀을 하셨어요. 생각해 보면 선생은 저에게 최고의 스승이자 최고의 친구였습니다. 그분과 함께 있으면 늘 마음이 즐겁고 행복했어요. 책으로만 선생을 접한 사람들은 이분이 엄청 고고하고 접근하기 어려운 선비의 모습일 거라고 짐작하는 경우가 많지요. 하지만 직접 접해 보면 의외로 말씀하기 좋아하고 장난도 잘 치고 농담도 잘하는 분이었어요. 어떤 자리에서든 늘 가장 재미있는 농담으로 분위기를 돋우고 사람들을 즐겁게 만드셨어요.

제가 지금까지 살면서 세 명의 천재를 만났다는 자랑을 하곤 합니다. 신영복 선생, 작곡가이자 연출가인 김민기 선배, 그리고 개그맨 전유성 선배예요. 어느덧 세 분 다 세상을 떠나셨네요. 이 세 분의 공통점이 유머 감각입니다. 정말 적절하면서 기발한 유머로 사람들을 웃기는 분들이죠. 제가 이 세 분을 접하면서 유머 감각은 어디서 오는가 생각해 본 적이 있어요. 유머 감각의 가장 기본은 언어 감각입니다. 언어적으로 뛰어난 감각을 가진 분들이 유머를 잘 구사해요. 그래서 유머 감각이 있는 분들이 말도 잘하고 글도 잘 씁니다. 이 세 분의 공통점이 엄청난 독서가이고, 특히 시를 좋아하신다는 거예요. 시라는 게 일상적 문맥에서 벗어나 단어와 문장의 의미를 확대하는 장르잖아요. 또 하나의 특징은 통찰력이에요. 어떤 상황 전체를 순식간에 딱 꿰뚫어 보고 그 순간의 맥락에서 가장 적절한 단어와 표현을 써서 상황을 아주 유머러스하게 바꾸려면 통찰력이 있어야 하는 거지요. 그리고 또 하나의 특징이 권위주의가 없다는 거예요. 권위 의식이 강한 사람은 절대 유머 감각이 좋을 수가 없어요. 또 권위적 위계 관계가 전제된 상황에서는 절대 유머가 나올 수 없어요. 부장님 개그, 재미없잖아요. 그냥 아랫사람들이 할 수 없이 웃어 주는 거지요. 세 분 다 권위주의와는 담쌓은 사람들이었어요. 특히 신영복 선생은 항상 스스로를 낮추는 분이었어요. 자기를 낮추니까 유머가 살아나는 거지요.

신영복의 저서와 사상

『감옥으로부터의 사색』

신영복 선생은 언젠가 자신은 책을 쓴 적이 없다고 하신 적이 있어요. 사실 감옥에서 가족들에게 편지를 보냈을 뿐이고, 여행 다니면서 엽서를 적어 신문에 연재했을 뿐이고, 또 강의를 했을 뿐인데, 그게 엮여서 책이 된 거지 작정하고 어떤 책을 저술한 적은 없다는 말씀이죠. 사실 그 말씀이 맞기도 해요. 어떤 점에서 아쉬운 일이기도 하지요. 선생께서 마음먹고 경제학이든 철학이든 또는 회고록이든 하나의 주제를 가진 책을 저술할 수 있는 시간과 여건이 있었다면 어땠을까 하는 아쉬움이 있어요.

신 선생의 가장 유명하고 대표적인 책은 물론 『감옥으로부터

지금 다시 신영복을 읽는 이유

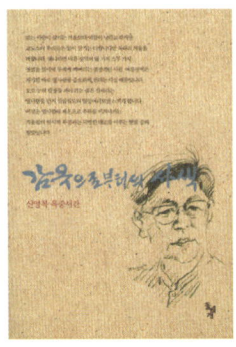

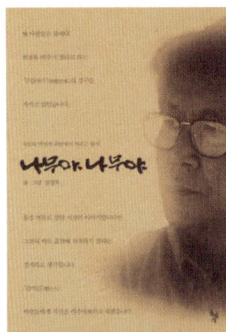

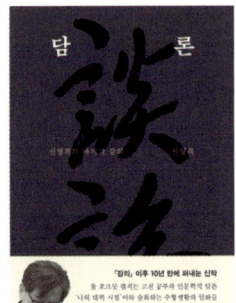
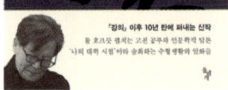
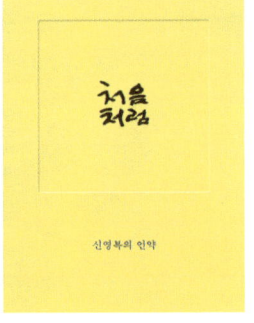

1 2 3			
4 5 6			
7 8 9			

1	감옥으로부터의 사색	2판(증보판), 1998.
2	감옥으로부터의 사색	30주년 기념판, 2018.
3	감옥으로부터의 사색	3판, 2018.
4	나무야 나무야	초판, 1996.
5	더불어숲	개정판, 2015.
6	변방을 찾아서	초판, 2012.
7	강의	초판, 2004.
8	담론	초판, 2015.
9	처음처럼	개정신판, 2016.

김창남

의 사색』입니다. 선생이 감옥에 계신 20년간 가족에게 보낸 편지를 모은 책입니다. 감옥에선 필기도구를 지참할 수 없습니다. 오직 편지 쓸 때만 집필실에 가서 교도관이 보는 앞에서 쓸 수 있지요. 편지는 한 달에 한 번 허용됩니다. 물론 좀 시간이 지나고 모범수로 인정받으면 좀 더 자주 쓸 수 있지요. 그러고 보면 한국의 감옥이 1930년대 파시스트 정권 아래의 이태리보다 열악했던 것이 아닌가 생각이 들기도 해요. 안토니오 그람시는 파시스트 치하의 감옥에 갇혀 있는 동안 엄청난 분량의 옥중 수고(Prison Notebook)를 남겼지요.

선생의 편지는 부친이 잘 보관하셨어요. 그 편지 가운데 일부가 양심수 석방 운동의 차원에서 『평화신문』에 4주간 연재됩니다. 그 글을 읽고 많은 독자가 감동합니다. 그리고 선생이 출감하신 직후인 1988년 9월에 이 책이 처음 출간됩니다. 『감옥으로부터의 사색』은 이후 여러 판에 걸쳐 출간된 바 있어요. 1993년에는 이 책에 실린 신 선생의 편지글 원본 그대로 영인한 『엽서―신영복 옥중사색』(너른마당)이 발간됩니다. 감옥 편지들과 함께 출감 이후에 발견된 「청구회 추억」 등의 글이 원본 그대로 수록되었습니다. 1998년엔 『감옥으로부터의 사색』 증보판이 나왔고, 2003년에는 『신영복의 엽서』라는 이름으로 개정판이 나오기도 했지요. 돌아가신 후인 2018년에는 출간 30주년을 기념해서 양장본 『감옥으로부터의 사색』이 출간되기도 했습니다.

신영복 선생은 감옥이야말로 진정한 대학이었다고 얘기하시곤 했어요. 만일 감옥에 가지 않았다면 서울대를 나온 엘리트 지식인으로 대접받으며 살 수 있었겠지요. 하지만 감옥에 감으로

23

지금 다시 신영복을 읽는 이유

써, 감옥에 가지 않았다면 결코 만날 수 없었을 많은 사람을 만납니다. 그들을 만나고 대화하면서 그들의 이야기를 듣는 과정 자체가 정말 소중한 공부였어요. 그 과정을 통해 선생은 차츰 변화하고 성장합니다. 다른 재소자들을 관조하고 관찰하던 시점에서 벗어나 그들이 처한 역사적·사회적 맥락을 이해하면서 공감하게 되지요. 이 과정을 선생은 '머리에서 가슴까지의 여행'이라고 표현합니다.『감옥으로부터의 사색』의 많은 편지는 바로 그런 긴 여행의 과정을 보여 줍니다.

많은 독자가 이 책을 읽으며 이런 말을 합니다. 어떻게 감옥에 갇혀 있는 사람이 이토록 단아하고 성찰적인 태도를 유지할 수 있을까. 거기에 대해 신 선생이 나중에 이런 말씀을 하십니다. 사실 그 편지들에 감옥 생활의 전부를 담을 수는 없었다. 그건 가족들에게 보내는 것이었고 가족들에게 자신의 약한 모습, 무너져 가는 모습을 보여 줄 수는 없었다. 그리고 그 편지들은 모두 검열을 거쳐서 전달되는 것이었다. 분명히 써서 보냈는데 사라진 편지들도 꽤 있었다. 검열 과정에서 사라진 것이지요.

『감옥으로부터의 사색』이 나오고 얼마 되지 않았을 때 이 책을 읽고 감동한 독자들이 모이기 시작해요. 그 사람들이 인터넷에 홈페이지도 만들고 지역별로 서로 모이고 독서 모임도 하고 붓글씨도 쓰고 그런 활동을 합니다. 이 모임이 신 선생 돌아가신 후 사단법인으로 만들어졌는데 그게 '사단법인 더불어숲'입니다. 제가 지금 그 단체의 이사장을 맡고 있습니다.

이『감옥으로부터의 사색』을 꼭 읽어 보시길 권합니다. 사실 이게 편지글인데 많은 부분이 부모님께 보낸 편지예요. 그분들 눈

김창남

높이에 맞춰 쓰다 보니까 한자어도 많이 나오고 해서 조금 어렵게 느껴질 수 있어요. 그런 부분들을 조금 견디고 한문 단어 같은 것들도 좀 찾아보고 하면서 읽으면 아마 많은 걸 배우고 느낄 수 있을 거라 생각합니다.

『나무야 나무야』『더불어숲』『변방을 찾아서』

선생이 처음 성공회대에 자리 잡으면서는 한동안 번역 작업을 많이 하셨어요. 중국 작가 다이허우잉의 『사람아 아, 사람아!』(1991)를 번역하셨고, 유세종 교수와 함께 『루쉰전—루쉰의 삶과 사상』(1992)을 번역하셨고 기세춘 선생과 함께 『중국역대시가선집』(1994)을 번역하셨죠.

감옥에서 나오고 몇 년 지난 1990년대 중반쯤에 친구분들이 신영복 선생의 사면복권을 위해 신문 칼럼 연재를 주선합니다. 신문에 글을 내서 더 유명해지면 사면복권에 유리할 수 있다고 생각한 거죠. 그래서 1995년, 1996년에 걸쳐 『중앙일보』에 국내 여행기를 연재하게 됩니다. '국토와 역사의 뒤안에서 띄우는 엽서'라는 제목이었죠. 이 여행기를 모은 게 『나무야 나무야』란 책입니다. 이 여행기가 관심을 모으면서 베스트셀러가 되고 이번에는 해외 여행기를 연재하게 됩니다. 역시 『중앙일보』 연재였고요. '새로운 세기를 찾아서'란 제목으로 실렸습니다. 당시는 가석방 상태라서 매번 출국할 때마다 단수 여권을 받아야 했어요. 그렇게 연재한 해외 여행기를 모은 책이 『더불어숲』입니다.

『나무야 나무야』는 국내의 여러 역사적인 장소를 다니면서 그곳에 얽힌 역사를 되짚어 보고 역사적인 인물들에 대해 현재의 시

25

점에서 생각하는 글들입니다. 선생의 고향이기도 한 밀양 얼음골이나 제주도 성산포, 광주 무등산 등 여러 곳에서 각 장소의 역사성에서 오는 화두를 던지는 글들도 있고, 백담사에서 만해와 일해를 이야기하거나 압구정과 반구정에서 황희 정승과 한명회를 비교하기도 합니다. 허난설헌이나 단종의 유적을 찾아 역사 속에서 소외된 비극적인 주인공들의 삶을 통해 현재를 성찰하기도 하지요. 『나무야 나무야』를 읽으면 우리가 별생각 없이 지나쳤던 장소의 역사성이 새롭게 다가오고 또 그 역사를 통해 지금 여기 우리의 현실을 성찰하게 됩니다.

나무는 숲으로 가는 시작입니다. 『나무야 나무야』 다음에 나온 책이 『더불어숲』이란 건 참 의미심장합니다. 이 해외 여행기가 연재되던 시점이 1997년입니다. 김영삼 정부의 세계화 담론이 유행하다가 IMF 관리 체제로 넘어가던 시점입니다. 그리고 21세기가 2, 3년 앞으로 다가오면서 새로운 세기에 대한 기대와 불안이 확산하는 시점이기도 했지요. 선생은 세계 곳곳을 다니면서 이른바 세계화 혹은 지구화 시대의 현실이 어떤 것인지 이야기합니다. 또 지난 수백 년 세계를 지배했던 서구 자본주의 문명의 과거와 현재를 성찰하기도 하고, 비서구 사회의 문명을 돌아보면서 21세기의 대안적 문명의 가능성을 생각하기도 합니다. 첫 번째 여행지가 서구 제국주의 혹은 자본주의의 기점이라고 할 수 있는 스페인 우엘바 항구였어요. 콜럼버스가 처음 인도를 찾아 떠났던 기항지입니다. 말하자면 근대 문명의 시작점이지요. 그러니까 이 책은 서구에서 비롯한 근대 문명 전반에 대한 성찰의 의미를 담고 있다고 할 수 있어요. 그리고 그런 성찰의 주제를 한 마디로 담은 것이 '더

김창남

불어숲'이란 제목입니다.

성공회대학교의 교육 이념이 바로 이 책의 제목인 '더불어숲' 입니다. '더불어숲'은 신영복 선생의 유명한 서화 작품이기도 하 지요. <더불어숲>이라는 큰 글씨와 그림이 있고 그 아래 방서로 "나무가 나무에게 말했습니다. 우리 더불어 숲이 되어 지키자"라 는 글이 쓰여 있지요. 숲은 수많은 존재로 이루어져 있습니다. 큰 나무, 작은 나무, 빨간 꽃, 파란 꽃…… 각기 다른 수많은 생명이 숲 을 이룹니다. 말하자면 숲은 다양한 생명이 서로를 인정하고 승인 하면서 함께 사는 공존과 연대의 공간입니다. 반면 자본주의 근대 문명의 기본 논리는 상대방을 눌러 이김으로써 나의 존재를 강화 해야 살 수 있다는 대결과 경쟁의 논리에 기반을 두고 있지요. 선 생은 바로 그런 근대 문명의 논리를 '존재론'이라는 용어로 표현합니다. 그러면서 존재론을 극복하고 우리가 지향해야 할 새로운 문명의 논리를 '관계론'이라고 표현합니다. <더불어숲>이란 작품은 그런 관계론의 철학을 압축적으로 표현한 것이라 볼 수 있습니다.

『변방을 찾아서』는 선생이 마지막으로 쓴 기행문입니다. 2011년 9월부터 12월까지 『경향신문』에 연재한 글들을 모은 것입니다. 전국 곳곳에 신영복 선생의 글씨가 있습니다. 워낙 글씨 인심이 좋으셔서 부탁받으면 다 써 주셨으니까. 전국 곳곳에 선생의 글씨로 된 비석, 현판이 많지요. 이 기행문은 선생의 글씨가 있는 장소를 방문해서 사람들과 만나고 그러면서 느낀 소회를 담은 글이었어요. 전남 해남에 있는 송지초등학교 서정분교의 '꿈을 담는 도서관'이 첫 방문지였습니다. 그 외에 벽초 홍명희 문학관, 오대산 상원사, 김개남 장군 추모비 등을 찾아갑니다. 그중엔 서울시장실도 있어요. 초대 민선 시장인 조순 시장 시절에 <서울>이라는 작품을 쓰셨는데 그게 시장실에 걸려 있어요. 이 작품은 정말 놀라워요. 서울의 '서' 글자는 산 모양으로, '울'은 강물 모양으로 쓰셨습니다. 그리고 옆에는 북악무심오천년(北岳無心五千年) 한수유정칠백리(漢水有情七百里)라고 쓰여 있습니다. 북악산은 5천 년 무심하게 서 있고 한강은 700리를 유정하게 흐른다. 북악산은 권력의 세계를, 한강은 민초의 삶을 표상합니다. 무엇보다도 '서'라는 글자와 '울'이라는 글자의 디자인 감각이 참 놀랍지요. 이 『변방을 찾아서』 기행은 오래가지 못했어요. 70을 넘긴 나이에 곳곳을 돌아다니며 글을 쓰는 일이 쉽지 않아서 연재를 지속하지 못했습니다. '변방'은 선생의 핵심 개념 중 하나입니다. 선생은 변방이야말로 창조의 공간이라고 말합니다. 중심에서 권력을 누리는 사람들은

28

김창남

변화의 필요성을 못 느끼기 때문에 늘 현재에 안주하지만, 변방은 늘 새로운 창조성이 싹틀 수 있는 변화의 공간이지요.

『강의』와 『담론』 그리고 『처음처럼』

『강의』와 『담론』은 모두 신영복 선생의 강의를 엮은 책들입니다. 『강의』는 처음 성공회대에서 강사 생활 시작하실 때부터 강의했던 동양철학, 동양고전 강의를 풀어서 엮은 것이고, 『담론』은 정년 퇴임 이후 강의하신 '인문학 특강' 강좌를 풀어서 엮은 것입니다.

『강의』에는 '나의 동양고전 독법'이라는 부제가 붙어 있습니다. 선생은 자신이 동양고전 전공자가 아니고 따라서 이 책은 본격적인 동양고전 연구서가 아니라 한 사람의 독자로서 동양고전을 읽는 특유의 관점을 보여 주는 것임을 강조하고 싶어 하셨어요. 이는 겸양의 표현이기도 하지만 사실 그만큼 선생의 강의가 다른 일반적인 고전 해석과는 다른 독창적인 관점을 보여 준다는 걸 의미하기도 합니다. 선생이 동양고전을 해석하는 가장 중요한 틀은 바로 관계론이라는 선생 특유의 사상적 관점입니다. 앞에서도 이야기했지만, 선생은 근대 자본주의 세계를 만든 서구 근대 사상의 기본적인 특질을 존재론적 세계관이라고 봅니다. 여기서 말하는 존재론은, 간단하게 말하면 세상을 구성하는 각각의 주체들이 자신의 존재를 키우고 강화하는 것을 가장 중요한 목표로 삼고 있다는 걸 의미합니다. 바로 그런 존재론적 세계관에 의해 근대사회가 빠르게 성장하고 발전했지만 결국 한계에 다다랐다는 것이고 선생은 이를 극복할 새로운 사상적 담론의 근거를 동양 사상에서 찾고자 한 것이죠.

지금 다시 신영복을 읽는 이유

선생은 인생의 책으로 『자본론』과 함께 『논어』와 『노자』를 꼽을 만큼 중국 고전의 세례를 깊이 받은 분입니다. 『강의』는 『시경』, 『주역』, 『논어』, 『맹자』, 『노자』, 『장자』 등 이른바 사서삼경과 제자백가의 주요 고전들을 다룹니다. 각 고전에서 선생이 가장 중요하게 생각하는 구절들을 뽑아 자신의 방식으로 재해석합니다. 이를테면 『논어』에 나오는 유명한 구절 "군자화이부동(君子和而不同) 소인동이불화(小人同而不和)"는 선생이 자주 서예 작품으로 쓰시던 문장입니다. 군자는 화(和)하되 동(同)하지 않고, 소인은 동(同)하되 화(和)하지 않는다는 것인데, 신영복 선생은 이를 "군자는 다양성을 인정하며 지배하려고 하지 않고, 소인은 지배하려고 하며 공존하지 못한다"고 해석합니다. 근대 이후 자본주의 세계화의 과정은 세계를 자신과 똑같이 만들려는 서양의 동일성 논리가 전 지구적으로 확장되어 온 동(同)의 과정이라고 한다면, 화(和)의 원리는 바로 그런 자본주의 근대 문명을 극복하기 위한 새로운 문명론의 핵심이라 할 수 있지요. 이렇게 선생 특유의 시각으로 재해석한 중국 고전의 세계를 『강의』를 통해 들여다볼 수 있습니다.

『담론』은 사실상 신영복 선생의 마지막 책입니다. 부제도 '신영복의 마지막 강의'라고 되어 있죠. 신영복 선생은 정년 퇴임 후 석좌교수로서 매 학기 강의를 하나만 하셨어요. 한 학기 동안 신 선생 본인의 글 가운데 하나씩 골라 함께 읽고 그 글에 얽힌 사연과 담긴 뜻을 이야기하는 강의였습니다. 특히 2학기 강의는 야간에 진행하는 대학원 강의였는데 외부 청강생이 많아서 항상 강당에서 강의를 하셨지요. 2007년에 당시 외부 청강생들이 마지막 시간에 사은(師恩)의 뜻으로 콘서트를 열었어요. 이후 이 행사가 연

김창남

례화되어서 매년 12월 종강 때면 종강 콘서트가 열리곤 했지요. 2014년에 흑색종 암이 발견되고 그해 가을 학기에 마지막 강의를 하셨는데 그 강의를 녹음해서 풀어낸 책이 『담론』입니다.

이 책은 크게 두 부로 나뉩니다. 1부는 주로 『강의』에서 다룬 중국 고전에 대한 이야기입니다. 『강의』 출간 이후 10여 년이 지나면서 조금 더 깊어지고 또 달라진 자신의 생각을 이야기합니다. 『강의』가 좀 더 고전 텍스트에 집중한 논의라면 『담론』 1부의 논의는 좀 더 현실적이고 역사적으로 확대된 이야기가 담겨 있습니다. 2부는 『감옥으로부터의 사색』이나 『나무야 나무야』『더불어숲』 같은 책들에 실린 서간문들을 주로 읽으면서 선생 스스로 오랜 사색을 통해 발전시킨 성찰에 관해 이야기합니다. 특히 감옥에서 20년 살면서 만난 사람들과의 인연과 일화들이 담겨 있는데 이 이야기들이 참 감동적이고 많은 것을 생각하게 합니다. 이 책도 꼭 읽어 보시길 권합니다.

『처음처럼』이란 책도 있어요. 『처음처럼』은 신 선생의 서화 작품들을 모은 서화집입니다. 처음 나온 것은 2007년인데 신 선생 본인이 엮은 게 아니라 신영복 선생 책에 감동한 독자들이 만든 모임 '더불어숲'의 회원들이 엮은 책입니다. 선생 자신은 이 책 출간을 좀 부담스러워하셨어요. 왜냐하면 여기 수록된 내용이 대부분 다른 책들에 있는 내용이고 또 본인이 그린 그림이 부각되는 것도 부담스러운 일이었기 때문입니다. 그럼에도 엮은이들을 신뢰하셨기 때문에 출간을 허락합니다. 신 선생이 돌아가시고 개정판 『처음처럼』이 출간되었습니다. 선생은 자신의 시간이 얼마 남지 않았다고 생각하시고 『담론』 책을 마무리하셨고 『처음처럼』의

지금 다시 신영복을 읽는 이유

마지막 교정을 보셨습니다.

　선생이 돌아가시고 난 후 두 권의 유고집이 발간되었습니다. 『냇물아 흘러흘러 어디로 가니』와 『손잡고 더불어』입니다. 아직 책으로 묶이지 않은 채 여기저기 산재해 있던 글들과 생전에 여러 매체와 인터뷰했던 기사들을 묶었습니다. 이 책들도 신영복 선생이 우리에게 남기신 소중한 선물과도 같은 책입니다. 다른 책들과 함께 꼭 읽어 보시길 권합니다.

지금 우리에게 필요한 공부

신영복 선생이 은퇴 후 여기저기 특강하실 때 많이 쓰셨던 강연 제목이 '공부란 무엇인가'였습니다. 공부는 신영복 사상의 핵심 키워드 가운데 하나입니다. 여기서 말하는 공부는 우리가 흔히 말하는 공부가 아닙니다. 입시를 위해 영어 단어를 외우고 주식 투자를 위해 주식 시세를 분석하는 공부가 아닙니다. 공부는 세계와 나 자신에 대한 공부입니다. 인간과 세계에 대한 올바른 인식을 키우는 것입니다. 세계 인식과 자기 성찰입니다. 선생은 공부를 '가장 먼 여행'이라고 표현합니다. 공부는 머리에서 가슴까지의 여행이다. 머리는 차가운 이성적 사고로 대상을 관찰하는 것입니다. 가슴은 애정과 공감이지요. 선생은 감옥에 가면서 많은 사람을 만납니다. 처음엔 그들을 차가운 지식인의 이성으로 봅니다. 관찰하는 것이지요. 그러다가 그들의 수많은 삶의 이야기를 접하면서 차츰 그들의 처지와 현실에 공감하게 됩니다. 내가 만일 저런 위치

김창남

에서 태어나 저런 삶을 살았다면 나 역시 그들처럼 여기 이렇게 앉아 있겠구나, 생각하면서 책과 이론에 묻혀서 세상을 관념으로 보던 지식인의 관점을 성찰합니다. 그리고 다른 재소자들과 함께 공장에 출역하고 같이 축구도 하면서 그들을 단지 이해하는 것에서 나아가 그들과 공감하고 가슴으로 껴안고자 노력합니다. 이 과정을 머리에서 가슴까지의 여행이라고 표현합니다. 그러고는 그게 끝이 아니라고 말합니다. 가슴에서 발까지의 여행이 남아 있다는 겁니다. 그건 실천을 의미합니다. 단지 이해하고 공감하는 것에서 나아가 함께 손잡고 연대하고 실천하면서 스스로 변화하고 나아가 세상을 변화시켜야 하는 것이지요. 그건 끝이 없는 과정입니다. 그래서 공부란 평생 하는 것이라고 합니다.

공부의 핵심은 변화입니다. 공부하지 않으면 변화하지 않아요. 변화하지 않고 한자리에 고여 있게 됩니다. 선생이 그런 말씀을 하신 적이 있어요. 어떤 80대 노인이 이런 말을 했대요. "내가 가만히 생각해 보니까 작년에 내가 했던 생각이 틀렸던 것 같아." 이 노인은 그 나이에도 공부하고 변화하는 거잖아요. 그런 의미에서 정말 존경스러운 분이지요. 공부는 자신이 갇혀 있는 문맥을 깨트리는 것에서 시작합니다. 우리는 많은 문맥에 갇혀 있어요. 성장하면서 자연스럽게 익힌 것들, 이것이 옳다고 배웠던 것들이 우리의 사고를 틀 지우는 문맥을 만듭니다. 거기서 벗어나야 성찰과 변화가 가능합니다. 그래서 선생은 '공부는 망치로 하는 것'이란 말씀을 자주 하셨어요. 내가 갇힌 사고의 문맥을 망치로 깨트리는 것에서 공부는 시작됩니다.

〈서삼독〉(書三讀)이란 작품도 자주 쓰셨어요. 책은 세 번 읽어

지금 다시 신영복을 읽는 이유

야 한다. 이건 횟수를 말하는 게 아니라 세 가지 차원을 말하는 겁니다. 텍스트 그 자체, 그것을 쓴 저자, 그리고 그것을 읽고 있는 나 자신, 이렇게 세 가지 차원을 함께 읽고 생각해야 한다는 것이죠. 다시 말하면 그 책이 쓰이고 읽히는 역사적·사회적 문맥을 제대로 봐야 올바로 이해할 수 있다는 뜻입니다.

공부는 평생 하는 것이라고 했듯이 우리의 삶 자체가 공부의 과정입니다. 즉 가르치고 배우는 연쇄적 과정입니다. 선생은 스승이라 불리는 걸 아주 부담스러워하셨어요. 언젠가 스승의 날에 감사 인사를 드리니까 이렇게 말씀하셨어요. "스승이 훌륭한 게 아닙니다. 좋은 스승을 가진 그 사람이 훌륭한 거지요." 그때 아, 정말 그렇구나, 하는 생각이 들었어요. 늘 자신을 낮추는 선생의 성정을 보여 주는 말이기도 하지만 정말 가르침과 배움의 의미를 다시 한번 생각해 보게 하는 말씀이었어요. 우리는 누군가에게 배우지만 또 알게 모르게 누군가를 가르칩니다. 선생이 자주 쓰시던 글씨 중에 교학상반(教學相伴)이란 작품이 있습니다. 보통 교학상장(教學相長)이란 말을 많이 쓰지요. 가르치며 배우며 서로 함께 성장한다는 뜻입니다. 그런데 선생은 교학상반이란 말을 자주 쓰셨어요. 가르치고 배우며 동반한다는 거지요. 최고의 관계는 서로가 서로에게 가르치고 배우고 함께 길을 가는 교학상반의 관계가 아닐까 생각합니다.

기본적으로 공부는 성찰을 통해 각성에 이르기 위한 길입니다. 어떤 목표를 달성하기 위한 수단으로서의 공부, 지적 허영과 과시로서의 공부가 아니라 나 자신의 성찰적 변화를 추구하는 것이지요. 나는 이것이야말로 지금 우리에게 신영복 선생의 가르침

김창남

이 새삼 더 필요한 이유라고 생각합니다.

요즘 세상을 보면 참 걱정이 많이 듭니다. 디지털 세상이 되고 나서 생긴 큰 변화가 사람들이 더 이상 남의 말을 듣지 않는다는 거예요. 과거 매스미디어 시대에는 소수의 사람만이 마이크를 들고 자기의 말을 할 수 있었는데 지금은 모든 사람이 각기 마이크를 들고 떠들 수 있는 시대가 됐어요. 이제 진정한 참여 민주주의의 시대가 열린다고들 했지요. 그런데 요즘 보면 사람들이 각자 떠들기만 하고 듣지를 않아요. 인터넷에 너무나 많은 정보가 흘러다니는데 이걸 취사선택하고 비교하면서 스스로 판단하는 게 점점 어려운 일이 되고 있어요. 그러니까 사람들이 영향력 있는 빅마우스의 판단에 의존하게 됩니다. 이걸 사유의 외주화라고 표현합니다. 유튜브에서 큰 목소리로 떠드는 사람들 가운데 자기와 성향이 비슷한 사람들의 생각을 자기 생각처럼 믿는 거지요. 그러고는 비슷한 생각을 가진 사람들끼리만 소통하면서 다른 얘기를 아예 들으려 하지 않아요.

중요한 건 극단적이고 비이성적인 생각을 하는 사람들이 연결되면서 그 목소리가 실제보다 더 크게 울려 퍼진다는 거예요. 세상에 바보 같은 생각을 가진 사람들이 그렇게 다수는 아닐 거예요. 예를 들면 50명 중의 한 사람 정도가 말도 안 되는 비이성적인 생각을 한다고 쳐요. 50명 중 한 명으로 있을 때는 집단 속에서 그냥 무시되거나 영향력을 가질 수 없어요. 문제는 디지털 네트워크 속에서 이런 사람들이 끼리끼리 연결되기 시작했다는 거예요. 그러면서 점점 목소리가 커지고 말도 안 되는 비이성적이고 극단적인 주장들이 점점 확산되는 거지요. 이런 가운데 성찰의 능력을 상실한 사람들이 늘어 가고 있어요. 성찰성의 확산, 성찰할 수 있는 사람들이 늘어나는 것, 저는 바로 이것이 지금의 상황을 극복하고 우리 사회가 좀 더 나은 방향으로 가는 데 가장 중요한 일이라 생각합니다. 신영복 선생의 말과 글이 '지금 여기'에서 다시 한번 큰 의미를 갖는 이유가 거기에 있습니다.

이 강좌를 통해 여러분은 다양한 전공의 교수들과 함께 신영복 선생이 남기신 글을 함께 읽고 이를 여러 가지 각도에서 조망하고 성찰하게 될 것입니다. 하지만 신영복 선생이 어떤 분이고 어떤 글을 썼고 어떤 생각을 하셨는지를 아는 게 중요한 건 아닐 겁니다. 중요한 건 그분의 생각을 통해 여러분 자신의 삶과 생각을 성찰하는 것이고 나아가 이를 통해 변화하는 것일 겁니다. 부디 이 강의 시리즈를 통해 여러분이 성찰과 변화를 향한 작은 한 걸음을 내딛게 되길 바랍니다. 또한 여러분들 서로가 서로에게 가르치고 배우는 사우(師友)의 관계가 되길 바랍니다. 제가 자주 하고, 또 서예로도 쓴 적이 있는 글귀입니다만, '사람과 사람의 작은 만남이 모든 변화의 시작입니다.' 이 강의실이 여러분에게 작은 만남을 통해 변화를 시작하는 출발점이 되길 바랍니다.

김창남

1

신영복, 그의 삶과 시대

한홍구

오늘 강의는, 신영복 선생은 어떤 분이셨고 어떠한 시대를 살았는
지 알아보는, 각론으로 들어가기에 앞선 입문 수업으로 보시면 되
겠습니다.

신영복 선생과 관련된 책으로는, 지금 여러분의 강의 텍스트
인 『신영복 함께 읽기』, 최영묵·김창남의 『신영복 평전』, 김삼웅
의 『신영복 평전』 등이 있습니다. 최영묵, 김창남 두 선생은 신영
복 선생을 살아생전 가장 가깝게 모셨던 분들이죠. 저도 신영복
선생 생전에 『한겨레21』에 칼럼을 두 번 연재한 적이 있습니다.
선생을 인터뷰하고 쓴 글이었는데, 선생이 돌아가시고 『프레시
안』에서 선생의 생애를 다룬 글이나 인터뷰 글을 찾다가 저에게
연락을 해 왔어요. 『한겨레21』의 그 연재 칼럼을 다시 싣고 싶다
고. 선생의 생애를 짧게 정리한 글이 많지 않았던 것 같습니다(「신

영복의 일생을 사색한다—한홍구 교수가 돌아본 신영복 선생의 삶」,『프레시안』, 2016. 1. 16).

밀양을 닮은 사람 신영복

신영복 선생께 영향을 미친 세 사람, 또는 세 권의 고전을 꼽으라면, 경제학도 신영복에겐 칼 마르크스의 『자본론』이 있을 것이고, 수감 기간에는 『노자』, 그리고 『논어』가 될 것입니다. 왜 『노자』와 『논어』를 열심히 읽게 됐을까요? 사실은 단순한 이유였습니다. 저 책들은 감옥 안에서 갖고 있을 수 있었거든요. 당시 우리나라 감옥이 고약한 게 뭐냐 하면, 책을 읽거나 글을 쓸 수가 없었어요. 홍명희가 『임꺽정』을 어디서 썼나요? 신채호의 『조선상고사』는요? 다 일제 감옥에서 썼습니다. 사마천의 『사기』는요? 감옥 안에서 썼죠. 동서양의 고전 중 감옥 안에서 집필된 책들은 많습니다. 그런데 우리 감옥은 쓸 수도 없고 읽을 수도 없었어요. 김남주의 시는 어떻습니까? 우유갑에다 사금파리나 손톱으로 눌러쓴 글이 우여곡절 끝에 밖으로 겨우 나와 시집으로 출간되지 않았습니까? 요즘은 달라졌지만, 과거 군사독재 시절 대한민국의 감옥은 집필은 물론이고 독서도 검열이 있어 자유롭지 않았어요. 그런데 성경이나 사서삼경 같은 책들은 감옥 안에서 빼앗기지 않고 두고두고 곱씹어 읽을 수 있는 책들이었습니다. 물론 선생이 어렸을 때부터 한문 소양을 쌓았기 때문에 『노자』나 『논어』에 심취할 수 있었겠죠.

　신영복 선생을 이해하려면 선생의 부모님과 고향 밀양에 대해 알아야 합니다.

아버님이신 신학상 선생님은 밀양이 배출한 대표적인 인물인 유학자 점필재 김종직과 사명대사를 주제로 『김종직 도학사상』과 『사명당실기』라는 책을 쓰셨습니다. 『한겨레신문』 주필을 지내셨던 김선주 선생님의 「신학상 선생을 아십니까」라는 칼럼(『한겨레신문』, 1994. 9. 30.)을 보면, 신영복 선생이 어느 날 갑자기 하늘에서 뚝 떨어진 게 아니라고 합니다. 신학상 선생님은 대구사범을 나오셨으니 박정희의 선배가 되시지요. 젊은 나이에 교단에 섰지만, 일본인 교장의 부당한 처사에 항의하다가 파면되었습니다. 그러나 주변에서 대구사범을 1등으로 졸업한 사람이 아깝다며 구명운동을 해 준 덕분에 간이학교로 가게 되죠. 간이학교는 제대로 취학하지 못한 아이들을 위한 2년제 속성 초등교육 기관으로, 대개 농촌 벽지에 교사 1인으로 운영되었습니다. 해방 후에는 지역에서 중고등학교 교장으로 오래 재직하셨고, 군사정부가 들어서기 이전 교육 자치가 시행되던 때 교육감(지금같이 광역 지방자치단체가 아니라 시군 단위에서 선출)을 지내기도 했습니다. 5·16 후인 1963년에는 제6대 국회의원 선거에 출마했다가 낙선했습니다. 하필이면 정당 이름이 '추풍회'(秋風會)예요. 그야말로 추풍낙엽처럼 떨어진 거죠. 신영복 선생은 어머님으로부터도 많은 영향을 받았던 거 같아요. 생전에 선생과 서체 얘기가 나왔을 때 하신 말씀으로는, 우리가 '궁체'와 비교하여 '민체'라고 흔히 부르는 신영복 선생의 한글 서체는 어머니 글씨체에서 따온 것이라고 하셨어요.

신영복 선생은 의령에서 태어나 밀양에서 자라셨습니다. 밀양 출신으로 유명한 근대 인물은 누가 있을까요? 김원봉(金元鳳),

41

그리고 윤세주(尹世胄)가 있죠. 독립운동가들을 많이 배출한 밀양은 의열단의 발상지입니다. 우리는 의열단 단장을 김원봉으로 알고 있지만, 실제 의열단을 조직한 배후는 따로 있습니다. 바로 김원봉의 고모부, 백민(白民) 황상규(黃尙奎) 선생입니다. 잠시 김원봉 이야기를 하겠습니다. 영화 〈암살〉에서 김원봉이 임시정부를 찾아가 자신을 "나 밀양 사람 김원봉이오"라고 소개합니다. 그런데 실제 그랬을까요? 저는 백 퍼센트 그렇게 하지 않았을 거라 생각합니다. 독립운동계에서 얼굴이 명함인 김원봉이 상해 임시정부에 모습을 드러냈다면, 경비를 서고 있던 청년이 대뜸 알아보고 '단장님 오셨습니까' 하지, 무슨 김원봉이 자신을 소개했겠습니까. 만에 하나 소개를 한다 해도 '나 김원봉이오'라고 하거나 '나 의열단 김원봉이오'라고 하지, '밀양 사람 김원봉이오'라고 하지는 않았을 겁니다. 저는 그 부분이 역사와 맞지는 않더라도, 아주 훌륭한 장면이라고 생각합니다. 왜냐하면, 그 영화를 촬영하던 시기는 한참 밀양 송전탑 문제로 주민들의 투쟁이 있을 때였거든요. 여러분, 연대라는 거 별게 아닙니다. 이름 한번 불러 주고, 손 한번 잡아 주고, 눈 한번 맞춰 주는 게 연대의 출발입니다. 저는 〈암살〉의 최동훈 감독을 만나 본 적은 없지만, 그 장면은 밀양 사람들에게 보내는 연대와 지지였다고 생각해요. 제가 밀양 할매들 만나서 물어본 적이 있어요. "〈암살〉 보셨어요?" 그랬더니 영화 시작부터 울었다는 거예요. 김원봉이 '나 밀양 사람 김원봉이오'라고 말하는 장면이 영화 시작하고 얼마 안 돼서 나오거든요. 너무너무 힘들 때는 그렇게 한번 불러 주는 것도 큰 힘이 되는 겁니다. 김원봉! 너무나 멋있는 밀양 사람이죠. 해방 후 김원봉이 살아서 고향을 찾

한홍구

앉을 때 어마어마한 인파가 몰렸다는 거예요. 홍길동이나 로빈 후드가 살아 돌아온 거잖아요. 신학상 선생님은 김원봉 이야기는 안 쓰셨어요. 신영복 선생이 감옥에 가지 않았더라면 쓰셨을지 모르죠. 김원봉에 대한 글을 썼다가 구속된 아들과 연관 지어 빨갱이 찬양했다는 소릴 들을 수도 있으니까 못 쓰셨지 않았나, 그냥 그렇게 짐작해 봅니다.

그리고 약산(若山) 김원봉과 함께 활동했던 분으로 밀양에서 멀지 않죠, 기장 사람 '김약수'(金若水)라고 있습니다. 그리고 '이여성'(李如星)이라고 아십니까? 이여성은 경북 칠곡 분으로 해방 직후 활동했던 이쾌대(李快大)라는 굉장히 유명한 화가의 형입니다. '여성'은 '같을 여'에 '별 성'이고, '약산'과 '약수'의 '약'도 '같을 약' 자입니다. 그래서 '약산', '약수', '여성' 하면 '산같이' '물같이' '별같이'가 되는데, 산같이 물같이 별같이 살라는 뜻이죠. 김원봉의 고모부 백민 황상규 선생이 지어 준 겁니다. 그때 이 세 사람 나이가 열아홉, 스무 살이에요. 그런데 이들은 진짜 산같이 물같이 별같이 살았어요. 김약산은 우리나라 최고의 실천파 독립운동가, 김약수는 우리나라 최고의 조직 운동가가 됩니다. 김약수는 젊었을 때 조선공산당 조직부장, 나이가 든 후에는 공산주의에서 떠나 한민당 조직부장, 그러니까 좌우를 막론하고 조직에서 최고가 됐죠.

그리고 아주 멋쟁이였던 이여성은 우리나라 최초로 조선 복식사를 연구했습니다. 굶어 죽기도 했던 시절 무슨 사치스러운 복식 연구냐 할 수도 있겠지만, 일제강점기에 조선 고유의 것을 연구한다는 것은 매우 중요한 일이었습니다. 조선 옷이 어딨느냐? 다 중국 거 가져왔지! 하고 우리 복식 문화를 무시하고 없애려던 당시

이쾌대, 〈이여성〉, 1940년대, 캔버스에 유채, 90.8×72.8cm, 개인 소장

일본 제국주의자들의 행태를 생각하면 너무나 중요한 일이었습
니다. 이여성은 고구려, 신라, 백제, 고려, 조선의 의상을 복원해서
우리 옷이 얼마나 멋있는지 보여 주는 최초의 패션쇼를 열었습니
다. 영화 〈암살〉의 무대가 된 미쓰코시 백화점, 지금의 신세계 백
화점에서 이화여전 학생들을 모델로 세운 패션쇼였습니다. 그리
고 매부인 김세용과 함께 『숫자조선연구』라는 책을 썼습니다. 독

한홍구

립운동을 하려면 조선의 현실을 알아야 하고, 조선의 현실을 알려면 정확한 사실과 통계가 필요하지 않겠습니까? 당시 지식인들한테는 필독 자료집이었죠. 이여성 이분은 칠곡의 부잣집 아들이에요. 칠곡 사람 이여성, 기장 사람 김약수, 밀양 사람 김원봉, 다 어디서 죽었나요? 모두 북으로 갔어요. 산같이 물같이 별같이 살자던 경상도 사나이 셋이 모두 북으로 가 버린 거죠. 이여성은 자신이 따르던 여운형이 암살당한 것이 크게 작용했고, 김원봉은 친일파들에게 모욕을 당한 것을 넘어 살해 대상이 되었잖아요. 김약수는 국회 프락치 사건으로 투옥되었다가 한국전쟁 때 풀려난 뒤 납북인지 월북인지 다소 불분명하지만 북으로 가 버렸어요. 스무 살 때 산같이 물같이 별같이 살자고 약속했고 실제로 그렇게 살았던 세 사람이 모두 북으로 가 버렸습니다. 그게 분단입니다. 신도 없고, 물도 없고, 별도 없는 곳. 이런 '멋있는 형'들이 사라져 버린 삭막한 땅, 산도 없고, 물도 없고, 별도 없이 70년이 흐른 지금 '헬조선'이라는 신조어까지 생겼습니다.

어린 신영복을 만든 사람들

해방되기 전, 다섯 살 남짓한 신영복 어린이의 꿈은 뭐였을까요? 아주 독특해요. 일본 총독입니다. 조선이 해방되어 독립하고 일본을 점령하면, 일본으로 총독이 파견된다는 발상입니다. 다섯 살짜리 신영복이 아무리 영특하다고 한들, 자기 머리로 그걸 생각했겠습니까? 사랑방을 드나들던 아버지 친구들, 소위 '불령선인'들의

2000년 8월 17일, 이산가족 상봉 자리에서 이루어진 남북 한글학자의 만남. 허웅(왼쪽), 유열
©동아일보

영향을 받은 겁니다. 그 방에 드나들었던 '위험한 사람' 중 유열 선생이라고 계십니다. 한글 학자인데 북으로 가셨기 때문에 여러분은 이름을 잘 듣지 못하셨을 거예요. 그리고 이극로 선생도 사랑방을 오가셨던 분입니다. 이분의 책 중 『고투 40년』이라고 아주 얇은 책이 있는데, 해방 후에 나온 독립운동사에 관한 중요한 책입니다. 이극로 선생은 영화 〈말모이〉의 실제 모델이 되신 분입니다. 이극로 선생이나 유열 선생 같은 분들이 의령, 합천에 사시면서 밀양에 사는 신학상 선생님의 사랑방에 자주 드나들었고, 꼬마 신영복에게 영향을 주었던 겁니다. 이후 그 두 분은 북으로 갔고, 신학상 선생님은 밀양에 남으신 거죠. 이런 민족주의자들이 친구의 어린 아들이 장래 희망을 '일본 총독'으로 삼도록 '의식화'하는 장난을 치며 암울한 시대를 견딘 것입니다.

　신영복 선생은 해방되던 해를 기억하고 계셨어요. 해방되고 나

한홍구

자, 다섯 살 신영복에게 동네 청년들이 혁명 과업을 줬다는 거예요. 아니, "다섯 살 꼬마에게 무슨 혁명 과업을 줬단 말입니까?" 여쭸더니, 일본인 교장 집을 지키라고 했다는 겁니다. 다섯 살짜리가 뭘 할 수 있었겠습니까? 아마 무슨 일이 있으면 동네 형들에게 연락하라는 거겠죠. 그 교장이 도망가는 걸 막으려고. 그날 비가 굉장히 많이 왔는데 혼자 무서웠지만 참고 지키셨다고 했습니다.

해방이 되어 세상이 바뀌었다는 건 어린 나이임에도 알 수 있었다고 합니다. 해방이 되고 났더니 전에 동네에서 천대받던 사람들 어깨에 힘이 들어가기 시작했고, 주눅 들어 굽신굽신하던 사람들이 허리를 펴고 당당하게 지내더랍니다. 교장 선생님 댁 아들, 꼬마 신영복은 평소에 팽이나 썰매를 만들어 주던 그들을 기억하는데, 어느 날부터 이상하게 이들이 하나둘씩 안 보이기 시작했다고 합니다. 그래서 '아! 또 세상이 바뀌나 보다' 하는데, 그때가 서북청년단, 우익 테러 깡패들이 들어오기 시작하던 때였던 것입니다. 대여섯 살 꼬마에게 누구도 설명해 주지 않았지만 피부로 느낄 수 있었다는 거예요.

그러던 어느 날, 서북청년단원들이 좌익으로 몰린 청년들을 잡아 죽이고, 그들의 머리를 벤 뒤 철사로 귀를 꿰어 영남루 부근의 다리 양쪽으로 가로등마다 묶어 놓았다고 합니다. 20여 개의 머리가 걸려 있다 보니, 여학생들은 겁에 질려 다리를 못 건너고 우는데, 남학생들은 그래도 다리를 건너갔다고 해요. 어린 신영복은 무서움 속에서도 얼굴 하나하나를 자세히 살폈다고 합니다. 당신에게 잘해 주다가 사라진 사람들이 혹시 있을지 모른다고 생각해서요. "선생님 무시무시해서 어떻게 쳐다보셨어요?" 했더니 "자세히 보면 무섭지 않아." 오히려 피가 빠져서 그런지 하얀 얼굴이 생각보다 참혹하거나 무서운 표정이 아니었다고 합니다.

신영복 선생이 학창 시절에 대해 언급하신 적이 있는데, '계급'을 인식하게 된 계기에 대한 것이었습니다. 선생과 반에서 1, 2등을 다투던 아이가 있었는데, 굉장히 가난한 집 아이였다고 해요. 그런데 어느 날 그 애가 2등을 하고 나서 '너는 교장 선생 아들'이어서 그렇다며 신영복 선생에게 무척 화를 냈는데, 그때 처음 어린 마음이지만 '계급'이란 것에 대해 생각하게 되었다고 합니다.

밀양군 교육감이셨던 아버지께서 무슨 바람이 불었는지 국회의원에 출마했다가 낙선하면서 가세가 크게 기울었다고 합니다. 그래서 큰형님은 인문계를 보냈는데, 둘째 신영복은 부산상고를 보내신 거예요, 취직 걱정 없이 밥벌이하라고. 그렇게 되어 선생님은 노무현 대통령과 깊은 인연을 맺게 되었죠. 노무현 대통령의 부산상고 선배가 된 것입니다. 부산상고를 나온 사람으로는 삼성 이건희 회장의 최측근이었던 이학수와 야당 총재였던 이기택, 그리고 부산상고의 대선배로 부산의 큰 재벌이자 언론사 사주였던 김지태가 있습니다. 신영복 선생은 김지태의 장학금을 받고 학교를 다니셨습니다. 여러분, 정수장학회를 아시나요? 정수장학회라는 게 박정희가 김지태의 문화방송과 부산문화방송, 부산일보, 그리고 토지 10만 평까지 빼앗아 만든 건데, 재산을 몰수당하기 전 김지태는 부산일보 산하에 부일장학회를 두었습니다. 부일장학금은 처음에는 신문 배달 소년들을 위해 만들었지만 규모가 아주 커져서 일반 학생들도 많이 지원했습니다. 김지태는 부산상고 후배들을 위해 별도로 장학금을 운영했는데, 신영복 선생이나 노무

김영덕, 〈인탁(人拓)-숙부의 초상(인혁당의 사람들)〉, 1976, 마포에 유채, 130.3×130.3cm, 국립현대미술관 소장

현 대통령은 그걸 받으셨다고 합니다.

　부산상고를 졸업한 후 한국은행 면접시험 대신 서울 상대에 시험을 치게 된 건, 국어 선생님이셨던 살매 김태홍 선생님의 권유 덕분이었습니다. 김태홍 선생님은 김주열을 추모하며 「마산은!」이라는 시를 쓸 정도로 아주 격정적인 분으로, 경남 지역에서 활동하는 유명한 시인이었습니다. 김태홍 선생님 이상으로 신영복 선생께 많은 영향을 준 또 한 분의 선생님이 계십니다. 바로 김영덕 화백입니다. 박경리 선생님이 『토지』를 연재할 때 삽화를 그린 것으로도 유명한 김영덕 선생님은 〈전장의 아이들〉, 〈인혁당의 사람들〉 같은 작품을 남겼습니다. 〈전장의 아이들〉은 분단 한국에서 한국전쟁을 다룬 다른 그림들과는 격이 다른, 한국전쟁을 그린 대표작입니다. 그리고 인혁당 사건으로 희생되신 분들을 그린 〈인혁당의 사람들〉, 사법 살인 바로 다음 해인 1976년에 이런 그림을 그린다는 것 자체가 굉장히 힘들었을 텐데, 김영덕 화백은 현실 문제에 민감하셨던 것 같습니다. 신영복 선생은 미술반 활동을 하면서 김영덕 선생님으로부터 많은 영향을 받으셨다고 합니다.

선생께서 1959년 서울 상대에 입학하고 2학년 때 4·19가 일어납니다. 신영복 선생이야말로 4·19 세대이지요. 4·19 세대에게는 몇 가지 특징이 있습니다. 해방되던 해, 다섯 살이었던 신영복 선생 또래는 일제의 식민지 노예 교육을 전혀 받지 않은 세대입니다. 물론 선생님들은 일제 교육을 철저히 받은 분들이었지만, 미군정은 미국식 교육을 도입했고, 이승만 정권 초기도 이런 분위기가 이어졌습니다. 4·19 세대는 일본 군국주의 교육 대신 미국식 민주주의 교육을 받은 첫 세대였습니다. 이승만이 현실 정치에서 민주주의를 하진 않았지만, 적어도 학교에선 민주주의는 좋은 거라고 가르치는 분위기였으니까요. 또한 4·19 세대는 일본어가 아니라 한글로 교육을 받은 첫 세대였습니다. 바로 이 세대들이 4·19를 일으킨 거죠. 우리나라가 엄청난 민간인 학살을 당했음에도 이런 세대가 있었기에 2차대전 이후 식민지에서 독립한 수많은 나라들 중에 처음으로 시민 혁명을 일으킬 수 있었던 거예요. 그런데 이 4·19 세대는 지금 어디 가면 만날 수 있어요? '태극기 부대'에 가면 보실 수 있습니다. 아니 '성조기 부대'라는 게 더 맞을 수도 있겠네요. 위대한 역사를 만들어 냈던 세대도 새로운 역사적 흐름과 결합되지 못한다면 뒤처지게 된다는 사실을 잘 보여 주는 사례라 하겠습니다.

　신영복 선생은 4월 혁명을 '총탄이 이마를 뚫고 지나간 혁명'이라고 표현하셨습니다. 4·19는 우리 모두뿐 아니라 전 세계에 충격을 주었죠. 저는 그 의미를 미국 유학 중 백인인 미국인 노동자한테 배웠습니다. 그야말로 머리를 띵하게 얻어맞은 기분이었습니다. 그 미국인은 어린 시절, 그야말로 찢어지게 가난해 미국에선 자기보다 가난한 사람은 보지 못할 정도였다고 말했습니다. 그래서 가난에서 도망쳐 군대에 가게 됐고, 하필 배치된 곳이 서울의 영등포였다는 거예요. 그때가 59년도, 그의 나이 열아홉 살 때였습니다. 주한미군으로 한국에 오게 된 거죠. 그러면서 저한테 "너 몇 년생이지?" 하길래, 59년생이라고 했더니, "너 59년도에 한국이 어땠는지 아니?" 미국에서 제일 가난했던 자기도 그런 곳은 처음 봤다는 겁니다. 전쟁의 폐허는 그대로였고, 시궁창에, 구린내와 매캐한 냄새가 진동했고, 길거리엔 상이군인과 거지, 창녀가 득시글대고, 세상에 이렇게 더럽고 가난한 나라가 다 있을까, 빨리 복무 기간을 마치고 다른 데로 갔으면 좋겠다고 생각했대요. 그런데 몇 달이 지나지 않아서 그 시궁창 같은 곳에서 혁명이 일어나더라는 겁니다. 자기보다 나이 어린 소년 소녀들이 자유와 민주주의를 외치며 뛰쳐나오는데, 세상이 뒤집히는 걸 직접 눈으로 목격하고 너무 큰 충격을 받아 그때 자신의 삶도 바뀌게 되었다고 했습니다. 그러면서 전쟁이 끝나고 7년도 되지 않았다는 사실을 몇 번이고 강조했습니다. 저는 그 말에 큰 충격을 받고 많이 반성했습니다. 한국전쟁이 1953년에 끝났다는 것, 4월 혁명이 1960년

51

에 일어났다는 것은 누구나 다 알고 있는 사실이었습니다. 그러나 현대사를 공부한다는 저조차 그 두 가지 사실을 한 프레임 속에 넣고 보지 못했던 거예요. 그 미국인은 시궁창 같던 한국에서 나이 어린 소년 소녀 들에 의해 혁명이 일어나는 것을 보고 세상이 바뀔 수 있다는 사실, 역사는 진보한다는 사실을 절감하면서 평생 노동운동을 하게 됐고, 사회주의자로 살며 더 나은 세상을 만들기 위해 노력해 왔다고 했습니다. 제가 대학에 입학할 당시는 광주 5·18이 일어나기 전이라, 1, 2학년 때까지 4·19가 최고라 생각했고, 그래서 나름 4월 혁명에 대해 공부를 많이 했다고 자부했는데 그분 말씀에 저야말로 큰 충격을 받았습니다. 4·19 얼마 후 5·16 군사반란이 일어났죠. 5·16에 대한 평가는 다양합니다. 진보 진영 일부 선생님 중에 63년 대통령 선거에서 "나, 실은 박정희 찍었어" 말씀하신 분들이 꽤 있어요. 그때는 박정희가 봉건 귀족의 낡은 이미지인 야당 후보 윤보선에 비하면 진보적으로 보인 건 사실입니다. 박정희도 처음에는 5·16이 4·19를 계승한 것이라고 주장했습니다. 게다가 1963년 대통령 선거에서 윤보선 측에서 상대 후보인 박정희를 '빨갱이'로 몰았습니다. 그때 박정희는 민정당 윤보선 측을 '매카시즘의 한국적 아류'라며 '악습의 보검을 구사'하고 있다고 주장했습니다. 새우를 프라이팬에 달달 볶으면 빨갛게 되잖아요. 그렇게 빨갱이를 만든다며, 국가 원수급인 자신도 빨갱이를 만드는데 일반 시민들은 오죽하겠냐는 겁니다. 그러니 그들을 '사회에서 일소하기 위해 분연히 궐기하여 과감히 투쟁'하자고 호소했습니다. 그 말에 사람들은 박정희를 지지하게 됐습니다. 특히 누구? '전라도 빨갱이들'. 여순사건이나 지리산 빨치산 토벌 과정을 거치

한홍구

며 전라도에서 빨갱이로 몰려 고생하던 사람들이 63년 대통령 선거에서는 박정희에게 표를 몰아주었습니다. 박정희가 고향인 경상북도에서보다 전라남도에서 득표율이 더 높았다는 거 아닙니까. 박정희 떨어뜨리려고 야당이 일으킨 사상 논쟁으로 오히려 호남에서 박정희에게 대거 지지표, 동정표가 몰려 박정희가 역전승을 하게 된 거죠. 그런데 박정희가 그렇게 해서 대통령이 된 다음에는 피카소 크레파스조차 쓰지 못하게 만드는 철저한 반공 정책을 시행합니다. 공산당원이었던 피카소 이름을 딴 크레파스나 그림물감을 사용하는 건 반공법 위반이라는 겁니다. 신영복 선생은 그런 박정희를 '권총 찬 이승만'이라고 한눈에 꿰뚫어 보셨다고 해요. '총탄이 우리 이마를 뚫은 줄 알았는데 모자만 스치고 지나갔더라.' 4월 혁명으로 세상이 완전히 바뀐 줄 알았는데 그게 아니었다는 표현을 그렇게 쓰셨습니다.

1963년 대통령 선거로 제3공화국이 출범하고 얼마 안 되어 한일회담 반대 투쟁인 6·3사태가 격화되자 서울에 비상계엄이 선포되고, 중앙정보부가 학생 시위의 배후를 적발했다면서 인민혁명당(이하 인혁당) 사건이 터지게 됩니다. 그런데 인혁당 사건이 터질 때만 해도 우리나라 검찰이 지금과는 많이 달랐습니다. 서울지검 공안부, 당시 우리나라에서 반공으로 둘째가라면 서러워할 사람들이 모였겠죠. 그런데 이 사람들이 인혁당 사건을 기소할 수 없다고 한 거예요. 고문 조작으로 조그만 씨앗을 뻥튀기해 반국가단체를 만들어 놓았는데, 고문에 의한 자백 말고는 아무 증거도 없어 기소할 수 없다고 버틴 겁니다. 그러니까 중앙정보부에서 계속 압박했겠죠. 그랬더니 내 이름으론 기소 못 한다 하고 '양심적

53

기소 거부'를 했어요. 그래도 찍어 누르니 공안부 검사들이 '나 못해' 하고 집단으로 사표를 내 버렸습니다. 비록 반공이 중요하지만 고문 조작 기소는 안 된다는 거죠. 그런데 60년이 지난 지금은 어떻습니까? 서울시 공무원 간첩 사건. 그 사건은 국정원이 조작했지만 주도하진 않았습니다. 1심에서 진 검사가 2심에서도 질 것 같으니까 국정원을 시켜 증거를 만들다가 들키고 만 거죠. 그 검사는 어떻게 됐죠? 감옥에 가야 하지 않나요? 그런데 윤석열 정부의 공직기강비서관이 됩니다. 정말 말이 안 되죠.

20년 대학 시절을 시작하며

다시 신영복 선생의 학교 생활로 돌아와 보죠. 신영복 선생이 대학원에 진학한 뒤에는 주로 다른 대학이나 연합 동아리 지도에 주력했습니다. 당시 경제과는 학부 한 학년이 150명이나 되었지만, 대학원에는 지금과 달라서 3명만이 진학했습니다. 그런데 같이 입학한 동기 중 한 명은 ROTC로, 다른 한 명은 해군 장교로 입대해 버려 대학원에는 신영복 선생 혼자 남았다고 해요. 경제과 대학원의 한 해 위 선배로는 안병직과 사회학과를 졸업한 신용하가 있어 친하게 지냈는데, 지금 뉴라이트의 깃발을 내세운 안병직은 그때는 아주 좌파적인 입장이었다고 합니다.

신영복 선생은 서울 유학 생활 동안 생활비를 벌기 위해 가정교사를 하게 되는데, 들어간 집이 서울의 명소로 유명한 대저택 성락원이에요. 우리나라 원양어업의 개척자인 심상준이라는 분이 살고 계셨는데 그분의 딸을 가르쳤습니다. 소셜 코디네이터로 유명한 심실 회장이 바로 그분입니다. 선생님 추모 모임에 꼭 오시는 분입니다. 그리고 심실 회장의 친구가 '처음처럼'을 디자인한 전 국회의원 손혜원입니다. 신영복 선생은 아마도 심실 회장을 통해 손혜원 의원을 소개받지 않았나 합니다.

공부는 어떤 책으로 하셨는지 선생님께 여쭸더니, 마오쩌둥의 『실천론』, 『모순론』 이런 것들로 했다고 해요. 당시만 해도 청계천 헌책방에 가면 해방 직후에 나온 좌익 간행물들이 많았거든요, 유신 전까지. 유신이 선포된 직후에 청계천에서 그런 책들 싹 사라졌다고 해요. 제가 1974년부터 청계천 헌책방에 다녔는데 그런 책들은 구경을 못 했어요. 신영복 선생께서는 1960년대 초중반이니까 그 책들을 많이 읽으셨다고 해요. 그리고 고려대 총장을 지내셨던 김상협 선생의 『모택동사상』을 해설보다는 인용문 위주로 읽었다고 합니다. 해설은 아무래도 반공적이지만 인용문은 원문이니까요. 막심 고리키의 『어머니』는 대학노트 네 권에 번역해 놓은 걸 친구들과 돌려 가며 읽었다고 합니다. 복사기가 없던 시절이니까 필사본도 많이 보셨던 모양이에요. 그러다 통일혁명당(이하 통혁당) 사건 때 다 빼앗겼다고 하시네요.

1960년대 대표적인 잡지로 『사상계』가 있고, 『청맥』이라는 잡지도 있습니다. 『청맥』은 나중에 통혁당의 기관지로 규정되지만 당시로서는 합법 간행물이었어요. 『청맥』에 실린 글들은 비합법 진보정당의 비밀 기관지에 실린 글이라고 보기에는 지나치게 학술적이면서도 좀 다듬어지지 못한 그런 느낌을 줍니다. 이때 신영복 선생은 필자로 참여하지는 않으셨다고 합니다. 1980년대에는 대학원생이나 제적생, 심지어는 학부생들까지 이런저런 지면에 글을 많이 썼습니다. 그런데 1960년대에는 대학원생이면 아까도 말한 것처럼 굉장히 희소한 존재였는데, 지면이 한정되어서 그런지 『청맥』 주변의 필자 예비군처럼 모였다고 합니다. 『청맥』은 전부 28호까지 간행되었는데, "남이 사는 내 나라", "학문의 소작화" 같은 재미있는 특집들이 많아요. "학문의 소작화"는 미국 학문을 그대로 받아들이는 것을 비판해 표현한 것입니다. 이렇게 28호까지 나온 『청맥』은 통혁당 사건으로 폐간됩니다.

체 게바라의 "Create Two, Three, Many Vietnams"라는 글이 있어요. 2차 세계대전 때는 스페인 내전이 있었어요. 전 세계의 진보적인 젊은이들이 스페인으로 달려갔습니다. 그리고 그곳에서 죽고 패하고 좌절하면서 많은 인간 드라마가 나왔습니다. 그런데 30년 뒤, 베트남 전쟁 때는 어땠습니까? '베트남으로 가자'가 아닌 거죠. '내가 사는 내 땅을 베트남으로 만들자!' 여러분, 두더지 게임 해 보셨어요? 두더지가 한꺼번에 일어나면 어때요? 하나씩 일어나면 미국이 뽁뽁뽁 때려잡겠지만, 한꺼번에 일어나면 감당을 못 하는 거예요. 아니 체 게바라가 쿠바에서 왜 계속 할 일이 없었겠습니까? 카스트로와 갈등 때문에 떠날 수밖에 없었다고 하는 것은 우파에서 하는 얘기구요. 체 게바라는 이기는 세계 혁명을 위해, 미 제국주의와의 싸움을 제대로 하기 위해 '각 나라에서 혁명을 하자' 한 겁니다. 일단 쿠바는 성공했고, 베트남이 열심히 싸우고 있으니 베트남 같은 나라, '둘, 셋, 많은 나라'를 만들자는 거죠. 그는 혁명을 위해 아프리카로, 볼리비아로 갔습니다. 체 게바라가 저런 호소를 하던 시기에 한국에서는 통혁당이 만들어진 겁니다.

한홍구

요즘 김누리 교수 같은 분들이 한국에서 68혁명 등이 일어나지 못한 것을 많이 아쉬워하시죠. 한국은 4월 혁명이라는 엄청난 성취를 이뤘지만, 한국전쟁으로 입은 내상이 깊었고, 인혁당 사건, 통혁당 사건, 남조선해방전략당 사건 같은 것들로 탄압을 당하면서 혁명의 주체가 될 만한 집단이 만들어지지 못했던 거 같아요.

사실 통혁당 사건의 실체에 대해서는 지금까지 밝혀지지 않은 부분이 많이 있습니다. '김질락과 그의 후배 이진영 등은 신영복이 학생운동에 깊이 간여하고 있는 것을 알고 그를 유심히 관찰하면서 접근했고, 어느 날 김질락이 정색하고 혁명을 지지하느냐고 물어와 신영복이 그렇다고 하자 그날부터 김질락, 이진영과 따로 만나게 되었다.' 이것이 나중에 공안 당국이 통혁당 산하의 민족해방전선으로 발표한 모임의 결성 경위입니다. 통혁당 사건으로 김종태, 이문규, 김질락 등이 사형당했으니, 무기징역을 선고받은 신영복 선생은 살아 있는 사건 관련자 중에서 가장 핵심 인물이 됩니다. 그런데 제가 선생을 인터뷰하면서 제일 놀라웠던 건, 선생도 사건이 나기 전까지 통혁당이라는 이름을 모르셨다는 겁니다. 그리고 최고 책임자로 발표된 김종태나 조국해방전선 책임자로 지목된 이문규 등 핵심 간부들을 사건이 날 때까지 만나 본 적도 없다는 겁니다. 이문규야 학생운동 선배로 워낙 유명한 분이라서 이름 정도는 들어봤지만, 문리대와 상대로 단과대학이 달라서 만날 기회가 없었고, 김종태에 대해서는 이름도 들어 보지 못했다고 하셨어요. 모두 중앙정보부 수사 과정에서 들으셨다는 거예요. 그러면 이 사건이 백 퍼센트 조작이냐? 그렇지는 않습니다. 백 퍼센트 조작은 아닐 것이라고 생각해요. 신영복 선생이 김종태

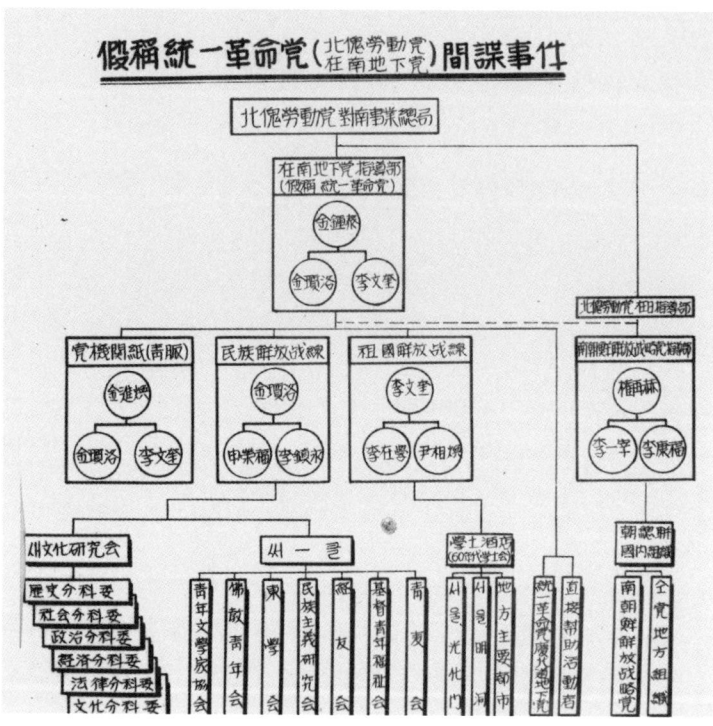

假稱統一革命黨(北傀勞動黨)間諜事件
在南地下黨

北傀勞動黨 對南事業總局

在南地下黨 指導部
(假稱 統一革命黨)

金鍾泰

金瓘洽　李文奎

黨機關紙(靑脈)　民族解放戰線　祖國解放戰線　北傀勞動黨 在日指導部

金進洪　金瓘洽　李文奎　楊再八

金瓘洽　李文奎　申榮福　李鏡永　李仨黌　尹相煐　李○學　李康福

새文化研究会　씨―클　鄉土酒店　朝鮮新
(60분間의1会)　國内問題

歷史分科委　靑年文學炭協会　南鮮文學会　青年主義研究会　基督青年組合　商友　서울光化門　서울明洞　地方主要都市　統一平和促進協議会　直接援助活動費　南朝鮮解放战略黨　全黨地方組織
社会分科委
政治分科委
經済分科委
法律分科委
文化分科委

1968년 신문에 보도된 〈가칭 통일혁명단 간첩 사건〉 조직도 ⓒ한국일보

를 직접 만난 적은 없지만, 김질락을 통해 그 그룹에 속해 있었으니까요. 북한에서 돈을 받은 사람들 입장에서는 북에다가 자기들 성과를 좀 과시해야 되잖아요. 그러다 보니 민족해방전선이나 조국해방전선 같은 조직들을 다 통혁당 조직으로 보고했겠죠. 게다가 북한 관료들 입장에서는 남쪽 혁명을 뻥튀기해 이용하려던 측면도 있을 겁니다.

　신영복 선생은 상부선이었던 김질락과는 자주 만났고, 그때 그가 북한과 연결된 것 같은 느낌을 받았다고 했습니다. 김질락은 김종태의 조카로, 서울대학교 문리대 사회학과를 나온 수재였습

통혁당 군사재판 구형 공판. 왼쪽부터 신영복, 이영윤, 송준철, 신남휴. 사진 제공: 필자

니다. 옥중에서 전향을 하고 『어느 지식인의 죽음』이라는 글을 썼는데, 이런 글을 쓰면 자신을 살려 줄 줄 알고. 아니, 중앙정보부에서 전향하면 살려 준다고 했겠죠. 하지만 결국 사형당해 비극적으로 세상을 떠났습니다. 『어느 지식인의 죽음』은 이명박 정부 시절, 국정원 방문 기념품으로도 나눠 주어 일베들 사이에서는 귀한 수집품이 되기도 했습니다. 당시 중앙정보부가 통혁당 핵심 간부들과 북한과의 암호를 알게 된 것도 김질락 때문이었습니다. 중앙정보부는 김질락을 통해 알게 된 암호문을 해독해 내어 북으로 거짓 신호를 계속 보냈죠. 그러자 북에서는 이문규 구출을 위해 구조대를 남파시킬 것인가에 대해 굉장히 고민했던 것 같아요. '이것은 함정이 틀림없다. 그러니 보내면 안 된다.' 이런 문제 제기가 있어 심각한 토론이 벌어졌다는 거예요. '이게 진짜인데 우리가 안 갔다 치자. 그러면 남조선 혁명가들한테 우리가 완전히 거짓말을 한

신영복, 그의 삶과 시대

게 되고, 앞으로 남조선 혁명가들과는 사업을 할 수 없다. 그러니 호구에 들어가는 거라 하더라도 가야 한다.' 결국 이런 결론이 내려져 이문규 구출을 위한 공작선이 서귀포 앞바다로 침투하려다가 기다리고 있던 우리 쪽에 의해 맹사격을 당했습니다. 열두 명이 사살되었고, 생포된 두 명이 전향했지만 이들도 결국 사형당했습니다. 우리나라 방첩 역사에선 가장 성공적인 작전이었죠. 이문규는 김질락과 달리 의연하게 재판을 받다가 사형당했는데, 북한에서는 그에게 기대를 많이 했던 것 같습니다.

당시 북한에서는 베트남 전쟁과 비슷한 무장 게릴라전을 생각하고 있었나 봐요. 이미 한국전쟁을 겪었고, 지리산 빨치산들이 완전 소탕을 당했기 때문에 한국에서 무장투쟁을 전개한다는 것은 불가능했던 것으로 보이지만, 일부 좌파 지식인 중엔 그게 가능하지 않을까 생각한 사람들도 있었던 것으로 보입니다. 통혁당 사건이 처음 터진 곳은 전라남도 신안군에 있는 임자도라는 섬입니다. 북한은 임자도에 무장 혁명을 위한 지하조직을 건설하기 위해 남파 공작원을 보냈고, 임자도에서 면장을 지낸 최영도가 통혁당 전남도당 책임자가 됩니다. 그리고 서울시당 위원장으로는 김종태가 선임되어 있었는데, 중앙당으로 합쳐지지는 않은 상태에서 통혁당 조직이 적발되어 사건이 터진 겁니다. 그런데 북한에서는 김종태라는 사람을 단련된 혁명가라기보다는, 나쁘게 얘기해서, 진보 건달쯤으로 생각했어요. 유명한 씨름꾼이었거든요. 자유당 때 그 형 김상도가 청도에서 국회의원을 지냈는데, 그 집 형제가 용감한 삼형제라 불렸어요. 깡패로, 씨름꾼으로 이름을 날렸거든요. 그런데 막내인 김종태가 노조 활동 등을 하다가 북한까지

선이 닿은 거죠. 그런데 북에서는 김종태를 믿고 사업을 시작했는데, 사업을 진행하다 보니 영 아닌 것 같다고 판단한 것으로 보입니다. 허풍도 심하고, 사업 작풍에도 문제가 있고, 혁명가로서 자질도 좀 부족한 것 같고. 그래서 임자도 쪽에 더 신경을 쓰게 된 거예요. 서울에서는 이문규에 주목하고. 임자도에 최영도, 정태묵을 중심으로. 정태묵은 대단한 조직가였다고 합니다. 그런데 그 비밀이 새어 나가면서 사건이 터지고 서울까지 번져 통혁당 사건으로, 그야말로 간첩단이 적발된 거죠.

신영복 선생이 말씀하시기론, 조서나 공소장에 나오는 내용 중 행위 자체가 거짓인 것은 별로 없었다고 합니다. 중앙정보부의 주장은 흑백논리도 아니고, 삼단논법은 더더욱 아니라는 거예요. 여러분 "원숭이 엉덩이는 빨개, 빨가면 사과, 사과는 맛있어, 맛있으면 바나나, 바나나는 길어, 길으면 기차, 기차는 빨라, 빠르면 비행기, 비행기는 높아, 높으면 백두산" 이거 아시죠. 아이들이 부르면 동요이지만, 중앙정보부는 원숭이 엉덩이에서 백두산을 뽑아내어 사건을 만든 거예요. 흑백논리도, 삼단논법도 아닌 아무 데나 척척 갖다 붙이는 수법으로 사건을 조작한 것이지요. 온갖 고문을 다 받으며 조서를 작성하다 보니, 내가 한 행동이 맞긴 한데, 결론은 너무 낯선 곳에 닿아 포장되어 있더라는 거예요. 3년간 국정원과거사위에서 활동했던 제 경험으론 공안 사건이 어떻게 조작되는가 충분히 이해할 수 있는 말씀입니다.

감옥에서 띄우는 엽서,
청구회 아이들에게 그리고 가족들에게

신영복 선생의 사상적인 깊이에 대해 설명하다가, 제가 '임사 체험'이라는 말을 쓴 적이 있습니다. 사망 후의 세계를 경험하고 온다는 그런 말이죠. 내가 죽은 뒤의 모습을 보면 세상이 달리 보일거 아니에요. 신영복 선생 글에서는 다른 진보 진영 사람들의 글에서 찾아보기 힘든 사상적 깊이와 인간에 대한 따뜻함이 있다는이야기를 많은 독자가 하고 있지요. 저는 그 원인이 바로 신영복선생이 젊은 시절 생사의 기로에서 경험했던 '임사 체험'에서 비롯된 것은 아닐까 생각해 봤습니다. 선생은 1심, 2심, 3심, 구형과 판결을 반복해 받는 과정을 거치셨죠. 선생은 군사재판을 받는 과정에서 동년배인 법무관들과 꽤 친해졌고 이들은 개인적인 대화 때선생께 동정적인 입장을 표하고는 했는데, 정작 구형 공판에서는사형을 구형해 놓고 미안한 표정을 지으며 너무 걱정하지 말라고말하더라는 겁니다. 사형을 구형하며 걱정하지 말라고 하다니 이무슨 놀라운 인도주의와 여유입니까. 여기에는 사연이 좀 있는 것같아요. 이문규 구출하러 왔다가 체포되어 전향한 북한 공작선 선원에게까지 사형 판결이 나오던 분위기이니 군사재판이야 오죽했겠습니까. 군법무관들은 신영복 선생을 반국가단체 구성 예비음모죄로 기소해 놓고 구형 때는 반국가단체 구성죄를 적용해 사형을 구형한 것입니다. 그런데 반국가단체 구성 예비음모죄의 최고형은 무기징역도 아니고 유기징역이에요. 군법회의에서는 1심과 2심에서 구형대로 사형이 선고되었는데, 이건 대법원에 가면

백 퍼센트 파기환송될 수밖에 없거든요. 그러니 군법무관들은 상부에서 사형 구형하라는 요구에 따르는 척하면서 이런 꼼수를 부린 게 아닌가 해요. 그렇지 않고서야 어떻게 사형을 구형해 놓고 너무 걱정하지 말라고 하겠어요. 또 파기환송되면 자연히 재판이 길어지게 되니까 그사이에 분위기가 완화되면 형도 가벼워질 수 있다고 생각했던 거겠죠. 파기환송심에서 군검찰은 공소장을 변경하여 선생의 죄목을 반국가단체 구성죄로 바꾸고 사형을 구형했지만, 군법회의 재판부가 정상을 참작하여 사형 대신 무기징역을 선고했다고 합니다. 선생은 대법원에서 유죄가 확정될 경우 선생이 지도하던 대학생 동아리들이 대법원 판례에 반국가단체로 남게 된다면서 이를 피하기 위해 상고를 포기하는 것이 좋겠다는 변호사의 권유를 받아들여 상고를 포기했고, 이렇게 해서 1970년 5월 5일 어린이날 통혁당 무기수 신영복이 탄생했습니다. 이날 무기수 신영복은 재판을 쭉 지켜본 호송 헌병의 호의로 남산에 들러 아이스크림을 사 먹고 무기징역의 긴 터널로 들어가게 되었습니다. 사형수일 때는 무기수만 되어도 원이 없겠다고 생각했건만, 서른 살 젊은 나이에 선고받은 무기징역은 어떤 의미에서 사형보다 더 암담했을지도 모릅니다.

일제시대부터 독립운동을 하다가, 또는 혁명을 하겠다고 나선 사람들이 얼마나 많이 죽었습니까? 그들은 죽음을 각오하고 나선 거 아닙니까? 김병곤이라고 신영복 선생의 서울대 상대 후배는 1974년 민청학련 사건 때 군사 법정에서 사형을 구형받고 '영광입니다'라고 말해, 재판을 하던 고위 장성들, 그야말로 똥별들 얼굴을 하얗게 만들었습니다. 사형수였던 김대중 대통령도 훗날 웃으며 얘기하기를, 역사의 무대에서 비굴한 모습으로 남고 싶지 않아 의연하고 당당하려고 애썼는데 자기 눈은 판사 입만 보고 있더라는 거예요. '사형' 하면 입이 옆으로 찢어질 것이고, '무기' 하면 입이 앞으로 툭 튀어나올 테니까요. 정말 웃을 수 없는 처절한 상황을 웃음 지을 수밖에 없는 얘기로 표현하신 거예요. 이런 죽음의 공포를 신영복 선생은 여러 번 겪은 겁니다. 그리고 그때 '찬란한 햇빛 아래 죽기'를 바란 콩도르세(프랑스 혁명가이자 대수학자)를 생각했다고 해요. '아! 나는 군인이니까 햇빛 아래서 총살당할 수 있겠구나.' 총살형을 그나마 다행으로 여겼다고 합니다. 그런데 선생의 마음은 면회 왔다 돌아서는 부모님의 모습을 볼 때 무너져 내렸습니다. '나야 식민지에 태어난 젊은이로서, 나의 선택으로서 이런 길을 걷지만', 부모님께 감당할 수 없는 충격과 상실을 주는 건 견디기 힘드셨던 거죠.

죽음을 앞둔 상황에서는 어떤 생각이 떠올랐을까요? 선생은 이상하게도 어떤 거창한 생각보다는 혹시 돈 빌리고 안 갚은 것은 없는지, 약속해 놓고 지키지 못한 것은 없는지, 그런 생각이 들었다고 하셨습니다. 많은 사람의 사랑을 받는 「청구회 추억」은 그렇게 해서 나온 글이라고 합니다. 이 글은 선생이 우연한 기회에 사귀어 지속적으로 만나게 된, 당시 국민학생이던 꼬마 친구들을 위해 쓴 겁니다. 이 친구들과는 매월 마지막 주 토요일마다 장충체육관 앞에서 2년 넘게 만나 왔는데, 자신이 갑자기 말도 없이 사라져 약속을 못 지키게 된 것이죠. 그래서 재소자들에게 제공되는 재생 휴지에 꼬맹이들과의 행복했던 시절을 회상하며 스물아홉 장에 걸쳐 정리하여 기록했습니다. 감옥 이감 시 급히 방을 옮겨야 할 때, 당시 한 헌병에게 전해 주며 혹시라도 자신의 집에 전할 수 있으면 그렇게 해 달라 부탁했는데, 20년 후 출감하고 집에 가 보니 그 글이 잘 보전되어 있어 깜짝 놀랐다고 하셨습니다.

『감옥으로부터의 사색』이란 책도 있습니다. 이 책을 인쇄본으로 읽을 때는 그런 느낌을 갖기 어렵지만, 감옥에서 보낸 편지를 그대로 영인한 『엽서』로 읽다 보면 고친 자국이 거의 없다는 점에 깜짝 놀라게 됩니다. 글 쓰는 사람 입장에서 볼 때 정말 있을 수 없는 일이죠. 그래서 선생께 여쭤봤습니다. 그런데 여기에도 사연이 있었습니다. 주제를 하나 잡으면 한 달 내내 감방 안에서 면벽 명상을 통해 생각을 거듭하고 미리 머릿속에서 교정까지 다 봐 둔다는 겁니다. 그리고 한 달에 한 번 엽서 쓰는 날, 교정 교열까지 끝낸 완성된 문장 형태로 머릿속에 갖고 있던 것을 지면에 토해 낸다는 거죠. 그렇게 해서 쓸 때 오자나 고친 흔적 하나 없이 한 번에 쓰셨다는 겁니다. 이 엽서를, 선생 출옥 후 친구들이 한 장씩 기념으로 갖고 있다가 '그러면 안 되겠다' 해서 도로 모아 출간한 책이 『엽서』입니다.

선생은 전향했습니다. 남파 공작원이나 빨치산 했던 분 중에는 비전향을 고수하신 분들이 많지만, 남쪽이나 재일 한국인 출신들은 서승·서준식 형제나 강용주 선생 빼놓고는 대개 많이 전향했습니다. 사실 전향과 비전향의 경계를 나누고, 편을 나누어선 안 된다 하면서도 갈릴 수밖에 없죠. 비전향 장기수들은 비전향한 것에 자부심을 갖습니다. 감옥에서 버틸 때 얼마나 힘들었겠습니까? 제일 힘든 게 고문당하는 것보다 믿었던 동지가 무너지는 모습을 보는 거였다고 합니다. 그러다 보니 앙금이 남을 수밖에 없

〈겨울과 봄 사이, 아버님전 상서〉

여느 사람들보다 더 추운 겨울을 살아, 겨울을
더 잘 아는 저희들은, 겨울이 아무리
훈훈하다 한들 필경은 심술을 부리고야 마는 것이
제 버릇인 줄을 결코 모르고 있지 않았습니다.
이제 남은 추위야 西山 落日인 터에
자라 목이 길어 봐야 강 건너가랴 싶습니다.

어제 아버님 서신 받았습니다.
지난 번에 보내 주신 약은 계속 사용하고 있습니다.
어머님 형님 영석이 모두 편안하리라
믿습니다.

燦然 藜室記述은 꼭 읽고 싶지는 않습니다.
그보다는 영석이 한테 부탁한 東洋近世史(日版)와
漢文敎유(文庫版)을 구해 보시기 바랍니다.
漢文讀解 때문에 한문 교본을 한번 읽었으면
합니다. 문고판으로 刊行되었단 말 들었습니다.
천천히 보내 주셔도 됩니다.

며칠 앞아 진달래 필 듯합니다.
겨울은 봄을 준비하느라 그리도 추웠던 모양입니다.
감기 앓지 않고 건강합니다. 아버님의 건강하심을 빌며
이만 그치겠습니다.

2月 20日
영복 올림.

대전교도소 1974년 2월 20일 「겨울과 봄 사이, 아버님 전상서」, 『신영복의 엽서』, 96쪽

어요. 선생은 의외로 전향서에 서명할 때는 별 고민 없이 하셨다
고 해요. 나중에 대전에서 비전향 장기수들을 만나고 다시 생각할
기회가 있었다 하시지만, 결국은 전향했을 거라고 말씀하셨습니
다. 저도 길게 여쭙지는 않았습니다.

한홍구

그 사람의 글씨는 그 사람과 같다

감옥 생활 중 신영복 선생은 한학의 대가인 노촌 이구영 선생과 4년간 한방에서 지내는 행운을 얻기도 했습니다. 이분은 집안이 연안 이씨 명문 양반 가문인데, 대표적인 양반 빨갱이입니다. 사실 백정, 머슴이 우익으로 많이 갔고, 사회주의 운동은 양반들이 많이 했죠. 사회주의가 외래 사상 아닙니까? 그걸 지식인들부터 받아들일 수밖에 없었던 거죠. 가톨릭도 마찬가지고. 신영복 선생은 이구영 선생님과 같은 방에 계시면서 한문을 제대로 배우게 됐습니다. 그래서 동양고전에 해박한 지식을 갖게 되었고, 굉장히 성찰을 많이 하셨다고 해요. 읽고 또 읽고, 읽고 또 읽고. "책이 또 그것밖에 없었어" 하고 웃으면서 말씀하셨습니다.

정향 조병호 선생이라고 풍양 조씨 세도가의 후손인데, 이 어른이 참 독특한 분이세요. 이분이 명필이거든요. 그러니까 대전 교도소장이 이분의 글씨를 좀 얻어 볼 요량으로 교도소 재소자 서예반에 오셔서 한번 지도해 주십시오 한 거죠. 그렇게 해서 이분이 오시게 됐는데, 와서 깜짝 놀라셨다는 거예요. 교도소엔 잡범들, 범죄자들만 있는 줄 알았는데, 아이고, 조선 시대 유배 간 선비들이 대한민국에선 교도소 안에 다 있구나 하신 거죠. 노론 명문가로 굉장히 보수적인 생각을 가진 분이었지만 사상범들이 자기 신념을 지키는 것을 옛 선비가 어떤 어려움 속에서도 지조를 지킨 것처럼 높이 평가해 주시고, 자주 나와서 오랫동안 서예를 지도해 주셨다고 합니다. 신영복 선생은 그때 이분이 가져오신 동서고금의 서첩을 보고 다양한 글씨체를 익히셨다고 해요. 그래서 제가 여기저기서 정향 선생님 글씨를 많이 모았습니다. 나중에 신영복 선생 추모 전시회를 할 때 쓰려고요.

그리고 신영복 선생에게 서예를 가르친 분이 한 분 더 계십니다. 만당 성주표 선생이라고. 성주표, 조병호 선생의 스승이 우하 민형식 선생이라고, 민영휘 아시죠? 민영휘는 우리나라 최고의 부자인데, 그 집에 양자로 들어간 민형식은 작위를 받아 친일파다 하는 사람도 있지만, 민영휘와 다르게 아주 훌륭한 분입니다.

신영복 선생의 글씨 중 벽에 걸려 대중에게 전시된 첫 번째 작품이 뭔지 아시나요? '불조심', '좌측통행', '동상 예방 주의사항', '재소자 준수사항' 같은 교도소 내 게시물이었다고 해요. 요즘 한국에서 서예의 실용화에 대한 연구를 한다 하며 이런저런 활동들을 하잖아요. 서예가 한문 교육과 동떨어지다 보니 생활과 유리된 거죠. 한문을 모르니 글씨를 쓰는 게 아니라 그리게 되는 겁니다. 서예가 실생활과 동떨어지고 캘리그래피에도 밀리고…… 그런데 신영복 선생은 정말 실용 그 자체에서 서예를 시작하신 거죠. 신영복 선생의 한글 글씨체는 아주 대중화되어서 길 가다가 여기저기서 보게 됩니다. 돼지국밥, 순댓국, 추어탕, 순두부 등 음식점의 간판으로 환생한 선생의 글씨를 보면 자연히 웃음 지으면서 선생을 떠올립니다. 그래서인지 신영복 선생의 글씨에 대해서는 이른바 '정통' 서예계에서는 조금 경원시하는 경향이 있는 것 같아 씁쓸한 생각도 듭니다. 저는 선생의 글씨가 특히 한글 서예에서 새로운 경지를 개척했다고 생각합니다. 선생께서 '서울'을 주제로 한 서예전에 출품하셨다가 서울시에 기증하신 〈서울〉이란 작품은 정말 기가 막히잖아요. 표음문자 한글이 표의문자가 될 수 있고, 산

한홍구

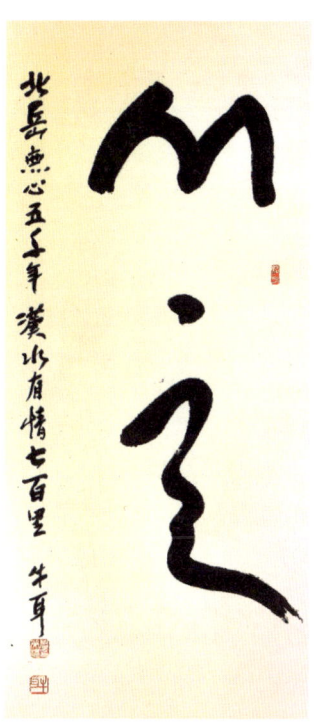

신영복, 〈서울〉

과 강을 동시에 갖춘 서울의 아름다움을 두 글자 속에 녹여 냈다
는 게 정말 놀라운 일이지요.

제가 선생 생전에 평화박물관에서 서예전을 하시자고 제안 드
렸더니 '글씨는 나이가 들수록 좋아지는 법'이라며, '팔십 되면 할
게' 하고는 팔십이 되기 전에 돌아가셨습니다. 선생은 글씨 인심
이 좋으셔서 부탁드리면 잘 써 주셨습니다. 평화박물관 활동 사금
에 보탬이 될 수 있게 재주껏 팔아서 쓰라고 하셔서 큰 도움을 받
았죠. 선생께 글씨 부탁한 단체가 얼마나 많았겠습니까. 선생께서
는 정말 열심히 써 주셨어요. '서여기인'(書如其人)이라는 말이 있
지요. 선생이야말로 딱 거기 합당한 분이라는 생각이 듭니다.

신영복, 그의 삶과 시대

더불어 숲이 되신 선생님

20대 청년 시절인 1968년에 잡혀가, 꼭 20년 세월을 보내고, 1988년 석방되신 선생은 그 시간을 '나의 대학 시절'이라고 종종 표현했습니다. 사람과 세상을 보는 눈을 새롭게 키우고, 생생한 역사의식을 길렀으며, 양화공·봉제공·목공·영선·페인트 등 여러 가지 기술까지 익히고 나왔으니 그럴 만도 합니다. 감옥이라는 곳은 위선이 통하지 않는 곳입니다. 정말 24시간을 붙어 있다 보니 그 사람의 바닥이 속속들이 드러나 보일 수밖에 없는 곳이 감옥이라는 말씀을 하셨습니다. 그래서 사람들의 작은 동작 하나에도 무슨 생각을 하는지 꿰뚫어 볼 수 있다고 하셨습니다. 선생께서 갖게 된 특별한 능력이 지하철에서 두 정거장 이상 서서 가신 적이 없다는 거예요. 쓱 보면 누가 금방 내릴지가 다 보인다고 하셨어요. 저는 죽었다 깨어나도 못 따라갈 것 같아요. 그래서 20년의 징역살이가 헛된 것은 아니라고 농담하기도 하셨습니다.

선생께서 성공회대학교로 오신 건 성공회대가 지금도 작은 학교지만, 지금보다 규모가 훨씬 작은 1989년 때부터입니다. 당시 학장이던 이재정 신부님께서 신영복 선생이 육군사관학교 교수 시절 교단에서 잡혀가셨으니 다시 교단에 서시는 게 제대로 된 복권이라며 신영복 선생을 우리 학교로 모셔 왔고, 줄곧 강의를 맡으시며 우리 학교의 정신적 지주 역할을 하셨습니다.

벌써 시간이 다 되었네요. 누구나 다 자기가 보낸 세월에 의미를 부여하고 싶어 합니다. 선생께서도 젊은 시절 20년을 독재 정권에게 빼앗겼지만, 20년의 징역살이가 헛된 것이 아니라고 생각하셨다고 해요. 신영복 선생께서 자위를 넘어 일종의 성취감을 느낀 부분은 자신이 완전히 다른 사람이 되어 나왔다는 것입니다. 레닌을 포함해 수많은 실천가가 성공하지 못한 자기 개조를 이뤄냈다는 것! 그런데 오랜만에 만난 친구들은 "야, 너 하나도 안 변했구나"라며 칭찬하더랍니다. 선생은 그렇게 세상과 다시 만나신 거죠. 선생은 하나의 나무가 변하는 것도 중요하지만, 나무들이 더 불어 숲을 이뤄 가는 것이 더 중요하구나 하는 깨달음을 차분한 목소리로 우리에게 말씀해 주셨습니다.

선생께서 2006년 6월 정년 퇴임하실 때 기념 인터뷰를 제가 했어요. 그때 인터뷰한 내용을 정리해서 『한겨레21』에 두 번에 걸쳐 실었는데 그게 오늘 이야기의 바탕이 되었습니다. 20여 년 어린 시절을 보내고, 20년간 감옥 생활을 하고, 그리고 귀양이 풀린 뒤의 해배(解配) 기간이 20년이 조금 못 되었죠. 정년을 하시니 해배 2기를 맞아 20년 정도 더 활동하실 수 있을 거라는 말씀을 드렸는데 그만 나쁜 병에 걸려 고생하시다가 정년 10년이 채 안 되어 2016년 1월 16일, 정말 무지무지하게 추웠던 날 돌아가셨습니다. 이제 곧 선생님의 10주기를 맞게 되네요. 세월이 참 빠릅니다.

신영복의
진보주의와 사회변혁론

김동춘

신영복과 통혁당 사건

신영복 선생의 변혁 사상을 이야기하려니 참 부담스럽고 곤혹스럽습니다. 우선 1968년 박정희 정권하 중앙정보부가 발표한 통일혁명당(이하 '통혁당')이라는 무시무시한 조직 사건 관련자이자 무기수로 20년 수형 생활을 한 분의 체제 변혁 사상을 어떻게 이야기해야 하나 좀 어려운 점이 있습니다. 왜냐하면 아예 이런 사건이 있었다는 것조차 모르는 대부분의 사람에게는 상관없을 수 있습니다만, 그를 좀 알거나 한국 현대사를 알고 있는 50대 이상의 사람들은 그가 공안 당국이 공식 발표한 친북 반체제 사상을 실제로 갖고 있었나, 아니면 그 사건 자체가 대체로 조작된 것인가 궁금하게 생각할 것이기 때문입니다. 즉 그를 잘 아는 팬들은 신영복 선생을 반독재 민족주의 성향을 지닌 학생 서클 지도자 정도로 생각할 수도 있으나, 그게 아닌가 하는 의문도 있을 수 있기 때문입니다.

출옥한 당사자들이 자신이 알고 있는 이 사건의 실상에 대해 언급한 것이 거의 없고, 수사 기록이나 관련 자료가 아직 공개되지도 않았으며, 국가보안법이 엄존하고, 남북한이 여전히 전쟁 상태인 지금의 한반도 실정에서, 당시 이 사건의 실제가 어떠했는지, 그리고 이 사건에 연루되어 수형 생활을 했던 관련자들이 어떤 동기에서 이 조직에 가담했는지 객관적으로 파악하기도 어려울뿐더러 이런 문제를 아직 자유롭게 이야기할 수도 없습니다. 신영복 선생이 이미 사망했고, 조직에 관련된 사람들도 상당수 사망했기 때문에 이 문제를 지나간 역사로 재구성하기도 어렵습니다. 이 사건과 관련된 오병철 선생이나 박성준 선생에게도 물어본 적은 있으나, 이분들도 별로 언급하지 않았습니다. 또 신영복 선생과 저는 대학에서 오랫동안 가까이 지냈지만 부담스러워할 것 같아서 통혁당 사건에 대해 물어보지 않았습니다.

오늘 이 강의 주제인 신영복 선생의 진보주의와 사회변혁론은 우선 그가 통혁당 사건으로 투옥되기 이전 청년 시절의 생각과 1988년 가석방으로 출옥한 이후의 생각으로 구분해 볼 수 있을 것입니다. 물론 그가 1960년대 중반 당시 한국의 정치경제나 분단을 본 관점, 그리고 그가 이 조직에 가담하게 된 이유, 즉 당시 그가 생각했던 체제 변혁 사상이 어떠했는지 체계적으로 글로 발표한 것도 없고, 출옥 후에도 그것에 대해 체계적으로 정리한 것이 없으니, 투옥되기 이전의 것은 본인의 회고담과 통혁당 관련 자료에 나타난 1968년 이전의 그의 활동과 주변 사람의 증언 등을 통해서 추적할 수밖에 없고, 출옥 후의 것은 그의 발언이나 글을 통해서 확인할 수밖에 없습니다. 무엇보다도 통혁당 사건 당시 신영복 선생은 28세의 청년으로 학습을 통해 생각이 형성되어 가던 시점이라는 점도 고려해야 할 것입니다. 출옥 후 그는 과거 자신이 관념적 급진성을 가졌었다고 성찰적으로 회고한 적도 있고, 추상적으로 잘못을 인정한 적도 있지만, 국가보안법이 엄존하는 한국에서 어느 것도 모든 속생각을 그대로 표현했다고 보기는 어렵습니다.

당국의 발표를 보면 신영복 선생은 북한의 대남 사업이 지휘한 통혁당 서울시 창당준비위원회 산하 민족해방전선의 조직 책임자이며, 통혁당은 1965년 11월 초 서울시 위원장인 구 남로당계 인물 김종태의 지도하에 김질락, 이문규에 의해 결성된 것으로 되어 있습니다. 김종태는 그의 조카인 김질락, 그리고 동향의 이문규를 1차 조직원으로 포섭하고, 『청맥』 잡지를 통해 새문화연구회 주요 멤버를 끌어들였다고 되어 있습니다. 이 조직은 김질락의 수기에 의하면 마르크스-레닌주의에 입각하여 반제 반봉건 민주 사회를 거쳐 사회주의 사회를 건설하는 것이 목적이며, 그것을 위해 남한에 건설한 지하당이라는 것입니다. 통혁당 아래에 민족해방전선과 조국해방전선 두 조직이 있었으며, 전자는 김질락이 후자는 이문규가 지도하는 것으로 되어 있습니다. 당 조직이 갖는 위험성을 의식하여 이들은 민족해방전선과 조국해방전선이라는 전선 조직의 형식으로 결합한 것 같습니다. 물론 이 조직이 실재했는지, 조작인지는 모르겠습니다.

당국이 발표한 통혁당 조직도를 보면 신영복 선생은 1966년 2월

김동춘

에 김질락에게 '포섭'되어 민족해방전선 조직비서와 청년학생 지도책을 맡았다고 되어 있습니다. 서울대 사회학과를 졸업한 이진영이 교양 책임비서로서 새문화연구회 지도책의 역할을 했고, 신영복 선생은 여러 대학 학생 서클의 지도급 학생운동 출신자들을 조직원으로 끌어들이는 작업을 한 것으로 되어 있습니다. 민족해방전선 산하 대중 단체로는 이종태의 경우회, 서울 문리대의 동학회, 노인영, 박성준의 기독청년경제복지회, 이영윤의 청맥회 등이 있습니다. 신영복 선생은 이들을 지도하는 위치에 있었고, 이들에게 서적을 공급하면서 조직 활동에 더 깊숙이 개입하도록 지도하는 역할을 했다고 합니다.

이 사건은 1960년대 박정희 정권이 발표한 대표적인 공안 사건인 인혁당(인민혁명당) 사건과 함께 그 시대를 살았던 많은 사람에게 공포스러운 기억으로 남아 있습니다. 5·16 쿠데타 직후 박정희 군사정권이 발표한 가장 큰 반체제 사건은 인혁당 사건입니다. 1964년 서울대 문리대 학생들이 한일국교정상화, 굴욕적인 한일회담 반대 운동을 거세게 전개한 이른바 6·3사태로 위기에 빠진 박정희 정권이 계엄령을 선포한 직후 중앙정보부가 그 배후에 "북한의 지령을 받고 국가 변란을 기도한 인혁당이라는 조직이 있다"고 발표한 것입니다. 당국은 당시 관련자 57명 중 41명을 구속했는데, 여기에는 4·19 직후 구 남로당계 인물들과 학생운동 출신들, 지식인들이 모두 포함되어 있습니다. 그러나 이후 사법부는 이 사건 관련자들에게 극히 가벼운 형량만 부과했고, 관련자들도 이후 그것이 실재한 지하당이었다기보다는 서클 조직 필요성에 공감하는 정도였다고 밝혔습니다.

신영복의 진보주의와 사회변혁론

결국 인혁당 사건은 박정희 정권이 학생 데모를 막고, 정치적 위기 상황을 모면하기 위해 조작한 사건임이 이후 국정원 과거사 진실규명위(국가정보원 과거사건 진실규명을 통한 발전위원회) 조사에서 드러났습니다. 실제 당시 관련자들을 기소하기 거부했던 검사도 민주화 이후 이 사건에 관련된 인물들이 기소할 정도의 당 활동을 한 것은 아니라고 실토하기도 했습니다. 즉 인혁당은 실제 남한 내에 혁명적인 정당을 조직하는 단계까지 간 것이라기보다는 4·19 직후 정치 공간에서 활발하게 활동했던 통일운동가, 청년운동 그룹이나 해방 정국에서 좌익 활동에 가담했다가 살아남은 지식인들이 느슨한 형태로 만난 모임임이 드러났습니다.

남한의 4·19혁명에 크게 고무되었던 북한은 1960년대 초 본격적인 대남 공작, 소위 '남조선 혁명'을 위한 사업을 본격화했습니다. 이미 북한은 1950년대 말부터 주로 남한 출신 공작원(간첩)을 대거 남파했는데, 1961년에는 전남 임자도에 남로당원 출신 김수영을 남파하여 그의 동생인 김수상과 최영도를 대동 월북하게 하였습니다. 그리고 1964년 김수상은 과거 남로당 활동을 했던 김종태를 대동 월북하여, 이후 김종태가 통일혁명당 서울시 위원장으로 활동하도록 지원했던 것 같습니다. 당시 북한은 남한에 지하당을 건설하고 남한 각 분야에 영향을 미치려 했는데, 그 첫 작업이 청년, 지식인의 조직 작업이었습니다. 김종태는 이 조직 작업을 위해 『청맥』 잡지 발간을 위한 자금을 받아 왔으며, 이후 조카인 김질락, 김질락의 친구이며 김종태도 알고 있던 이문규 등과 『청맥』 발간을 준비했다고 합니다.

1967년 김종태는 김질락과 이문규를 월북시키기도 했고, 김질락은 당시 숙명여대 강사였던 신영복 선생과 서울대 출신 이진영을 만나서 조직에 끌어들이는 작업을 시작했습니다. 신영복 선생이 김질락을 만나게 된 과정은 김질락의 수기『주암산』에 기록되어 있고, 정운영과의 대담(계간지『이론』편집위원장 정운영 교수와의 대담,『이론』 3호, 1992년 겨울호)에서도 언급했습니다. 신영복 선생은 서울대 경제학과의 박희범 교수 댁에서 원고 청탁차 방문한 김질락을 처음 만났다고 말합니다. 김종태, 김질락은『청맥』 잡지를 중심으로 새문화연구회라는 연구 단체를 구성해서 청년들을 조직원으로 포섭하려 했습니다. 김질락은『주암산』에서 이진영이 "신영복이는 서울 상대 출신으로 천잽니다. 나이 스물다섯에 대학 강사가 되었어요. 사상적으로 상당히 진보하고 있습니다"라고 평가한 내용을 기록하였습니다. 그들의 기준에서 사회주의 지향을 갖게 된 것을 이렇게 말한 것으로 보입니다. 그리고 김질락은 이진영과 신영복의 사상이 진보하고 있다고 평가한 후에 이들에게 '불온 문서'나 책자를 전달했다고 합니다.

신영복 선생은 4·19 직후에는 별로 학내 활동을 하지 않았으나, 5·16 쿠데타 이후 학교 서클에서 활동하고 서울 상대나 학교 외부에서 이미 두드러진 활동을 했기 때문에 김질락과 이진영의 눈에 든 것 같습니다. 게다가 김질락과 이문규, 이진영은 모두 서울대를 나온 대구 경북 사람들이고, 이문규는 1950년대 말 서울대의 대표적인 학생운동 서클인 신진회의 멤버였습니다. 그러므로 김질락과 이진영이 이미 서울 상대에서 유명하고 영향력 있는 학생이자 박정희 정권과 남한에 대해 상당히 비판적인 생각을 갖고 있던 동향의 신영복 선생을 주목하고 의도적으로 접근했던 것으로 보입니다. 이문규는 당시 학사주점을 설립하여 조직원들의 만남의 거점으로 활용하기도 했습니다.

한국에서 지연이나 학연은 사회운동 조직에서 가장 중요한 조건 변수입니다. 한국전쟁 이후 민족주의 온건 좌익 계열 사람들이 대구 부산 등 인민군 미점령지에서는 많이 살아남았고, 그것과도 연관이 있지만, 이승만 정권 붕괴 이후 혁신계나 진보적 사회운동은 거의 대구, 부산을 진원지로 해서 전국적으로 확산했기 때문에 그런 지역 사회 분위기가 이 지역 출신 청년들의 의식에도 영향을 주었을 것입니다. 인혁당 사건의 경우에도 당국이 발표한 주요 조직원 상당수가 경상도 출신이고, 이후 통혁당 사건에 연루된 박성준, 오병철도 각각 부산, 대구 출신입니다. 오병철은 이문규의 경북고 동창이며, 통혁당 사건에 관련된 이재학 그리고 이후 남민전에 가담한 신향식도 이문규와 고교 동기 혹은 후배였습니다. 신영복 선생도 출신 지역의 연고 때문에 김질락, 이문규, 이진영 등과 상대적으로 쉽게 접촉했을 것으로 봅니다.

결국 통혁당 사건 수사로 체포된 김질락과 이문규는 사형을 당합니다. 그러나 이진영과 오병헌(오병철의 동생이자 통혁당 사건 관련자)은 전술 교관 요원 양성 임무를 갖고서 월북하여 이 사건이 발표되었을 때 북한에서 살아남았습니다. 당시 공안 당국은 신영복 선생이 무장투쟁을 준비하기 위한 기획, 즉 P.S작전(from paper to steel)을 제안했다고도 발표했습니다. 신영복 선생은, 기획은 수사 과정에서 과대 포장된 것이고, 문제를 제기한 정도였다고 말합니다. 신영복 선생이 활동한 조직의 상부가 북한으로부터 정치자금을 받은 혁명당이었다는 사실을 알았는지는 의문입니다.

김동춘

선생은 출옥 후 인터뷰에서 통혁당은 (북한) "조선노동당과는 무관한 조직"이라고 말한 적도 있고, 또 통혁당이라는 이름은 자신이 잡혀서 수사받는 과정에서 들었다고 제가 개인적으로도 직접 들은 적도 있습니다. 그는 자신이 남한의 반체제 활동에 가담한 전선체의 조직인 것은 분명히 인지했다고 하더라도, 북한이 지도하는 지하당 활동의 일환이라는 것은 몰랐거나, 짐작은 하고도 알려고 하지 않았을 수도 있습니다.

선생은 앞의 정운영 교수와의 대담에서 "통혁당 건설 논의 자체가 기본적으로는 남북 간에 서로 다른 체제와 독자적인 정치경제적 토대가 구축되어 있다는 것을 전제하고 있고, 통일과 혁명을 서로 돕는 관계로 규정한다고 볼 수 있으며, 남과 북을 양 당사자로 하는 통일 문제를 민족이라는 하나의 카테고리 속에 사고하지 않을 수는 없지만, 혁명의 문제는 기존 정치경제적 토대에 서야 하기 때문에 수입되거나 수출될 수는 없는 것"이라고 말한 적도 있습니다. 또한 신영복 선생은 한국의 "통일 역량이나 혁명 역량이 그 조직 역량에 있어서 매우 낮은 수준이었던 것은 분명합니다만, 그러나 혁명에서의 남한 주체성은 원칙의 문제"라고 보면서 북한에 의존적이거나 종속적인 태도를 갖지 않았다고 말하기도 했습니다. 당시 신영복 선생은 자신들의 활동이 북한과는 거리를 두어야 한다고 생각했지만, 남한에서 독자적인 반체제 혁명 조직의 필요성은 인정했던 것 같습니다.

그러나 신영복 선생은 『담론』 등 강의록에서 자신이 속한 조직들이 반국가 단체라고 본 공안 당국의 시각을 비판하면서, "그냥 학생 서클, 관념적이고 주관적이기도 했고, 7, 80년대의 학생운동 독서회의 선배격 조직"이라고 설명하기도 했습니다. 저에게도 당시 신영복 선생이 속했던 조직은 70년대 유신 체제하의 학생운동 언더서클(여러 학회)들과 별 차이가 없는 정도의 위상이었다고 말하기도 했습니다. 선생의 경우회 후배이자 통혁당 사건으로 짧게 투옥된 적이 있는 신남휘 씨도 그들의 활동이나 문제의식은 7, 80년대 민주화 투쟁과 별로 다르지 않으며, 좀 더 주도면밀했다면 희생을 줄일 수 있었을 것이라고 말합니다. 신영복 선생이 평가하기에, 이 조직들은 초기의 '미성숙한 상태'에 있었으며, 그런 점을 깨달은 것도 '감옥에서 고독한 사색을 한 결과'였다는 점을 언급하기도 했습니다.

결국 신영복 선생 본인의 출옥 후 말이나 이 사건 관련자들의 증언을 종합하면 통혁당 준비위원회라는 조직은 분명히 실재했고, 북한의 지도 및 지원을 받기도 했지만, 공안 당국이 발표한 여러 청년 학생 조직은 통혁당이라는 큰 조직의 그림을 그리기 위해 당국이 억지로 꿰맞춘 것으로 봐야 하지 않을까 생각합니다. 통혁당 사건이 발표된 1968년이라는 시점은 김신조 등 북한의 무장 공비가 그해 1월 청와대 뒷산까지 내려와 박정희 정권을 위협하던 상황이라는 것을 기억해야 할 것입니다. 그러나 신영복 선생의 통혁당 관련 정도 등은 이후 관련된 모든 수사 자료나 생존자의 증언이 공개되어야 답할 수 있는 문제이고, 저로서도 이 문제는 이 정도밖에 말할 수 없습니다.

김동춘

1960년대의 진보 청년 신영복

신영복 선생은 부산상고를 졸업하고 서울대 상대에 입학한 이후에는 말 그대로 다재다능과 재기발랄, 운동과 미술에 능하고, 글도 잘 쓰고 유머 감각도 풍부하고, 고등학생 시절부터 쌓은 경험으로 응원단장까지 했던, 매우 활달하고 주변 친구들에게 인기 있는 학생이었다고 합니다. 그는 시 낭송과 암송에서도 독보적인 존재였다고 하니 가히 다른 사람이 넘볼 수 없는 대학의 스타였다고 해도 과언이 아닐 것입니다.

지적인 활동으로는 대체로 경우회 등 대학 연합 모임의 지도급 선배 역할, 서울 상대의 평론집 『상대평론』의 편집위원, 『상대신문』 기자 활동 등을 했습니다. 그리고 고려대에서 열린 전국 경제학과 토론회 대회에서 선배인 안병직과 함께 참가해서 대상을 받을 정도로 매우 학구적이고, 동료들에게는 이미 상당한 지적 수준을 가진 학생으로 평가를 받았던 것 같습니다. 안병직은 이후 서울대 경제학과의 이념 지향적인 그룹의 지도 선배로서 역할을 하기도 하는데, 대체로 당시에는 신영복 선생과 활동 반경이 비슷했던 것으로 보입니다.

4·19 혁명 전후 서울대에는 문리대의 신진회, 법대의 신조회 등 의식화된 학생 그룹이 학생운동을 주도했는데, 상대에는 경우회가 그런 조직이었던 것 같습니다. 신영복 선생은 경우회에서 이미 마르크스주의 사회경제사, 케인스나 슘페터의 이론, 공동체론, 상호부조론 등을 학습한 것 같습니다. 4·19 혁명 정국에서 등장한 통일론, 특히 중립화 통일론이나 혁신계 그룹의 활동 등은 그와

동시대 청년들에게 상당한 영향을 주었을 것입니다. 4·19 혁명은 미국 일변도의 문화, 유럽의 실존주의에 심취해 있던 청년들에게 일대 충격을 준 사건입니다. 4·19 혁명의 큰 충격으로 김수영 시인이 "자유에는 피의 냄새가 있다"고 포효했듯이, 당시 한국 대학생들도 피의 혁명을 충격 속에 맛본 이후 '나는 누구인가', '한국은 어떤 나라인가'에 대한 심각한 자기 성찰과 자의식을 갖게 된 것입니다. 비록 5·16 군사 쿠데타로 된서리를 맞았지만, 이 국면에서 나타난 진보적인 청년 학생 그룹은 이후에도 공부 서클 형태로 모여 활동을 합니다. 그게 공안 당국의 표적이 되어 인혁당이라는 조직으로 둔갑해서 나타나기도 합니다.

한편, 일제 시기 이후 마르크스주의 경제학의 흐름은 당시에 고려대나 서울대 중심으로 상당히 남아 있었고, 책도 쉽게 구입해서 읽을 수 있었기 때문에 그 영향을 받았던 것 같습니다. 서울 상대의 박희범 교수는 5·16 쿠데타 직후 군부 세력이 추진하려 했던 민족자본 중심의 경제개발 계획에도 영향을 미쳤고, 서울 상대 학장 역할을 한 최문환 교수는 민족주의 지향의 학자로서 학생들에게 상당한 영향을 주었습니다. 신영복 선생의 몇 년 선배인 사회학과의 신용하 교수도 문리대 사회학과에서 상대로 전공을 바꿔 석사과정 진학을 하기도 했기 때문에, 당시는 미국 학문이라 할 수 있는 정치학이나 사회학에 비해 경제학은 나름대로 진보적 청년들의 관심을 끌었던 것 같습니다. 신영복 선생은 석사과정 진학 후 「봉건제 사회의 해체에 관한 고찰: 노동력의 사회적 존재 양식을 중심으로」라는 제목의 석사 논문을 제출했는데, 최문환 교수가 지도를 맡았으나 '우여곡절 끝에' 박희범 교수가 지도했다고 합

김동춘

니다. 그는 당시에 후발 자본주의 국가에서 유행하던 국가자본주의를 주창한 학자이고, 5·16 쿠데타 직후 초기 박정희 군부 세력에게 경제 자문을 하기도 했습니다. 졸업식에서 최문환 학장과 사진을 찍었고, 이후 최문환 교수가 육사 교관으로 추천한 것을 보아 그의 사상적 영향도 받았을 것입니다. 최문환의 『민족주의의 전개 과정』은 1970년대 후반 우리 세대 학생운동 진영에서도 여전히 많이 읽을 정도로 당대의 필독서였습니다.

신영복 선생은 1965년 서울대 경제학과 대학원에서 석사 학위를 받습니다. 당시 한국의 이데올로기적 조건에서 마르크스주의 관련 기존 연구들에 대한 각주를 생략할 수밖에 없었다고 실토하기도 했습니다. 선생의 석사 논문은 대체로 본인도 인정했듯이 마르크스의 서양 경제사 정리, 특히 자본주의 이행에 관한 기존 연구들을 정리한 것에 가깝습니다. 물론 이 논문에서 자본주의 이행 논쟁의 두 당사자 돕(Dobb)과 스위지(Sweezy)는 전혀 인용하지 않습니다. 이 논문에서 그는 마르크스주의 경제사를 정리하기는 했으나, 본인도 인정하듯이 그것이 한국에 어떻게 적용될 수 있을지에 대한 생각까지 정리한 것 같지는 않습니다. 그러나 석사과정 이후 숙명여대에서는 당시 경제학자들 사이에서 유행한 개발경제학, 케인스주의 등을 강의했고, 마르크스 경제학에 대해 심층적으로 파고들었던 것 같지는 않습니다. 무엇보다도 이제 경제 발전을 막 시작하던 한국, 아시아의 최후진국이자 분단국가인 한국의 정치경제 현실이 신영복 선생에게 더 중요하게 다가온 것 같습니다.

신영복 선생이 후진국 개발론 등을 강의하면서 킨들버거 교수의 『외국무역과 국민경제』를 번역한 것도 이제 막 수출 주도 산업

신영복의 진보주의와 사회변혁론

화의 길로 가기 시작한 박정희 정권의 경제 정책에 대한 문제의
식이 깔려 있었기 때문일 것입니다. 선생의 스승인 이현재 교수는
신영복 선생이 평탄한 길을 걸었다면 '실용주의 경제학자의 길을
걸었을 것'이라고 지적하기도 했는데, 이것도 20대 신영복의 경제
학이 마르크스주의보다 근대 경제학에 어느 정도 경도된 점을 주
목한 것이 아닌가 생각합니다. 경제학자이자 반공 사상가인 로스
토우가 한국을 방문했을 때 신영복 선생이 학생 대표로 사회를 보
았다고 하고, 신영복 개인이 로스토우 이론을 비판한 내용도 김질
락의 수기 『주암산』에 나옵니다.

그러나 신영복 선생이 박정희의 5·16 쿠데타를 보면서, 특히
1964년 이후 한일국교정상화 등을 본 이후에는 분명히 체제 비판
적인 생각을 갖게 된 것 같고, 그것은 당시 반독재 운동권 운동들
의 일반적인 경향을 보여 준 것입니다. 앞서 언급한 김질락의 수
기 『주암산』에 신영복 선생이 언급되기도 합니다. 김질락과의 대
화에서 신영복 선생은 한국 경제에 대해 "한국 경제는 외국 자본
에 이중적으로 예속되어 있습니다. 외국 자본과 국내 매판자본의
시장독점 현상이 날로 노골화되어 가고 있습니다"라고 답변한 내
용이 나옵니다. 김질락은 신영복 선생에게 한국은 사실상 식민지
이며, 그 상황에서 탈피하기 위해 혁명이 필요하다는 내용을 역설
했다고 하는데, 신영복 선생이 응답했다는 내용은 없습니다.

정운영과의 대담에서 신영복 선생은 당시 한국 사회에 대한
생각을 이렇게 회고합니다.

해방 이후 정권의 정통성도 없었고, 식민지 경제 구조도 그

김동춘

대로 확대 재생산되고 있는 형편이었습니다. 부정부패의 만연, 그리고 광범한 빈곤의 축적은 자본주의적 개발 방식의 한계와 모순을 쉽게 느끼게 하였습니다.(신영복·정운영 대담,「모든 변혁 운동의 뿌리는 그 사회의 모순 구조 속에 있다」, 『손잡고 더불어』, 88쪽)

물론, 5·16 쿠데타 직전에 학생들이 "가라 북으로, 오라 남으로" 구호를 외쳤고, 이러한 민족주의 정서가 이후 굴욕 외교 반대를 외친 6·3 학생운동에까지 연결되었습니다. 당시 학생운동권에서도 한일국교정상화 등을 강하게 반대하면서 매판자본의 논리, 군부의 성장주의를 비판했기 때문에 이런 생각은 당시 학생운동 진영의 일반적인 생각이었을 것입니다. 특히 신영복 선생은 이승만과 박정희 정권을 정통성 없는 정권으로 바라보고 있었으며, 남한은 일제 식민지 지배 체제가 연장된 것으로 본 것 같습니다.

1960년대 중반 보통 한국인들은 한국을 미국 중심의 '자유'세계의 일원으로 생각하고 있었으며, 남미의 경험을 바탕으로 한 종속이론이 본격적으로 등장하기 이전이었습니다. 당시 가장 유행하던 사회과학 주제는 후진성, 반봉건, 매판, 빈곤의 악순환 등의 담론이었습니다. 당시 모든 객관적 지표에서 보더라도 한국은 아시아 최후진국이었습니다. 당시 대학생들은 5·16 군사 쿠데타 이후의 정치적 억압, 후진국 한국의 처지에 대한 좌절감과 패배 의식이 강했고, 미국과 서구에 대한 일방적인 추종 의식을 갖고 있었습니다. 한국전쟁 이후 50년대 내내 한국은 압도적으로 미국발 '자유'세계 담론이 공식적으로 지배했고, 한국의 전통은 물론 사회운동이 완전히 파괴되었습니다. 물론 민족주의 이념이 4·19 직후 다소 확산되고, 학생 청년들의 이념적 스펙트럼에 따라 한국의 경제 발전 경로에 대한 고민과 대안이 다양하게 제기되기는 했지만, 남북한이 빨리 통일된 국가를 건설해야 하며 특히 남한은 후발 국가의 처지에서 벗어나야 한다는 근대화 지상주의, 민족주의는 대학생들 사이에서는 거의 일반화되어 있었다고 봐야 합니다.

5·16 쿠데타 직후 진보적인 학생운동 그룹은 한국을 식민지 반봉건 사회, 매판자본이 지배하는 사회, 혹은 반둥회의 이후 이집트, 인도 등 아시아 아프리카의 신생 독립국에서 시도된 민족민주 혁명의 틀로서 한국을 바라보기 시작했습니다. 아직 한국이 후진적 농업 중심 사회이고 민족 분단이 고통의 원인이라고 생각하던 60년대 초 진보적 청년들은 중국, 북한, 인도, 이집트 등 제3세계 민족민주혁명론에 크게 경도되어 있었던 것 같습니다. 당시 가장 실천적이고 문제의식이 투철한 경제학도들 대부분은 농업경제학을 전공했으며, 젊은 정치학자나 사회학자 들도 대체로는 한국 지배층의 매판성, 종속성, 후진성을 비판하면서 어떻게 이런 후진성의 굴레에서 벗어날 것인가에 관심을 갖고 있었습니다. 즉 4·19 혁명 이후 분출한 민족주의 통일론, 사회민주주의 사상에 크게 고무된 진보 성향의 청년, 학생 들도 이러한 한국 사회의 후진성을 미국발 근대화론, 로스토우 식의 경제 성장론의 패러다임에 기초해서 설명하기를 거부하고 이제 한국이 미국 혹은 제국주의의 식민지 지배하에 있다는 인식을 점차 갖게 되었습니다.

신영복 선생도 이런 진보적인 4·19 세대의 일원이었고, 4·19를 거치면서 민족 문제, 계급 문제에 대한 관심을 본격적으로 갖게 되

김동춘

었을 것으로 추측할 수 있습니다. 이들 반체제 지향을 갖게 된 소수의 학생운동 지식인은 마르크스, 엥겔스, 레닌, 마오쩌둥의 저작들이나 사회주의 소설, 그리고 대중조직론, 신식민주의 등의 책을 읽고 의식화의 과정을 밟았던 것으로 보입니다. 석사과정 무렵 신영복 선생은 김질락이 주도한 『청맥』 편집 모임 등에 참가하면서 좀 더 분명한 체제 비판 의식을 갖게 된 것 같습니다. 특히 경제학 전공자이지만, 당시 헌책방에서 구할 수 있었던 일본 학자들이 번역한 마르크스의 『자본』이나 다른 마르크스주의 경제학 이론을 학습하고, 남한의 정치 체제, 분단과 통일 문제에 대해 주로 분명한 반제 반자본주의, 통일 의식을 갖게 된 것으로 보입니다. 신영복 선생은 정운영과의 대담에서 "마르크스-레닌 이론 중에는 정치경제학을 비롯하여 철학적 논리, 역사적 관점, 인간의 소외 문제에 이르기까지 풍부한 지적 광맥을 만날 수 있었습니다"라고 말하기도 했습니다. 물론 당시 반독재 학생운동 진영의 진보 그룹이나 일반 학생들 내에서 마르크스주의 서적이나 마오쩌둥 사상 등을 학습한 사람은 거의 없었습니다.

당시 진보적인 학생, 청년 들에게 북한, 분단 문제는 그들의 정치적 입장을 분명히 드러내는 쟁점이 아니었을까 생각됩니다. 특히 70년 이전에는 산업화를 먼저 시작한 북한이 경제적으로도 남한에 앞서 있었고, 휴전 10년 정두가 지난 시점이라 남북한 체제의 이질화도 본격화되기 이전이었기 때문에, 일부 운동권 학생들은 북한에 대해 우호적인 생각을 갖고 있었던 것으로 보입니다. 그들 일부는 정치적 정통성에서도 일본군 출신 박정희가 대통령인 한국에 비해 빨치산 투쟁을 한 김일성과 북한의 지도자들에 대

87

해 더 호감을 가졌을 수도 있습니다.

공안 당국은 신영복 선생이 지도했다고 하는 기독청년경제복지회 등이 "사회주의 복지 경제를 주장하면서 북한 경제 제도를 찬양했다"고 말했으나, 그 조직의 리더였던 박성준은 제게는 그 모임이 그 정도의 이념 지향성을 갖지 않았다고 말했습니다. 또 그는 최근 통혁당 관련 사건 재심을 신청해서 무죄 판결을 받기도 했습니다. 신영복 선생도 자신이 가담했던 경우회 등 서클 활동과 이념이 초기의 미성숙함과 편향성을 가졌다고 평가하기도 했습니다만, 20대 초중반의 대학생들로서 당연히 그런 미성숙함과 편향성을 가졌을 것입니다. 아마 편향성이란 군사정권의 등장과 군부 지도자들의 부도덕성, 사회의 부패와 후진성을 목격하면서 중국이나 북한에 관심을 갖게 된 사실을 말한 것은 아닌가 추측합니다.

물론 휴전 이후 남북한 관계는 일차적으로는 북한의 대남 혁명 전략, 그리고 특히 60년대 이후에는 체제 경쟁에서 우위를 점하기 위한 의식, 상대방에 대한 적대를 빼고는 설명할 수 없습니다. 박정희의 성장 지상주의도 어쩌면 남북한 체제 경쟁에서 북한에게 밀린다고 생각한 나머지 북한에 앞서야 한다는 조급증의 산물이라고 볼 수도 있을 것입니다. 더 흥미로운 것은 5·16 쿠데타 이후 김종필이 추진한 공화당 조직 모델도 서구 자유주의 정당이 아닌 레닌주의 정당 조직 모델을 따른 점이 있었다는 사실입니다. 김종필이나 박정희가 한때 좌익 활동을 했기 때문에 그런 방식에 더 익숙했다고 볼 수도 있습니다. 특히 1967년 이전 북한에서는 아직 김일성주의, 그리고 주체사상이 정립되기 이전이었다는 사실을 기억해야 할 것입니다. 중국 혁명이 후발 국가는 물론 프랑스 등 선진국 청년들의 관심도 크게 끌었지만, 소련의 공식 노선인 스탈린주의와 제3세계 민족민주혁명 노선과의 차별성이 아직 분명하게 드러나지 않았던 시기라는 점도 기억해야 할 것입니다.

특히 60년대 초는 한국전쟁이 휴전으로 마무리된 지 불과 십여 년밖에 지나지 않은 시점입니다. 이념 갈등이 대폭발했던 1945~1948년 사이의 해방 정국으로부터의 시간적 거리감도 그다지 크지 않았던 시점이기도 했습니다. 이후 조작된 것으로 밝혀지기는 했으나 세상을 깜짝 놀라게 했던 1968년의 동베를린 사건도 따지고 보면 당시 독일 유학 지식인들이 갖고 있었던 북한과 사회주의에 대한 호기심, 그리고 헤어진 가족과의 만남의 열망을 보여주는 한 사건이 아니었나 생각됩니다. 당시 동베를린 사건은 어마어마한 간첩 사건으로 보도되었지만, 실제 내용을 보면 '간첩'으로 체포된 독일 유학생이나 청년들이 남한 박정희 정권의 독재와 사회경제적 빈곤에 대한 비판 의식을 가졌다가, 경제적으로 앞서 있던 북한에 대한 호기심과 동경으로 연결되고 방북까지 한 사건 정도였습니다. 남한이 북한에 대해 경제적으로 앞서기 시작했고 체제 이질화가 심화된 1980년대 이후의 시각으로 1960년대 진보적인 청년, 지식인의 생각을 바라봐서는 안 될 것입니다.

신영복의 사회변혁론

신영복 선생에게 감옥은 학교였고, 산이었고, 새 인생의 시작이었습니다. 그의 한국 사회에 대한 본격적인 학습, 그리고 세계에 대한 인식은 오히려 감옥 안에서 시작되거나 강화되는 과정을 겪습니다. 그는 감옥에서 만난 여러 부류의 사람들과의 대화를 통해서 "우리 시대의 가장 첨예한 모순의 한복판을 몸으로 체험했다"고 강조합니다. 신영복 선생은, 그러한 체험은 체험 그 자체보다는 그것으로부터 이끌어 내야 할 반성이 더 중요하다고 보았습니다. 신영복 선생은 자신이 투옥되기 이전에는 '관념적인 지식인'이었으나 감옥이라는 대학에서 수많은 한국의 밑바닥 사람과 좌익 장기수를 만나면서 "책으로는 도저히 얻을 수 없는 지식, 즉 우리 사회를 그 모순 구조 속에서 인식할 수 있도록 해 주는 가장 확실한 토대"를 얻게 되었다고 말했습니다.

특히 그는 감옥에서 빨치산 출신 좌익수들과 만나면서 "해방 전후의 역사를 역사로서 이해해 오던 관념성에서 어느 정도 벗어날 수 있었다"고 고백합니다. 그리고 그들의 파란만장한 삶의 기억을 접하면서 "그야말로 피가 통하고 숨결이 배어 있는 역사 그 자체"를 접하게 되었다는 것이지요. 그의 한문 스승이던 이구영 선생의 선비와 같은 자세도 그에게 큰 영향을 미친 것으로 보입니다. 이들 구빨치, 신빨치 등 구좌파 혁명가들은 신영복 선생과 같은 학생운동 세대들과는 다른, 확고한 반미·민족해방 노선을 견지하고 있었으며, 남한 체제를 철저하게 부인했습니다. 그러나 전쟁 후 남한 사회에서 성장한 4·19 세대 청년들이 이들과 같은 이념이나 생각을 견지할 수는 없었을 것이고, 그 간극은 이후에도 지속되었을 것입니다. 이것은 김질락이 『주암산』에서 사상적 동요를 겪으면서 자신의 과거를 비판하는 글에서도 확인됩니다. 물론 안병직처럼 신영복 선생과 동년배 좌파 지식인들이 1990년대

김동춘

이후 뉴라이트로 사상적 변신을 겪은 사실을 통해서도 혁명 세대와 이후 학생운동 세대와의 분명한 차별성을 확인할 수 있습니다.

빨치산 출신, 공작원 등 구좌익들은 대체로 북한을 혁명의 기지로 생각하고, 사회주의 정치경제 체제를 정통으로 받아들였습니다. 그들에게 이것은 사상적으로 의문을 품을 문제는 아니었을 것입니다. 그러나 휴전 이후 성장한 새 세대는 그들과 생각이 다를 수밖에 없었습니다. 당시 신세대 학생운동가들은 분단 및 한국 사회를 처음 학습하는 단계에 있었습니다.

신영복 선생은 중앙정보부 취조실에서 고위 간부가 "통일도 우리가 하고 혁명도 우리가 할 거야"라고 말하는 것을 들은 후 큰 충격을 받았다고 실토합니다. 중앙정보부 요원의 이러한 언명은 20대 청년이었던 그에게는 '감당하기 어려운 폭언'으로 기억하는데, 사실 공안 요원들 반대편 극단의 북한 공작원들도 사상은 다르지만 이들과 유사한 논리를 갖고 있지 않았을까요?

> 강철 신념의 비전향 장기수들도 다르지 않았습니다. "머지않아 김일성 장군이 우리를 데리러 온다"는 믿음을 가지고 있었습니다. 나로서는 도저히 이해가 가지 않는 것이었습니다. ……통일도 혁명도 그 사람들이 다 하고 있다는 생각이 들었습니다.(「푸른 보리밭」, 『담론』, 216쪽)

혁명도 통일도 남북한 권력자들이 다 한다면 남한에서 반체제 활동가로 투옥되어 무기형까지 받은 청년이 설 자리는 어디에 있을까요? 혁명과 통일의 긴장과 딜레마는 장기적으로는 통일해야 한다고 생각하지만, 통일보다는 남한의 체제 변혁이 우선이라고 생각하고 있었던 신영복 선생과 같은 청년들의 고민과 고뇌를 집약하고 있다고 봐도 좋을 것입니다.

한국전쟁의 잔해와 상처가 아직 사회에 그대로 남아 있던 60년대 초 아마 한국 지식인들은 한국이 계속 분단 상태에 있을 것이라고 추호도 생각하지는 않았을 것입니다. 박정희를 비롯한 5·16 쿠데타 세력이 반공을 제1의 국시로 한다고 말했지만, 당시는 반공의식이나 반북 의식이 남한 사람들의 내면에까지 착근하지는 않았던 시기였습니다. 미국의 영향이 압도적이어서 그렇기도 하겠지만 60년대 대학생들은 70년대 말 이후 80년대 중반까지의 '사회과학의 시대'와 비교해 보면 훨씬 더 미국 지향적이거나 자유주의적이었으며, 또한 정치적 비판과 자유로운 이론적 모색을 할 수 있는 시기였습니다. 다른 편으로 보면 당시는 아직 남한 내의 계급 분화가 본격화되지 않았고 전근대 문화가 강하게 남은 사회였기 때문에, 민족 문제와 계급 문제의 긴장이 드러나지 않은 시기였다고 볼 수 있을 것입니다.

사형에서 무기로 감형을 받고 나서 신영복 선생은 감옥 안에서 전향을 하게 됩니다. 그는 무기수로 확정된 1970년 말쯤 안양교도소에서 전향서를 썼다고 하는데, "뿔뿔이 흩어져 있었으니까 다 모여서 결의한 것은 아니지만 어느 정도는 서로의 소식을 전해 듣고 결정했다"고 말합니다. 즉 가족들을 통해서 다른 동료들의 전향 이야기가 전달되었는데, "자신이 제일 늦게 한 것 같다"고 말합니다. 물론 전향은 기본적으로 자신이 판단하고 선택할 수밖에 없는 문제이지만, 그는 그 당시에는 전향을 그다지 심각하게 바라

김동춘

보지 않았던 것 같습니다. "우리는 한 번도 우리 스스로를 사회주의자라고 말한 적이 없습니다. 따라서 그 논리대로라면 바꿔야 할 사상도 없었던 거지요. 별로 큰 의미를 두지 않았습니다"라고 말합니다. 이후 확고한 비전향 의지를 갖는 장기수들을 만나지만, 비전향수에 대한 생각은 이중적입니다.

> 짧은 기간을 지배할 뿐인 정권이 장기적인 성격을 가질 수밖에 인간의 사유를 정치적 이데올로기 밑에 종속시키는 것은 역사 발전과 인류 지성사에 정면으로 도전하는 부당한 행위입니다. 낮은 단계의 준법 서약도 기본적으로는 사상과 양심의 자유를 규제하는 전향제와 맥을 같이하는 것이기 때문에 원칙적으로 반대해야 한다고 봅니다. ……그 제도가 갖는 반역사성과 반인권적인 성격을 부각시키고 반대하는 싸움은 필요하지만 현재 우리가 처한 정치적인 상황을 고려한다면 일부 수용할 수도 있다고 봅니다. 과거에도 이런 일이 많았는데 그때마다 운동 진영이 좀 더 유연하게 대응했다면 상당한 성과를 거둘 수 있었다고 봅니다. 조심스런 얘기지만 나는 형량이 많은 사람의 경우 (전향서를) 쓰고 나올 수도 있다고 봅니다. ……전향서를 썼느냐 안 썼느냐가 문제의 본질은 아니라고 생각해요. 전향한 사람 중에도 조직 역량을 침탈하거나 동지를 배신하는 사람도 있고, 전향하지 않은 사람 중에도 그런 사람이 있지요. 나는 형식보다 내용에 집중해야 한다고 봅니다. 그런 의미에서 순교자적 입장보다는 실천적인 자세가 더 중요하다고

생각합니다.(김경환, 「전향과 준법서약, 신영복과 서준식의 '전향에 대하여'」, 『말』, 1998년, 통권 146)

신영복 선생과 통혁당 관련 청년들은 전향 문제에서 빨치산 세대의 비전향 좌익 장기수들과 확실히 다른 생각과 처신을 했다고 볼 수 있습니다. 그는 당시나 이후에도 이념 지향적인 운동에 대해 비판적이었고, "항상 거대한 외부의 벽에 어떻게 대응할 것인가 하는 것"이 관심이었기 때문에 전향했다고 자신이 무너진 것으로 보지 않았습니다. 그는 여러 자리에서 근본주의에 대한 경계의 논리를 폈습니다. 그에게 중요한 것은 실천의 내용이었습니다. 이러한 논리는 신영복 선생이 자신의 전향을 정당화하기 위한 것이었다고 평가할 수도 있으나 청년 시절 한때 가졌던 이념적 순수성을 고집하기보다는 변화하는 질서 속에서 현실적 유연성과 실용성을 갖고서 계속 노력하자는 생각이 드러난 것입니다.

선생은 전향한 이후 출역(出役)을 할 수 있었고 일반 사동으로 옮겨서 여러 계층의 범죄자를 만나게 되었고, 그들로부터 세상의 변화, 한국의 모습을 학습하게 되었습니다. 그러나 당시 그는 사회과학이나 이념보다는 동양 사상에 더 심취했습니다. 그는 자신이 해방 후 교육받은 세대이면서 감옥에서 이제 동양고전에 심취하게 된 이유를 말합니다.

저는 해방 이후 세대이기 때문에 주로 서양적인 사고로 교육된 멘탈리티를 가지고 있거든요. 우리 신화는 모른 체 그리스 신화부터 읽은 세대니까요. 또 한글세대이기도 하고

김동춘

요. 교도소에 들어가서 비로소 내가 갖고 있는 그런 멘탈리티의 식민성을 극복하기 위해서 동양고전을 읽어야 되겠다고 생각했어요. 다행히 또 좋은 선생님과 함께 생활하는 행운도 누렸다고 할 수 있습니다. 고전을 읽는 과정에서 서구적인 존재론과는 다른 패러다임이 동양학 속에 풍부하게 내장되어 있다는 것을 깨닫게 되었지요. 그게 제 개념 표현으로는 관계론적 패러다임(Relation-centered Paradigm)입니다. 근대사회의 존재론적 패러다임(Substance-centered Paradigm)과는 전혀 다른 원리입니다. 세계는 배타적인 존재의 집합이 아니라는 것이지요.(신영복·김명인 대담,「이라크전쟁 이후의 세계와 한반도발(發) 대안의 모색」,『손잡고 더불어』, 205~206쪽)

물론 엄혹한 시절 감옥 안에서 경제학이나 사회과학을 공부하는 것은 불가능했습니다. 그도 말했듯이 한국의 감옥이라는 비인도적인 환경은 사회과학책의 반입 자체를 어렵게 만들고, 집필이 불가능했기 때문에 전공 분야를 공부할 수는 없었습니다. "실천과 연결되지 않는 독서가 무슨 소용이 있는가?"라는 그의 글도 이런 현실을 드러낸 것입니다.

그러나 신영복 선생이 감옥에서 보낸 편지를 보면 동학농민전쟁, 민중, 한국 근대 경제사 등의 주제에 대해서는 관심의 끈을 놓지 않았고, 약간의 독서와 사색을 지속했다는 것을 알 수 있습니다. 반입 가능했던 조선 후기 경제사, 한국 근현대사 관련 책들, 타카하시 저작 번역본, 루가치 책,『창작과비평』등 잡지도 계속 구

신영복의 진보주의와 사회변혁론

독하면서 한국의 학계나 지식 사회의 흐름도 계속 추적하고 석사 때부터 관심을 두고 있었던 경제사 등에 대해서도 관심을 갖고 있었던 것 같습니다.

자본주의 너머를 보는 인문학자의 시선

"젊은 마르크스주의자는 초로의 붓다가 되어 돌아왔다."(신남휴, 「물을 닮은 사람」, 『신영복 함께 읽기』) 출옥 후 처음 선생을 만난 친구는 그를 이렇게 평가했습니다. 신영복 선생의 친구들은 그가 20년의 세월을 감옥에서 보냈기 때문에, 고통과 번뇌, 고독과 절망의 세월을 보낸 투사의 얼굴을 하고 나타날 것이라 예상했지만, 그의 모습은 과거 친구들의 예상을 보기 좋게 무너뜨렸습니다. 그는 과거의 유머와 재기발랄함, 친화력과 온화함을 그대로 갖고 있었고, 친구들은 그가 부단한 자기 초월을 향한 연단(鍊鍛)을 거쳤음을 짐작할 수 있었습니다. 과거의 뛰어난 투사였던 동료들은 이제 성공한 CEO가 되거나 학계의 중진이 되거나 사회적으로 성공한 사람이 되어 있었습니다. 오히려 좀 운동에 대해 회의하거나 두각을 나타내지 않던 사람들이 여전히 사회운동의 일선에 서 있어서 신영복 선생은 이들을 '흔들리는 지남철'에 비유하기도 했습니다.

신영복 선생이 수감되었던 20년의 기간은 아마 한국 사회가 가장 급격하게 변한 시기였을 것입니다. 군사독재는 종식되었으나 후진 국가였던 한국은 88올림픽을 개최하는 중진 자본주의 국가로 성장했습니다. 그 기간은 박정희 전두환 군사독재 시기였고

96

남북한 간의 긴장은 그대로 유지되었지만, 남북한 체제 경쟁, 특히 경제력에서 남한은 확실히 우위에 섰습니다. 그리고 출옥 직후 1989년 전후 한국의 사회운동 진영은 여전히 민족 해방, 계급투쟁을 외치는 목소리가 높았지만, 곧바로 현실 사회주의가 무너집니다. 그는 고도로 자본주의화된 한국에 발을 디디고 살게 되었습니다. 국제 정치와 남북 관계는 거의 변하지 않았으나 자본주의 사회 관계가 일상에 뿌리내린 현실에 대해 비로소 실체적 인식을 갖게 됩니다.

그렇다면 신영복 선생은 출옥 후 20년 전에 가졌던 청년기의 생각과 거리를 두게 되었을까요? 그는 감옥에서 경제학이나 사회과학 학습도 제대로 할 수 없었고, 출옥 후 사회운동과 일정한 선을 그었기 때문에 운동 진영에 대해서도 말을 아꼈고 가석방 출옥이라 정치적 발언도 거의 하지 않았습니다. 2000년 이후 몇 번의 인터뷰나 강연에서 자신이 본 한국 사회, 북한과 미국, 국제 정치, 국제 경제, 그리고 운동의 문제점 등에 대해 발언을 한 것이 전부입니다. 물론 그것은 과거의 것과 달리 이제 정치와는 연결되지 않는 지식인 개인의 생각과 판단이지만, 20년의 공백을 거친 그의 한국 현실에 대한 판단은 좀 더 정교해지고 인문학의 옷을 입게 됩니다.

그는 한국 현대사와 미국에 대해 다음과 같은 생각을 드러냈습니다.

해방 이후 점령군으로 인천에 상륙해서 실시한 미군정에서부터 그 이후에 한국에 친미적이고 반공적인 분단 정치

신영복의 진보주의와 사회변혁론

권력을 창출하고 미국 경제의 하위 구조로서 경제 구조를 편성했던 과정들을 냉정하게 검토해야 합니다. 미국에 대한 환상을 청산하는 것부터 시작해야 한다고 생각합니다. 이러한 냉정한 인식 없이는 미국이 앞으로 한반도 문제에 대하여 어떠한 선택을 할 것인가를 판단할 수 없게 되는 것이지요. 미국은 한반도에 대해서도 미국 자체의 철저한 이해관계를 중심으로 결정하리라고 봅니다. 이라크 침공이 좋은 예가 됩니다. 한반도에 미군이 주둔하는 이유도 그렇습니다.(신영복·김명인 대담, 178쪽)

이것은 과거 한국의 학생운동 진영, 반체제 운동 세력이 견지하던 생각과 거의 동일한 것입니다. 출옥 후에도 그의 과거 생각이 거의 변하지 않았다는 것을 보여 줍니다. 그렇다면 남북한 간의 힘의 관계가 완전히 역전된 상황에서 그는 '실패한' 사회주의 국가로 간주되던 북한을 어떻게 보았을까요? 그는 분단론의 관점에서 북한, 그리고 남북한 모두 미국이 주도하는 세계 질서, 그리고 그 톱니바퀴 체제의 희생물이라는 관점을 견지합니다.

핵으로 말한다면 사실은 한국전쟁 이후 50년간 핵의 공포 속에서 계속 떨었던 건 북한이었어요. 잘 아시겠지만 한국전쟁 당시 맥아더가 핵 공격 작전 계획을 실제로 수립했고, 그 이후로 미국이 시인도 부인도 하지 않았지만 주한 미군의 해군과 공군이 핵을 가지고 있었지요. ……팀스피리트 훈련이 이른바 핵전쟁 연습이라는 것도 다 알려진 사실이

김동춘

고요. 이게 이른바 한반도 핵 문제의 본질이지요. 최근에 북한 핵을 한반도 핵 문제의 본질로 만들고 있지만 이것은 핵 문제라기보다는 동북아에 대한 미국의 국가 전략의 일환으로 일단 이해를 해야 한다고 봅니다.(신영복·김명인 대담, 179쪽)

북한의 요구는 명백합니다. 한마디로 평화협정 체결입니다. 협정 체결이 아니더라도 평화 보장에 관한 요구이지요. 이러한 요구는 누가 보더라도 미국이 그걸 거부한다는 것 자체가 납득이 되지 않습니다. 물론 전 세계 사람들이 납득할 수 없는 일을 얼마든지 할 수 있는 나라가 미국이기는 하지만, 평화 보장이 미국으로서는 전혀 추가 부담이 없는 것이거든요.(신영복·김명인 대담, 185~186쪽)

그는 북한 체제에 대해 동정적인 시각을 표시했습니다. 북한이 '그렇게' 된 원인이 미국에 의한 북한의 고립, 혹은 전시공산주의가 어느 정도는 강요한 것이었다는 점을 강조하고 있습니다. 그런 시각은 북한 인권, 빈곤 등의 문제를 보는 데서도 동일하게 적용됩니다. 북한 경제난 역시 체제의 문제가 아니라 미국의 군사적 위협과 경제 봉쇄의 결과이며, 북한 인권 문제 여시 기본적으로 북한의 내정 문제라고 보았습니다. 그래서 미국과 한국 우익의 시각, 즉 자유, 인권 등의 잣대로 북한 체제의 문제점을 지적하는 기존의 보수 진영과는 분명히 선을 긋고 있습니다.

그러나 그는 조심스럽고 완곡한 형태로 남북한 양 체제의 문

신영복의 진보주의와 사회변혁론

제점을 지적하고 있습니다. 북한의 경우 주체성을 강화하면서 오히려 고립과 정체를 면치 못했다면, 남한의 경우는 개방을 통해서 문화적, 물질적으로 성장한 반면 민족의 주체성을 잃고 종속화되었다고 보았습니다. 그는 북한 체제가 "자본주의 제국의 적대와 봉쇄, 그리고 중·소의 간섭에도 불구하고 민족 자주, 자력갱생의 기초 위에서 사회정치적인 안정과 전후의 경제적 회생을 이룩한 점에서 긍정적으로 평가할 수 있다"고 보면서도 "중앙계획경제의 비효율성과 경직성, 그리고 그에 따른 관료주의 등 사회주의 경제 체제가 노정한 일정한 모순을 극복하는 데에는 상당한 문제점을 안고 있다"고 지적하였습니다. 남과 북은 종속적 자본주의와 전시 공산주의라는 스펙트럼의 양극단에 놓여, 분단이 남북한의 자본주의와 사회주의를 각각 왜곡된 형태로 만들었다고 본 것입니다.

신영복 선생은 "해방 이후 오늘에 이르는 기간이 분단시대, 즉 조선 시대, 식민지 시대에 이어서 분단시대로 기록될 것이다"라고 말했습니다. 그의 역사관은 역사학자 강만길의 분단시대론, 문학자 백낙청의 분단체제론과 별로 거리가 없는 듯이 보입니다. 그러나 강만길의 분단시대론이 민족주의에 가까이 있고, 백낙청의 분단체제론이 미국에 대한 한국의 종속성 문제보다는 세계 자본주의 하위 체제로서 분단 체제의 구조적 성격에 초점을 두고 있는 데 비해, 신영복 선생의 분단시대론은 1980년대 한국 사회운동 진영의 반제민족해방파(NL)의 사고와 가깝습니다.

우리나라의 정치적, 경제적인 지형 자체가 아주 복잡합니다. 그리고 굉장히 완고합니다. 예를 들어서 우리나라의 근

김동춘

현대사를 돌이켜 보더라도 그렇습니다. 일본의 지배를 받게 된 조선조 말기에서부터 일본의 식민지 지배 구조를 그대로 승계한 이른바 미군정 시기를 거쳐 30여 년의 군사정권 기간에 이르기까지 우리 사회를 지배하는 친일, 친미적인 지배 구조가 한 번도 바뀐 적이 없습니다. 굉장히 완고하고 보수적인 지배 구조를 갖고 있지요. 이러한 지배 구조는 하나의 체제로서 완성되어 있다고 해도 과언이 아닙니다.(신영복·김명인 대담, 191쪽)

신영복 선생의 강연이나 발언들을 보면, 그는 한국의 지배 구조는 외세에 의해 만들어진 것이며, 형식적으로 한국인들이 지배하고 있는 것처럼 보여도 그것은 기본적으로 외세의 대리자들에 불과하다는 생각을 갖고 있습니다. 세계 최강인 미국이 사실상 한반도의 운명을 좌우하는 한국의 지배 구조는 종속적 엘리트를 만들어 내고, 보수 기독교와 언론이 수구 세력의 지배를 뒷받침해 주기 때문에 자주적인 노선을 취하는 것이 매우 중요하다는 것이 그의 생각입니다.

엘리트 충원 구조라는 관점에서 볼 때 우리 사회의 본질이 여실하게 드러납니다. 해방 이후 상당 기간 동안 계속된 풀브라이트 장학 제도가 있습니다. ······소위 식민 모국의 의식으로 피식민지의 엘리트를 교육한 셈이지요. 지금은 수많은 유학생들이 자기 부담으로 그 엘리트 재생산 구조 속으로 들어가고 있는 것이지요. 이렇게 양산된 엘리트가 우

신영복의 진보주의와 사회변혁론

리나라의 각급 결정권을 행사하는 위치에 있지요. 친미 보수 구조가 얼마나 완고하고 완벽한가를 여실히 보여 주는 것이지요. 이런 구조 속에서 우리가 대북 문제, 또 민족 문제를 자주적으로 이끌어 갈 수 있을까 하는 의구심이 들지 않을 수 없습니다.

(…)

우리나라의 보수 구조는 합리적인 보수 구조가 아니지요. 일종의 수구적 성격을 갖는 것이고 더욱 중요한 것은 배후에 미국이라는 외세와 결합되어 있다는 사실입니다. 세계 최강의 미국이 뒷받침하고 있는 보수 구조이지요.(신영복·김명인 대담, 191~192쪽)

이런 진단에서 우리는 신영복 선생이 통혁당 사건에 연루되었을 때의 식민지 반봉건 사회론 혹은 반제 반미의 사고를 여전히 견지하고 있는 것을 확인할 수 있습니다. 물론 앞서 말했듯이 당시에도 그는 선배 좌익 투사들과 달리 통일 그 자체보다는 남한의 변혁에 일차적인 관심을 두었고, 북한 주도의 통일론을 수용하지는 않았던 것 같습니다. 출옥 후 인터뷰에서도 그는 남한 지배층과 그들의 통일론을 비판하기는 하지만 북한의 적화통일 시도, 즉 '흡수통일' 노선 역시 실패한 정책이라고 보았습니다. "주체성을 축으로 했을 경우에는 민족의 정체성은 지킬 수 있었지만 결과적으로 세계로부터 고립되고 정체될 수밖에 없었던 반면에, 개방화의 경우는 ……식민지화, 종속화로 이어지는 위험성이 있었"기 때문이라는 것입니다. 그는 남한 자본주의 체제의 연장으로서 통

김동춘

일을 거부하고, 정서적 민족주의에 기초한 통일을 반대하며, 남북 양 체제를 그대로 인정하자고 말합니다. 특히 그는 독일 방문의 경험을 통해 독일 통일이 서독 자본주의의 자본 운동의 일환이라는 점을 주목하고 그것이 한반도에 적용되어서는 안 될 것이라고 지적합니다. 특히 그는 탈냉전 이후 개방화 시대라는 이름의 이른바 국제 독점자본의 사활적인 공세 앞에서 그것을 막아 내기 위한 중요한 방법의 일환으로서 통일을 바라봅니다.

즉 신영복 선생은 남북경협이 남한 자본의 진출 통로로 접근되는 우파의 입장에 대해서도 반대하지만 이러한 교류가 낮은 단계의 흡수통일의 일환이라고 비판해 온 민족해방파의 노선도 냉전시대의 사고라고 비판하고 있습니다. 특히 그는 남북한 간의 통일을 한 체제가 다른 체제를 동화시키는 것으로 보는 시각 자체를 반대하고 있습니다. 북이 남을 침략하거나 남이 북을 흡수하려는 냉전시대의 논리를 동(同)의 논리로 간주하여 거부하면서 화(和)를 강조하고 있으며, '남북의 장점', '우리 민족의 소중한 경험'을 공유할 수 있는 통일을 제안합니다. 평화 체제의 구축과 통일을 구분하고 남북한 군비 축소와 북한 경제 살리기, 한반도 비핵지대화, 그리고 "통일에 이르는 전 과제를 100이라고 가정한다면 이 평화 구조의 정착이 전체의 90을 차지한다고 해도 과언이 아닙니다"라면서 통일보다는 평화에 방점을 두는 모습도 보입니다.

신영복 선생은 남북 2국가 체제의 통일을 항구적인 것으로 두지 않고 장기적으로는 "자주 국가, 민주정치, 민중 참여 경제, 복지사회, 인간 문화, 토지 국유 등은 통일 국가의 미래를 설계하는 데 튼튼한 기초가 되어야 한다"는 미래상을 제시하고 있습니다.

신영복의 진보주의와 사회변혁론

즉 자본주의 경제 체제를 부분적으로 인정하되 토지 국유를 강조하고, 민중 참여 경제를 말하기 때문에 시장 자본주의를 인정하되 그것의 작동을 현저하게 제한하는 그러한 통일 경제사회 체제를 구상하고 있는 셈입니다.

신영복 선생은 21세기 민족사의 전략을 주체화와 개방이 가져온 극단적 결과를 경계하면서 그것을 어떻게 조화시킬 것인가의 문제라고 집약합니다. 그는 일방적인 주체화, 일방적인 개방 어느 쪽도 우리가 택할 대안이 아니라고 생각합니다. 이 점에서 그는 분단 극복은 단순히 이데올로기적인 대립의 극복을 넘어서서 21세기 한민족이 살아남기 위한 문명론적 전략 차원에서 접근되어야 한다고 주장합니다. 신영복 선생은, 통일은 한반도에서 전쟁 위협을 제거하는 민족사적 과제이면서 동시에 새로운 패러다임을 창조하는 문명사적 과제와 연결된다고 봅니다. 즉 통일은 한반도발 문명사적 대안의 차원에서 봅니다. 즉 전쟁, 분단, 남북한의 대결을 일종의 근대 국민국가/약육강식의 자본주의 체제, 서구의 식민지 지배, 초국적 금융자본의 논리의 산물로 바라보고, 그것은 지배와 흡수 동화를 낳을 수밖에 없었고, 빈곤과 실업, 부패와 질병을 낳을 수밖에 없었으며, 인간관계의 황폐화를 가져왔다고 봅니다. 그래서 통일은 이제 반식민주의의 문제는 아니고 근대 극복의 차원에서 구상해야 할 사안이 됩니다. 그는 한반도에서의 근대의 극복은 미국 패권주의, 존재론적 패러다임이 기초한 자본주의 문명의 극복이라고 봅니다.

신영복 선생은 마르크스의 『자본론』을 강의하면서 청년들에게 자본주의의 풍요에 대한 환상을 버려야 한다고 강조했습니다.

김동춘

그는 제도 변화를 통해 민주화를 달성할 수 있다는 생각에 대해 비판적입니다. 즉, 관계의 파괴, 물질적 낭비 구조, 인간성의 유린이 자본주의의 핵심인데, 그것을 건드리지 않는 우회 전략은 한계가 있다고 보았습니다. 그의 자본주의에 대한 비판은 정치경제학적 사고와 인문학적인 관계론이 결합된 것으로 볼 수 있습니다. 그의 변혁론은 변방 혁명론, 탈자본주의론, 근대 극복론 등 문명론의 차원으로 올라갑니다. 그에게 근대는 곧 자본주의, 국민국가와 동일한 것으로 간주됩니다.

저는 그 근대성을 청산하는 일이—그것이 방금 말했던 한반도발(發)이든 중국발(發)이든—새로운 세기가 시작되는 시점이라고 보고, 그 마지막이 바로 미국 패권주의와 운명을 같이하지 않을까 하는 전망, 전망이라기보다 오히려 소망을 갖고 있어요. 그런데 근대라는 것이 기본적으로 자본주의이고, 자본주의라는 것은, 저는 철학적 개념으로 표현한다면 존재론(存在論)적인 패러다임이라고 봐요. 세계는 무수한 존재로서 구성되어 있고, 각 개별적 존재는 자기 존재를 배타적으로 강화하는 운동을 한다, 그 존재가 개인이든 기업이든 국가든 기본적으로 이기적이고 배타적 존재이다, 배타적으로 자기를 강화하려는 존재선들 간의 충돌을 사회계약이라는 제3의 국가 권력에 위임해서 최소화해 내는 것이 근대 국가의 형식이고, 서구의 기본적인 패러다임이다, 저는 그렇게 생각합니다. 이러한 강철의 논리가 외부로 표현되는 경우 그게 식민주의로 나타나고, 제국주

105

의로 나타나고, 또는 초국적 금융자본으로 나타나기도 하지요. 이러한 존재론을 자기의 운동 원리로 하는 근대사회의 전개 과정에서 과연 인류가 공적(公敵)으로 삼았던 소위 BIG5, 빈곤·질병·무지·부패·오염, 이 다섯 가지의 공적을 과연 해결했는가? 저는 해결하지 못했다고 보거든요. …… 수많은 강국(强國)들을 만들어 냈지만 사회의 본질인 인간관계 그 자체는 여지없이 황폐화하였습니다. 인류의 공적을 해결하기는커녕 수많은 전쟁과 살육과 인간성의 파괴를 동반한 근대사는 비극의 역사였습니다. 근대를 넘어선 새로운 패러다임을 지향한다는 것은 역사적 필연의 문제라고 생각합니다.(신영복·김명인 대담, 204~205쪽)

한편, 신영복 선생은 2000년대 이후 한국의 운동 진영 일부가 추구하기 시작한 대안적인 운동들, 귀농, 생태마을, 유기농 등 여러 형태의 운동은 자본주의를 넘어서기 위한 대안으로서 그 의의를 인정하면서도 아직은 사회 실천의 전형을 담아내기에는 보편성이 미흡하다고 보았습니다. 즉 대중성과 보편성은 운동에 있어서 매우 중요한데 이상주의적 목표로부터 우리의 관점을 현실의 구체적 실천 과정으로 끌어내리게 해야 하지만 이렇게 대안적 삶을 사는 선구자적 결단을 모든 사람에게 요구할 수 있는 것은 아니기 때문이라고 보았습니다. 이런 운동은 더 큰 정치 변혁의 진지 역할을 해야 한다고 본 것입니다.

일상생활의 곳곳에 진지(陣地)를 만들어 내는 노력을 계속

김동춘

해야 한다고 생각합니다. 이러한 진지는 헤게모니를 장악할 수 없는 수세 국면에서는 역량을 지키는 보루(堡壘)가 되고, 객관적 조건이 성숙했을 때는 공격 거점(據點)이 되는 것이지요. 그리고 어느 경우든 생활상의 민주주의를 충실히 견지해야 함은 물론입니다. ……진지와 생활상의 민주주의를 토대로 해서 주체적 역량을 키워 가야 하는 것이지요. 이러한 역량이 비축되어 있을 때 객관적 조건을 주동적으로 장악할 수 있지요. 근대를 넘어서는 노력이 앞에서 이야기했듯이 현실적으로 몸담고 있는 구조, 그리고 많은 사람들이 현실적으로 쉽게 접근할 수 있는 대상을 실천의 장으로 삼아야 하는 것이기 때문에 그렇습니다.(신영복·김명인 대담, 212쪽)

신영복 선생은 여전히 정치 변혁, 자본주의 체제 변혁의 중요성을 강조하고 있으며, 과거 통혁당 사건에 관련되었을 때와 유사하게 정치 변혁, 체제 변혁을 중시했습니다.

신영복 선생은 서울대 학생들 대상의 강연에서 한국 사회운동 진영에 대한 자신의 속생각을 좀 분명하게 드러내기도 했습니다. 그는 6월항쟁과 민주화 운동에 대해 비판적이라고 말했습니다. 즉 6월항쟁 당시 현장과 접촉 없이 중앙으로만 무였고, 기회주의적인 모습을 보였을뿐더러, 각 계파가 운동의 성과를 선점하려 했다는 것입니다. 그래서 그는 한국의 진보주의가 시기상조라고 보았습니다. 그들의 관념적 급진성을 비판하는 내용입니다. 한편 시민운동도 계량화와 제도화의 길로 나섰다고 비판적으로 보았습

신영복의 진보주의와 사회변혁론

니다. 시민운동의 실제 문제점은 변혁 의지가 없는 것이라, 한국의 근본 문제를 도외시하고 국내 정치 지형에만 시야를 고정시켰다는 것입니다(2001년 4월 19일 관악민주포럼 창립 1주년 기념 강연; 신영복 유고, 「따뜻한 가슴과 연대만이 희망이다」, 『냇물아 흘러흘러 어디로 가니』). 여기서 선생이 말하는 근본 문제란 즉 국제 정치의 톱니바퀴 신세인 한국의 종속적 처지에 대한 인식일 것입니다. 그는 한국은 완벽한 자본주의 사회가 되었기 때문에 사회 성격 논쟁이 사실상 무의미하다고 보았습니다. 한국의 주체 역량이 철저하게 파괴되었다고 보았습니다.

앞의 서울대 강연에서 신영복 선생은 한국 사회운동 진영이 과거 잘못에 대한 근본적인 성찰을 해야 한다고 주장했습니다. 그가 감옥에서 장기수들에게 들은 "사상은 좌경으로 실천은 우경으로"라는 원칙론을 받아들여 여러 강의 자리에서 제안한 것도 이와 연관되어 있을 것입니다. 의식의 토대가 되는 가슴에 대한 이해 부족, 운동권의 관념적 급진주의에 대한 성찰적 비판 등은 일종의 청년 시절의 자신에 대한 비판이기도 합니다.

결국 오랜 수감 생활을 거친 후 신영복 선생이 제기한 변혁론, 혹은 근대 극복의 '주체' 설정은 다소 인문학적입니다. 주체 설정의 문제의식이 담긴 그의 변방 혁명론은 종속이론이나 아민(Samir Amin)의 제3세계론의 영향도 보입니다. 그러나 선생의 농민, 노동자 등 구체적 대중의 처지와 그들의 주체화 등에 대한 관심과 언급은 매우 미약합니다. 그것은 선생이 한국 경제가 자본주의의 길로 급속히 나아간 20년 동안 감옥에 있었기 때문일 수도 있고, 무엇보다도 60년대 중반, 아직 한국 사회의 계급 분화가 본격화되

김동춘

기 이전의 관념이 여전히 그의 정신세계를 지배하고 있기 때문일 수도 있습니다. 자본주의 상품경제 등에 대한 비판은 대학이나 시민 대상의 여러 강의에서도 많이 나타나고 있으나 좀 원론적이라는 인상을 줍니다. 이것은 그가 실천 활동보다는 인문학적인 성찰이나 사상적 대안에 치중했기 때문에 그럴 수도 있습니다. 어쨌든 그는 사회과학적인 엄밀함보다는 주로 인문학적인 접근을 많이 사용합니다. 신영복 선생은 민주화 이후 한국의 사회구조나 정치현실에 대한 구체적인 진단은 자제합니다.

시대와 조건에 따라 사람의 생각은 바뀌게 마련입니다. 냉전의 한복판에서 남한의 체제 변혁과 통일을 모색하다가, 20년의 정지된 시간을 살다 나와서 현존 사회주의 붕괴, 지구화 신자유주의 시대를 겪으면서도 과거의 생각을 그대로 견지할 수는 없을 것입니다. 북한이 경제적으로 남한보다 우위에 섰던 60년대에 분단 및 통일, 남한 변혁에 대해 가졌던 관점과 남북간 군사력·경제력의 관계가 완전히 역전된 시기에 갖게 된 관점이 같다면 오히려 이상한 일이 될 것입니다. 그럼에도 불구하고 신영복 선생의 출옥 후 발언이나 글을 보면 사고의 기본 틀은 20대였던 60년대에 형성되어 그 기조를 유지한다는 느낌도 갖습니다. 선생의 남한 자본주의, 북한, 미국, 통일에 관한 생각은 청년 시절의 생각에서 그리 많이 벗어난 것 같지 않습니다.

결국 신영복 선생의 생각의 변화와 지속성을 보면서 우리는 자신이 성장해 온 시대의 한계 속에서 벗어날 수 없지만, 동시에 그 시대의 무게를 감당해 온 정도만큼, 그리고 시대의 고민의 저 밑바닥까지 내려간 정도만큼, 세상의 작동과 원리에 대한 깊은 지

신영복의 진보주의와 사회변혁론

혜를 얻게 되고, 또 자신이 겪었던 시대의 과제를 보편적인 과제로 정리하고 실천하는 만큼 역사의 변화 발전에 기여하고, 또 이 땅에서 사라지게 되는 것 같습니다. 신영복 선생의 고난에 찬 삶과 사상이 우리 모두에게 주는 힘과 교훈도 그런 것 같습니다.

김동춘

이야기꾼 신영복

권진관

그동안 여러 차례 신영복 선생의 언어, 즉 그의 이야기체적 언어에 대해 관심을 가졌고, 그에 대해 강의해 왔습니다. 그리고 그때마다 내용이 바뀌었습니다. 어떤 때는 언어 이론, 특히 은유와 환유의 개념으로 그의 이야기체를 분석했고, 다른 때는 담론 이론으로 그의 이야기를 분석했습니다. 이 강의에서는 앞서의 분석과는 다른 방식으로 선생의 생각에 접근해 보려 합니다. 이번에는 선생의 생각을 헤겔의 변증법적인 방법으로 분석해 보겠습니다. 선생의 글을 보게 되면 그러한 어긋은 발견할 수 없지만, 헤겔 철학적인 요소가 있음을 발견할 수 있습니다. 대표적인 것이 그의 관계론입니다.

이야기와 신영복

신영복 선생의 대표 책이면서 최후의 책의 제목이 '담론'인데, 그 것의 내용을 뒷받침해 주는 것이 이야기들이니, 그를 이야기꾼 (storyteller)으로 보게 됩니다. 저의 전공 분야인 민중신학에서도 '이야기'는 매우 중요한 위치에 있습니다. 민중신학에서는 민담, 사회 전기를 중요한 자료로 사용합니다. 선생은 저의 졸저인 『우리 구원을 이야기하자』(대한기독교서회, 1998)의 제목을 붓글씨로 써 주셨습니다. 그 책에 선생이 이야기해 주신, 단종애사에 나오는 폐위된 후 관노가 된 단종의 부인 정순왕후의 한 많은 삶에 관한 이야기를 소개했고, 또 우리나라는 마을 곳곳에 얽혀 있는 이야기들과 민담들이 있다는 선생의 관찰도 언급했습니다.

선생의 글에는 이야기가 많이 나옵니다. 온통 이야기라고 해도 과언이 아닙니다. 선생은 타고난 스토리텔러, 이야기꾼입니다. 개념보다는 이야기를 압도적으로 많이 사용함으로써 선생의 사상을 독특하게 만들었다고 봅니다. 형식이 내용을 결정합니다. 그는 추상적인 개념으로 사상을 구축한 것이 아니라, 실제의 이야기 속에서, 생활 속에서 사상적 개념을 도출해 냈습니다. 이미 그가 하는 이야기 속에 그의 사상이 깃들어 있었다고 말하는 것이 옳겠습니다. 먼저 이야기가 있고 그다음에 그것을 해석해서 그의 사상과 연결시키거나 사상을 귀납하거나 추론해 냈습니다. 이것은 민중신학이 쓰는 방법이기도 합니다. 민중신학자 서남동(徐南同, 1918~1984)은 민중의 이야기를 중요시했을 뿐 아니라, 이야기 안에 진실(the truthful)이 담겨 있다고 보았습니다. 한국의 민중신학을 좋아하고 민중신학 운동에 참여했던 세계적인 신학자인 타이완의 송취안성(宋泉盛, C.S.Song, 1929~2024)이라는 분이 있습니다. 그는 다음과 같이 과감하게 말했습니다. "「요한복음」에서는 '태초에 말씀이 있었다'고 했지만, 사실은 '태초에 이야기가 있었다'고 말해야 한다." 그가 말년에 쓴 책의 제목이 'In the Beginning were Stories'였습니다.

한국의 대표적인 민중신학자 서남동은 이야기를 원계시적 사건의 재생이라고 말했고, 민중의 이야기가 현실 변혁적인 힘을 가지고 있다고 주장했습니다. 유발 하라리가 인류의 가장 위대한 발명 중 하나로 이야기를 꼽기도 했습니다. 가상과 상상의 이야기가 인류에게 의미의 통합을 가져다주고 방향을 제시해 준다고 했고, 그런 이야기는 주로 신화나 종교, 그리고 문학에 의해서 만들어지고 전해진다고 했습니다. 사실 인간은 이야기 없이는 자기 자신을 표현할 수 없고, 세상과 삶을 이해할 수 없습니다. 이야기는 인류를 다른 동물과 달리 진화하게 했습니다.

선생이 들려준 몇 가지의 이야기를 제목으로 나열해 보면 다음과 같은 것이 있습니다. 대표적인 이야기로, 「사일이와 공일이」가 있고, 「노인 목수 문도득 이야기」, 「이동문고」, 「떡신자」, 「옥중 축구 시합」, 「문신」, 「썰매 끄는 개」, 「임꺽정」, 「절도범」, 「야쿠자 싸움 이야기」, 「노인 방 싸움 이야기」, 「디어 헌터」 등등이 있는데, 그중 「청구회 추억」은 삶의 아련한 그리움과 아픔을 느끼게 하는 주옥같은 이야기입니다.

선생은 이야기를 들려주고, 그 이야기를 통해서 얻는 삶의 지혜를 담론으로 풀었습니다. 대표적인 이야기가 「사일이와 공일

이야기꾼 신영복

이」이고, 「청구회 추억」이라는 자전적인 이야기는 원천적인 그리움, 사랑, 그리고 삶을 보여 줍니다. 「사일이와 공일이」부터 얘기해 보려 합니다. 「청구회 추억」에 대해서는 이 강의의 후반부에 저의 민중신학적 이론에 기초하여 소개해 보겠습니다.

감옥에 들어간 젊은 신영복의 머릿속에는 수많은 상념이 떠올랐습니다. 그것을 버리기가 아까워서 엽서를 씁니다. 그런데 엽서한 장을 한 달에 한 번밖에 쓸 수 없었습니다. 그러니 그 상념을 기억해 둡니다. 그리고 엽서를 머릿속에 써넣습니다. 적어 둘 종이와 필기구가 허락되지 않았기 때문입니다. 종이에 기록해 놓지 못하므로 모두 기억해야 합니다. 그렇게 기억하다가 한 달에 한 번기회가 오면 그야말로 틀린 글자, 고친 문장 한 곳 없이 단번에 죽써 내려갔습니다. 단번에 쓰지만 내용이 워낙 많아서 쓰는 시간이길었습니다. 다른 사람에게 자리를 비워 줘야 하면 서서 기다렸다가 다시 썼다고 합니다.

「사일이와 공일이」는 선생과 선생의 삼촌 사이에 있었던 이야기입니다. 어느 날, 노동자 출신인 선생의 삼촌이 노래를 흥얼댑니다. 노랫말이 대충 "사일(士一)이하고 공일(工一)이는 구촌(口寸)간이라"는 것이었습니다. 바로 목숨 수(壽) 자를 쓰는 순서입니다. 목숨 수 자를 써 보면 위로부터 사(士) 일(一)과 공(工) 일(一)이 나오고 나중에는 입 구(口)와 마디 촌(寸)입니다. 선생은 이를 사일이(배운 자)와 공일이(공돌이)는 9촌간이라 서로 멀다는 의미로 받습니다. 그리고 선생은 사일이와 공일이의 거리가 멀지 않도록 사일이가 자기 변화를 해야 한다고 말하고자 했습니다. 사일이의 이론이나 지식만 가지고는 외발로 걷는 것과 같다는 것입니다. 실천

이 필요합니다. 실천이 공일이의 역할입니다. 그러므로 실천을 위한 새로운 발이 생겨나야 합니다. 선생은 이렇게 변화하는 과정을 머리(이론, 지식)로부터 가슴(공감, 연대), 그리고 가슴으로부터 발(이론의 실천과의 합일)까지의 여정이라고 했습니다.

그런데 선생은 이와 관련하여 중요한 언급을 합니다.

> 개인으로서의 변화를 '가슴'이라고 한다면 인간관계로서 완성되는 것을 '발'이라고 할 수 있습니다.(『담론』, 235~236쪽)

'발'의 완성은 인간관계의 완성이라는 것입니다. 그것을 설명하기 위해서 선생은 여러 이야기를 동원합니다. 이동문고 이야기, 싸움 이야기, 떡신자 이야기 등을 통해서 그가 결론에 이른 것은 "자기 변화는 옆 사람만큼의 변화밖에 이룰 수 없다"(『담론』, 239쪽)는 것입니다, 또 "자기가 맺고 있는 인간관계가 자기 변화의 질과 높이의 상한"(『담론』, 239~240쪽)이라고 합니다. 관계가 없이는 인

이야기꾼 신영복

식도 불가능하고, 관계가 없이는 자기 변화를 할 수 없습니다. 관계의 변화만큼 자기의 변화가 측정됩니다. 그리고 관계의 최고 형태는 "입장의 동일함"이며, 이것은 서로의 사랑이라고 했습니다. 이러한 선생의 통찰은 철학적으로나 (민중)신학적으로 공감을 불러일으킵니다.

관계의 원천: 자의식의 발견

이제 조금 이론적인 얘기를 해 보겠습니다. 신영복 선생의 생각을 해석해 보려고 헤겔의 기본 방법인 의식과 자의식의 구별을 소개하고 선생의 생각에 적용해 보겠습니다.

헤겔에 따르면, 의식(consciousness)의 작용은 그것이 인간의 인식에 필수적인 것이기는 하지만 불완전하다는 것입니다. 즉, 의식에 의한 대상에 대한 인식은 항상 오류가 많고 흔들립니다. 우선 감각 기관에 의한 의식을 생각할 수 있습니다. 시각, 청각, 미각, 후각 등으로 사물을 의식합니다. 그런데 시력이 안 좋아서 앞에 있는 쓰레기 더미를 큰 덤불이나 사람이 웅크리고 앉아 있는 모습으로 잘못 볼 수도 있다는 것입니다. 나아가서 우리가 아무리 눈이 좋다고 하더라도 그 대상의 속성이나 자질을 파악해 낼 수는 없습니다. 좀 더 복잡한 대상인 역사적 사건들을 볼 때도 그렇습니다. 우리의 감각 기관, 즉 눈이나 귀 등으로는 그 사태를 그 깊이로 파악할 수 없습니다. 개인의 감각 기관을 통한 의식은 대상을 온전히 알 수 없습니다. 그 대상 안까지 우리의 감각이나 지각이 꿰뚫고 들어갈 수 없기 때문입니다.

더 나아가서, 의식이 대상을 추상화하여 대상이나 사태의 내적인 법칙을 이해한다고 합시다. 이것은 우리가 일반적으로 말하는 '분석'에 의한 이해를 가리킵니다. 분석은 사물의 복잡성 속에 존재하는 과학적 법칙성이나 역학 관계를 파악하여 이해에 도달하게 해 줍니다. 분석을 통한 이해가 사물이나 사태에 대한 이해를 가져다주기는 하지만, 그것은 분석자의 주관적인 이해에 머무릅니다. 그것의 진실을 검증할 수 있는 기준이 없습니다. 학계에서는 이러한 진실 검증을 주로 피어 리뷰(peer review: 동료 전문가에 의한 평가)를 통해서 하려고 합니다. 그러나 그것도 한계가 있습니다. 그런 이론이나 사상에 대해서 (학계가 아니라) 얼마나 많은 사람이 공감하고 지지하며 동참하느냐에 따라서 그 진실성이 결정됩니다.

그러므로 역사에서의 진실은 얼마나 많은 동지, 이웃이 동참하느냐로 결정됩니다. 물론 그것이 진실이 되기 위해서는 정의와 생명과 평화의 가치를 북돋는 것이어야 할 것입니다. 그런 면에서 오늘날 극우들의 불의하고 폭력적인 행위와 사상에 많은 사람이 공감하고 동참한다고 해서 그것이 진실이라고 말할 수는 없는 것입니다. 어떤 면에서 진리는 좁은 길입니다. 모든 사람에게 진리의 문은 열려 있지만 진리를 택하는 사람은 적습니다.

한 사람의 탁월한 분석보다는 복수의 사람이 공감할 수 있는 지식과 인식이 중요합니다. 그러므로 진실을 위한 중요한 조건은 나 이외에 다른 사람들, 타자들의 존재입니다. 주체들의 함께함이 필요합니다. 다른 사람들도 내가 보고 있는 사안이나 사물을 보고

이야기꾼 신영복

자기 방식으로 이해하고 행동하려고 합니다. 나와 다른 입장을 가질 수 있습니다. 그러므로 나는 나 자신이 가진 이해를 다시 성찰해 봐야 합니다. 이것을 자의식(self-consciousness)의 성찰이라고 합니다. 이 자의식에 의한 성찰만이 진실을 향해서 나아갈 수 있습니다. 내 주관적인 생각을 검증할 수 있는 이웃 혹은 타자가 있기 때문입니다.

타자의 다른 견해와 의견을 만나면서 그 속에서 다름뿐만 아니라 모순을 발견하고, 그것을 뛰어넘는 새로운, 더 높은 인식으로 상승할 수 있습니다. 이것을 변증법이라고 합니다. 더 높은 인식(즉 이성)은 대상을 바르게 이해합니다. 이처럼 자의식에 의한 인식과 이해는 타자를 요구합니다. 그리고 타자와의 관계 속으로 들어가면서 자의식이 일어납니다.

입장의 동일함

신영복 선생은 관계 중에 최상의 것이 "입장의 동일함"이라고 했습니다. 이제 이것에 대해서 이야기해 보겠습니다. 사람들 사이에 관계가 형성되면서 같은 입장을 취할 확률은 반 이하가 됩니다. 오늘날 한국 사회는 좌우 대립이 심한데 이런 경우 같은 입장을 갖기가 원천적으로 쉽지 않습니다. 그리고 계급 간의 갈등 속에서 유산자와 무산자, 자본가와 노동자 사이의 입장은 천지 차이일 것입니다. 동일한 입장의 관계보다는 갈등과 모순의 관계가 있게 됩니다. 사람들은 이처럼 이해관계, 출신, 인종, 젠더, 계급의 차이 때

문에 현안을 놓고 서로 다른 입장을 취합니다. 이렇게 서로 다르다는 것을 '운명'으로 받아들여 상대주의에 빠져서, 하나의 진실을 찾는 일을 포기해야 하는가 하는 문제가 생깁니다. 이 점에 대해서 선생은 강하게 비판했습니다. 그의 톨레랑스(tolerance)에 대한 비판에서 이것을 볼 수 있습니다.

'서로의 차이를 존중하고 공존하자'는 것이 톨레랑스(관용)입니다. 그러나 신영복 선생은 여기서 더 나아가야 한다고 강조합니다. "차이와 다양성은 그것을 존중하는 것으로 끝나서는 안 됩니다. 그것은 새로운 시작이어야 합니다." "차이는 자기 변화로 이어지는 또 하나의 출발이어야 합니다."(『담론』, 231쪽) 아주 탁월한 생각입니다. 우리의 차이를 극복하게 해 주는 것은 우리 앞에 놓여 있는 진리(사건 속에 있는 진리)입니다. 이 진리는 우리의 잘못된 생각을 수정하게 해 줍니다. 다른 말로 하면, 변증법적인 변화를 일으킵니다.

이제 이 문제를 좀 더 생각해 봅시다. 서로 다른 것들이 어떻게 다름을 극복하고 새로운 시작을 할 수 있습니까? 이러한 서로의 다름과 차이는 그냥 그대로 아름다운 것만은 아니라는 것입니다. 그것은 서로 반대의 측면이 있다는 것과 그것으로 인해서 서로 간에 갈등하고 싸워야만 하는 측면이 분명히 있다는 것을 부인할 수 없습니다. 여기에서 싸우지 않고 그냥 휴전해 버리고, 너의 길도

이야기꾼 신영복

옳고 나의 길도 옳다고 인정하는 것이 톨레랑스일 것입니다. 아니면 서로 무관심해 버릴 수도 있겠지요. 서로 싸우면 상처만 입을 것이니 싸우지 않고 공존하거나 각각 헤어져 떠날 수도 있겠습니다. 그러나 이러한 것들로는 차이와 다름의 넘어섬, 극복, 초월을 향해 나아갈 수 없습니다. 차이와 다름과 모순을 넘어선 하나가 되려고 하는 노력이 필요한 것입니다. 왜냐하면, 그 차이와 다름과 모순은 결국은 문제를 일으키고 상처를 낼 것이기 때문입니다. 신영복 선생은 차이와 다름과 모순이 있다는 것은 오히려 감사할 일이라고 했습니다. 왜냐하면, 그것은 갈등과 모순을 넘어설 수 있는 가능성을 제공하기 때문입니다.

싸운다고 해서 서로 폭력을 휘둘러서는 안 됩니다. 사실, 폭력으로 상대방을 없앤다면 지양 혹은 상승의 과정은 중단되겠지요. 이것이 폭력적 극우의 방식입니다. 치열한 논리 싸움도 싸움이지요. 저쪽이 어떤 부분에서 잘못되었는지를 분석해서 공격해야 합니다. 그리고 내가 옳은지를 확인해야 합니다. 내가 한 단계 높고 옳은 지점으로 올라가기 위해서 나의 어떤 면이 잘못되었는지를 확인하고 고쳐야 합니다. 그럴 때 그 상황에 적절한 다음 단계의 인식으로 상승해 올라가는 것입니다. 여기에서 우리가 알 수 있는 것은, 우리의 인식이 상승되었다는 것은 그 상황이 보다 해방적인 방향으로 변화되었다는 것과 연결됩니다. 즉 우리의 상승된 인식은 내적 인식, 즉 나의 주관적인 이해의 변화에 머무르는 것이 아니라, 물적인 상황 자체를 변화시키는 방향으로 작동합니다. 이것이 유물론적 인식입니다.

상황 안에 숨어 있는 모순을 함께 지목하여 바라보고 그것에

120

대응하는 사람들이 있습니다. 같은 곳, 같은 방향을 바라보는 이들이 동지입니다. 입장이 동일한 사람들입니다. 역사적 상황에서 같은 모순점을 바라보는 사람들입니다. 이들은 동지애, 연대 의식을 가집니다. 이들은 비를 함께 맞는 사람들입니다. 체제의 모순을 같이 바라보고 함께 이 문제를 넘어서기 위해서 노력하기 때문에 그 과정에 온갖 어려움을 함께 겪고 서로 용기를 북돋고 도와줍니다. 그 체제의 모순을 극복하기 위한 것입니다. 그러므로 선생의 말씀처럼 "관계의 최고 형태는 입장의 동일함"이 될 수 있겠습니다.

신영복 선생은 입장의 동일함을 경제적 계급(class)의 동일함으로 일치시키지 말아야 한다고 했습니다. 경제적 계급의 모순이 삶의 모든 것을 설명하지는 않는다는 것입니다. 삶은 경제적 모순을 포함하면서 동시에 그것을 넘어서는 아름다움이 있는 영역입니다. 아름다움은 깨달음이요, 앎을 말합니다. 아무리 비극이라고 하더라도 깨달음을 준다면 아름다움이 있다고 합니다. 그리고 우리의 삶은 계속적으로 배우는 과정이고, 자기의 변화를 추구하는 과정입니다.

그래서 선생은 인문학을 중시했습니다. 역사와 사회를 포함하는 인문학의 중요성은 그것이 인간 본성의 변화 가능성에 관한 문제를 다루기 때문입니다. 새로운 앎(아름다움, 깨달음)은 우리를 변화시켜 줍니다. 그 앎은 관계 속에서, 나의 동지 속에서, 아니, 나의 적과의 투쟁과 논쟁 속에서 이루어지는 것이지, 홀로, 그리고 "객관적 대상을 무시하는 주관 속"에서 깨우치는 것은 아니라는 것입니다.

이야기꾼 신영복

『담론』의 「관계와 인식」 장에서 선생의 사상적인 중요한 측면을 여럿 보여 주고 있는데, 그중 중요한 것은 경제주의의 한계에 대해 주의를 환기시킨 부분입니다. 나의 입장의 동일함을 계급의 의미로 좁게 읽지 말아야 한다는 것입니다. 나와 다른 사람이 같은 노동자 계급이라고 해서 입장의 동일함을 가질 수 있지만, 입장의 동일함을 그것만으로 환원해서는 안 된다는 것입니다. 그것을 넘어서야 한다는 것입니다. 인간은 계급을 뛰어넘는 보편적인 개념이기 때문입니다.

　　인간은 "빵 없이 살 수 없지만, 빵만으로 살 수도 없습니다. ……삶은 광범위한 관계망 속에서 영위되는 것입니다."(『담론』, 283쪽) 계급의 문제가 전부일 수는 없지만, 계급의 문제를 간과해서도 안 된다는 말씀으로 이해합니다. 자본과 상품, 그리고 노동은 자본주의에서 가장 중심이 되는 개념입니다. 이걸 이해하지 않고 인간의 문제를 이해할 수 없습니다. 경제가 그만큼 우리 삶에 근본이라는 이야기입니다. 하지만, 계급과 경제 문제를 해결하기 위해서 스탈린 독재주의로 가면 안 된다는 것이고, 경제를 살리기 위해서 박정희식 독재주의로 가는 것도 안 된다는 것입니다. 인간은 경제적인 동물이기 이전에 수식어 없는 그냥 인간이기 때문입니다. 인간에게 경제적인 안정과 평등이 필수적인 것은 사실입니다. 그러나 다른 요소들과 함께 성취되어야 합니다. 경제와 함께 사회와 문화 전반에서 인간성의 회복이 동시적으로 이루어지는 것이 중요합니다. 그렇지 않고 경제주의에 몰두하다 보면 스탈린 독재 체제나 우리나라의 군부 정권 시대와 같은 것으로 전락하여 결국 경제적 안정이나 평등도 무너집니다. 정도의 차이는 있지만 그러한 나라들이 많이 있습니다.

선생은 주체의 해체(『담론』, 363쪽)를 당시의 포스트모더니즘의 영향 아래에서 주장한 것처럼 보입니다. 데리다, 들뢰즈의 탈근대주의가 한국 사회에 팽배했을 때 이런 말을 한 것 같습니다. 그러나 선생은 실은 건전한 주체의 필요성을 말했고 사실 그것을 강조했다고 보입니다. 타자 지배적인 건방진 주체가 아니라 진정한 주체로 변화하기를 바랐던 것으로 이해하고 싶습니다. 두 발로 걷는 주체, 변화된 주체를 생각했던 것입니다. 두 발로 걷는 주체를 이론과 실천의 합일의 주체라고도 말할 수 있겠고, 또 주관과 객관이 구별되지만 이분화되지 않은 상호 관계 속에 있는 주체라고도 말할 수 있겠습니다. 주체가 없이 타자(사물, 대상)로 남아있다 보면 강자들에 의해서 편입되거나 흡수되어 버린다는 것을 선생은 간파했습니다. 그래서 톨레랑스나 관용은 결국 타자를 바깥에 세워 두다가 편입시키는 작동 기제라고 보았습니다. 선생은 『담론』의 「떨리는 지남철」 장에서 파랗게 떨리는 지남철과 같은 주체의 명철함, 냉정함을 요구했습니다. 결국, 그의 관계론은 주체들의 관계에 관한 생각입니다. 선생은 주체의 회복을 강조했던 것입니다. "나는 생각한다. 고로 존재한다"라는 근대 서구 철학의 아버지 데카르트의 선언도 미신이나 허상이나 종속에서 벗어난 주체의 탄생을 알린 것이라고 보겠습니다. 선생은 동양의 대표적인 개혁적 사상인 양명학의 심학도 주체 선언으로 보아야 한다고 했습니다(『담론』, 400쪽). 이러한 건강한 주체들 사이에 관계가 성립되는 것이고, 그 관계 중 최상의 것은 "입장의 동일함"이라고 하는 다소 파격적인 주장을 하신 것이라고 이해됩니다.

청구회 추억

'청구회 추억'은 선생이 20대 중후반에 있었던, 그 당시 선생에게는 그리 중요하지 않았던 사건이지만, 가장 중요한 사건으로 반전된 사건이었습니다. 선생은 20대 중반에 벌써 대학에서 강사를 하고 있었습니다. 하루는 서울대학교 문학부 학생들의 초청으로 대학생들과 함께 서오릉으로 소풍을 갔습니다. 소풍 길에 만난 여섯 명의 가난한 아이들과의 에피소드가 이 이야기입니다. 선생은 첫 만남 이후 이 일을 까맣게 잊었는데, 그때 아이들에게는 선생과의 만남이 깊은 인상과 추억을 주었습니다. 소풍을 다녀온 뒤로 아이들은 선생에게 편지를 세 통이나 썼습니다. 선생은 자신의 소홀함을 자책하며 아이들에게 만남을 제안했고, 그 이후 한 달에 한 번 마지막 토요일에 정기적으로 모이기로 하고, '청구회'라는 모임 이름도 짓습니다. 「청구회 추억」은 서정적인, 안타까운 사랑과 우정의 이야기입니다.

「청구회 추억」은 신영복 선생의 이야기입니다. 가난한 아이들에 대한, 아이들의 구원 이야기가 아니라, 선생의 이야기요, 선생의 구원을 위한 이야기였습니다. 여기에 사건과 이야기가 있습니다. 사건은 이렇습니다. 모년 모시에 선생은 이 아이들을 서오릉으로 가는 길에서 우연히 만납니다. 그리고 그 만남이 이어집니다. 2년 남짓의 정기적인 만남 속에서 선생과 아이들 사이에 깊은 사랑과 연민이 생깁니다. 그러다가 이 만남이 갑자기 중단됩니다. 선생은 이렇게 썼습니다. "1966년 이른 봄철 민들레 씨앗처럼 가벼운 마음으로 해후하였던 나와 이 꼬마들의 가난한 이야기는 나

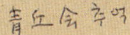

青丘会 追憶

1966년. 이른 봄철에 서울大峰本의 大峰속의
초대를 받고 회원 20여명과 함께 「서오능」으로
하루길의 踏青(?) 놀이에 섞이게 되었다.

불광동 시바쓰의 종점에서 서오능까지는 걸어서 약
한시간가량 걸리는 철이다. 우리는 이 길을 드문드문
대이기들을 나누며 걸었다. 나도, 4, 5인이 한 떼 어리가
되어 학생들와 절문에 가볍게 대꾸하며 郊外의
봄에 전신을 풀어헤치고 민들레씨만큼이나 가벼운
마음으로 걸고 있었는데, 우리 일행과 앞서거니 뒤서거니하며
같은 방향으로 걸어가고 있는 여섯명의 꼬마 한 덩어리
를 끼게 되었다. 만일 이 꼬마들이 똑같은 교복이나
무슨 빼지같은 것을 답고 있었거나, 조금이라도 더 뜻뜻한
옷차림을 하고 있었더라면 나는 좀더 빨직이 國手스(?)
들을 알아차렸을 것이다. 여나믄살 외의 아이들은 한마디로
주변의 시골풍경과, 소달구지의 바퀴자국이 두줄로 패여있는
그 「시골길에 흡사하게도 어울리는 차림들이었다. 모표도
달리지 않을 중학교학생보를 쓴 녀석이 하나, 흰 운동모자를
쓴 녀석이 또 한녀석이 있었던 것으로 기억하는데,
그 운동모자는 여러번 빨래한 것으로 앞챙 속의
종이가 몇군데로 밀리어 모아져 있어서 챙의 모양이
원형과 사뭇 다를 것일 뿐아니라 이마뒤로 힘없이
처져버린 그런 운동모자인 데 홀때가 불어서 새하얄
게 띄어지도 않을로 것이었다. 오나마

「청구회 추억」 1면, 『신영복의 엽서』 26쪽

의 급작스러 구속으로 말미암아 더욱 쓸쓸한 이야기로 잊혀지고
말 것인지……" 구속된 것은 1968년 7월입니다.

이야기는 화자의 정신으로 재구성된 작품입니다. 「청구회 추
억」은 신영복 선생의 영적인 작품입니다. 사건(events)은 실제로
일어난 일입니다. 그것은 의미 있는 사실들(facts)의 묶음입니다.

이야기꾼 신영복

사건과 이야기는 이런 관계에 있습니다. 이야기는 화자에 의해 창조된 것인 데 비해서, 사건은 주체인 화자에게 주어진 것이고, 그것도 그냥 주어진 것이 아니라 주체인 나에게 '중요하게 의미를 가지고' 다가온 것입니다. 이야기와 사건은 다릅니다. 마치 정물화의 대상인 정물과 화가에 의해서 그려진 그림이 다르듯이, 사건과 이야기는 서로 다릅니다. 사건은 이야기의 소재가 됩니다. 이야기는 사건에 기반하지만, 자신의 영혼을 담은 새 창조물입니다. 자신의 깊은 마음(정신)으로 그 사건을 재구성 혹은 재창조한 것입니다. 이처럼 이야기는 작품이며, 「청구회 추억」처럼 예술적 가치를 가진 작품이 될 수 있습니다. 모든 사람이 이러한 예술적 가치를 가진 이야기를 할 수 있는 자질이 있습니다. 그런 면에서 이야기는 가장 민중적인 예술이라고 생각합니다.

「청구회 추억」이 선생의 구원의 이야기가 될 수 있었던 것과 그것이 우리에게 잔잔한 감동을 줄 수 있는 것은 그것이 선생의 영혼이 담긴, 자신의 존재를 쏟아 넣은 작품이었기 때문입니다. 선생은 이 이야기를 기억함으로써 사형선고를 받고 죽음의 어두운 터널 속에서 무엇인가를 붙잡고 살아남을 수 있었습니다. 선생은 감옥에서 받은 재생 종이로 만든 휴지에 이 이야기를 꼼꼼히 적었습니다. 이 글을 쓰는 시간만큼은 생명의 빛을 발하는 시간이었습니다. 살아 있다는 것을 재확인하는 시간이었습니다. 그런 면에서 이러한 사회 전기는 구원과 해방의 힘을 가지고 있습니다. 나의 이야기를 할 수 있다는 것은 그만큼 좋은 것입니다. 「청구회 추억」은 그 여섯 아이의 구원을 위한 이야기가 아니라 그 이야기를 한 신영복 선생을 위한 구원의 이야기였습니다.

출옥 후 성공회대에서 교수 생활을 하던 중 어느 날 전화가 왔습니다. 선생은 상대방이 청구회의 여섯 명 아이 중 한 명인 것을 직감했습니다. 너 아무개 아니냐? 그렇다고 했습니다. 이제 중년이 된 그가 선생을 찾아왔습니다. 다른 사람들의 소식은 끊겼다고 했습니다. 그래도 다시 만나자고 하고 전화번호를 받고 헤어졌는데 계속 소식이 없었습니다. 한참 후에 전화를 걸어 보니 중지된 번호였습니다.

여섯 명의 아이들과 그 이후 완전히 끊어진 것은 아닌가 걱정이 되었는데, 그중 한 명이 선생의 장례식장에 "청구회 손용대"라고 적힌 부의 봉투를 남겨 놓았다는 얘기를 들었습니다. 그렇다면 완전한 끝남은 아니었습니다. 결국 우리는 모두 헤어지는 것이겠지요. 소식도 끊기고. 끊어짐은 인간 삶의 중요한 단면일 것입니다. 우리의 유한한 삶에서는 그럴 수도 있습니다. 그러나, 「청구회 추억」은 선생이 세상을 떠난 후에도 그대로 남아 있습니다. 사실, 「청구회 추억」은 세상에 나오지 못할 수도 있었습니다. 군 감옥 안에서 적은 것이므로 민간 감옥으로 이감할 때 급히 옆에 있던 헌병에게 주고 떠났기 때문입니다. 그 헌병이 다행히 집에다가 전달해 주었던 것이고, 20여 년 후에 그것이 집에서 발견되어 세상의 빛을 볼 수 있었던 것입니다. 그의 이야기는 우리에게 큰 공감을 줍니다. 무엇보다 그 이야기를 한 주체(storyteller)에게 더 큰 생명과 삶을 주었을 것입니다.

신영복 선생이 세상을 떠나신 날(2016년 1월 15일)에 나는 독일에 가 있었습니다. 독일 마인츠 대학에서 그 이전부터 약속한 강

이야기꾼 신영복

의 계획이 있어서 몇 개월 가 있는 동안이었습니다. 독일로 가기 전에 현대아산병원에 병문안하러 갔는데 절대 안정이 필요한 상태라서 사모님만 뵐 수 있었습니다. 75세의 이른 나이에 돌아가셨습니다.

선생이 써서 나눠 준 많은 붓글씨를 나도 몇 점 갖고 있습니다. 선생은 학자이기 전에 좋은 예술가였습니다. 미학을 아는 분이었습니다. 그리고 서예뿐만 아니라, 이야기를 통해서 선생의 예술적인 안목을 우리에게 잘 보여 주었습니다. 그뿐 아니라, 선생은 사상가였습니다. 그의 탁월한 생각은 "입장의 동일함"이 최고의 관계 형태라는 사상뿐 아니라, 두 발로 걷기, 머리-가슴-발의 여행을 통한 자기 개조라고 하는 메타포에서 발견됩니다.

아주 긴 시간은 아니었지만, 신영복 선생과 함께한 시간은 나에게 축복이었습니다. 그는 좋은 사상가였고, 무엇보다 탁월한 이야기꾼이었습니다. 그는 동양 사상, 역사학, 인문학 등 폭넓은 지식과 사상을 소유했지만, 그것을 이야기로 풀어내는 민중 사상가였습니다.

이야기란 무엇인지 나의 생각을 정리해 보겠습니다.

첫째, 이야기는 예술적인 요소가 있습니다. 이야기는 누구나 할 수 있는 것이니까 우리도 누구나 예술적인 요소를 삶에서 나타내 보일 수 있다는 것입니다. 예술은, 미술이나 음악의 경우처럼, 소수의 천재나 할 수 있는 것으로 알려져 있습니다. 그러나 예술은 모든 사람에게 열려 있는 인류의 최상의 기능이며, 그런 면에서 모든 사람은 예술적인 존재들입니다. 인류의 최상의 기능이 인

권진관

류를 불멸의 존재로 만들어 줍니다. 이야기는 그것의 길이에 상관없이 그것을 가능하게 해 줍니다. 신영복 선생은 그의 「청구회 추억」이라는 작품으로 예술성, 즉 인간의 최상의 보편적인 모습(헤겔)을 보여 주고 있습니다. 「청구회 추억」이라는 개인적인 특수한 이야기가 인간이 추구하는 예술성과 보편성을 내포하고 있음을 보여 주고 있는 것입니다. 그래서 이것을 읽은 사람들은 잔잔한 감동을 받는 것입니다. 이야기 안에 특수성과 보편성이 하나로 통합되며, 그만큼 이야기는 예술성을 갖는 것입니다. 이 보편성이 구원을 가져다줄 것입니다. 이 보편성은 개인적이고 특수적인 것 없이 홀로 나타나지 않습니다. 특수성은 보편성을 포용할 수 있습니다.

둘째, 이야기는 객관적 사건이 주는 충격에 대한 주체의 반응입니다. '청구회' 사건이 주는 충격은 비교적 잔잔한 충격일 것입니다. 자기 정체성과 자기 특수성을 가진 신영복이라는 주체는 청구회라고 하는 사건을 대면합니다. 그 정체성은 주로 신영복의 과거 삶에서 만들어진 것입니다. 그리고 특수성은 주로 신영복이 처해 있는 상황 즉 사형 언도를 받고 삶과 죽음 사이를 오가는 상황을 가리킵니다. 이 이야기는 그런 상황에 있는 그에게 사건이 주는 충격과 새로움에 대한 반응입니다. 이 반응이 「청구회 추억」이라는 이야기로 나타났습니다. 한편으로 자기 정체성과 특수성을 가진 주관과 다른 한편으로 객관적 사건과 사이의 대면 속에서 이야기가 창조되며, 이것은 자기의 정체성에 변화를 가져옵니다. 그런 면에서 이야기는 옛 정체성을 깨고 새로운 정체성, 새로운 자아로의 변화를 일으키는 역할을 합니다. 이야기 속에서 옛 주체와

이야기꾼 신영복

사건과의 변증법적인 관계가 형성되어 새로운 주체가 나타나게 됩니다.

셋째, 새로운 주체로 성장하는 만큼 사태와 사물에 대한 관점과 이해가 변화됩니다. 사태와 사물 속에 있는 새로운 가능성이 발견되거나 보이게 됩니다. 주체는 그것을 지향합니다. 이러한 것이 사태와 사물의 변화를 일으킵니다. 주체의 성장은 객관 안에 있는 가능성을 새롭게 발견할 수 있게 해 줍니다. 주체의 성장은 대상 세계를 경색된 눈으로 보는 것이 아니라, 가능성의 세계로, 변화 가능성을 세계 안에서 볼 수 있게 해 준다는 말이 됩니다. 그리고 그 변화의 가능성은 대상 세계 안에 존재한다는 것입니다. 주체가 변화를 가져오는 것이 아니라, 대상 세계 안에 있는 변화의 가능성이 세상의 변화를 가져오며, 주체는 이러한 변화되는 세계 속에 긍정적으로 참여하는 것입니다.

권진관

신영복의
동양학 사유와 '성찰적 관계론'

최영묵

삶 속에서 형성된 동양학 사유

오늘 강의에서는 신영복 선생의 동양학 사유가 그의 삶 속에서 어떤 과정을 거쳐 형성되었는지, 그리고 그 사상의 핵심인 '성찰적 관계론'의 주요 내용은 무엇인지에 관해 이야기합니다.

이 강의의 키워드는 '관계'입니다. 신영복 선생의 동양학 사상을 한마디로 요약하면 모든 이의 삶이 연결되어 있다는 '관계론'과 앎과 삶의 일치를 추구하는 지행합일(知行合一)의 실천 정신입니다. 그러니, 강의에 앞서 여러분은 쇠귀 신영복 선생과 내가 어떤 '관계'가 있는지 생각을 정리해 보시기 바랍니다.

국내에서 동양학에 대한 논의와 대중의 관심은 도올 김용옥 선생이 『동양학 어떻게 할 것인가』(1985)를 펴내면서 본격적으로 시작되었다고 볼 수 있습니다. 이 책에서 도올 선생은 동시성(同時性)을 살린 고전 번역의 필요성, 대중과 소통의 중요성 그리고 '기(氣) 철학' 중심의 일원론적 사유를 강조했습니다. 여기서 '동시성'이란 고전 속의 언어를 지금 우리가 쓰는 말로 바꾸는 일을 의미합니다. 고전이 과거의 박제된 지식이 아니라 지금 여기서 살아 숨 쉬는 이야기가 되어야 한다는 것이죠. 또한 동양고전의 세계에 모든 사람이 자유롭게 접근하고 즐길 수 있을 때 그 본연의 의미가 살아날 수 있다는 뜻입니다. 끝으로 도올 선생의 '기 철학'은 사실 '몸'을 축으로 하는 일종의 관계론이라고 할 수 있습니다. 인간의 모든 진리는 생물학적 조건인 '몸'을 통해서 드러나고, 사회적 실천을 통해서만 실현된다는 것입니다.

도올 선생과 신영복 선생이 교류를 통해 동양학 사유를 공유했다고 보기는 어렵지만 두 사람 모두 고전 번역의 동시성과 대중과의 소통 그리고 관계를 중시한다는 유사성이 있습니다. 다만 도올 선생이 동양학의 철학적 혹은 방법론적인 토대를 정립하는 데 집중했다면, 쇠귀 선생은 옥중에서 동양고전의 세계에 대한 탐구와 성찰적 독법을 통해 실존적 고통을 넘어서 새로운 관계를 만들 수 있는 지혜를 '발견'합니다.

신영복 선생의 『강의―나의 동양고전 독법』에는 20년에 걸친 감옥에서의 공부를 통해 형성된 동양학 사유 체계가 담겨 있습니다. 선생은 『강의』를 시작하면서 먼저 동양고전의 현재성에 주목합니다.

당대 사회에 대한 문제의식이 고전 독법의 전 과정에 관철

최영묵

되어 있어야 한다고 생각합니다. 우리의 고전 강독에서는 과거를 재조명하고 그것을 통하여 현재와 미래를 모색하는 것을 기본 관점으로 삼고자 합니다.(『강의』, 21쪽)

이어 선생은 '관계'를 동양고전 해석의 키워드로 제시하고 이를 통해 주요한 동양고전을 일관되게 해석했습니다. 또한, 누구나 쉽게 읽을 수 있도록 전문 용어 사용을 최소화하고, 비유와 은유, 그리고 개인적인 경험을 통해 동양고전의 세계를 대중의 언어로 설명했습니다. 독자들에게 깊은 사색과 성찰을 유도하기 위함이었습니다. 신영복 선생의 『강의』는 이후 우리가 '지혜의 보고'인 동양학에 쉽게 접근하고 이해하여 생활의 지침으로 삼을 수 있는 밑거름을 제공해 주었습니다.

우리는 우선 신영복 선생의 삶과 사상을 돌아보며 그의 동양학 사유가 어떻게 형성되었는지 확인해 볼 필요가 있습니다. 선생의 사유가 유년 시절의 원초적 체험, 대학에서의 시대 인식과 변혁 운동, 임사 체험과 20년 옥중 생활이라는 독특한 여정을 통해, '성찰적 관계론'이라고 명명한 독창적인 사유 체계가 완성되는 과정을 자세하게 살펴볼 것입니다. 선생이 시대적 아픔을 끌어안고 동양고전의 지혜를 현대적으로 재해석하며 '더불어숲'이라는 공존의 비전을 만들어 실천하는 과정을 이해하는 것이 핵심입니다.

신영복 선생의 관계론 사상은 그의 성장 배경과 시대적 경험 속에서 싹트고 깊어진 것이라고 할 수 있습니다. 특히 유년 시절 선비 집안의 분위기는 그의 삶과 사유 체계에 자연스럽게 스며드는 '훈습'(薫習)의 장이 되었습니다.

잘 알려져 있듯이 선생의 고향은 경남 밀양입니다. 영남 남인의 정통 성리학 가풍이 살아 있는 밀양 시골 마을에서 개인의 독립적 존재를 넘어 공동체의 유기적인 관계를 체험하며 어린 시절을 보냈습니다. 이러한 유년의 체험은 훗날 선생 삶에 키워드가 되는 '더불어숲' 정신의 씨앗이 되었다고 볼 수 있습니다. 선생은 중학생 때까지 고향에서 지내면서 밀양의 빼어난 산줄기(영남알프스)를 오르내리거나 풍성한 남천강에서 미역을 감으며 지냅니다. 먼 훗날 출옥한 후 한 신문의 연재 글을 쓰기 위해 밀양 얼음골에 간 선생은 고향 산천을 새삼 돌아보며 "사람은 산천을 닮는다"고 술회하기도 합니다.

할아버지 사랑방에서 조기 교육을 받던 시절, 여름에는 강물에서 친구들과 어울려 놀고 겨울에는 얼음 지치며, 강변 모래사장에서 할아버지와 함께 붓글씨를 쓰던 '보행서'(步行書)의 기억은 그의 내면에 '관계'와 '소통' 관련 원초적 감각을 심어 준 것으로 보입니다. 할아버지 사랑방에서 한문 붓글씨와 유교 경전(『천자문』, 『소학』, 『격몽요결』) 공부도 합니다. 할아버지와 친구들이 『주역』 64괘를 손가락으로 꼽으며 세상 이치를 설명하던 모습은 그에게 깊은 인상을 남깁니다. 의미도 모르면서 따라 암송했던 '요순우탕문무주공'(堯舜禹湯文武周公)이 유학의 도통 계보라는 사실도 나중에 깨닫습니다. 이러한 마을 분위기와 조부의 조기 '선비 교육'은 단순한 지적인 학습을 넘어, 그의 정서와 삶의 태도 전반에 걸쳐 깊이 스며들었습니다.

부친인 신학상 선생의 영향 또한 지대했습니다. 신학상 선생은 대구사범을 수석으로 졸업하고 평생을 교육자로 살았습니다.

식민지 시절 재직하던 초등학교 일본인 교장의 차별에 항의하다 해직된 후 한글 연구에 몰두한 강직한 선비였습니다. 해방 후에는 밀양 교육감을 지냈고 국회의원 선거에 출마하는 등 사회 참여에 적극적이었습니다. 부친의 이러한 삶은 아들 신영복에게 시대 모순 직시와 저항의 선비 정신을 물려주었습니다. 부친은 승병장 사명당 유정, 조선 유림의 태두 점필재 김종직, 의열단을 만든 약산 김원봉 등 밀양 선열 이야기를 좋아했고 평생 연구하며 저술을 남기기도 했습니다. 또한 부친의 서재에서 만난 여러 문학 작품과 『논어』, 『자본』, 『노자』 등 동서양의 고전은 어린 신영복의 지적 자양분이 되었다고 볼 수 있습니다. 한학의 기본을 배우고 시집 온 모친이 감옥으로 보낸 소박한 한글 편지 글씨체는 훗날 신영복 선생의 '민체'(民體)에 결정적인 영감을 주었고, 동시에 서도(書道)를 형식적인 아름다움을 넘어선 관계의 미학으로 확장하는 계기가 됩니다. 밀양에서의 유년기 체험과 기억은 인간 존재의 관계적 본질에 대한 깨달음과 시대의 아픔에 대한 감수성, 그리고 저항적 지식인 정신의 바탕이 되었다고 볼 수 있습니다.

신영복 선생의 삶에 '시대'가 들어오기 시작한 것은 대학에서 4·19를 체험한 후였습니다. 4·19는 그에게 잠시 '푸른 하늘'을 보여 주었으나, 5·16 쿠데타 이후 당시 한국 사회를 구속하고 있는 실체가 무엇인지 뼈저리게 느끼게 됩니다. 선생은 어린 시절 남천교에 효수된 좌익 청년들의 머리, 친구 이선동의 가난한 삶 등을 목격하면서 우리 사회의 모순과 폭력성을 인지했고, 4·19 이후 '추체험'을 통해 그 의미를 또렷이 이해하게 됩니다. 선생은 4·19와 5·16을 경험하면서 한국 사회의 분단 모순과 식민지성을 절감합

신영복의 동양학 사유와 '성찰적 관계론'

니다. 당시 한국 사회의 모순 구조 극복을 위한 비전을 찾기 위해 '마르크스주의 정치경제학'을 비롯한 비판 사회과학을 치열하게 공부합니다. 이때의 학습은 한국 사회 자본주의 구조와 인간 소외 문제를 분석할 수 있는 통찰력과 과학적 사유의 기반이 됩니다. 그의 석사 논문 「봉건제 사회의 해체에 관한 고찰: 노동력의 사회적 존재 양식을 중심으로」는 이러한 학습의 결과물로, 노동력의 사회적 존재 양식 변화를 통해 사회 변동의 동인을 규명하려는 시도였습니다. 선생의 문제의식은 이후 동양고전의 세계와 만나면서 '성찰적 관계론'으로 진화합니다.

20년이 넘는 기나긴 옥중 생활은 혹독한 단련의 시간이었습니다. 그는 감옥을 '나의 대학 시절'이라 부르며, 좁은 독방에서 외부와 단절된 채 삶을 근원적으로 돌아보는 면벽 명상에 몰두합니다. 한밤의 정적을 깨며 긴 콘크리트 복도를 울리는 철문 소리는 그를 둘러싼 환경의 폭력성을 직시하게 했고, 그의 정신을 새벽의 바람처럼 곧추세워 주었습니다. 이 과정에서 선생은 '인간은 관계의 산물'이라는 본질적인 깨달음을 얻습니다. 자신이 살아온 모든 경험과 누적된 만남이 자신의 정체성을 구성한다는 것을 '추체험'을 통해 확인합니다.

옥중에서 만난 다양한 막장 인생에 대한 간접 경험도 선생의 각성에 지대한 영향을 미쳤습니다. 특히 감옥살이 10년을 지나면서 여러 재소자와의 만남과 그들과 구축하는 새로운 관계를 통해서 새로운 각성을 얻게 됩니다.

나는 서서히 사람을 만나게 된다. 거죽의 사람이 아닌 속

최영묵

사람의 발견이었다. 이마에 낙인처럼 그를 규정하고 있는 죄명과는 한 점 상관도 없는 속사람에 대한 깨달음이었다.(『냇물아 흘러흘러 어디로 가니』, 24쪽)

장기수 노인뿐만 아니라 광주 대의동 파출소 앞에 버려져 '대의'(大義)라는 이름을 갖게 된 절도범, 끊임없이 자신의 이야기를 각색하던 노인 재소자, 주춧돌부터 집 그림을 그리던 목수 문도득 등과의 만남을 통해 선생은 우리 사회 가장 밑바닥 사람들의 삶과 고뇌를 이해하게 됩니다. 특히 이러한 만남은 지식인의 관념성과 엘리트주의를 반성하는 계기가 되었고, 다른 사람과의 관계 속에서 진정한 내가 드러난다는 '관계적 인간학'을 깨우쳐 주었습니다. 이 사람들은 감옥이 아니었다면 만날 수 없었을 겁니다. 우리는 언제나 누군가를 만나며 삽니다. 오늘 저와 여러분은 처음 만났습니다. 그리고 이야기를 나누고 있습니다. 만남은 모든 관계의 시작입니다.

『주역』, 『논어』, 『묵자』, 고전의 생환

신영복 선생의 동양학 사유는 특정 사상에 감히지 않고, '백가쟁명'(百家爭鳴)하는 동양고전의 다양한 흐름에서 그 핵심을 통찰하는 방식으로 이어졌습니다. 특히 감옥에서 탐독했던 동양고전 중 『주역』, 『논어』, 『묵자』는 '성찰적 관계론'의 바탕이 됩니다. 선생은 이 고전들을 단순히 과거의 지식으로 읽지 않고, 지금 우리가

신영복의 동양학 사유와 '성찰적 관계론'

겪고 있는 현대 사회 문제와 연결해 재해석하여 살아있는 지혜로 소환합니다.

선생의 관계론은 『주역』에서 출발합니다. 세상 만물은 언제나 상호작용하며 끊임없이 변한다는 것이 『주역』의 핵심 사상입니다. 아시겠지만 『주역』은 어렵기로 유명한 책입니다. 공자님도 『주역』을 하도 여러 번 읽어서 '죽간을 묶는 가죽끈이 세 번 끊어졌다'(韋編三絶)는 이야기를 남겼을 정도니까요. 조선 역사를 통틀어 『주역』을 제대로 읽고 해설한 사람은 퇴계와 다산 정도라는 이야기도 있습니다. 대형 서점에 가 보면 요즘 사람들이 쓴 여러 가지 『주역』 해설서를 볼 수 있어요. 주장이 제각각이고 의미 이해의 차이도 커서 혼란스럽습니다. 저도 『주역』 원문을 읽어 보려고 여러 번 시도했지만 포기하고 해설서 정도를 읽고 어렴풋이 의미를 이해하는 정도입니다.

신영복 선생은 『주역』에서 세상의 근원적인 변화와 관계의 원리를 끌어냅니다. 『주역』은 우주의 모든 현상이 끊임없이 변화하며 모든 존재가 서로 영향을 주고받는 '관계' 속에서 존재한다는 사실을 설명하는 책이기도 합니다. 선생은 하늘(乾)과 땅(坤)의 조화, 음양(陰陽)의 상호작용에 만물의 생성과 소멸, 변동의 원리가 내재해 있다는 『주역』의 기본 원리에 깊은 인상을 받습니다. 『주역』은 세상 만물이 끊임없이 변화하고 있듯이 세상사 길흉화복도 고정된 것이 아니라 관계 속에서 변하며, 모든 관계도 달라질 수 있다는 선언입니다. 옥중의 선생에게 『주역』은 새로운 희망의 근거이자 변혁적 사유의 기반이기도 했습니다.

선생이 붓글씨로 즐겨 쓰던 궁즉통(窮則通), 혹은 밥숟가락의

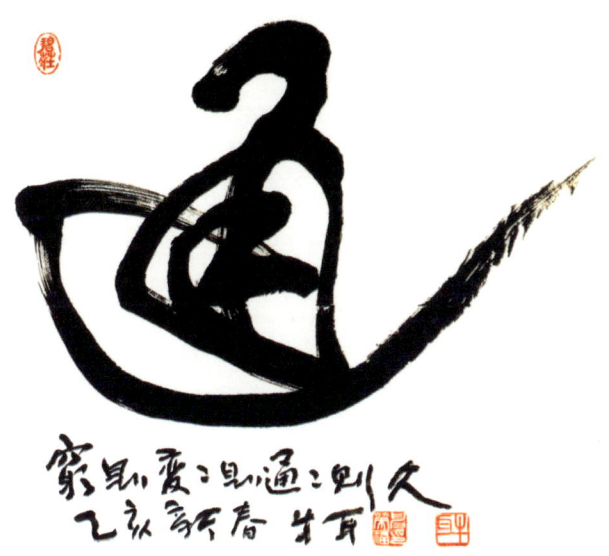

상형처럼 쓰신 통(通)이라는 글씨가 있습니다. 여러분도 보신 기억이 있을 겁니다. 문재인 정부 시절 북한에서 김여정 대표가 왔을 때, 청와대에 걸려 있는 선생의 '통'(通) 글씨 서화를 배경으로 사진을 찍은 것이 널리 보도되기도 했습니다. 궁즉통의 원문은 "다하면 변하고, 변하면 통하고, 통하면 오래 간다"(窮則變, 變則通, 通則久)입니다. 『주역』「계사전」에 있습니다. 선생이 궁즉통이나 통이라는 말을 즐겨 쓰고 이야기했던 이유는 여러분도 짐작할 수 있을 겁니다.

　『주역』은 역사적으로 보면 점(占)을 치기 위한 책이었습니다. 지금도 '주역점'을 치는 사람들이 있습니다. 선생은 『주역』이 단순히 점치는 행위가 아니라 인간의 오만을 질타하는 겸손과 관련한 내용을 담은 것으로 보았습니다. 점을 친다는 의미도 당시에는 달랐습니다. 가령 전쟁과 같은 큰 문제에 봉착했을 때, 왕은 먼저 자신에게 묻고 이어 대신에게, 그리고 백성에게 물었습니다. 그래도 문제가 풀리지 않을 때 점을 쳤다는 겁니다. 점괘와 백성의 의견, 조정 대신의 의견, 군왕의 의견이 일치하는 것을 대동(大同)이라고 했답니다. 우리가 가끔 쓰는 '대동제' '대동단결'이라는 말의 어원입니다. 『주역』 시대의 점치는 행위는 부귀영화를 위한 주술이 아니라 미지의 영역에 대한 경외심이었습니다.

선생은 『주역』 64괘가 단순한 사물이나 사건의 상징이 아니라 구조적인 '사태'의 범주라는 점에도 주목합니다. 그러니까 어떤 괘(卦)나 효(爻)가 중요한 것이 아니라 괘와 괘, 효와 효의 관계가 본질이라는 것이죠. 효의 길흉을 그 효가 맺는 관계가 결정하기 때문입니다. 음효(陰爻)가 음효 자리에 있으면 '득위'(得位)가 됩니다. 한 효와 그 옆의 효의 관계를 보는 '비'(比), 위와 아래 괘의 관계와 관련이 있는 '응'(應)의 여부를 따지는 것이 핵심입니다. 선생은 『주역』 64괘 중에서 11번째 지천태(地天泰)를 최고로 꼽았습니다. 위에 있는 땅 기운은 아래로 내려가고 아래에 있는 하늘 기운은 위로 올라가 서로 자연스럽게 만나게 되는 것이 태(泰)의 특성입니다. 반대로 12번째 괘인 천지비(天地否)는 하늘이 위에 있고 땅이 아래에 있어 안정되기는 하지만 서로 만나거나 소통할 필요가 없는 단절 상태를 의미합니다. 24번째 지뢰복(地雷復)은 맨 아래 것만 양효이고 나머지 다섯은 음효입니다. 최악의 상태로 보이지만 '복'(復)에 주목해야 합니다. 회복을 통한 희망을 의미하기 때문입니다. 64번째 괘인 화수미제(火水未濟)에서는 『주역』의 본질적인 의미라 할 수 있는 '미완성'을 강조합니다. 불(離)과 물(坎)이

서로 응하며 조화를 이루지만, 아직 완성되지 않았다는 것은 모든 존재가 끊임없이 변화하는 과정에 있음을 보여 주는 지혜라고 해석했습니다. 이러한 『주역』 독법은 동양학 사유의 본질이 관계의 자각과 변화의 실천에 있다는 선생의 통찰에 바탕이 되었습니다. 선생은 『주역』의 다섯 가지 핵심어로 성찰, 절제, 미완성, 겸손, 변방을 제시합니다. 이 중에서 가장 중요한 것은 '겸손'이라고 했습니다. 겸손은 누구에게나 절을 하듯 자신을 낮추는 것입니다.

『주역』을 통해 우주적 관계의 원리를 통찰한 선생은 인간관계의 본질을 『논어』를 공부하면서 체득하게 됩니다. 선생은 공자가 강조한 '인'(仁)의 정신에 깊이 공감했습니다. '인'(仁)은 단순히 개인의 덕목이 아니라, 글자 자체가 두 사람(人+二)을 의미하듯 사람과 사람 사이의 바람직한 관계를 통해 이상적인 공동체 구현을 추구하는 정신이라는 사실을 새삼 확인하게 됩니다.

선생은 또한 우리가 어려서부터 무수하게 들어 봤던 극기복례(克己復禮), 수신제가치국평천하(修身齊家治國平天下)와 같은 구절을 읽으며 개인의 내적 성찰이 올바른 관계를 형성하고 나아가 세상을 변화시키는 근본 동력이라는 사실을 깨닫게 됩니다. 선생은 "군자화이부동(君子和而不同) 소인동이불화(小人同而不和)", 이를 줄인 '화이부동'(和而不同)이라는 말도 즐겨 쓰셨습니다. 다양성과 차이를 존중하는 화(和)의 원리가 지배와 흡수 통합의 논리인 동(同)을 넘어설 수 있는 공존의 지혜라는 사실을 역설하기 위해서였습니다. '화동론'은 개인 간의 관계뿐만 아니라 조직과 조직, 국가와 국가 사이에도 적용할 수 있는 보편적 원리라고도 할 수 있습니다.

신영복의 동양학 사유와 '성찰적 관계론'

또한 선생이 할아버지께 무수히 들어 익숙했던 "학이불사즉망"(學而不思則罔)이란 말이 있습니다. 늘 의미가 모호하다고 생각하던 어느 날, 선생은 문득 불사(不思)가 '생각 없음'이 아니라 '실천 없음'을 의미한다는 사실을 깨닫게 됩니다. 생각하지 않을 때 어두운 것이 아니라 공부하고 실천하지 않을 때 달라지는 것이 없다는 점이 핵심입니다. 지와 행, 즉 앎과 실천의 일치를 추구하는 것이 『논어』에서 강조하는 공부론, 실천론의 핵심입니다. 또한 배움(學習)의 의미도 '어린 새가 날갯짓하듯 실천하는 것'(習)으로 해석하며, 진정한 기쁨은 배운 것을 실천할 때 온다고 보았습니다. 선생은 우리가 흔히 인용하는 문구 중 하나인 "멀리서 친구가 찾아오니 즐겁지 아니한가"(有朋自遠方來, 不亦樂乎)라는 말에서 친구(朋)의 의미도 새롭게 해석합니다. 당시 중국은 엄격한 신분제 사회였습니다. 선생은 붕(朋)이란 말을 대등한 수평적 인간관계를 의미하는 '친구'로 해석합니다. 공자에 이르러서야 비로소 지금 우리가 말하는 그런 친구들과 우정을 나눌 수 있는 시대가 됩니다.

『논어』「안연」 편에 보면 번지(樊遲)가 인(仁)의 의미를 묻자 공자가 '사람을 사랑하는 것'(愛人)이라 답하고, 앎(知)이 무엇이냐고 묻자 '사람을 아는 것'(知人)이라 답하는 대목이 있습니다. 선생은 이 대목을 읽으면서 인간을 이해하고 인간관계를 바르게 하는 것이 공부의 근본임을 깨닫게 됩니다. 또한 「위정」 편에 나오는 "군자불기"(君子不器)라는 말도 그릇처럼 용도가 정해진 전문가가 아니라, 세상 만물의 이치를 이해하고 다양한 관계를 맺으며 자신을 고정하지 않는 '관계적 인간'을 지향해야 한다는 의미로 해석했습니다. 많은 대학에서 전공과 전문성만 강조하다가 요즘 들어 인문

최영묵

학과 교양 교육을 강조하는 이유도 관계 맺기 능력 향상과 관련이 있습니다.

『논어』가 인간 공동체의 이상을 제시했다면,『묵자』는 약자의 편에 서서 사랑을 실천하고자 합니다.『묵자』에 따르면 세상에 남은 없기 때문입니다(天下無人). 통혁당 사건으로 선생과 함께 옥고를 치렀던 기세춘 선생은 출옥한 뒤에『묵자』를 국내 최초로 완역했고 묵자와 관련한 많은 저술을 남기기도 했습니다. 선생은 가석방 후에도 기세춘 선생과 인연을 이어 가며『중국역대시가선집』(전4권)을 공동 번역했습니다.

『묵자』의 핵심은 혈연과 지연을 초월한 보편적인 사랑, 즉 겸애(兼愛)입니다. 모든 사람을 차별 없이 사랑하기 위해 최선을 다해야 한다는 겁니다. 예수의 가르침과 다르지 않습니다. 묵가(墨家)는 당시 지배 계급에 '기생'하고 있던 유가(儒家)를 비판하고, 민중의 삶을 위해 투쟁합니다. 묵자(墨子, BC.479~381)는 묵적(墨翟)이라 부르기도 합니다. 여기서 묵(墨)이란 이마에 죄인이라는 표식이 있는 사람이거나 목수의 연장 가운데 하나인 먹줄(繩)을 의미합니다. 따라서 묵가란 형벌을 받은 집단, 하층 노동자 집단이라고 볼 수 있고 묵자는 이러한 기층 민중 출신의 좌파 사상가였습니다. 그들의 집은 아궁이에 불을 지피지 못할 정도로 가난했습니다. 묵가는 근검절약과 실천궁행을 삶의 근본으로 삼았습니다.

선생은『묵자』를 읽으며 '동양 좌파'의 장구한 역사를 떠올립니다.『묵자』의 실천적이고 민중 지향적인 사상에서 사회 참여와 민주화 운동의 원류와 역사적 정당성을 찾았다고 볼 수 있습니다. 묵가는 침략 전쟁을 '최고의 범죄'로 규정하고 반전 평화를 위해 천 리 길을 달려가 목숨을 바쳤습니다. 묵가의 이러한 목숨을 건 실천은 선생에게 '앎과 행함의 일치'의 중요성을 각인시켜 주었습니다. 또한 묵자는 백성이 지배 계급의 술책으로 허위의식에 물들어 가는 것을 우려했습니다. 『천자문』에 있는 "묵비사염"(墨悲絲染)이란 말의 어원입니다. 지금 우리 사회에도 미디어에서 유포되는 각종 허위 조작 정보와 소위 '기레기'로 공격받는 언론인과 미디어의 문제가 심각합니다.

끝으로 선생은 역사적 경험과 현실성 그리고 민주주의의 가치를 강조하는 묵자의 '삼표론'(三表論)이 사회 변혁 운동의 방법론적 근거를 제공할 수 있다고 생각했습니다. "물에 자신을 비추지 말고 사람에게 비추라"(無鑑於水, 鑑於人)라는 묵자의 말도 유명합니다. 선생이 붓글씨로 즐겨 썼던 '무감어수'(無鑑於水)라는 말의 어원입니다. 물에 비친 자기 얼굴이 아니라 타인을 거울삼아 자신을 성찰하는 것이 관계적 인식의 출발이라는 점을 강조하기 위해서였습니다.

조선 성리학과 양명학의 재해석

공자와 유학은 지금도 우리에게 직간접적 영향을 주고 있습니다. 『공자가 죽어야 나라가 산다』는 책이 나온 적도 있습니다. 선생은 조선 정치 사상의 두 축이었다고 할 수 있는 성리학과 양명학에도 관심이 많았습니다. 조선 건국 이념이자 멸망 원인으로 지목되기도 하는 성리학과 조선 말 그 대안으로 등장한 양명학, 그 각각의

최영묵

의미에 주목했습니다. 성리학이 유학의 교조화를 극복하기 위해 나왔다면, 양명학은 수구적 통치 이데올로기로 전락한 성리학을 비판적으로 극복하기 위해 등장했습니다. 성리학은 조선 건국의 이념이었고 양명학은 몰락하는 조선 사회의 모순을 바로잡기 위한 대안이었습니다. 선생은 조선 시대 성리학과 양명학에 대한 탐구가 과거에 대한 이해를 넘어 한국 현대 사회의 지배 구조와 그 문제를 이해하기 위한 필수 과정이라고 생각했습니다.

신영복 선생은 우선 중국에서 성리학이 등장한 이유에 주목합니다. 핵심은 성리학이 송나라 말기 몰락하던 중화 문명 재건 및 사회 질서 확립을 위한 '건축 의지'의 산물이라는 겁니다. 주희의 이기론(理氣論)으로 우주 원리 및 인간 본성을 탐구하고, 『대학』과 『중용』으로 개인 수양에서 국가 통치에 이르는 새로운 사회 질서를 제시하려 한 성리학의 노력을 높이 평가했습니다. 『대학』의 삼강령(三綱領: 명명덕明明德, 신민新民, 지어지선止於至善)과 팔조목(八條目: 격물格物, 치지致知, 성의誠意, 정심正心, 수신修身, 제가齊家, 치국治國, 평천하平天下)을 통해 개인의 수양과 사회 변혁의 연결 고리를 찾으려 했다는 것이지요.

사실 성리학은 고려 말 몽골 지배와 권문세족의 수탈로 인한 민족·계급 모순 속에서 신진 사대부가 새로운 대안 이념으로 선택한 것입니다. 공민왕 때 성균관이 중수되고 목은 이색을 중심으로 정몽주, 정도전 등 '이색스쿨'이 형성되면서 성리학은 새로운 시대를 열 사상적 동력을 얻었습니다. 이들은 『맹자』의 역성혁명(易姓革命) 사상(왕이 인의를 해치면 죽여도 무방하다는 논리)을 통해 왕조 교체의 정당성을 찾기도 했습니다. 선생은 정도전이 지은

145

『조선경국전』을 성리학적 이상을 바탕으로 재상 중심의 입헌군주제를 구상하는 등 당대 세계적으로도 앞선 정치 체제론이라고 봤습니다. 왕권의 폭압적 지배를 견제하고 민본 사상을 구현하려는 움직임이었다는 것이죠.

실제로 조선 초기 낙향한 중소 재지지주(在地地主)들은 농민의 현실을 접하며 절제와 겸손의 문화를 만들었고, 농서와 의서의 보급으로 농업 생산력 향상과 민생 안정에 기여하고 세종조의 발전으로 이어졌다고 볼 수 있습니다. 앞서 이야기했듯이 선생은 어린 시절 고향 밀양에서 할아버지를 비롯한 선비들을 만나 한학과 붓글씨를 배웠습니다. 그러나 인조반정 이후 성리학이 노론의 교조적 이데올로기로 전락하며 사회 변혁 가능성을 봉쇄하여 망국의 원인이 되었다고 볼 수도 있습니다.

선생은 신하들이 전권을 장악하는 '군약신강'(君弱臣强) 시대에 왕을 능가하는 권력을 행사하며 예송 논쟁(송시열이 자의대비의 상복 문제로 효종의 정통성을 흔든 사건)을 벌이던 노론의 사례를 들며 사상이 권력의 도구로 전락할 때의 위험성을 경고했습니다. 성리학이 지닌 이론적 깊이에도 불구하고 현실 권력과 결탁해 인적 청산과 기득권 유지를 위한 명분론에 빠진 결과였습니다. 선생은 조선 후기 내내 노론이 지배하고 경술국치 때도 노론은 그 권력을 유지했으며, 해방 후 군사정권에 이어 현재까지도 보수적 권력 구조의 기반이 되고 있다는 사실을 새삼 강조합니다. 이 '노론 권력'이 지금 우리가 해체해야 할 '피라미드'의 상징이라고 보았습니다. 조선이 몰락한 것은 물론 외세의 침략과 왕조의 무능함 때문이었습니다. 하지만 선생은 그러한 객관적 조건 이외에도 내부 지배

최영묵

이데올로기의 경직성과 그것이 권력 유지를 위해 어떻게 작동했는지에 대해 깊은 성찰이 필요하다고 보았습니다.

양명학이나 강화학파라는 말이 낯선 사람도 있을 겁니다. 양명학은 남송의 육상산(陸象山)에서 왕양명(王陽明)으로 이어진 심학(心學)으로, 심즉리(心卽理), 치양지(致良知), 지행합일(知行合一)을 표방합니다. 선생은 조선 후기 성리학의 대안으로 등장한 양명학의 실천적인 면모에 주목합니다. 양명학이 개인 주체성을 강조하고 앎과 행함의 일치를 중시하는 실천 학문이라는 점에 깊이 공감했습니다. 양명학의 '지행합일' 정신은 단순한 지식의 축적을 넘어, 깨달음을 얻고 사회적으로 실천해야 한다는 신영복 사상에 큰 영향을 미쳤습니다.

조선에서는 하곡 정제두가 숙종 말년 강화도에 은거하며 양명학을 꽃피웁니다. 그들을 나중에 강화학파라고 불렀습니다. 강화학파는 주자학이 노론의 이데올로기로 변질한 점을 비판하며 새로운 사상 투쟁을 시작했습니다. 선생은 조선 후기 강화학파의 등장과 사상적 승계 과정, 주요 주장에 주목하며 강한 인상을 받았습니다. 특히 강화학파의 '양심'에 대한 성찰을 통해 지식인의 '오늘로부터의 독립'과 '진리 방식의 대응'이라는 핵심적 화두를 찾아냈습니다.

우선 선생은 강화학파가 수란스러울 뿐 미래가 없는 서울을 떠나 강화로 간 것에 주목합니다. 그리고 그곳에서 독자적인 학문의 경지를 열며 새로운 사상 투쟁을 준비한 것 그 자체가 지식인의 '오늘로부터의 독립'의 사례라고 보았습니다. 양명학자들은 변방으로 가서 스스로 '변방'이 된 겁니다. '진리 방식의 대응'이란 현

신영복의 동양학 사유와 '성찰적 관계론'

실과 이론이 모순될 때 현실에 이론을 끼워 맞추는 것이 아니라, 이론 자체의 준거를 재구성하고 근원적인 질문을 던지는 방식입니다. 가령 요즘 산업재해(산재) 이야기가 많이 나옵니다. 통상적으로 어떻게 우리는 산재를 줄일 것인가에 대해 논의합니다. 하지만 양명학자는 산재란 무엇인가, 혹은 산재를 왜 줄여야 하는가, 하는 근원적 문제에 주목한다는 겁니다. 지금 여기(here and now)에서 어떻게(how)에 주목하는 물리적 방식이 아닌, 밑바탕과 내일(bottom and tomorrow)을 위한 왜(why)에 주목하는 근원적인 사유 방법이라 할 수 있습니다.

양명학의 치양지(致良知) 정신은 '나와 우주 만물이 하나'라는 깨달음 위에서 이웃이나 천지 만물의 아픔이 나의 아픔이라는 '관계적 깨달음'으로 이어집니다. 이는 『장자』「제물론」에 나오는 '나비 꿈'(胡蝶夢)에서 장자와 나비가 서로를 넘나드는 이야기와 일맥상통합니다. 하지만 선생은, 장자의 또 다른 유명한 이야기인 '득어망전'(得魚忘筌: 고기를 얻으면 그물은 버려라)이라는 말에 대해서는 이해를 달리합니다. 중요한 것은 고기가 아니라 관계이기 때문에 망어득망(忘魚得網: 고기는 버리고 그물을 얻어라)이 되어야 한다는 겁니다. 달리 말하자면 고기는 현상이고 그물은 구조라는 거죠. 여기서 구조는 다른 말로 관계입니다. 우리는 게임이나 거래혹은 논쟁할 때 이익이나 승리 등 어떤 결과에 집착하게 마련인데, 그 결과보다 중요한 것은 마주하고 있는 사람과의 관계라는 겁니다. 승패나 소득과 같은 결과와 상관없이 관계를 잘 만드는 것이 더 중요하다는 것이죠. 승패나 나의 이익보다 상대와의 관계가 중요하다는 것, 여러분도 꼭 명심하시기 바랍니다. 얻은 물건이나 돈은 사라져도 관계는 영원히 남기 때문입니다.

끝으로 신영복 선생은 양명학이 삶의 현장에서 실천적인 지혜를 만들어 가는 과정을 중시한다는 점에 매료되었습니다. 양명학은 달리 말하면 심학, 즉 '양심학'입니다. 이들에게 양심을 지키는 일이 목숨보다 중요할 수도 있습니다. 실제로 일제가 조선을 병탄하자 매천 황현 등은 절명시를 남기고 죽었고, 나머지 양명학자들은 만주로 건너가 독립운동에 헌신했으며, 해방 후 살아서 돌아온 사람은 거의 없다고 합니다. 선생의 관계론 중심에는 '양심'이 자리하고 있습니다.

'관계', 동양고전 해석의 키워드

신영복 선생의 동양학 사유는 궁극적으로 '성찰적 관계론'이라는 독자적인 사상 체계로 완성됩니다. 이는 서구 근대 철학의 근간인 '존재론'의 한계를 비판하고, 모든 존재가 '관계망' 속에서 정체성을 획득하고 의미를 지닌다는 동양학적 통찰을 바탕으로 합니다. 선생은 관계라는 말이 '존재와 존재 사이'의 또 다른 '존재물의 일종'으로 오독할 수 있다는 점에 경계했습니다. 관계라는 것을 또 다른 틀에 가두는 일이기 때문입니다. 선생이 말하는 관계란 끊임없이 조직되고 생성되는 '창조적 실천'입니다. 그래서 선생의 관계론은 '성찰적 관계론'입니다.

선생은 서구 근대 문명이 개별적 존재를 실체로 보는 '존재론'에 기반하여 정체성 혹은 동일성 논리를 강요하게 되었고, 이로 인해 인간 소외, 무한 경쟁, 약탈적 자본주의가 만연하게 되었다고 비판합니다. 선생에 따르면 서구 사회에서 개별 존재를 세계의 기본 단위로 인식하는 존재론 패러다임은 결국 '자기 증식'을 운동 원리로 하는 자본 운동의 정당성을 뒷받침하게 됩니다. 우리가 실제로 매일 경험하고 있듯이 자본주의 사회의 인간관계는 화폐를 중심으로 한 일회적인 교환 관계로 전락합니다. 기술 문명이 발전하면 발전할수록 서로 더 보지 못하고, 만나지 못하고, 알지 못하게 되기 때문에 인간관계 자체가 주변화되고 그 자리를 온갖 미디어가 차지하게 되는 것이죠. 주변의 사람들을 관찰해 보세요. 휴대폰을 들여다보고 있는 사람이 많습니다. 친구와 연인이 만나서도 서로 얼굴을 보며 대화하는 시간보다 각자의 미디어를 들여다보는 시간이 더 많다면, 조금 이상한 것 아닌가요?

신영복 선생은 존재론에 근거한 서구의 인과론, 환원론, 본성론이 복잡한 세상을 단순화하고 기계적으로 이해하려는 오만에서 비롯되었다고 봅니다. 그 결과로 인간은 '이기적 존재'로 규정되고 각자가 자신의 이익을 추구하는 것을 당연시하는 자본주의 합리화 이데올로기로 작동한다고 보았습니다. 선생은 오랜 성찰의 결론으로 인간에게 타고난 본성은 없으며 주어진 사회적 조건 속에서 생존할 뿐이라는 사실을 강조합니다. 20세기를 대표하는 사회과학자 중 한 사람인 칼 폴라니는 노동, 토지, 화폐는 상품화하면 안 되고, 상품화될 수도 없는 '허구 상품'이라 했습니다. 인간 사회의 실체적 구성 요소들이기 때문입니다. 그럼에도 이들을 상품으로 만들어 시장 메커니즘에 종속시킨 것이 자본주의입니다. 인간과 자연 그리고 교환 수단 자체를 상품으로 거래하게 됨에 따라 사실상 사회는 해체되고 인간성은 파괴될 수밖에 없었습니다.

반면 대표적인 동양의 사상 체계를 보면 『주역』의 관계적 사고, 불교의 무아연기론, 유교의 인(仁)의 개념처럼 모든 존재가 서로 연결된 관계망 속에 있다는 사실을 당연시하고 있다는 것이죠. 이 지점을 선생은 집중해서 공부했고 그 결과로 '성찰적 관계론'을 완성한다고 할 수 있습니다. 선생의 '성찰적 관계론'은 관계의 조직, 양심, 공부, 화이부동, 변방 개념 중심으로 정리할 수 있습니다.

우선 '관계의 조직'이라는 개념을 이해할 필요가 있습니다. 앞서 강조했듯이 선생은 '나'라는 존재가 고립된 개체가 아니라, 내가 맺은 수많은 관계의 총합이라는 사실을 감옥에서 깨달은 바 있습니다. 선생은 우선 대비(對比)를 관계 이해의 기본 방법이자 '관계 조직'의 핵심 원리로 제시합니다. 희극과 비극, 빛과 그림자, 선과 악 등 이분법적 사고를 넘어, 모든 것이 상호 보완적인 관계 속에서 존재한다는 겁니다. 『주역』의 음양론과 송나라 사상가 장횡거의 호장기택(互藏其宅)이라는 대대(待對) 원리처럼, 모든 존재는 서로를 내부에 담고 끊임없는 생성 과정에 있음을 깨달아야 한다는 겁니다. 선생은 마지막 저서였던 『담론』에서 '좌우와 상하' 개념을 원형으로 배치하며, 대립과 반목을 넘어서는 원융회통(圓融會通)의 관계망을 강조한 바 있습니다(『담론』, 197쪽). 세계의 본질은 존재와 존재의 대립이나 일방적 결정이 아닌, 끊임없는 모순과 조화 속에서 생성되고 변화하는 데 있다는 겁니다.

'양심'은 관계를 조직하는 바탕입니다. 신영복 선생의 삶과 성찰적 관계론을 관통하는 가장 중요한 개념입니다. 선생은 양심을 '타인과의 관계에 대한 고려'이자 '인간관계 조직의 근본 바탕'이라고 규정합니다. 어찌 보면 어릴 때부터 선생의 삶에 있어 중요한 모든 결정은 '양심에 부끄럽지 않은 삶'을 살아야 한다는 의지와 관련이 있습니다. 다섯 살 때 일본인 교장 사택을 지키던 일, 친구 이선동의 가난을 보고 느낀 부끄러움, 대학원 진학 결정의 이유, 옥중 생활의 태도, 출옥 후의 활동 등을 떠올릴 수 있습니다.

선생은 양심의 의미를 개인 윤리를 넘어 '필부의 사회적 책임'으로 확장합니다. 하지만 부정부패와 타락, 불평등과 범죄 등과 같은 사회 문제는 개인 윤리가 아니라 사회 구조의 문제라는 점도 분명히 합니다. 부끄러움을 느끼지 않는 사회에는 지속적인 인간관계가 존재하지 않는다고 했습니다. 맹자의 수오지심(羞惡之心)을 강조하며, 개인과 사회 모두 부끄러움을 모르는 상황을 가장 심각한 위기로 보았습니다. 선생의 양심 개념은 이성과 논리 밖의 '감성적 정서'에 뿌리를 둡니다. 그는 가슴에 두 손을 얹고 반성하라는 말이 있듯이 감성이 관계의 장이 되고, 이 감성을 기르는 것이 인성 고양의 가장 확실한 방법이자, 관계 회복의 지름길이라고 생각했습니다.

선생은 종교적인 믿음에 회의적이었지만 종교와 상관없이 '양심에 따르는 자세'를 유지하는 것을 삶의 기본 원칙으로 삼았습니다. "물(物)로써 기뻐하지 않고 자기 때문에 슬퍼하지 않는다"는 범중엄의 「악양루기」(岳陽樓記)를 인용하며, 양심은 외부 환경이나 개인적인 감정에 휘둘리지 않으면서 천하의 근심은 앞서 걱정하고 기쁨은 나중에 기뻐하는(先憂後樂) 자세로 나타나야 한다고 보았습니다. 선생에게 신(神)이란 믿음과 숭배의 대상이 아니라, 진리의 기준이자 '정의와 사랑의 실체'였습니다.

최영묵

망치와 탈정 그리고 '가장 먼 여행'

신영복 선생의 관계론은 개인의 실존적 자각과 사회 구조 변혁을 동시에 추구하는 통섭적 개념입니다. 우리가 지속적으로 깨달음을 얻기 위해서는 언제 어디서나 계속 공부해야 합니다. 선생에게 '공부'란 인간과 세계를 올바로 인식하기 위해 나와 세계를 계속 탐구하는 것입니다. 그는 공부를 머리에서 가슴을 거쳐 발로 가는 '가장 먼 여행'으로 비유하기도 합니다. 처음에는 머리로 공부하여 지적인 이해력을 높이는 겁니다. 하지만 머리로 하는 공부는 시작일 뿐입니다. 알고자 하는 대상에 대한 공감과 애정으로 나아가야 합니다. 머리에서 가슴으로 가는 것이죠. 하지만 대상에 공감하거나 교감하는 것이 공부의 끝이 아닙니다. 이해하고 공감한 대로 행하는 것이 핵심입니다. 흔히 실천이라고 합니다. 가슴에서 발로 가는 험난한 과정입니다. 그래서 선생은 '가장 먼 여행'이라고 표현했습니다. 공부의 궁극적 목표는 세계를 변화시키고 동시에 자신도 변하는 것입니다.

그러면 우리는 어떻게 공부해야 할까요? 선생은 우리를 가두고 있는 '문맥'을 깨는 것이 공부의 시작이라고 강조했습니다. 그래서 '철학은 망치다'라는 니체의 말을 빌려 공부는 망치로 한다고 했지요. 특히 자본주의 사회에서 우리를 장악하고 있는 '상품 미학'과 '자본 문맥'을 비판적으로 성찰해야 한다고 했습니다. 이어 고전을 공부해야 합니다. 이를 통해 과거와 현재를 소통시키며 미래를 열어 가야 한다고 했습니다. 고전 공부에 왕도는 없습니다. 선생은 '다독'(多讀)과 '서삼독'(書三讀)을 공부의 방법으로 제시했습니다. 다독이란 하나의 텍스트를 반복해서 읽으며 문리(文理)를 터득하는 것이고, 서삼독이란 텍스트 자체, 텍스트를 쓴 사람, 텍스트를 읽는 자기 자신이라는 세 차원을 함께 읽어 내는 것입니다. 선생은 우리의 독서가 '남의 사고를 반복하는 낭비'가 되지 않기 위해서는 책과 책을 쓰는 모든 '창백한 손'들의 한계와 파당성을 늘 돌아볼 수 있어야 한다고도 했습니다. 모든 인간은 자신만의 문맥, 관계망 속에 갇혀 있을 수밖에 없기 때문입니다.

다음으로 선생은 언어와 논리 중심의 '문사철'(文史哲) 프레임을 넘어서 '시서화'(詩書畵)의 상상력을 통한 새로운 세계 인식이 필요하다고 했습니다. 산문이 언어를 통해 삶과 사상을 담는 그릇이라면 시는 언어를 통해 언어 너머의 진실을 드러내고자 하는 인식 틀이고 그림은 언어로 담을 수 없는 세계를 전하고자 합니다. 문사철과 시서화는 전혀 다른 인식의 결과라는 이야기입니다. 나아가 문사철이 복잡한 현실을 압축하는 '추상력'의 세계라면, 시서화는 작은 것에서 큰 것을 보는 '상상력'의 세계라고 보았습니다. 이성적인 추상력과 시적인 상상력을 유연하게 결합하는 능력을 키우는 공부가 필요하다고 했습니다.

정리하자면 공부의 목표는 '우물을 벗어나는 것'(脫井)입니다. 『장자』를 인용하며 우물 안 개구리처럼 자신의 좁은 문맥에 갇히지 않고 자유로운 인식에 도달해야 한다고 역설했습니다. 공부를 통해 주어진 혹은 주입된 개념이나 이론의 의미 자체를 재구성할 수 있어야 한다는 겁니다. 선생은 공부가 결국 자기를 돌아보고 삶의 방향을 새삼 확인하는 성찰의 과정이며, 이는 타인들의 존재에 대한 자신의 구성적 관여를 인식하고 인정하는 데서 시작된다

최영묵

고 보았습니다.

끝으로 선생의 '화동'과 '변방' 개념을 정리해 보겠습니다. 화동은 자본주의 문명과 대한민국 분단 체제가 강요하는 '동일성 논리'를 극복하기 위한 선생의 대안적인 문명론입니다. 선생은 콜럼버스의 신대륙 '발견'이 자본주의 원시 축적의 시작이었으나, 이는 동시에 라틴아메리카를 비롯한 제3세계의 참혹한 희생을 바탕으로 했다고 지적했습니다. 신자유주의로 벌어지는 개별 국가에 대한 간섭과 억압, '인과론', '환원론', '본성론'과 같은 서구적인 인식 틀 또한 이 동일성 논리의 발현이라는 겁니다.

선생은 이 동일성 논리 극복 및 남북 분단 과제 해결을 위한 대안으로 '화화(和化) 모델'을 제시합니다. 남한과 북한의 차이 존중, 교류 소통을 통한 상호 변화로서의 통일을 의미합니다. 선생은 통일(統一)이 아니라 통일(通一)이 되어야 한다고 봅니다. 평화 정착과 교류 협력을 이어 가는 과정 자체가 통일의 핵심임을 강조합니다. 이러한 '화화 모델'은 한반도 통일의 청사진이자 21세기 인류를 위한 새로운 문명사적 전망이 될 수 있다고 보았습니다.

선생에게 변방이란 단순한 지리적 위치가 아닌 '성찰과 창조의 실천 공간'이자 '자기 성찰의 다른 이름'입니다. 그는 인류 역사의 중심이 끊임없이 변방으로 이동했음에 주목하며, 변방을 낙후된 주변부가 아닌 새로운 가능성의 공간으로 이해했습니다. 변방은 기존 틀에 갇히지 않고 지배 이데올로기에서 상대적으로 자유로운 곳이며, 지식인이 기득권에서 스스로를 추방하고 '소수자 되기'를 통해 새로운 역사를 창조할 수 있는 포괄적 공간입니다. 선생은 2011년 『변방을 찾아서』 연재 글을 쓰기 위해 찾아간 봉하마

신영복의 동양학 사유와 '성찰적 관계론'

을 노무현 대통령 묘역에서 그 변방이 우리의 각성과 조망의 자리임을 새삼 깨닫습니다.

또한 변방은 '하방연대'(下方連帶)의 거점입니다. 선생은 『노자』의 '상선약수'(上善若水)를 예로 들며, 물이 낮은 곳으로 흘러 바다를 이루듯, 약하고 소외된 존재들이 연대함으로써 진정한 힘을 얻을 수 있다고 강조했습니다. 구체적으로 하방연대란 대기업 노조와 중소기업 노조, 정규직과 비정규직, 남성 노동자와 여성 노동자 등 사회 각 부문의 약자들이 서로 연대함으로써 역량을 결집하는 방법이라고 설명했습니다. 다양한 사회 운동이 각자 존재성을 고집하는 대신, 약하고 뒤처진 부문과 연대함으로써 진정한 변혁 역량을 결집할 수 있다는 의미입니다. 결국 변방은 '운동의 생활화'를 통해 일상 속에 '음모의 작은 숲'을 만들고, 이를 통해 새로운 문명과 사회를 창조하는 새로운 진지가 되어야 한다는 겁니다.

결국 동양고전 공부는 '오래된 미래'를 보며 관계를 자각하는 일이라 하겠습니다. 신영복 선생의 동양학 사유는 유년 시절의 선비 집안에서의 훈습과 대학에서 4·19와 5·16을 경험하며 얻은 시대적 각성, 그리고 『주역』, 『논어』, 『묵자』, 성리학, 양명학 등 동양고전의 정수를 꿰뚫는 독법을 통해 형성되었습니다. 선생의 동양학 사유의 핵심은 '성찰적' 관계론입니다. 여기서 '성찰'이란 관계라는 것이 고정된 것이 아니라 삶의 현장에서 생성, 변화, 발전한다는 의미입니다. 우리 관계의 궁극적 비전은 '더불어숲'이라 할 수 있습니다. 선생은 한 그루의 나무가 낙락장송이 아니라 다른 나무들과 함께 숲을 이룸으로써 완성된다고 역설했습니다. 선생이 작고하셨을 때 성공회대 빈소를 찾은 사람이 6천 명이 넘었고 영결식장에 모인 사람만 천 명이 넘었습니다. 그 많은 사람이 스승과 제자 혹은 친구라는 각각의 관계와 기억을 가지고 선생을 추모했습니다. 삼삼오오 작은 숲들이 모인 또 하나의 숲이었습니다. 여러분도 오늘 이 강의 이후 각자 삶의 현장으로 돌아가 뭔가를 모색하기 위한 '음모의 작은 숲'을 하나씩 가꾸는 일을 시작해 보시기 바랍니다. 감사합니다.

신영복의 동양학 사유와 '성찰적 관계론'

2

신영복 옥중문학

정윤수

여러분, 안녕하세요. 오늘 저는 신영복 선생의 생애와 사상에 관한 이 연속 강의에서 '옥중문학'(獄中文學)이라는 주제로 이야기하고자 합니다.

이 연속 강의에 참여하시는 분들이 짧게는 대체로 20여 년 신영복 선생의 후반부 공생애를 함께하셨는데 저는 독자로서 선생의 책을 접한 일을 빼고 보면 10여 년 먼발치에서 뵙고 또 더러 제게 주어진 소임을 맡아 했습니다. 주로는, 그러니까 우리 대학교에서 운영했던 '인문학습원'이 월 요일 저녁 10시쯤 끝나는데, 그때 운전기사를 도맡아서 선생의 댁을 들른 후 귀가하곤 했습니다. 학교 안팎의 공공장소가 아니라 좁은 차 안에서 30여 분의 귀가는 '아름다운 동행'이었습니다. 제 가족이나 지인들이 저에게 '실키 드라이빙'이라고 호평하는데, 월요일 밤의 안전하고 편안한 드라

161

이브, 그 소임 덕분입니다. 보통 운전하는 걸 보면 그 사람을 알 수 있다고 하는데 운전자 처지에서도 차량에 함께 탔을 때 비로소 그 사람을 알 수 있다, 이렇게도 볼 수 있습니다. 선생의 경우 책과 강의실에서 뵌 모습 그대로 늘 단아하게 앉으셨습니다. '아, 오늘은 좀 피곤하다', 이런 식의 방자한 언행은 십 년 가까운 심야의 '아름다운 동행'에서 단 한 차례도 없었습니다. 객쩍은 소리 같지만, 오늘 우리가 나눌 이야기와도 관련이 있습니다.

오대산의 '우이서'(牛耳書)

우선 글씨 하나로 시작을 해 볼까요? 여러분은 지금 강의 피피티의 표지를 보고 계시는데, 거무튀튀한 사진이 전면을 장악하고 있고 왼쪽으로 '신영복 옥중문학' 그리고 제 이름이 쓰여 있습니다. 선생의 글씨는 아니고 궁서체입니다. 궁서체, 오늘 강의에 진지하게 임하겠다, 그런 각오입니다. 그런데 거무튀튀한 표지 사진의 오른쪽으로 보시면 구석에 '우이서'(牛耳書)라는 글씨 보이시죠. 궁서체로 된 제 이름이나 강의 제목을 빼면, 오른쪽 구석의 '우이서' 세 글자만 보입니다.

다음 페이지로 넘겨서 이 글씨만 다시 보도록 하겠습니다. 거대한 검은 바위의 한구석에 '우이서'라고 쓰여 있습니다. 아시겠지만 '우이'는 신영복 선생의 별호입니다. 감옥에서 나와 거주하시던 서울 강북구 우이동의 바로 그 우이입니다. 그러니까 '신영복이 쓰다'라는 뜻인데, 어디냐 하면 강원도 오대산에 가면 월정사

162

오대산 상원사 표지석
뒷면 ©정윤수

가 있고 그 위로 더 올라가면 상원사가 있죠. 월정사도 그렇고 상
원사도 그렇고 주지 스님이나 큰스님들 또 젊은 스님들도 신영복
선생과 오랫동안 교류가 있었습니다.

덕분에 저도 신영복 선생을 모시고 월정사에서 명상도 하고
산책도 하고 절밥도 먹는 '1박 2일 산사 체험'을 한 적 있습니다. 하
고 보니 사람이 달라졌느냐, 함께 맞는 비, 그런 깨달음을 얻었느
냐, 저 같은 사람이 그럴 리는 없고요, 다만 밤하늘에 교교히 떠 있
던 오대산의 달은 잊을 수가 없습니다. 요즘은 번디힌 대도시는
물론이고 인구 절벽이라는 궁벽한 읍면 소재지라 하더라도 인공
의 불빛이 저녁부터 새벽까지 장악하고 있어서 달빛에 일렁거리
는 산그림자와 바람결에 나무들이 정령처럼 스산하게 몸부림치
는 풍경 따위를 완전히 상실한 시대가 되었습니다만, 월정사의 깊

163

은 밤에는 한순간 잃어버린 그 서정을 회복한 적 있습니다.

그런데 저만 그런 게 아니고 월정사의 주지 스님이나 또 신영복 선생처럼 높은 경지에 도달한 분들도 가없는 막막함을 느끼는 듯싶습니다. 오대산의 이 절과 또 글씨에 대하여 선생께서 『변방을 찾아서』에 이렇게 쓰셨습니다.

> 월정(月精)에서 문수(文殊)에 이르는 길, 달의 정기를 만나고 문수보살을 찾는 마음이 곧 지혜이기도 할 것이다. 그러나 나는 이 지혜의 길에서 내내 울적한 심사를 달래지 못한다. 범종 소리가 깨우쳐 준 묵언의 지혜가 서울의 정보 홍수 속에서 과연 어떤 정처(定處)를 얻을 수 있을까. 더 많은 생산, 더 많은 소비를 갈구하는 욕망과 소유의 고해(苦海)에서 무소유의 설법이 어떤 여운으로 사람들의 가슴에 남을 것인가. 산사의 가을에서 만나는 생각이 부질없고 쓸쓸하기가 이와 같았다. 마치 인적 없는 변방의 그것이었다. 그러나 또 한편 생각하면, 진정한 깨달음이란 근본에 있어서 시대와의 불화(不和)이어야 하리라. 사건과 같은 충격 그리고 충격 이후에 비로소 돌출하는 후사건(後事件)이 깨달음의 본모습이 아닐까.(『변방을 찾아서』, 103쪽)

그곳에 선생의 글씨가 여럿 있는데 그중 하나가 상원사 입구의 안내 표지석입니다. 윗글에 쓰신 대로 "키가 3m를 훨씬 넘고 너비도 두께도 황금비율"을 이룬 바위입니다. 그 앞면에 '오대산 상원사 문수성지' 이렇게 되어 있습니다.

정윤수

이 뜻을 저는 잘 모르겠습니다. 가갸거겨를 떼었으니 낱말 뜻으로야 읽을 줄은 알지만 '문수, 고해, 무소유, 깨달음' 이런 심원한 세계의 뜻을 감히 저는 더듬어 볼 수도 없습니다. 다만 바위 뒷면의 글씨는 몇 마디 보탤 수 있습니다. 3m가 넘는 바위 뒷면에 '우이서'라고 아주 작게 새겨져 있습니다. 저 구석에 저렇게나 작게! 어떻습니까? 요즘 같은 세상에 어디서나 이름 석 자 크게 새기기를 좋아하는 시대에, 저렇게나 작게 새길 수 있을까요? 어디 가면 기념비 같은 거 뒤에 뭐 잔뜩 써 놓지 않습니까? 도지사에 시장에 군수에 협회장에 이사장 이름들이 잔뜩 들어가는데 여기에는 '우이서' 세 글자입니다.

사실 '우이' 하면 신영복의 애독자나 성공회대 관계자 그리고 선생의 서책을 작업한 극소수 편집자 정도만 알지도 모릅니다. 아, 오늘 강의 들으시는 스무 분 정도를 추가해야 하겠군요. 그러니까 오대산에 등산하러 온 누군가는 거대한 바위 앞면의 장쾌한 글씨에 탄복하여 도대체 누가 쓴 글씨인가 하고 뒤로 돌아가서는 '우이 서라. 우이라는 사람이 썼다는데, 누구지?' 할지도 모릅니다.

이미 본인의 인생 역정과 그에 어긋나는 시대의 날카로운 찰과상에 의하여 '신영복'이라는 이름은 공적 호명이 되었지만, 그리고 공적인 글을 쓰게 되면 그것을 쓴 사람의 이름도 지적 작업의 책임을 진다는 뜻에서 이름을 적기 마련인데, 그러니까 최소한 신문에 칼럼이라도 하나 쓰면 이름 석 자를 적어야 하는데, 그런 불가피한 갈등을 최소화하려는 뜻으로 저는 이해합니다. 어떤 사회적 삶이나 어떤 지적 행위를 하다 보면 불가피하게 이름 석 자를 새겨야 하는데 그 이름을 어떻게 간수하느냐 또 어떻게 정돈하느냐 하는 겸허한 태도를 저는 거대한 바위에 아주 작게 쓴 글씨에서 엿봅니다.

신독과 독락당

글씨 얘기에 보태 저의 사적인 경험도 이야기하겠습니다.

지금 보여 드리는 글씨들은 여러분이 평소 보던 신영복 선생의 글씨는 아닙니다. 아마도 여기 보여 드리는 것은 처음 보실 겁니다. 왜냐하면, 이 글씨는 저의 개인 소장이니까요. 아, 이런 '깨알 자랑'인데 아무도 웃지 않으시는군요.

먼저 〈신독〉(愼獨)이라는 작품입니다. 혼자 있을 때도 스스로의 행동과 마음을 차분하게 삼가면서 정진한다, 그런 뜻이죠. 한자 문화권의 선비들이 스스로를 수양하면서 마음에 새기는 글씨라고 합니다. 조폭들도 더러 자기 팔뚝에 새기는 글씨입니다. 이 글씨는 제가 한신대학교 교수로 임용되었을 때 신영복 선생께 부탁해서 받은 것입니다. 혼자 있을 때 '신독'하면서 공부에 정진한다, 그런 뜻으로 부탁하여 받은 글씨인데, 사실을 말하자면 저 액자를 걸어 두고 온종일 웹서핑을 하는 날이 더 많습니다. 그러다가 책상 위를 올려다보면 '신독'이라는 선생의 글씨, 아주 날카로운 글씨, 심호흡 한번 하고 단박에 쓴 듯한, 고 오윤 선생 판화의 매서운 칼날 같은 글씨가 저를 내려다봅니다. 저로서는 아주 무서운 글씨입니다. 그제야 저는 컴퓨터를 끄고 연구실을 도망치듯 나와 버립니다.

정윤수

또 다른 작품은 〈독락당〉(獨樂堂)입니다. 역시 선생께 간청하여 얻은 글씨입니다. '하늘천 따지'도 모르는 제가 선생의 글씨를 논평할 수는 없는데, 얼핏 보면 그림 같습니다. 선생은 글씨뿐만 아니라 그림도 잘 그리셨는데, 글씨가 그림의 형상을 한 경우가 많습니다. 신영복 선생은 한자 문화권의 글씨와 그림은 동질 동형이라는 강의도 여러 차례 하셨습니다.

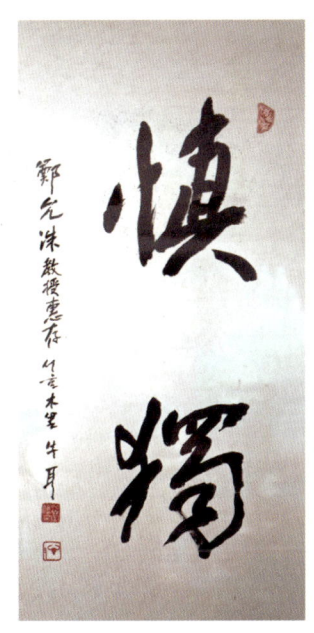

월정사의 현기 스님께 보낸 글씨 중에 〈쓸쓸함〉이라고 있습니다. 이 글씨를 가만히 보면 동지섣달 차가운 겨울밤의 메마른 나무 같은 '쓸, 쓸, 함' 세 글자가 새겨져 있고 그 사이로 사뭇 쓸쓸한 바람이 부는 듯합니다. 그런데 이 글씨 〈독락당〉도 그렇게 보입니다. 전예해행초 같은 서법을, 누가 일러주지 않으면 구분하기 어려운 저로서는 이 글씨를 볼 때마다 소반에 찻잔이 놓여 있구나, 생각합니다. 술을 좋아하는 동료 교수가 보더니 찻잔이 아니라 술잔이라고 우기더군요. 이 질박한 도형에 '독락'이 있습니다. '신독'이나 '독락'이나 요컨대 조선 시대 선비들이 '세상이 날 알아주지 않아도 나는 괘념치 않는다'고 스스로를 단속할 때 자주 쓰는 말이고 유명하기로는 경북 경주시 안강마을에 가면 회재 이언적의 '독락당'이 있습니다. 이는 뒤에서 다시 이야기하겠습니다.

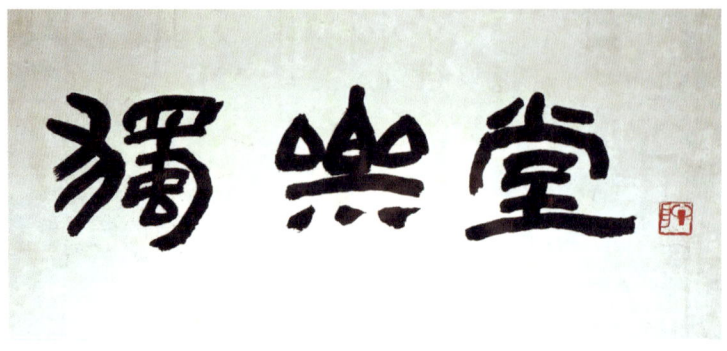

〈독락당〉 또한 공부를 게을리하지 않겠다는 다짐으로 선생께 간청하여 얻은 글씨입니다만, 실은 작고하시기 한 1년쯤 전의 일이라 선생은 투병 중이셨고, 그래서 주위 사람들의 만류로 글씨 쓰는 일을 삼가던 때입니다. 개인이든 단체든 글씨 부탁을 받으면 선생은 글씨가 개인과 단체의 얼굴이 되는 일이기 때문에 반나절 이상을, 어떤 경우에는 하루 종일 공력을 들여서 쓰신다고 들었는데, 저도 그런 정황을 감안하여 엄두를 못 내다가 어느 날 선생께서 학교에 나오셨을 때 조심스레 말씀드렸더니 "정 선생한테 뭐하나 써 드린 적이 없나 보네" 하시면서 다음 주에 가지고 오셨습니다. 몸 둘 바를 모르는 저에게 선생은 한마디 하셨습니다.

"신독이고 독락이고 다 좋은 말이지요. 좋기는 한데 홀로 독, 혼자 있는 거 아니요. 그게 꼭 좋은 일은 아닙니다. 쉽지도 않습니다. 괴로운 일입니다. 혼자 있으면 안 됩니다."

그제야 저는 무서운 생각이 들었습니다.

'아, 선생께서는 오랫동안 감옥에 계셨고 또 그 안에서 많은 시간을 독방에 계셨구나. 그런 분에게 독락이라니……'

그런 후에, 이미 여러 번 읽고 또 인용도 하고 더러 강의도 했

정윤수

던, 선생의 책들을 다시 살펴보게 되었습니다. 그 결과 지금 '옥중문학'이라는 제목으로 여러분과 대화하는 중입니다.

옥중문학의 세계

'옥중문학'이라고 하니 우선 그것부터 얘기해야겠습니다. 문학은 문학이되 옥중의 문학이라, 이런 뜻인데 감옥이라는 장소를 가리키지요. 그 장소가 문학의 어떤 특징을 강하게 가리키는 경우는 감옥 외에는 달리 없을 듯합니다. 1978년부터 시행된 '진중문고'라든지 '병영문학'이라고 해서 군대 장병들과 연관한 예도 있습니다만 어디까지나 교양 함양의 목적이지요. 그러니까 집필을 어디서 했느냐에 주목해서 '연구실 문학'이나 '카페 문학'이라고 하는 경우는 없지요. 그런데 그 글을 '감옥'에서 썼다 하면 이것은 각별한 의의가 있다고 하여 '옥중문학'이라는 말이 쓰이고 있습니다. 엄밀한 의미의 문학 장르는 아니겠지만 그 장소의 강박과 처절함은 하나의 문학 분야로 살펴봐도 될 듯합니다. 감옥에서 절절한 편지를 쓴 오스카 와일드가 자신의 문학은 수감 이전과 이후로 나눌 수 있다고 말한 그런 묵직한 결절점이라고 하겠습니다.

신영복 선생은 감옥 안에서 글을 쓰셨는데 대부분 편지입니다. 이것이 문학이 될 수 있느냐, 이런 얘기도 어쩌면 그 글 자체의 본질과는 무관하지만 '옥중문학'이라는 말부터 정돈해야 하니까 조금 언급하겠습니다.

문학이 무엇입니까? 시, 소설, 희곡, 수필…… 이런 장르를 떠올

169

립니다. 이것이 근대적 장르이고 이 범주의 바깥에 수많은 글쓰기가 있으며 이 고전 장르조차도 근대 이후 동서양 작가들의 끝없는 실험과 모색으로 주민증처럼 단적으로 증빙하기 어렵다는 것은 잘 아실 겁니다. 발자크와 카프카의 소설만 대비해도 그렇습니다. 카프카가 100년 전쯤에 프랑스 파리에서 그런 소설을 썼다면 발자크 옹호자들은 '이것은 소설도 아니다'라고 했겠지요. 알랭 로브그리예의 『질투』는 어떻습니까? 굳이 서양으로 갈 것도 없이 최인훈의 『총독의 소리』는 또 어떻습니까? 이 중편 연작은 우리가 '소설'이라고 할 때의 주인공, 이야기, 전개, 파국 등의 캐릭터와 서사가 전혀 없습니다. 가상의 식민지 총독이 지하 방송을 하는 것뿐이지요.

미국의 대중음악가 밥 딜런이 2016년에 노벨문학상을 받았습니다. 밥 딜런의 노래 가사가 '시의 형식에 흡사'하다거나 '대중음악 가사도 문학의 일부'라고 해서 결정한 게 아닙니다. 노벨문학상을 결정하는 스웨덴 한림원은 '문학이 아니라 문학적인 것'에 수여했다고 밝혔지요. 기존의 문학과 형식상 흡사하다는 뜻이 아니라, 기존의 제도와 관습으로 보면 장르로서의 문학은 아닐 수 있지만 문학이, 혹은 문자가 역사상 해 온 예술적 본질과 사회적 의미를 담은 것이라면 그 겉옷, 즉 제도로서의 형식이 기존 문학에 부합하느냐 하는 것은 결코 중요한 문제가 아니라는 결정입니다. 이미 그 전해인 2015년에 스웨덴 한림원은 우리가 생각하는 고전적인 '소설'에서 완전히 벗어난, 다큐멘터리처럼 전쟁이나 사회적 참사로 고통받는 사람들의 증언을 재구성한 스베틀라나 알렉시예비치를 선정한 적도 있습니다.

정윤수

그러니 '편지'로 된 신영복의 기록이 '문학'이냐고 묻는다면, 당연히 문학이며 그것도 '옥중'이라는 철저히 제한되고 엄격히 감시받는 장소에서 견실하게 벼려 낸 '옥중문학'이라고 말할 수 있습니다.

옥중문학의 특징

그러나저러나, 문학이든 아니든, 우리는 『감옥으로부터의 사색』이나 「청구회 추억」 그리고 그 밖의 여러 글씨와 그림을 통해 수십 년 동안 메마른 마음 한편으로 스스로 온기를 흘려보냈으니, 그것으로 이미 충분하지요. 저는 이 강의에서 선생의 옥중문학을 함께 읽으며 글의 의미를 되새겨 보겠습니다.

앞서 말했듯이, 옥중문학은 장르로서의 문학 내부만이 아니라 인간의 사상적, 사회적, 종교적, 예술적 실천의 전 분야에 걸쳐 전개되었습니다. 그야말로 '동서고금을 막론하고'라는 말이 적절합니다.

그리스 아테네에 가면 '소크라테스 감옥'이 보존되어 있습니다. 아크로폴리스 서쪽에서 필로파포스 언덕으로 올라가는 숲길에 있습니다. 바위로 된 언덕을 깊게 파 놓은 감옥입니다. 여기서 한 달 동안 갇혀 있으면서 소크라테스는 제자들과 수많은 대화를 나눴고 그것이 문헌으로 전해 오고 있습니다. 구술 옥중문학이라고 할 수 있지요.

신약성경의 후반부에 도열하는 사도 바울의 서신들도 로마 지

171

하 감옥의 경험과 무관치 않습니다. 근대 이후 감옥은 인권적 차원에서 개선되기도 했지만 인신 구속과 사회적 배제를 정교한 시스템으로 구현한 것인데, 그 이전의 고대나 중세 시기의 감옥은 우선 그 시설의 열악함 그러니까 인권과 위생의 측면에서 지옥에 가까울 정도였지요. 제가 파리나 로마에서 본 옛 감옥 시설은 도저히 탈출할 수 없는 상태였습니다. 기원전 6~7세기경 만들어졌다고 하는 로마의 옛 감옥은 반역죄를 저지른 중범죄자를 천정에 난 구멍으로 내려보내서 처형 직전까지 가뒀다고 합니다. 사도 바울이나 베드로는 그런 시설에 갇혀 있다가 잠깐 출옥하기도 했지만 결국 참수형(사도 바울)에 처했고 십자가에 거꾸로 매달려 순교(베드로)했습니다.

그런 시설에서 사도 바울은 『디모데후서』를 썼습니다. 『디모데후서』 4장에 보면 "나의 떠날 시각이 가까웠도다. 나는 선한 싸움을 싸우고 나의 달려갈 길을 마치고 믿음을 지켰으니 이제 후로는 나를 위하여 의의 면류관이 예비"되었다고 기록하고 있습니다. 이밖에 『에베소서』, 『빌립보서』, 『골로새서』, 『빌레몬서』가 수감되었거나 잠시 풀려난 상태에서 쓴 옥중문학이라고 할 수 있습니다. 종교개혁 시기의 얀 후스, 마르틴 루터 등의 기록과 저작 들도 수감과 파문과 수배와 화형이라는 '옥중'의 결실입니다.

이렇게 얼핏 떠올려 봐도 동서양의 드높은 정신과 그에 따른 사회적 실천은 옥중문학으로 이어졌습니다. 유배나 도망, 망명도 일종의 창살 없는 감옥이라고 한다면 단테의 『신곡』, 밀턴의 『실낙원』, 다산 정약용과 추사 김정희가 유배지에서 쓴 시서화와 가족들에게 보낸 편지는 문자 그대로 '창살 없는 감옥'에서 쓴 옥중

172

문학이라고 할 만합니다. 호찌민의『옥중일기』, 본회퍼의『옥중시집』, 솔제니친의 소설들, 또 그 자신의 수배 생활과 수많은 동료의 감옥 생활을 바탕으로 한 아리엘 도르프만의 작품 등이 있습니다만, 멀리 갈 것도 없이 만해 한용운의 옥중 한시를 시작으로 윤동주, 김지하, 김남주, 서준식, 서승 등 시대의 울혈이 편편마다 벌겋게 번져 있는 시집들을 우리는 기억합니다.

문필 도구가 제공되지 않는 여건에서 온갖 감시와 검열을 피해 가며 그들은 글을 썼고 또 감옥 안팎의 재소자, 간수, 면회인, 친구, 가족 등의 긴장된 협조하에 감옥 밖에서 발표되었으며 바로 그 일 때문에 당사자나 관계자들이 고초를 겪기도 했지요. 시인 고형렬은 면회 과정에서, 시인 김남주가 옥중에서 칫솔을 부러뜨려 한쪽을 갈아서 은박지에 눌러쓴 시「단식」과「일제히 거울을 보기 시작한다」를 비밀리에 간직했다가 공개한 적도 있습니다. 김남주 시인은 교도소에서 배급받은 화장지에 쓰기도 했지요. 면회 중에 교도관이 잠깐 자리를 비우자 허리춤에서 꺼내서 먹던 밥그릇 안에 쑤셔 넣었고 가족들이 이를 잘 간수하여『나의 칼 나의 피』라는 시집으로 출간되기도 했습니다.

처절하지요. 저는 이러한 수많은 사례를 보면서, 각각의 시대적 상황이나 개별 작품의 가치는 물론이려니와 어떤 상황에서든 '인간은 쓰고자 한다'는 엄숙한 사실에 직면하여 숙연해집니다. 갓입대한 신병이 엄마에게 보내는 편지를 쓰면서 운다고들 하는데 감옥은 더 말해 무엇하겠습니까. 신영복 선생이, 제한된 시간과 제한된 도구와 제한된 공간에서 가족에게 편지를 쓰기 위하여 열흘이고 보름이고 머릿속으로 쓰고 또 퇴고하다가, 편지 쓰는 시간

173

이 오면 단박에 썼다고 하셨는데 그 명민함과 철저함뿐만 아니라 그 숨 막히는 시대의 긴장을 동시에 느낍니다.

그런 기록 중에서 몇 개를 추려 보건대, 대체로 엇비슷한 감정들의 연쇄를 보게 됩니다.

처음 감옥에 들어설 때의 두려움과 막막함 그리고 그것을 이겨내려는 영혼의 심호흡이 느껴지지요. 그중 대표적인 경우가 오스카 와일드입니다. 그의 옥중 서신은 오래전에 번역되었는데 일종의 참회록으로 오인되기도 했습니다. 그러나 『심연으로부터』라는 제대로 된 제목으로 번역된 것을 보면 '참회'를 하긴 하는데 국가와 법질서에 참회하는 게 아니라 자신의 예술과 친구들과 연인들에게 보내는 참회입니다. 그러니까 국가의 엄격한 사법 질서가 원하는 참회록은 아니지요. 그 첫머리를 보면 이렇습니다. 감옥에 들어서는 순간부터 완전히 파괴되는 자아를 볼 수 있습니다.

> 원즈워스 교도소에 수감되어 있는 동안 나는 죽기를 간절히 바랐어. 그것만이 나의 단 하나의 소원이었지. 그곳 교도소 병동에서 두 달을 보낸 후 이곳으로 이감되어 점차 건강이 회복되자 난 분노에 휩싸였어. 나는 교도소 문을 나서는 날 자살하리라 마음먹었지. 그리고 그 최악의 상태가 지나가자 나는 다시 살아야겠다고 결심했어.(오스카 와일드, 박명숙 역, 『심연으로부터』, 문학동네, 2015, 150쪽)

선생의 책들에서도 이런 마음을 엿볼 수가 있습니다. 수감 초기의 기록을 보면 어쩔 수 없는 좌절에도 불구하고 거듭 '단호한

174

정윤수

결심'을 하는 '문학적 표현'을 볼 수 있습니다. 남한산성 육군교도소 그러니까 미결에서 기결로 넘어가는 사형수, 죽음으로 이행하는 시간, 절대적 고립의 시간으로 이렇게 내던져지는 그런 순간들의 기록을 우선 보도록 하겠습니다.

1969년도 기록입니다. 그러니까 감옥 생활 초기, 서너 달쯤 됐을 무렵의 기록입니다.

> 오늘은 다만 내일을 기다리는 날이다. 오늘은 어제의 내일
> 이며 내일은 또 내일의 오늘일 뿐이다. 지혜(智慧)의 여신
> (女神) '미네르바'의 부엉이는 석양(夕陽)에 날기 시작한다.
> (『신영복의 엽서』, 15쪽)

어떤 면에서는 감옥 생활 초기에 자기 단련 같은 면도 있지만 다른 맥락에서 보면 20대 후반에 어떤 사색하는 청년의 문학적 기질이 엿보입니다. 그럴 수밖에 없겠죠. 종이 한 장 볼펜 하나 제대로 제공되지 못하는 극단의 고립, 당장 누군가 철문을 열고 들어와서 '데리고 나가' 하면 사형이 집행될 수도 있는 그런 상황에서 청년 신영복은 최소한의 언어로 그 상황을 절대화합니다. 그런 절박한 상황에서 나온 아포리즘이지요. 종이도 보십시오. 위에 '메모' 이렇게 돼 있고 오른쪽에 보면 '이 책에 대한 독후감을 저어 둡시다'라고 되어 있습니다. 교도소의 교화 용도지요. 여기에 청년 신영복은 또 씁니다. 조금 전에 제가 '문학적 표현'이라고 했는데, 표현 자체가 관념적이기도 하지만 아직 『감옥으로부터의 사색』의 저자가 되기 이전, 그러니까 남한산성 육군교도소라는 완벽한

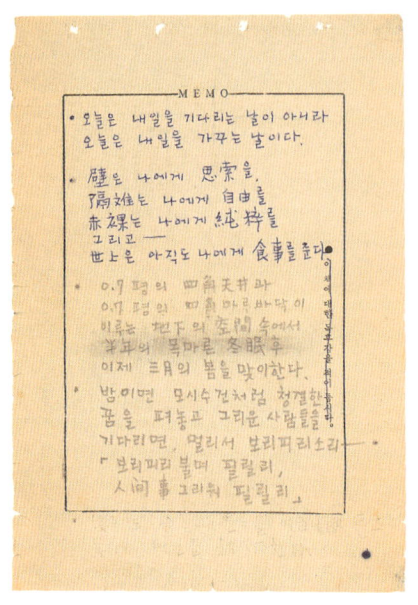

『신영복의 엽서』, 16쪽

단절의 공간일 뿐만 아니라 절대 고독의 시간에도 갇혀 있는 청년 신영복의 내면이라는 뜻입니다. 아직 교도소 '생활'을 하기 이전이 므로 한편 단단하면서도 한편 허무한 관념의 언어들이 초기에 빈 번합니다. 역시 1969년에 육군교도소에서 조금은 길게 쓴 글을 보 겠습니다.

이런 축축한 공포에서 벗어나고 싶기 때문에 나는 어서 기 온이 싸늘히 내려가기를 바랐다. 그리고 방 안 가득히 반짝 이는 그 총명한 빙광(氷光)을, 그 넓은 성좌(星座)를 보고 싶 다. 그 번뜩이는 빛 속에서 냉철한 예지의 날을 세우고 싶 다.(『신영복의 엽서』, 23쪽)

176

정윤수

그러는 중에 「청구회 추억」이라는 걸작이 나왔습니다.

> 1966년 이른 봄철 서울대학교 문학회의 초대를 받고 회원
> 20여 명과 함께 서오릉으로 한나절의 답청(踏靑) 놀이에 섞
> 이게 되었다.(『청구회 추억』, 5쪽)

'답청'은 '푸른 풀을 밟는다'는 뜻으로 초봄에 들녘이나 논두렁
으로 나가서 이제 막 푸르러지는 풀밭을 밟으며 봄기운을 맞이하
고 풍년을 기원하는 풍속입니다. 절체절명의 순간, 당장 오후에
사형 집행을 한다 해도 무리가 없는 순간에, 그야말로 짧은 생애
의 마지막 순간에, 청년은 웅크리고 앉아서 잘 써지지도 않는 펜
으로 갱지에 아이들과 교류했던 짤막한 봄날의 시간들, 그리고 불
가피하게 지키지 못했던 약속에 관해 쓰고 있습니다.

　저라면, 제가 벌써 50대인데, 저라면 도저히 저렇게는 못 쓰겠
어요. 쓸데없는 넋두리나 하고 누구한테 60만 원 빌려준 거 꼭 받
아라, 억울하다, 세상사 별거 없더라, 뭐 이런 소리를 독립선언서
쓰듯이 사뭇 비감한 표정을 짓고서는 끄적거릴 거 같은데, 20대
청년 신영복은 위급한 상황에서도 오히려 차분하게 앉아서 씁니
다. 「청구회 추억」의 첫머리부터 소리 내어 읽어 보면 단정하게 앉
아서 차분하게 써 내려가는 청년 신영복이 느껴집니다. 글 전체에
따스한 봄바람이 스치듯 합니다. 아름다운 풍경입니다. 앞서 '아름
다운 동행', 심야의 드라이브를 얘기했습니다만, 매주 월요일 저녁
10시 30분에 뵙던 모습이 딱 그대로입니다.

　여러분도 다시 한번 호흡을 가다듬고 차분하게 읽어 보기 바

177

랍니다. 진실로 명문입니다. 미사여구를 잘 엮어 쓰는 게 명문이 아니라 이 담담함, 그러나 건조하지는 않은, 청신한 기운이 펼쳐진 새벽 들판과도 같은 담담하고 평정한 문장을, 꼭 입으로 소리 내서 읽어 보시기 바랍니다. 전문이 길지도 않습니다. 묵직하면서도 담백한, 수묵의 깊은 서정이 배어 있는, 단편영화와 같습니다.

감옥 생활의 기록

이러는 중에 감옥의 시간은 가고, 그래서 감옥의 생활도 초기의 극단적 고독과는 다르게 조금 더 일상화됩니다. 감옥 안에서 여러 사람을 만나고, 섞이고, 숱한 사연과 사건을 겪어 가는 것이지요. 『감옥으로부터의 사색』을 비롯하여 신영복 선생의 여러 기록에서 우리는 사기꾼, 허풍쟁이, 오갈 데 없어 들어온 소년, 나가 봤자 다시 들어오는 거 말고는 갈 데 없는 노인 등 다양한 인간 군상을 만납니다.

그러면서 작은 위로를 발견합니다. '햇살' 이야기가 그렇습니다. 감옥살이를 시작한 선생의 무릎에 오전 10시쯤 잠깐 스쳐 지나가는 신문지만 한 햇살, 그 작은 햇살이 위로였는데 그렇게 작은 위로가 큰 고통을 견디게 해 주더라는 생각이죠.

큰 어려움이나 큰 고통에 반드시 비슷한 크기의 위로가 필요한 건 아니라는 말씀은 단순한 경구가 아니라 엄청난 위력을 내장하고 있습니다. 2014년 4월에 많은 아이가 고통 속에 숨져 간 참사가 있었습니다. 아이들의 부모들에게 잔인하게 주어진 이후의

정윤수

삶 또한 고통의 시간이었습니다. 그중 한 분이 자식을 앞세운 참담함뿐만 아니라 이를 모욕하는 일부의 비난에 못 견뎌 자식을 따라가겠다는 극단적인 마음까지 먹었다고 합니다. 그렇게 참담한 마음으로 버스를 타고 가는데 정류장에서 중학교 여학생들이 타더랍니다. 학생 중 하나가 멘 가방 끝에 노란 리본, 세월호 리본이 달려 있었고요. 그 순간 그분이 극단의 결심을 거두고 하루라도 더, 또 1년이라도 더 살기로 결심하고 버텨 냈다고 합니다. 아주 작은 노란 리본 하나가 세월호 참사라는 어마어마한 고통을 위로해 준 것입니다.

다른 옥중문학에서도 비슷한 경우를 봅니다. 이탈리아의 사상가 안토니오 그람시는 수감 초기부터 그런 사람을 만나서 인간 자체에 환멸을 느낍니다. 장애가 있는 그람시에 대하여, 당시 판사는 그의 신체는 이탈리아에 전혀 해롭지 않지만 그의 두뇌만큼은 아주 위험해서 사회로부터 격리해야 한다고 판결했지요. '위험한 사상'으로 가득 찬 그의 두뇌가 감옥으로 들어가야 했기 때문에 장애를 지닌 그의 몸도 함께 감옥에 갔습니다. 감옥 안에서 그람시는 현대 정치학과 사회, 문화 등 거의 모든 분야의 급진적 사상의 '진지'가 되는 『옥중수고』를 썼습니다만, 이와 별도로 가족에게 부친 편지가 있어 오늘의 주제와 맞게 '옥중문학'으로 읽어 볼 만합니다. 수감 초기의 한 장면을 보겠습니다.

겉보기로 사람들의 진짜 성격을 알아보기가 얼마나 어려운가를 깨닫게 되었지요. 안토나에서의 일을 예로 들면, 시골 태생의 매우 수수해 보이는 친절한 노인이 내가 먹지 않

기로 한 수프를 먹어도 되겠느냐고 묻더군요. 나는 그의 평
온한 눈과 점잖은 태도를 보고 기꺼이 수프를 주었지요. 그
러고 나서 금방 나는 그 혐오스러운 짐승이 자기 딸을 강
간한 인간이라는 것을 알게 됐어요.(안토니오 그람시, 양희정
역, 『감옥에서 보낸 편지』, 민음사, 2000, 97쪽)

소설가 황석영도 방북 사건 등으로 7년 형을 선고받고 5년여
동안 갇혀 지냈는데, 역시, 하는 감탄이 나오는 문장력, 그리고 자
기의 고립 고통을 최대한 객관화하여 마치 남 얘기하듯이 하는 능
청스러움, 스스로를 통제하기 위해 강박의 시공간을 통제하려는
결기 그리고 감옥에 대한 섬세한 묘사가 탁월하지요.
황석영은 다름 아닌 자기 자신에 대한 모멸감을 담배꽁초 하
나 때문에 절감하게 됩니다. 자전적 기록인 『수인』을 보면, 감옥
안에서 정말 어렵게 구한 담배꽁초 하나를 간신히 그리고 악착같
이 한 모금 피워 보려는 작가의 모습이 보입니다.

뜨거운 물을 받아 놓는 플라스틱 물통 위에 꽁초를 까서 젖
은 담배를 펼쳐 두고 말렸다. 한밤중이 되자 담배는 포슬포
슬 말랐고 나는 그것을 가늘게 말아서 불을 붙이고 몇 모
금 빨았다. 아마도 오줌에 젖었던 것이었을까, 타는 냄새가
고약했다. 느닷없이 모멸감이 느껴졌다. 나는 중간쯤 타들
어 간 꽁초를 변기에 떨어뜨리고 물을 내려 버렸다.(황석영,
『수인 1』, 문학동네, 2017, 119쪽)

정윤수

징벌 먹방이 "갇힌 자에게서 인간다움의 상징인 사고의 자유로움"을 앗아간 곳이라면 담배꽁초는 그것의 처절한 확인 사살인 셈입니다. 그러는 중에 옥중의 갇힌 자들은 살아남기 위해 악착같이 어떤 행동을 집요하게 반복합니다. 황석영에게는 판자를 긁는 일이 생존의 방법이었습니다.

> 어둠 속을 기어다니며 손바닥으로 이리저리 쓸어 본다. 구석이나 모퉁이에 판자가 조금이라도 들뜨거나 움직이는 곳이 있으면 그곳을 계속해서 발을 바꿔 가며 눌러 댄다. 한 시간쯤 그러고 나면 손가락 끝에 못이 조금 튀어나온 느낌이 온다. 어떤 경우에는 쉽게 뽑히기도 하고 아니면 하루 종일 걸리기도 한다. 그래도 시간은 흐르기 마련이고 마루 판자의 못 하나를 뽑는 일이 역사를 바꾸는 일보다 더욱 중요한 사업이 되어 버린다. 아, 드디어 못이 뽑힌다! 이 작은 쇠붙이야말로 짐승에서 사고하고 일하는 인간으로 자신을 바꿔 줄 열쇠인 것이다.(황석영, 같은 책, 479쪽)

신영복 선생도 이와 같은 일을 숱하게 겪었겠다고 짐작합니다. 구체적으로 기록한 경우도 있지만 아주 완곡하게 추락하는 인간성의 비참한 최종 상태를 목격한 데서 오는 절망감을 쓰기도 하셨고요.

그래서 그런지 옥중에 갇힌 사람들은 동물에 관심을 두기도 합니다. 19세기의 옥중 기록을 보면, 노역을 나가서 노새나 말이나 돼지에 애착을 갖기도 하고요. 또 현대의 기록을 보면 길 잃은 고양이나 잘못 날아든 새한테 애정을 쏟기도 합니다. 그람시의 경우는 참새였습니다.

> 지금 키우고 있는 녀석은 아주 겸손하고 굴종적이며 모험심이 없습니다. 첫 번째 참새는 즉시 온 감방을 설치고 다녔지요. 나는 그 녀석의 기질이 확실히 괴테적이라고 생각합니다. 그 녀석은 감방의 모든 봉우리들을 기어올라 그곳에 잠시 자리 잡고서는 최고의 마음의 평화를 맛보곤 했지요.(안토니오 그람시, 같은 책, 127쪽)

황석영의 『수인』에는 개미 이야기가 나옵니다. 아주 재미있고 또 눈물이 나올 지경입니다. 신영복 선생의 기록에는 '꽃순이'라는 고양이 얘기가 나오지요. "사람들의 손에 의한 부양과 사람들의 무분별한 애완은 금방 고양이를 무력하게 만들고, 고양이로서의 자각을 더디게 하여 아무리 기다려도 쥐들을 자기의 먹이나 적으로 삼을 생각"(『감옥으로부터의 사색』, 307쪽)을 하지 않은 꽃순이, 그래서 죄수들이 경멸하고 학대했다는 이야기, 다들 잘 아시죠. 그런 꽃순이가 '최초의 가출'을 감행했고 고생과 위험을 겪은 일을 신영복 선생이 썼습니다. 꽃순이는 다른 고양이의 영지에 침입했다가 비명을 지르며 쫓겨나기도 했는데 그렇게 파란만장한 역사를 겪으면서 꽃순이는 죄수들의 시선과 관심 밖으로 서서히 그리고 완전히 걸어 나와 '고양이의 길'을 걸어갔다는 사실, 그것에 선생은 탄복하셨지요.

이런 경우에 있어 제 기억에 강렬했던 것은 도스토옙스키의

정윤수

『죽음의 집의 기록』입니다. 도입부부터 아주 스산한 바람이 불어 닥칩니다.

> 궁벽한 시베리아의 오지, 스텝과 산들과 혹은 전인미답의 숲들 사이에서 이따금씩 작은 도시들이 눈에 띈다. ……혹독한 추위에도 불구하고 일반적으로 시베리아에서 근무하는 것은 극히 따사로운 일이었다. 사람들은 소박했지만, 그리 자유스럽지는 못했다.(도스토옙스키, 이덕형 역, 『죽음의 집의 기록』, 열린책들, 2012, 9쪽)

이렇게 장려하게 시작한 이후 도스토옙스키는 그 자신의 오랜 수형 생활을 남 얘기하듯이 담담하게 기록합니다. 여느 옥중문학처럼 감옥 생활 초기의 극단적인 고독의 시간들, 지식인으로서의 자아가 처절하게 부서지는 경험들, 비위생과 비인권의 최악의 상황에서 온갖 인간 군상과 뒤섞여 가는 과정들, 그러다가 동물 이야기를 합니다. 역시 동서고금 중 최고의 소설가답게 이 동물 이야기는 애틋한 감정으로 연속되다가 어이없는 결말로 마무리됩니다.

우선 개 한 마리가 나옵니다. 노역을 마치고 지쳐서 돌아온 날, 어떤 이유인지 감옥 안에서 살고 있는 샤리크라는 이름의 개가 달려옵니다.

> 나를 찾아 죄수들 사이를 이리저리 뛰어다니다가, 감옥 뒤에서 나를 찾아내고는 컹컹 짖어대며 나를 향해 달려들었

183

다. 어떻게 해야 할지 몰랐지만, 나는 그 개에게 입을 맞추고 머리를 끌어안았다. 그 개는 내 어깨에 앞발을 올려놓고 얼굴을 핥기 시작했다. 나는 '운명이 내게 보내 준 친구구나!'라고 생각했다.(도스토옙스키, 같은 책, 155쪽)

한편, 죄수들과 함께 정을 나눴던 염소가 있습니다. 바시까. 죄수들은 바시까라고 이름을 불러 주고 바시까 이리와, 바시까 어서 먹어 하면서 함께 살게 됩니다. "이따금 죄수들이 강변에서 노역을 하게 되면, 연한 버드나무 가지를 꺾기도 하고 나뭇잎을 모으기도 하고 둑에 핀 꽃을 따기도 하여 이 모든 것으로 바시까를 장식"(도스토옙스키, 같은 책, 381쪽)해 주기도 합니다. 그러다가 지체 높은 간수에게 발각됩니다. 허락 없이 염소를 기르다니, 당장 죽여라. 그렇게 되어 바시까는 도살됩니다. 한 덩어리 먹잇감이 되었죠. 그 대목을 볼까요.

> 바시까는 그 하수구에서 도살되었다. 고기는 죄수 중 한 사람이 1루블을 내고 몽땅 사들였다. 그가 낸 돈으로 우리는 흰 빵을 샀고, 바시까를 산 죄수는 고기를 구워서 한 점씩 나누어 죄수들에게 팔았다. 고기는 정말 별미였다.(도스토옙스키, 같은 책, 382쪽)

저는, 마지막 대목에서 하아, 역시 거장이구나, 생각했습니다. '고기는 별미였다.' 한쪽 눈에서는 눈물이 흐를 법도 하지만 동시에 다른 쪽 눈에서는 이 모든 상황을 능청스럽게 바라보는 작가의

정윤수

시선이 느껴집니다.

그도 그럴 것이, 이 옥중문학에는 지옥에 내던져진 듯한 참담한 상황, 비좁은 목욕탕에 수백 명씩 떠밀려 들어가는 악조건, 무의미한 노동을 무한 반복하게 시켜서 죄수들 삶 자체가 무의미하다는 것을 일깨워 주는 노역, 허세 부리다가 '천박한 자들'의 발밑으로 추락하는 귀족, 추악한 욕설과 비굴한 웃음과 어이없는 싸움박질과 불필요한 기도가 한 공간에서 동시에 펼쳐지는 상황들 그리고 탈출. 내 기어코 이곳에서 탈출하리라 벼르고 벼르던 자가 마침내 탈옥하고, 며칠이 지나도록 잡혔다는 소식이 없자 그가 강을 건너고 산맥을 넘어서 대도시로 갔을 거라고 짐작하면서 성원하는 죄수들. 그러나 그는 붙잡혀 왔고 더는 영웅이 되지 못한 채 비참한 최후를 맞이하는 이야기. 도스토옙스키의 이 옥중문학을 꼭 한번 읽어 보시기 바랍니다.

한 명의 죄수

이렇게 하여, 명민한 급진 사상가(그람시), 모더니스트 천재 작가(오스카 와일드), 혁명 사상에 도취한 청년(도스토옙스키), 당대 최고의 문장가(황석영) 등이 평범한 죄수들 사이로 스며들어 가서 그저 한 명의 죄수가 되어 생활합니다. 담배꽁초 하나 얻으려고 쩔쩔매고 간수한테 모욕을 당하고 어떤 일로 단체 기합을 받고 그러다가 독방에 갇히고, 그런 정황들을 보면 이 대단한 작가들이 자신의 내면세계를 완전히 전복하는 과정을 보게 됩니다.

신영복 선생의 경우 그것은 때때로 축구이기도 했습니다. 선생의 책 『담론』을 보면 감옥 생활의 초기는 '수많은 실패와 방황'이었습니다. 책 읽은 자의 몸에 밴 습성이 좀처럼 벗겨지지 못했지요. "협소한 공간에서 몸 부대끼며 살아야 하는 열악한 환경에서는 반목과 불신, 언쟁과 주먹다짐에 이르기까지 하루가 팔만대장경"(『담론』, 244쪽)이었습니다. 그래서 어떻게 하였던가. 그들로부터 등을 돌리고, 서책 몇 권을 끼고 앉는 대신 선생은 욕설과 악취가 뒤섞인 곳으로 스며들어 갔습니다. 도스토옙스키가 말한 '책이나 사변을 통해서가 아니라 현실 속에서' 겪어 내는 삶이 되는 것이죠.

이에 대해서는 당시 대전교도소 등에서 수감 생활을 한 사람들의 관찰과 견해 들이 있습니다. 장기수나 정치범 중에는 그런 '생활'보다는 엄격히 자신의 활동을 통제하면서 그로써 사상적 순도를 지키고자 한 이들이 있었습니다. 그런 입장에서 보면 선생은 사뭇 고결하고 견실한 태도를 시선과 행동으로 의연하게 드러내는 쪽이 아니고, 온갖 잡범들과 뒤섞여 생활하는 쪽이었습니다. 그것이 선생의 사상적 측면은 물론 '전향'과 연관하여 조심스러운 판단의 요인이 되기도 하였지요.

그러나저러나 선생은 '운동이나 싸움은 잘하는' 거칠게 살아온 사람들 사이에 끼어 공을 찼고, 어느덧 잘 차게 되어서 미드필더가 되어 공수의 완급을 조절하고 정확하게 패스하는 선수가 되었습니다. 선생은 교도소 리그의 '플레이메이커'로 경기 조율뿐만 아니라 점수 관리도 해야만 했지요. 연거푸 패하게 되면 금세 운동장이 험악한 싸움터로 변하기 때문에 "세 번에 한 번 정도는 져 주

정윤수

기도 해야" 하는 리그였습니다. 어떤 형태의 내기도 금지된 곳이라서 공을 차다가 매를 맞거나 벌방에 갇히는 일도 많았습니다.

하루는 규정을 어겼다가 '빳다'를 맞게 되었다고 합니다. 어린 죄수의 선의로 선생은 가혹한 매질에서 벗어나게 되었는데 순간 그렇게 빠져나가서는 안 되겠다는 생각에 매를 자청하였습니다. 어린 죄수가 괜히 맞지 말고 들어가시라 했으나 선생은 웃으며 대답했습니다. "나중에 물어봐라. 내가 매 얼마나 멋지게 잘 맞는지. 이래 봬도 내가 남산을 거쳐서 온 몸이야."

이윽고 매질이 시작되었는데, 첫 번째로 나선 이가 따로 있었습니다. 자청하여 나선 죄수는 '영웅적으로 투쟁'했습니다. 구구절절 변명도 늘어놓고 한 대 맞으면 바닥을 데굴데굴 구르면서 어떻게든 간수를 지치게 만들었습니다. 그는 '빳다 열 대'를 석 대로 줄이고는 장렬하게 쓰러졌다고 합니다. 남은 사람들은 줄줄이 석 대씩 맞고 벌방으로 들어갔습니다.

이후, 선생을 대하는 죄수들의 태도가 달라졌다고 합니다. 이를 선생은 『담론』에서 "노력이라기보다는 각성"이라고 썼습니다. 도스토옙스키가 말한 "완벽한 지각"입니다.

저는 오랫동안 성공회대에서 강의했습니다. 하지만 매주 수요일 오후 3시는 늘 비워 뒀습니다. 왜 하필 수요일 오후 3시냐 하면 그 시간에 어김없이 공을 차기 때문입니다. 정년 퇴임을 하신 뒤에도 신영복 선생은 몇 해 더 공을 차셨습니다. 정확한 지점으로 달려가서 가슴으로 공을 받아 발바닥으로 살며시 진정시키고 나서 정확한 지점으로 떠나보내던 모습이 생각납니다.

『경향신문』에 「변방을 찾아서」라는 연재를 하셨는데(돌베개출

187

판사에서 같은 제목으로 출간되었습니다만) 그중 전라남도 해남 송지
초등학교 서정분교를 방문한 기록이 축구와 관련하여 인상 깊습니
다. 땅끝 시골 초등학교의 분교와 인연이 되어 도서관의 글씨를
써 주시고 나중에 또 방문하여 아이들과 축구를 한 일이 있는데,
그 한 장면이 기막힌 사진으로 남아 있습니다. 자, 위 사진을 보십
시오.

　제가 이래 봬도 한때 일간지 세 군데에 동시에 축구 칼럼을 연
재했고 축구 해설위원으로도 활동한 바 있고 『축구장을 보호하
라』는 책도 쓴 적 있는데, 이런 '전문가'의 관점으로 볼 때, 공의 궤
적을 따라서 유연하게 돌아 나가는 선생의 동작은 칠순의 노인이
라고는 믿기 어려울 만큼 우아합니다. 저 동작에서 이어지는 것은
왼발을 디딤발로 하여 오른발로 공을 슬쩍 어루만지면서 예리한
각도로 슛이나 패스를 하기 1초 전입니다. 선생과 더불어 공을 차
던 추억이 그립습니다.

188

정윤수

정년을 하신 이후에도 학교 운동장 스탠드에서 교수들이 공차는 걸 구경하셨습니다. 그러다가 은퇴를 앞둔 교수가 지쳐서 쉬려고 하면 "그래도 벤치로 나오지 마시고 운동장에서 걸으세요. 한번 나오면 다시 들어가긴 더 힘들어요" 하셨지요. 그 후, 투병으로 선생은 더는 축구장에 나오지 못하셨습니다.

다시, 신독과 독락

앞에서 '신독'과 '독락당' 이야기를 했습니다만, 독락이라, 이제 선생의 옥중문학을 정밀하게 살피면서 마무리하겠습니다. '신독'과 '독락당'이라는 글씨를 써 주시면서 '정 선생, 혼자 있는 건 좋지 않아요' 하셨던 그 마음을 헤아려 보겠습니다.

앞에서 잠깐 언급했듯이 신독(愼獨)이란 말은 혼자 있을 때도 삼가고 조심한다는 뜻입니다. 『대학』에 '신독'이라는 말이 나옵니다. "군자는 혼자 있을 때도 삼가고 조심한다"(君子愼其獨也)라는 말입니다. 원문은 "신기독"(愼其獨)입니다. 홀로 있을 때도 도리에 어그러짐이 없도록 몸가짐을 바로 하고 언행을 삼간다는 뜻인데, 실제로 독거 생활을 잘하라는 뜻이 아니라 세상이 알아주지 않아도 마음 흔들리지 말고 정진하라는 뜻입니다. '청와대에서는 어제 전화 오나?' 하고 전전긍긍할 게 아니라 친구들과 차담도 하고 여럿이 어울려 트래킹도 하고 동네 사람들과 어울리기도 하면서 마음을 정돈하라는 것이지 홀로 연구실 같은 곳에 틀어박혀 앉아서, 신독하자 신독하자, 그런 것이 신독은 아니지요. 옛사람의 시나

189

서화, 김홍도나 이인문의 그림에 보면 산촌의 우거에 찻잔이 보이고 한구석에는 우거를 찾아오는 친구가 있습니다. 그렇게 마음을 정돈하라는 것이지요. 물론 이는 오늘날의 관점에서 제가 의역한 것입니다. 조선 시대에는 좀 더 엄격했겠지요. 조선 중기 1668년에 송시열은 현종에게 올린 상소문에서 "성학(聖學)을 힘쓰는 것으로 근본을 삼아, 총명함을 열고 의지를 발양시키며 그 바탕을 두터이 하고 그 뿌리를 깊게 하며, 극기신독(克己慎獨)하여 천리를 날로 밝히고 인욕을 날로 없애야만 천하의 일을 할 수 있다"(『현종개수실록』 19권, 현종 9년 11월 20일)고 썼습니다. 그러니까 신독은 출처 진퇴에 관한 선비의 마음가짐을 넘어 국왕의 치도와도 관련이 있는 것입니다.

예를 들어 보면, 1781년, 정조는 홍문관(궁중의 경서, 사적史籍, 문한文翰, 문서의 관리 및 왕의 각종 자문에 응하는 행정기관이자 연구기관)의 신하들과 담론하면서 '신독'을 국가 통치의 근간으로 강조하였습니다. 정조는 "긴요한 가운데 더욱 긴요한 공(功)은 '신독'이라는 두 글자에 있는 것인데, 어떻게 하는 것이 신독의 공부가 되는가?"라고 묻습니다. 이에 예조정랑, 홍문관 부수찬 등을 지낸 김종수가 "경(敬)이 신독의 요체입니다"라고 답하자 정조는 "'경'(敬) 자가 본디 좋기는 하다만, 이는 진부한 말이 되어 버려서 뒷사람이 보기에 신기하지 않아 그 공부를 시작하는 방법을 모를 것이다"라고 하면서 "아무도 보는 이가 없는 곳에서의 미세한 일일지라도 드러나지 않았을 뿐이지 기미는 이미 싹튼 것이어서 남들은 모르지만 자신은 혼자 알고 있는 것이다. 따라서 만약 이때 절실히 반성하고 부지런히 힘써서 선단(善端)이 일어나는 것을 혹시라도 은

정윤수

밀히 녹여 없애 버리거나 악념(惡念)이 발동하는 것을 혹시라도 은밀히 자라나게 하는 일이 없게"(『정조실록』 11권, 정조 5년 3월 18일)하라고 말했습니다.

이 밖에도 조선의 군주와 대소 신료들이 '신독'에 관하여 엄숙히 강조한 사례가 많습니다. 1877년에 고종도 "신독을 마음에 새겨 가르침을 받드니 지성(至聖)이 능히 정성을 다하게 되고, '무본'(務本)을 편액에 걸어 두고 경계를 삼으니 군자가 안일함이 없었던 바이다"(『고종실록』 14권, 고종 14년 1월 7일)라고 언급하는 등 가히 '신독'은 성리학적 통치 체계의 중요한 이념 중 하나였다고 할 수 있습니다.

독락(獨樂)도 같은 맥락입니다. 혼자 있어도 즐겁지 아니한가, 오늘은 낚시요 내일은 바둑이라, 나름 할 일도 많고 소확행의 즐거움이 있도다, 이런 뜻이 아니라 위의 '신독'과 맥락을 함께하는 아주 정치적인 개념이기도 합니다. 독락, 하면 한편으로는 안분지족하는 옛 선비의 초연한 자세가 엿보입니다. 학자가 경세치국의 큰 뜻을 품고 세상에 나갔다가 뜻이 맞지 않아 낙향하여 홀로 '신독'하며 정진하면서 쾌작을 집필하거나 홀로 '독락'하면서 애써 세상사에 초연하려는 결연한 의지로 보는 게 일반적이지요.

그러나 동시에 위에서 정조가 논파했던 대로 어떤 초조한 '기미'도 느껴집니다. 조정으로 올라오라는 카톡이 오지 않아도, 세상이 내 뜻을 알아주지 않아도 나는 '독락'한다, 이런 뜻인데, 고약하게 해석하자면 오히려 장관 자리 서넛 났는데 왜 들어오라는 연락이 안 올까, 초조하게 기다리는 '기미'가 느껴집니다.

아무튼 산하 곳곳에 독락의 흔적들이 있습니다. 겸재 정선은 자신이 나고 자란 북악산과 인왕산을 많이 그렸는데 '독락정'이 대표적입니다. 1751년 작 간송미술관 소장본과 1755년 작 국립중앙박물관 소장본이 있습니다. 그림 속 독락정의 위치는 지금의 청와대 경내입니다. 한때 청와대가 개방된 적 있어서 경내로 구경을 가서 독락정의 운치 정도는 느낀 바 있습니다. 충북 옥천에 가면 '독락정'이 있습니다. 이곳에 가 본 적 있는데, 물이 흐르고 그 위로 정자가 있어서 홀로 가만히 앉아 있다 보면 고아한 정신적인 세계의 그 어떤 순간들, 비록 헛것일지라도 그 시간과 풍경을 만족시켜 줄 것만 같은 허언의 추상적 순간을 단박에 낚아챌 것 같은 풍경입니다.

이런 경우를 경계하는 글들이 남아 있습니다. 최진겸이 서재를 짓고 당호를 '독락재'(獨樂齋)라 하였을 때 스승인 연암 박지원이 「독락재기」(獨樂齋記)라는 글로 제자를 일깨운 경우가 대표적이지요. 연암은 "인간이 누릴 수 있는 모든 즐거움을 독차지하는 일은 커다란 재앙"이라는 고사를 인용한 후 "어떤 망령된 사람이 세상을 향해 시끌벅적하게 '나는 마땅히 독락할 수 있다'고 외친다면, 어느 누가 그 말을 흔쾌히 받아들이겠는가? 그럼에도 아무렇지도 않게 자신의 서재 이름을 독락재라고 한다면 더더욱 어리석고 미혹한 행동이 아니겠는가"라고 다그쳤다고 합니다. 그러면서 제자에게 가르치기를 다만 "환히 트인 창문 아래 책상 앞에서 고요히 앉아 밤낮으로 독서를 게을리하지 않는 사람"이어야 하며 이렇게 "독서에 더욱 전념할 수 있도록 해, 그의 독락(獨樂)을 중락(衆樂: 더불어 누리는 즐거움)이 되게 하려고 한다. 이것은 그 즐거움을 세상 사람들과 누리고자 하기 때문이다"라고 썼습니다. 이상의

192

이야기는 고전연구회 '사암'이 공동 저술한 『조선의 선비 서재에 들다』(포럼, 2008)에서 읽은 내용입니다.

이진규는 논문 「한국문학에 나타난 '독락'(獨樂)의 의미—조선조 이언적·권호문·박인로를 중심으로」(2016)에서, 이언적, 권호문, 박인로 세 사람의 글에 드러난 독락의 의미를 이언적은 성리학적 수양을 통한 내면의 완성, 권호문은 자연 속에서의 자유로운 삶, 박인로는 현실 비판과 함께하는 초탈로 파악한 바 있습니다.

논문이 가리키는 방향을 따라 더듬더듬 읽어 보니 과연 그러한 해석이 타당해 보입니다. 동시에 저는 이런 생각도 해 봤습니다. 독락이라고 하지만 이를 악물고 '독락'이라고 하는 듯합니다. 내면의 완성이나 자유로운 삶 혹은 탈속의 면모는 도리어 홀로 된 자의 극단적 소외와 제 뜻을 다 펴지 못했다는 한탄까지 엿보입니다.

'독락'이라는 별호가 붙은 건축물 중에서 가장 유명하고 또 직접 가 보니 과연 독락할 만큼 지극히 아름다웠던 경주시 안강읍의 독락, 그 유명한 이언적의 독락당 또한 이언적의 파란만장한 정치적 역정을 반추하는 듯 보입니다. 1530년 사간원 사간으로 등용되어 활동하다가 김안로 등 세도가에게 미움을 받아 좌천당한 후 낙향하여 '독락당'을 지었습니다만, 그 이후 이언적은 조정에 나가 조광조 복권과 사림파 등용을 외치며 정치의 중심인물이 되어 국정을 총괄하는 위치까지 갔다가 윤원형과의 대결, 낙향, 벽서 사건으로 평안북도 강계 땅으로의 유배 등을 겪다가 낯선 땅 강계에서 병으로 죽었습니다. '독락'과는 거리가 먼 정치적 역정이지요. 그러니 더욱더 '독락'이 간절했을 수도 있습니다.

경주 안강마을의 옥산서원에 가 보시기 바랍니다. 이 독락당을

193

바라보며 오래전 시인 조정권이 시를 썼습니다. 20세기에서 21세기에 이르는 과정에서 일종의 '정신주의' 시 세계를 독보적으로 구축한 시인입니다. 조정권 시인이 「산정묘지」 연작으로 1991년에 '김수영문학상'을 수상했지요. 그때, 심사위원 중 한 명인 시인 황지우는 '가장 높은 정신'의 추구가 위험한 사상과 행로가 될 수도 있다고 말한 적 있습니다. 고도의 정신적 세계를 독자적, 독보적, 독립적으로 추구하는 것의 아름다움과 그 위험성을 동시에 언급한 것인데, 아닌 게 아니라 조정권은 눈부신 정신적 세계를 안강읍의 독락당을 빌어서 표현한 적 있습니다. 아래의 시입니다.

독락당(獨樂堂)

독락당(獨樂堂) 대월루(對月樓)는
벼랑 꼭대기에 있지만
예부터 그리로 오르는 길이 없다.
누굴까, 저 까마득한 벼랑 끝에 은거하며
내려오는 길을 부숴 버린 이.
(조정권, 『산정묘지』, 민음사, 1991)

저는, 이러한 시 세계의 드높은 경지, 그러니까 니체식으로 말하여 '아득한 산 정상의 청신한 기운에 의하여' 써진 듯한 세계를 동경합니다. 동시에 '내려오는 길'을 부숴 버린 세계 혹은 잃어버린 세계를 아슬아슬하게 생각합니다.

후자, 즉 아슬아슬한 경우를 살펴보겠습니다. 건축가 승효상

정윤수

의 건축물 '독락의 탑' 이야기입니다. 오늘 이 시간에 건축가 승효상의 건축 세계, 이른바 '빈자의 미학'을 중심으로 한 여러 작품들을 다 살펴보기는 어렵고, '독락'과 연관해서만 보겠습니다. 그에게 '빈자의 미학'은 가난한 사람들을 위한 건축이 아니라 물질적 여유와 정신적 품위가 충분한데도 그것을 요란하게 드러내는 게 아니라 '가난할 줄 아는 마음'으

승효상, 〈독락의 탑〉 ⓒ정윤수

로 소박하고 조촐하게 정돈하는 마음가짐, 즉 '신독'이자 '독락'이라고 하겠습니다.

그런 맥락에서 승효상은 부산 감천마을에 '독락의 탑'을 만들었습니다. 이 '독락의 탑'을 포함한 '감내마을풍경 프로젝트'(부산의 오래된 산동네 감천마을의 낡은 빈집을 활용해 예술가 레지던시와 조형 구조물로 조성하는 프로젝트)는 국토교통부 주최 '2016년 제10회 대한민국 공공건축상 공모전'에서 우수상을 받았습니다.

사실 감천마을은, 외지 관광객의 관점에서 '소박하고 정겨운 옛 마을'일 뿐, 우선 부산 일대에서도 상대적으로 빈곤한 서구 지역이고 서구에서도 가장 가난한 감천동 산동네이며 그곳에 살고 싶어서가 아니라 어쩔 수 없어서 살고 있는 사람들이 많은 곳입니다. 그곳에는 '공용 화장실'이 있는데, 이는 관광객을 위한 '공중'

화장실이 아니라 주민들이 함께 쓰는, 그러니까 산동네 비탈진 곳이라 정화조를 넣기가 어렵고, 그래서 화장실이 없는 집이 많아서, 주민들이 '공용'으로 쓰는 화장실입니다. 그런 곳에 벽화를 그려 넣고 관광 콘텐츠화한 것은 한편 그것밖에 달리 방법이 없다는 점에서 절박하면서도 다른 한편 가난을 구경거리로 만든다는 대상화의 비판을 면하기 어렵습니다.

그런데 승효상은 그곳에 '독락의 탑'을 세웠습니다. 앞서 말했듯이 승효상의 "빈자의 미학은 가난한 사람들을 위한 미학이 아니다. 가난할 줄 아는 사람들을 위한 미학"(「건축가 승효상이 말하는 빈자의 미학」, 『동아일보』, 2014. 4. 3.)입니다. 조선 시대 선비의 '청빈'과 연관되는 것이지요. 이것은 이것대로 의미가 있습니다. 물질적으로 넉넉하지만 검박하고 절제된 윤리적 태도를 견지하고 그런 '안빈낙도'로써 물리적 공간을 짓는 것은 가치가 있습니다. 같은 인터뷰에서 승효상은 "100층짜리 건물을 지을 수 있는 능력을 가져도 옆 건물이 5층이면 층수를 낮추고 막다른 골목이라면 길을 내서 사람들이 다니게 해 주는 게 빈자의 미학"이라고 말하였거니와 돌진적 개발주의에 의하여 형성된 한국 사회의 대도시 건축 공간에 대한 비판과 자성으로서 충분히 의미가 있습니다.

그러나, 그러한 '빈자의 미학'을 실제로 가난한 동네에 짓는 것은 다른 문제입니다. 물리적 조건에서나 하루하루의 고되고 무기력한 생활에서나 안빈과 낙도를 구하기 어려운 곳이 감천마을입니다. 승효상이 설계한 감천마을의 '독락의 탑'은 그가 자주 극찬한 경주 안강마을 옥산서원의 '독락당'과 연관됩니다. 여기서 '독락'은, 위에 언급한 '청빈'이나 '안빈낙도'와 어울리는 것으로 세상

196

경기도 양평군 소재 승효상의 독락의 탑 ⓒ정윤수

이 자기 뜻과 맞지 않을 때 의연히 물러나 홀로 있음을 즐길 만하다는 조선 시대 선비의 마음가짐을 뜻합니다.

그런 선비의 마음가짐을 '독락의 탑'이라고 하는 것은 나름대로 의미가 있으나 그것을 가난한 산동네에 와서 실천해도 좋은가, 생각해 보기를 바랍니다. 승효상은 '독락의 탑'에 대하여 쓴 글에서 '가끔 혼자가 되면, 마을의 아름다운 풍경을 마주하고 홀로됨을 즐길 수 있다'고 하였는데, 그런 곳으로 '가난을 구경하러 온' 교양 중산층 관광객에게나 해당하는 조언이 아닐까요. 어느덧 가난의 굴레와 비위생의 조건을 벗어났지만 여태 그런 곳에서 사는 사람들이 있다니 구경 한번 가 보자, 하는 마음 정도가 있어야 '독락의 탑'에서 '홀로됨을 즐길 수' 있지 않을까 합니다.

같은 이름은 아니지만 같은 맥락의 건물로 경북 군위의 '사유원'에 가면 승효상의 작품을 또 볼 수 있습니다. 과연! 하는 탄사와 함께 '아, 빈자의 미학'이 가장 잘 어울리는 곳이구나, 생각하게 됩니다. 대단히 호의적이며 파격적인 지원을 한 클라이언트에 의하여 '빈자의 미학'은 유감없이 실천되어 있습니다. 2025년에는 경기도 양평의 어느 거대한 '테마 정원' 안에 '독락의 탑'을 지었습니다. 또 가서 보았습니다. 본 소감으로 말하자면, 저 보길도 원림의 어떤 부분을 재현한 듯한 '인공적 자연'을 압도적으로 바라보는 '독락의 탑'이 서 있더군요. 철저히 계산된 '재현된 자연'을 굽어보는 '독락의 탑'이 이제야 제자리를 찾았다는 역설의 비감한 심정이었습니다. 그러니 저 감천마을의 '독락의 탑'은 아니함만 못 한 경우이지요.

『감옥으로부터의 사색』에 보면 독방 이야기가 더러 나옵니다. 주로 초반에, 그러니까 아직 여러 죄수와 감옥 '생활'을 하기 이전의 초반기, 실제로는 독방까지 오가던 시기의 다소 관념적인 글인데 "혼자라는 느낌, 격리감이나 소외감이란 유대감의 상실이며, 유대감과 유대 의식이 없다는 것은 '유대 관계'가 없기 때문이다. 따라서 우리는 고독의 문제를 다루기 위해서는 어차피 인간관계, 사회관계를 분석하지 않을 수 없"다고 썼습니다(『감옥으로부터의 사색』, 29쪽). 이러한 독방이 신독이나 독락이 될 수는 없겠지요.

그리고 선생은, 수감 초기의 청년기에 이미 유대 '관계'를 쓰시면서 곧 여러 죄수와 어울렸고 함께 축구를 하고 '빳다'를 맞았습니다. 그러면서 '함께 맞는 비'나 '처음처럼' 같은 경구를 얻으셨지요. 그러니 수감 초기라면 모를까, 그 이후, 마음속으로라도 '독락의 탑'을 지어 본 일이 없습니다.

칼럼니스트 고종석 같은 사람이 신영복의 글씨에 무슨 사상이 있느냐 근사한 명언 명구 아니냐 할 때, 저는 한 귀로 흘려듣습니다. 상상하기 어려운 죽음의 순간, 이어지는 무기수의 아득한 징벌, 위험하고 고독한 감옥 생활의 시작, 온갖 군상이 뒤엉켜 벌어

정윤수

지는 혼거와 노역 그 아수라장에서도 축구를 하고 우스갯소리를 하며 잡범들과 뒤엉켜 지내고 그래서 '한 줌의 햇살'을 얻기도 한, 20년 2개월의 세월 속에서 얻은 '함께 맞는 비' 아니겠습니까. 고종석 씨나 저 같은 문필업자로서는 상상할 수 없는 경지의 '옥중문학'입니다.

그러니 그런 분이 보시기에, 연구실에 걸어 놓고 출퇴근 때마다 보겠노라고, 무슨 급훈 달듯이, '신독'이니 '독락당'이니 걸어 놓고 정서적 굿즈로 삼고자 했던 제가 얼마나 어리석게 보였을까요. 인문학습원 복도에서, 글씨를 건네주시면서 단정하게 하시던 말씀이 다시 생각납니다.

"신독이고 독락이고 나 좋은 말이지요. 좋기는 한데 홀로 독, 혼자 있는 거 아니요. 그게 꼭 좋은 일은 아닙니다. 쉽지도 않습니다. 괴로운 일입니다. 혼자 있으면 안 됩니다."

아, 몸 둘 바를 모르겠습니다. '실키 드라이빙'이면 뭐 합니까, 강의를 마쳐야겠군요. 감사합니다.

신영복 옥중문학

신영복과 루쉰, 저항적 지식인의 초상

백원담

신영복과 루쉰의 두 번째 해후

오늘 강의에서는 신영복과 루쉰 두 분을 근현대 동아시아의 저항적 지식인의 표상으로 마주 세우고, 그 삶과 사상이 회통하는 장면들을 톺아보려 합니다. 이는 21세기 오늘, 다중 복합적 모순으로 점철된 세계사적 곤경에 대한 시각을 틔우고 그 극복의 전망을 세울 수 있는 굳건한 사상적 토대를 만들어 가는 과정에 다름 아니라고 할 수 있습니다.

저는 신영복과 루쉰을 중첩된 형상으로 의미화하는 작업을 20년 전에 이미 시도한 바 있습니다. 루쉰은 중국의 문호로『아Q정전』『광인일기』등의 작품이 우리 사회에도 잘 알려져 있습니다. 하지만 루쉰에 대한 본격적인 소개가 신영복으로부터 비롯되었다는 사실은 잘 알려지지 않았습니다. 신영복은 '평소 루쉰 전집을 옆에 두고 있는 애독자'를 자처하며, 1990년대 전반에 걸쳐 『루쉰전』과 루쉰 특유의 잡감(雜感) 문학을 번역하고 소개하는 데 힘썼고, 그로써 한국 사회에 루쉰을 재조명하고 현대 중국의 문화적·정치사회적 면모를 이해할 수 있는 길을 열었습니다. 그렇다면 두 분의 역사적 시공간을 뛰어넘는 인연은 신영복의 의식적인 추동으로 이루어진, 말하자면 '사건'이라고 할 수 있을 것입니다. 따라서 이를 국민국가의 경계를 뛰어넘는 문화 교통의 중요한 맥락으로 짚어 낼 필요가 분명히 있습니다.

> 부쉰과 신영복. 두 형상이 영상처럼 자연스레 포개짐은 붓심의 날 선 예지로 역사와 현실을 가장 아름답게 절합(節合)해 내는 노동과 사랑, 부지런한 성찰과 노동의 장력이 시공을 넘어 교융(交融)하는, 절묘한 '화'(和)의 해후가 아닐까.
> (……)
> 루쉰 선생과 신영복 선생의 각기의 결이 겹쳐지며 만들어 내는 실루엣, 그 역사적 해후를 가상해 본 것은 오늘의 세계사적 현실과 동아시아의 정세 국면이 이제까지와는 다른 새로운 통찰과 상상력을 전적으로 요구하고 있기 때문이다. 루쉰이 중국과 세계를 향해 친 선분, 원권(圓圈)과 신영복이 동아시아에 연대의 선삭(線索)을 이어 내고자 하는 화(和)의 관계망, 나는 그것을 중국과 한국의 어떤 문화적 절합, 아직 제대로 접속이 되지는 않았지만, 동남아시아에서의 엄연한 역사 경험이 자아낸 어떤 징후들이 발신해 온,

신영복과 루쉰, 저항적 지식인의 초상

자기 역사의 무른 살가죽에 스스로 칼을 대는 변역(變易)의 '혁'(革)에 의해서만 가능한 숱한 삶의 결들의 총화, 그 다양한 희망의 공존, 문(文)의 화(化), 화(和)의 기획으로 읽었다.(백원담, 「만리장성과 화이부동: 루쉰과 신영복」, 『신영복 함께 읽기』, 2006, 214쪽, 224~225쪽)

이처럼 20년 전에는 두 분의 성실한 문화 노동자로서의 형상을 각인하고 세상의 변화를 이끌어 온 그 '문'과 '화'의 기획을 교융시킴으로써, 그것이 한국과 중국을 넘어 아시아 사회에 던지는 함의에 주목하고자 하였습니다. 그렇다면 이제 다시 두 분의 형상을 이른바 '생환'해 내는 것은 무엇 때문일까요? 그것은 21세기도 4반세기에 접어든 오늘, 사람은 물론 지구 행성 자체가 존립 위기에 놓인 지경에서 어쩌다 이런 상태까지 내몰린 것인지, 자본주의적 근대의 깊은 그늘에 대한 본원적 성찰과 통찰의 혜안이 더더욱 절실하게 요구되기 때문입니다.

최근 코로나 팬데믹과 기후 위기, 러시아·우크라이나 전쟁과 이스라엘·팔레스타인 전쟁이 장기화하면서 지구 곳곳에서는 작금의 행성적 곤경 상태, 복합적이고 다중적인 재난들을 극복하려는 노력들이 담론적으로나 실천적으로 광범위하게 전개되고 있습니다. 요컨대 '자본세'(Capitalocene), '툴루세'(Chuthulucene) '식인 자본주의'(Canibal Capitalism) 등 이 위기가 어느 한 특정 지역이나 부분 단위에만 닥친 것이 아니라 인간과 자연 모두 즉, 전 지구가 그 직접적 체현자라는 점에서 자본주의적 축적 체제로는 더 이상 안 된다는 인식과 담론이 대두·확산하고 있습니다. 그리고 기후 정의 운동과 반전 평화 운동 등 정의로운 체제 전환의 운동들이 지구 경제의 복합적 상호 의존 구조와 뉴미디어의 발달에 따라 다층적으로 일어나고 있습니다. 그런데 체제 전환을 기치로 내세우지만 현실 사회주의의 역사적 패퇴 이후 자본주의가 유일한 사회경제 체제로 존립해 왔고 정당화되어 왔다는 점에서 정작 자본주의 너머를 사고하거나 전망하는 방법과 의지를 제대로 펼쳐 내기란 쉽지 않습니다. 그런 점에서 신영복이 이러한 상황을 예견한 듯 문제의 본질을 정확하게 짚어 내고 인식 전환의 중요성을 제기한 대목은 목적의식적 주목과 환기를 요합니다.

> (신자유주의) 이데올로기적 환경 속에서 우리에게 필요한 것은 보다 높은 관점에서 그것을 조감하는 일이 아닐 수 없습니다. 세계 자본주의 질서의 중하위권에 편입되어 있으며, 자본주의적 가치에 매몰되어 있는 우리의 현실과 우리의 인식을 조감하는 일이 무엇보다 우선되어야 할 과제이지요. 모든 투쟁은 사상 투쟁으로 시작됩니다. 그리고 최종적으로는 사상 투쟁으로 끝나는 것이 역사의 교훈입니다. 우리들이 갇혀 있는 '우물'을 깨닫는 것이 모든 실천의 출발점이 되어야 합니다.(『강의』, 319쪽)

신영복은 자본주의의 최후 개진으로서 신자유주의를 '부서진 우물'로, 그리고 그 속에서 존속하는 것이 세상살이 전체인 줄 설쳐대는 국가 사회와 대다수 사람을 개구리(감정지와埳井之蹝)의 처지에 비견했습니다. 그리하여 그 우물이라는 제한된 시공간에

신영복과 루쉰, 저항적 지식인의 초상

대한 각성으로 그곳을 벗어나 새로운 세계의 실재를 인식하는 우물 벗어나기, 즉 탈정(脫井)의 기획을 제안합니다. 이 지점에서 신영복은 엄정한 시간 의식을 촉구합니다. 진보란 미래를 선취하는 것이 아니라 과거에 대한 반성과 성찰을 철저히 하고, 당대의 복잡다기한 모순에 매몰되어 있는 현실과 인식을 조감하며 대안적 세계를 추동해 가는 것임을 역설한 것입니다. 신영복은 이를 사상적 선택, 곧 사상 투쟁으로 명명하며 이를 직접 실행하는 데 힘썼습니다. 이는 신영복이 한국 사회에 루쉰을 소개한 시점을 돌이켜 보면 확인할 수 있습니다.

신영복은 20년 20일의 수형 생활에서 현실 사회로 돌아온 지 얼마 되지 않은 시점에서 1990년 현실 사회주의가 무너지고 인류의 진보 지향이 나아갈 방향을 잃은 절망의 시기를 맞았습니다. 그렇다면 신영복은 과연 몰아닥친 세계사의 파국을 어떤 심경으로 마주했을까요? 그 기막힌 정황을 가늠하기란 쉽지 않지만, 뜻밖에도 신영복은 그 시점에 루쉰 '읽기'와 '번역하기' 작업에 돌입합니다.

접속 그리고 동보(同步)

루쉰에게서 역자는 방법론, '길'을 읽는다. 세상을 인식하는 길, 고통을 이겨 내는 길, 문제와 갈등을 해결하는 길, 해결이 난감한 문제에 봉착할 경우 포기하지 않고 직시하는 길, 그 고통과 절망을 인내하는 길……. 그에게는 다 배우지 못한 수많은 길이 있다. 루쉰에게는 세계를 인식하는 방법론으로 도저한 부정(否定)과 회의(懷疑)의 정신이 있다. ……루쉰에게는 세계를 살아가는 방법론으로서 반항과 실천이 있다. ……루쉰이 보인 이 모든 방법론이 지향하는 궁극의 정점에는 인간, 공존, 평화, 자유, 생명, 여린 것의 존엄함이 빛나고 있다. 약자들의 복권과 행복, 그들의 자유와 평화에 대한 염원이 있다.(왕스징 저, 신영복·유세종 역, 『루쉰전』, 다섯수레, 1992, 6~7쪽)

1990년, 현실 사회주의권의 몰락으로 전후 냉전 체제는 와해되고 사본의 바깥은 없는 광역한 자본주의의 세계가 도래하기 시작했습니다. 당시 한국 사회, 특히 사회 변혁 운동은 이러한 세계사적 파국 앞에서도 노동자, 농민 등 기층 운동의 전국적 결집을 저력 삼아 꿋꿋하게 자기 도정으로 나아가고자 하였습니다. 그러나 청산주의와 개량주의가 만연하면서 기층 운동은 방향을 잃고 극심한 혼란에 휩싸이게 되었습니다.

우선 봉착한 문제는 과연 인간의 진보 지향은 사라진 것인가 하는 갑갑함이었습니다. 현실 사회주의가 무너졌다면 이제 무엇을 사상적 거처로 하여 변혁적 전망을 세울 수 있는가. 새로운 참조 체계가 절실히 요구되면서 일부는 서구의 포스트 담론들을 수입하기에 급급했지만, 사상의 빈곤 상태를 자인하는 일은 엄청난 고통을 동반하지 않을 수 없었습니다(백원담, 「문화/과학에 살기 혹은 사는 법」, 『문화과학』 100호, 문화과학사, 2019).

여기서 신영복은 절망의 시대에 새로운 변화의 계기를 맞는

205

방법으로 우회로일 수도 있지만 당시 대두한 동아시아 담론들과 직접 연계되지는 않으면서도 일국적 사고의 틀을 넘어 세계에 대한 새로운 인식 틀을 가져가는 방법으로 중국을 주시합니다. 특히 그중에서도 루쉰을 보아 내고 그 반항과 절망의 정신을 핵질로 파악하며 특유의 독법(讀法)으로 한국 사회에 새로운 창을 하나 열어 냅니다. 신영복은 루쉰 사상의 핵심을 그처럼 짚어 내면서, 중국을 루쉰 정신이 내재한 모순된 실체이자, 미국을 중심으로 하는 자본주의 질서와는 다른 자기 점검의 잣대가 있는 안계(眼界)이자 방법론으로 제기하였습니다.

물론 신영복은 현실 사회주의의 몰락이 자본의 전 지구화로 결과지어졌다고 하더라도 자본주의 이외에 다른 길은 없다는 청산주의는 물론 사회주의 중국의 다른 근대 기획이 점철해 온 경로에 대해서도 비판의 이해를 놓치지 않았습니다. 그리하여 서구적 근대의 모순이라는 문제의 원점으로 돌아가, 서구적 패권의 세계적 관철 역정에 대해 성찰하면서 세계에 대한 새로운 인식과 21세기의 새로운 구성 원리를 모색하고자 하였습니다.

> 자본주의와 사회주의의 지양(Aufheben)을 통하여 21세기의 새로운 구성 원리를 모색하고 있다는 중국 모델에 대하여 언급하지 않을 수 없습니다. 자본주의와 사회주의의 조화와 지양에 의하여 과연 새로운 문명이 모색될 수 있는가, 그리고 그것이 과연 근대성을 뛰어넘는 진정한 의미의 새로운 구성 원리인가에 대하여 논의가 있어야 합니다. (『강의』, 46쪽)

그렇다면, 국면적 요인도 중요했지만 신영복의 루쉰 읽기와 가져오기는 그의 사상적 전화 맥락과 긴밀하게 연관되어 있고, 그 소산으로서 이해할 필요가 있습니다. 신영복은 긴 수형 생활 속에서 '책과 교실을 통해 세상을 인식해 온 자신의 관념성을 반성하며' 독방을 나와 공장에 출역하고, 양화·양복·목공·영선 등 기술을 배우며 자기 개조를 시작했습니다. 다른 한편 어린 시절부터 익숙했던 동양고전을 숙독하며 사상적 거처를 달리하고자 했습니다. 대학 시절에는 마르크스주의 정치경제학을 비롯한 비판 사회과학 연구에 몰두했기에, 어린 시절부터 익숙했던 동양고전을 인식 기반으로 삼는다는 생각 자체를 하기 어려웠으나, 영어(囹圄)의 몸으로 이구영 선생과 4년간 함께 있으면서 동양고전의 세계를 본격적으로 공부하고 화이부동의 성찰적 관계론의 사상적 토대를 마련하게 되었다고 토로한 바 있습니다. 신영복의 루쉰 읽기와 '가져오기주의'(拿來主義)는 바로 선생의 사상적 전화, 동양적·아시아적 전회 맥락, 그 연장선상에서 감행된 것이라고 할 수 있습니다.

신영복은 착취와 패권의 자본주의의 모순을 지양하는 핵심이 근대 사회 기본 구조의 모순을 넘어서는 새로운 문명사적 구성 원리로 바꾸어 내는 데 있음을 분명히 하며, 화이부동의 관계론을 제출해 내고 끈질기게 실천해 나아가고자 했습니다. 신영복은 현대 자본주의의 패권 논리를 동(同)의 논리로 갈파합니다. 즉, 20세기는 동(同)의 논리가 관철된 세기이며, 그로써 새로운 가치 지향성이 봉쇄되고 화폐가치가 아닌 모든 가치가 소멸되었으며, 그 이해관계를 위해 강제와 억압, 전쟁과 혁명으로 인한 집단적 살육과

207

대량의 파괴를 대가로 치르지 않을 수 없었던 역사적 과거였음을 명시하였습니다. 그리하여 21세기에 접어들어서도 현재 속에 강하게 버티고 있는 20세기의 실상을 직시하며, 동(同)의 논리를 청산하고 진정한 화(和)의 원리를 새로운 패러다임으로 자본주의와 사회주의의 다양성을 포용하는 공존과 평화의 구조를 만들어 내는 것, 그것이 21세기의 문명사적 과제임을 역설합니다.

그것은 어떻게 가능한가. 신영복은 전 지구적 지역화가 추동되면서 세계가 복합적 상호의존 구조에 있는 만큼 그 다중적 모순은 일국적으로 해결될 수 없고, 국민국가의 경계를 넘어 아시아와 세계에 연대의 선삭(線索)을 이어 내는 화이부동의 관계망, 그 숱한 공감과 연루의 정치로써 가능함을 천명합니다.

신영복의 루쉰 읽기와 가져오기는 바로 그러한 실천적 지평을 여는 연대 운동의 마중물에 해당하는 중요한 작업이었습니다. 신영복은 루쉰을 중국과 아시아의 전투적 지식인의 초상으로 부조한 바 있거니와, 루쉰과 신영복은 각기 '사람 세우기'(立人)•와 '사람을 심어 더불어숲 만들기'(樹人)의 문화 기획, '상도(常道)의 창작 노동과 전투적 살이',•• 그 정점으로서 실천 연대 운동의 광범위한 개진과 그로써 상황적 교착을 깨는 진보 지향의 인간상으로 역사적 시공간을 넘어 나란히 혹은 마주 서 있는 것입니다. 그 접속과 역사적 동보(同步)는, 두 분의 관계성 주체의 미학과 문류(文流)의

• 魯迅, 「文化偏至論」, 『墳』(《魯迅全集》 1, 人民文學出版社, 1982); 원래는 『河南』 月刊 제7호, 1908에 게재.
•• 백원담, 「만리장성과 화이부동」, 『신영복 함께 읽기』, 돌베개, 2006.

백원담

기획이 21세기 오늘에 이르기까지 면면히 개진되어 온 필연적 행로에 다름 아닙니다.

'루쉰과 신영복의 시공을 뛰어넘는 한 갑자의 해후', 다르지만 같은 각기의 결이 겹치며 만들어 내는 실루엣, 그 역사적 동행은 자본주의적 근대와 오늘의 세계사적 위기를 넘어 '인류의 발소리를 영원히 듣고자 하는' 누구에게든, 부단한 자아 성찰과 세계 인식 및 새로운 연대를 일으키는 계기의 힘으로 작동할 것입니다.

그런데 이제까지와는 다른 새로운 사회의 구성 원리를 열어 가는 다른 희망의 기획, 참된 관계의 진보 지향을 실현해 내는 실천 행로는 오늘을 살아가는 사람들이 감당해야 할 엄연한 책무가 아닐 수 없습니다. 더욱이 현실은 그 관계의 역정에 대한 이해가 빈약하기 짝이 없다는 점에서, 이 행로는 한국과 중국의 저항적 지식인의 면모와 그 상호 작용을 꼼꼼하고 친근하게 이해하는 것으로부터 시작되어야 합니다.

그런 점에서 이 강의에서는 역사적 시공간을 뛰어넘은 두 분이 조우하는 아름다운 경계를 세 개의 지점에서 펼쳐 보이고자 합니다. 신영복의 루쉰 읽기, 전통의 소환, 사상의 시제(時制)와 회통(回通)이 그것입니다. 이것은 다른 한편으로는 아시아에서 대안적 사상의 구성 경로이기도 하다는 점에서, 신영복의 화이부동의 관계론 사상과 그 대대 원리의 방법론, 그리고 특유의 설약(說約)과 대화체 문체가 국민국가의 경계를 넘어 동아시아라는 장역에서 사상 회통과 사상 연쇄로서 이루어져 온 과정 또한 앞으로 해명해 내는 작업이 이어져야 할 것입니다.

신영복과 루쉰, 저항적 지식인의 초상

신영복의 루쉰 읽기

중국의 근현대 문학은 루쉰으로부터 시작되었다고 해도 과언이 아닙니다. 중국 최초의 현대소설인 『광인일기』를 썼고, 세계 고전의 반열에 오른 『아Q정전』 등 소설은 물론 산문시, 잡감문이라고 하는 정치 산문 등 새로운 문학 창작 갈래를 열어 냈습니다. 반(反)전통의 기치를 든 5·4신문화운동의 기수이며, 『어사』(語絲), 『망원』(莽原) 등 문화 잡지를 간행하여 사상 문화 운동을 이끌었습니다. 『중국소설사략』(中國小說史略) 등을 저술하여 시문을 중심으로 한 중국 문학의 장구한 역사적 맥락을 소설 등 민간 문학을 중심으로 재정비하여 중국 문학의 근대적 구성을 추동했으며, 신생 청년들의 정신적 지주로서 문학 운동은 물론 목판화 운동을 조직하였습니다. 또한 혁명문학 논쟁, 국고정리(國故整理) 논쟁, 국방 문학 논쟁 등 치열한 논전을 이끌며 반제 반봉건의 중국 혁명의 주체적 경로를 문화의 힘으로 이끌어 간 문예계의 전사이자 사상가입니다.

> 중국의 고유한 정신문명은 기실 공화(共和)라는 두 글자에 의해 전혀 매몰되지 않았다. 다만 만주인이 자리에서 물러났다는 것만이 이전과 조금 다를 뿐이다. ……이른바 중국의 문명이란 사실 부자들이 누리도록 마련된 인육(人肉)의 연회에 지나지 않는다. 이른바 중국이란 사실 이 인육의 연회를 마련하는 주방에 지나지 않는다. ……러셀이 시후(西湖)에서 가마꾼이 웃음을 짓는 것을 보고 중국인들을 찬미

했는데, 이것은 또 다른 의미가 있는지 모르겠다. 그러나 가마꾼이 만약 가마에 앉아 있는 사람을 보고 웃음을 짓지 않을 수 있었다면 중국은 벌써 현재와 같은 중국이 아니 되었을 것이다. 이 문명은 외국 사람을 도취시켰을 뿐만 아니라 벌써 중국의 모든 사람을 다 도취시켜 놓았다. ……왜냐하면 고대부터 전해져 지금까지도 여전히 존재하는 여러 가지 차별이 사람들을 분리시켜 놓았고, 드디어 다른 사람의 고통을 더 이상 느낄 수 없게 만들어 놓았기 때문이다. 또한 각자 스스로 다른 사람을 노예로 부리고 다른 사람을 먹을 수 있다는 희망을 가지고 있어 자기도 마찬가지로 노예로 부려지고 먹힐 수 있는 가능성이 있다는 것을 망각하기 때문이다. ……이러한 인육의 연회는 지금도 베풀어지고 있고, 많은 사람이 여전히 계속 베풀어 나가려 하고 있다. 이 식인자들을 소탕하고 이 연회석을 뒤집어 버리고 이 주방을 파괴하는 것이 바로 오늘날 청년들의 사명이다!

(루쉰, 「등하만필」燈下漫筆, 『망원』莽原, 1925; 루쉰 지음, 루쉰전집번역위원회 옮김, 『무덤』墳, 《루쉰전집》 1, 그린비출판사, 2010, 322~323쪽)

　　이러한 루쉰의 열정적 사상과 문화 역정을 신영복은 '전투적 지식인의 초상'으로 주목했습니다. 특히 군벌과 장제스 정권의 무도한 탄압에 맞서 분연히 붓의 힘으로 저항하고, 진보적 문학운동 단체를 조직하여 대항한 힘은 그의 '양심'에서부터 비롯되었음을 포착해 냅니다. 루쉰의 삶 전체를 꿰뚫는 의지는 다름 아닌 양

신영복과 루쉰, 저항적 지식인의 초상

심의 응결체였다고 갈파하며, '양심은 이웃에 대한 관심이며 애정'임을 역설하고, 그 양심이 교융하는 실천적 관계성 형성의 문제를 21세기 오늘의 사상적 과제로 끌고 나옵니다.

『루쉰전』을 번역하는 동안 집요하게 파고드는 의문은 그처럼 간고한 상황 속에서 그의 자세를 끝까지 가누어 준 의지는 과연 어디서 연유하는 것인가 하는 점이었다. 한마디로 그것은 그의 '양심'이었다. 그의 삶 전체를 일관하고 있는 의지는 다름 아닌 그의 양심의 응결체였음을 깨달을 수 있었다. 양심은 이웃에 대한 관심이며 애정이다.

루쉰의 경우 이것은 '더부살이'로서의 인간에 대한 이해와 밀접히 결부되어 있다고 할 수 있다. 흙에 더부살고 이웃에 더부살고 조국과 민중에 더부살 수밖에 없는 인간에 대한 깊은 이해가 그의 양심의 내용이기도 한 것이다. 루쉰의 초인적 업적도 이 양심의 소산이었으며 루쉰의 문학적 천재도 이 양심의 승화이었으며, 불굴의 전투성도 이러한 양심의 실천이었다고 할 수 있다. 양심은 이처럼 루쉰의 모든 고뇌와 달성의 원천이었다.

"우리에게는 타인에게 희생을 강요할 권리가 없으며 동시에 타인의 희생을 저지할 권리도 없다. ……이 희생의 선택이라는 문제는 혁명가의 사회 참여와도 아무 상관이 없는 개인적인 것이다"라는 글에서 읽을 수 있듯이 루쉰의 양심은 때로는 개인적 결단이 요구되는 고독한 것이기도 하였지만 양심은 처음부터 이웃에 대한 관심과 사랑이라는 그 본질로 하여 "꽃이나 나무보다는 흙"을 중요시하고 "천재보다는 민중"을 요구하는 대중성으로 더 많은 이웃을 포용해 왔던 것이다.

"사람이 죽음에 임하면 다른 사람을 용서하고 자신의 용서를 구한다고 하지만, ……적들이여 나를 계속 미워하라. 나도 나의 적들은 한 사람도 용서하지 않을 것이다." 이처럼 루쉰의 양심은 또한 일체의 감상(感傷)이 배제된 전투성으로 표출되기도 하였다.(「머리글」, 『루쉰전』)

신영복은 어떻게 루쉰 사상의 핵질을 '양심'으로 확신했을까요? 그것은 루쉰의 편지글들 속에서 그 사상의 생장점, 과연 그것이 어떤 현실적 어려움 속에서 배태되고 자라난 것인지를 확인함으로써 가능한 것이었습니다.

루쉰의 소설과 평론을 읽는 것이 높고 빛나는 산봉우리를 대하는 것이라면, 그의 서한은 그 봉우리에 오르기까지 견뎌야 했던 등정의 처절한 고통을 실감케 한다. 그처럼 힘겨운 시련의 한가운데서 어떻게 그러한 작품들을 이루어낼 수 있었던가. 그리고 그처럼 가증스러운 핍박 속에서 어떻게 그러한 애정과 희망을 잃지 않을 수 있었는가를 다시 한번 생각하게 된다. 그리고 한편으로는 오늘 우리들의 간고한 상황도 우리들만의 유별난 어려움이 아니라 유구한 역사의 도처에서 일상으로 있어 왔던 것임을 깨닫게 한다. ……비방과 모략과 탄압 속에서 절망과 애정을 동시에

신영복과 루쉰, 저항적 지식인의 초상

껴안으며 눈물로 밥 말아 먹고 일어서고, 넘어선 자리에서 스스로 상처의 핏자욱을 핥으며 나아가지 않으면 안 된다는 깨달음…… 바로 이 점에 있어서 루쉰의 서한집은 문득 문득 만나는 촌철살인의 그 한 구절 한 구절이 아니라, 이 서한집이 전체로서 형상화해 주는 이와 같은 각성이 어느 때보다도 값지다고 생각된다. 이것은 루쉰의 인간적 고뇌와 체취를 그의 저작들과 나란히 세움으로써 루쉰의 사상과 역사적 책무가 그때 그곳의 인간적 실체 위에 든든히 토대하게 함으로써 훨씬 더 쉬운 교훈으로 우리를 가르치고 격려한다는 데에 있다. 흡사 사람을 보임으로써 가르치고 사람의 얼굴을 읽혀 친근하게 하는 일이다.(신영복, 「노신서한집에 부쳐」, 루쉰 지음, 유세종 편역, 『청년들아 나를 딛고 오르거라』, 도서출판 창, 1991.)

신영복이 루쉰의 양심을 보아 낼 수 있었던 것은 그 자신이 20년간 감옥이라는 낯선 생존의 현장에서 개인주의적 사고, 불변의 진리, 배타적 정체성 등 근대적인 인식 틀, 견고한 사상적 틀이 깡그리 와해되는 고통을 경험하였으므로 가능한 일이었습니다. 그리고 성찰적 사유와 새로운 실천론을 체득하는 가운데 그 고뇌를 외부와의 유일한 소통 경로인 '엽서'의 글쓰기에 녹여 내기까지 도저한 절제의 역정으로 공감한 것이었습니다. 나아가 출감 이후 닥쳐온 사회주의의 몰락이라는 절망적 상황에서 어떻게 다시 시작할 것인가, 새로운 전환을 일으키는 힘은 무엇인가, 그 역사적 긴박감이 절실하게 교감해 낸 것이 아니었을까 생각합니다. "사상이란 현실에 대한 압축적 인식이고, 모든 투쟁은 사상 투쟁에서 시작하며 사상 투쟁에서 끝난다." 신영복은 매 시기 처한 사회적 상황에 따라 자기 삶 속에서 실천되고, 실천됨으로써 완성되는 사상이란, 보다 완정한 어떤 이론 체계가 아니라 양심에 따른 원초적 인간관계의 새로운 전화를 통해 함께 살아가는 세계를 구성해가는 부단한 재구성 과정임을 역설해 왔습니다. 사회와 역사에 대한 모든 인식과 실천을 이끄는 사상 행로는 양심이라는 인간적 토대를 중심으로 한다는 점에서 양심을 그 중앙에 놓은 것입니다.

> 양심을 중앙에 놓는 것은 양심이 관계를 조직하는 장이기 때문입니다. 우리의 세계 인식을 온당한 것으로 만들고, 우리 자신을 세계 속에 위치 규정하는 것이 바로 관계의 조직이며 그 조직의 현장이 바로 양심이기 때문입니다.
> (『담론』, 199쪽)

> 한 사람의 일생을 평가할 때 그 사람의 일생에 들어가 있는 시대의 양(量)을 준거로 해야 한다는 주장이 이와 무관하지 않습니다. 양심은 이처럼 인간과 세계를 아우르는 최고 형태의 관계론이면서 동시에 그것은 또한 가장 연약한 심정에 뿌리내리고 있는 지극히 인간적인 품성이기도 합니다.(『담론』, 406쪽)

신영복은 이처럼 한편으로는 자신이 처한 사회적 조건에 따른 냉철한 사상 개조의 과정을 통해, 다른 한편으로는 루쉰과의 역사

신영복과 루쉰, 저항적 지식인의 초상

적 교신에서 추상적 논리 구조가 아닌 '양심'이라는 인간적 삶의 진정한 토대로부터 구축된 사상의 현실적 존재 양식과 그것의 21세기적 개진, 새로운 사회 구성 원리를 제시하고자 하였습니다.

신영복이 루쉰 읽기에서 그 전투적 삶을 가능하게 했던 사상적 연원으로 '양심'을 톺아보았다면, 그러한 삶의 방법론적 개진으로서 루쉰식 글쓰기에 대한 관심도 집중한 바 있습니다.

> 암울한 근대 중국의 격동 속에서 적과 동지에 대해 스스로 모범이 되어 보여 준 루쉰의 준엄하고도 확고한 삶은 사이비 지식인들이 보이는 위선과 허구를 가차 없이 들추어낸다. 이러한 전투적 면모는 루쉰의 시와 소설에도 탁월하게 나타나지만, 특히 루쉰이 '잡감'(雜感)이라고 이름 붙인 수필 형식 단문에서 가장 선명하게 나타난다. 루쉰의 잡감은 우선 그 형식에서 시보다 구체적이고 소설보다 뛰어난 기동성을 갖는다. 흡사 단검처럼 번쩍이며 적과 동지, 사랑과 증오, 좌절과 희망, 과거와 미래를 적나라하게 파헤친다. 반봉건·반식민지라는 어둡고 견고한 무쇠방에 갇혀 있는 '대륙의 혼'을 일깨운 루쉰의 수많은 잡감은 그를 그저 한 문학인으로 이해해 온 우리들의 태평함을 매우 부끄럽게 한다.(『냇물아 흘러흘러 어디로 가니』, 311쪽)

루쉰의 '잡감'이라는 문학 형식은 그 사상적 표출의 방법론적 산물입니다. 루쉰 자신은 잡감에 대해 "낡은 보루에서 온 까닭에 상황을 비교적 명확하게 볼 수 있어 창을 되돌려 일격하면 쉽사리 강력한 적의 필사적인 저항도 제압할 수 있다"고 갈파했습니다. 루쉰의 사상적 동지이며,『루쉰잡감선집』(魯迅雜感選集)을 출간했던 취추바이(瞿秋白)는 루쉰 잡감의 사상을 '최고도의 청성(淸省)한 현실주의', '쇠심줄처럼 끈질긴 전투', 반자유주의, 반허위 정신의 네 가지로 집약한 바 있습니다.• 루쉰은 당시 국고정리 논쟁과 혁명문학 논쟁이라는 치열한 사상 논전의 와중에서 잡감을 무기로 정적들을 향해 투창과 비수로 촌철살인 한 치의 물러섬 없이 전선을 돌파해 나갔습니다.

신영복은 루쉰의 많은 잡감 문집을 꼼꼼히 반복해서 읽고 중요한 부분에 표점을 해 두거나 기록을 남겼습니다. 그리고 긴 수형 생활과『감옥으로부터의 사색』으로 규정된 삶과 글쓰기에 대한 고뇌와 성찰 속에서 루쉰의 전투적 산문 잡감으로부터 받은 위로와 그러한 투창과 비수식의 글쓰기 형식을 참조 체계로 하여 자신의 성찰적 글쓰기 작업을 이행해 갈 수 있었음을 토로하였습니다. 그렇다면 신영복 특유의 구어체 산문으로 생동하는 의미 전달의 실천 양식은 그 어머님의 서간체로부터 민체(民體)의 한글 서법을 창출해 낸 것과 마찬가지로 역사적 시공간을 넘은 선택, 관계적 구성으로 이루어진 유형이라 할 수 있습니다.

물론 저에게 허용된 공간이 아주 제한되어 있었고, 제가 짧

• 瞿秋白,『魯迅雜感選集』「序言」, 海南出版社, 2013, 23 ~ 27쪽. 이 책은 원래 상해 청광서국(上海青光書局)에서 1933년에 출간되었다. 한국에서 이 책은 2003년 번역 출간되었다(루쉰/취추바이, 루쉰일기모임 옮김,『페어플레이는 아직 이르다』, 케이시 아카데미, 2003.).

신영복과 루쉰, 저항적 지식인의 초상

은 산문만 쓸 수밖에 없었던 객관적인 조건도 있습니다. 또 주로 제가 독자들과 만나는 곳이 신문 지면이었는데, 제가 신문 원고를 쓰면서 제일 많이 고생한 것이 아까 말씀드린 대로 글을 줄이는 일이었습니다. 그다음으로 제 글이 늘 선언적이어서 논증할 여지가 없습니다. 어떤 때는 무리할 정도로 논증 과정이 생략된 글들이라 과연 독자들에게 내가 말하고자 하는 의미의 전달이 가능할까 하는 의문을 늘 갖고 있습니다. 다만 한 가지 제가 위로를 받는 건 중국의 루쉰이 중국의 전통 문학사에는 없는 잡감(雜感)이라는 아주 짧은 글, 단문 형식으로 자기 문학적 실천을 아주 훌륭하게 해냈던 예가 있다는 사실입니다. 중국이 당면했던 과제는 그 역사적인 무게도 무게지만 여러 시대가 한데 뒤엉켜 있는 복잡한 대상이었다고 할 수 있습니다. 그리고 루쉰의 주변 상황도 매우 불편한 것일 수밖에 없었지요. 그래서 만들어 낸 형식이 소위 잡감이라고 합니다. 마치 단도처럼 그때그때 발 빠르게 대응하면서도 번뜩번뜩 기지를 내보이면서 적절하게 문제 제기를 했다는 점에서 상당한 평가를 받았습니다.(『손잡고 더불어』, 139쪽)

루쉰의 잡감은 전투적 정치 산문이라고 일컬어질 정도로 당시 중국 사회의 정치적 풍파와 노선 대립을 정확하게 반영하고 그것을 돌파하는 문화 유격전으로서 투창과 비수와도 같은 비장함의 미학이 특징입니다. 루쉰이 문학적 형상화를 포기하고 전통적 산문정신을 견지하면서도 보다 적확한 모순 지점을 겨냥하고 치명적인 타격을 가하며 문예 전선을 이끄는 잡감이라는 실천 양식을 창출해 냈다면, 신영복은 루쉰식 문화 투쟁의 치열한 미학을 내용과 형식 면에서 충분히 체득하면서 독특한 가져오기를 시행했다고 할 수 있습니다. 역사적 시공간의 간극이 있다는 점에서 루쉰의 잡감을 참조 체계로 하면서 21세기로 넘어가는 세기말의 시점에서 성찰적 글쓰기라는 특유의 필치를 구성하는 것입니다. 그리하여 신영복의 글쓰기는 논쟁적이라기보다는 성찰적 시선과 이해의 폭을 넓히고 작은 실천이라도 감행하게 하는 부추김(振作)의 미학이 있습니다.

전통의 소환

루쉰과 신영복의 두 번째 대면은 반전통과 고전 읽기라는 전통의 역사적 소환으로 특징지어 볼 수 있습니다. 근대적 지식인으로서 루쉰은 중국 전통 사상이 담지된 경서와 봉건 예교 그리고 그 표현 양식으로서 고문(古文)에 대해 "강시(僵尸)의 낙관(落款)"이라고 갈파할 만큼 혹독한 비판을 감행하였습니다. 봉건 군벌과 국민당 정부 등 현재의 도살자들 및 그들을 합리화하는 기회주의적 도학자들에 대항해 작가로서의 문학적 형상화를 포기할 만큼 사상문화 전선을 설치하고 치열하게 논전하며 격변기 한복판을 돌파해 나갔습니다.

그런데 루쉰의 반전통 전선에는 날 선 대치 형국만 있었던 것이 아니라 『고사신편』(故事新編)*과 같은 풍자와 해학이 돋보이는

신영복과 루쉰, 저항적 지식인의 초상

작품도 있었습니다. 신영복은 투창과 비수를 든 투사로서의 루쉰이 아닌 이야기꾼 루쉰의 해학적 면모를 꼼꼼히 들여다보고 다음과 같이 새겼습니다.

> 루쉰의 글에 "아침 꽃을 저녁에 줍다"(朝夕)라는 구절이 있는데, 이 책 『호루라기를 부는 장자』(원제 故事新編)는 이를테면 옛날에 떨어진 꽃을 오늘 줍는다는 의미를 담고 있다. 옛날에 떨어져 이미 시들어 버린 꽃, 그렇기 때문에 아무도 줍지 않는 꽃을 루쉰은 먼 과거의 망각으로부터 그 꽃들을 다시 불러내어 오늘의 현실 속으로 살려 내고 있다.
> 이것은 과거의 단순한 복원이 아니다. 루쉰의 말처럼 이미 죽은 것들을 향하여 던지는 칼이 아니라 아직도 살아서 중국 민중의 뇌리 속에 똬리를 틀고 있는 해악에 대한 가차 없는 칼질이면서, 다른 한편으로는 망각 속에 잊혀 가는 귀중한 꽃들에게 새로이 생명을 불어넣는 생환(生還)의 작업이다.
> 북양(北洋) 군벌과 국민당의 무서운 백색 공포 아래에서 한 치의 타협도 없이 일관되게 견지한 루쉰의 강력하고도 분명한 애증(愛憎)을 읽을 수 있다. 그러한 애증이 곧 우임금을 통하여, 묵자를 통하여 그리고 연지오자(宴之敖者)를 통하여 맥맥히 흐르고 있음을 확인할 수 있다. 이는 옛날의

• 한국에서는 『호루라기를 부는 장자』(루쉰 저, 유세종 옮김, 다섯수레, 1992)라는 제목으로 번역·출간되었다.

백원담

꽃들을 다시 주워서 현실을 이야기하지 않을 수 없었던 루쉰의 고뇌였고 '전술'이었다고 생각된다.(신영복, 「이 책을 추천하며」, 『호루라기를 부는 장자』, 앞의 책, 5~8쪽)

신영복은 루쉰 전기를 함께 번역했던 중국 문화 연구자 유세종에게 이 저작 번역을 독려한 바 있습니다. 그리고 그 역서의 추천사에서 루쉰의 다른 글쓰기 전략, 전통 서사의 뒤틀기를 통해 민중에 대한 절망감을 우회적으로 돌파하며 기어코 거기에 잠재된 생명력(地火)을 해학으로서 건져 내는 생환의 작업을 의미화하였습니다.

『고사신편』에 수록된 여덟 편의 작품은 노자·장자 등 제자백가 사상가를 등장인물로 하여 각 경전 서사에 충실하면서도 문학적 허구를 더해 인물과 상황을 재구성하면서 문제의 본질을 부각시키는 방법이 돋보입니다. 1925년 베이징여사대(베이징여자사범대학) 사건 당시 시위 학생들에게 총격을 가해 살상한 '현재의 도살자'들이 자기 기만적 교육 정책으로 '경서 읽기'를 제창하며 대의를 빌려 사람들을 우둔한 소로 만들어 버리는 잔재주*에 분노하여 썼던 잡감들과는 다른 방식을 택한 것이었습니다. 그러나 그 루쉰 최후의 문학 서사 역시 1935년 당시 장제스 정권의 반동적 전횡에 대한 지식인들의 기회주의적 작태, 정치적 허무주의를 겨냥한 가차 없는 칼끝이었음은 말할 나위가 없습니다.

* 루쉰 저, 루쉰전집번역위원회 옮김, 「민국 14년의 '경서를 읽자'」(十四年的'讀經'), 『화개집』(華蓋集), 《루쉰전집》 4, 그린비출판사, 2016.

이러한 '그 옛날의 꽃들을 다시 주워서 현실을 이야기하는' 루 쉰식 문학 서사는 『한문학사 강요』와 『중국소설사략』 같은 문학 사 작업을 집요하게 이루어 냈기 때문에 가능한 것이었습니다. 루 쉰은 중국 문명을 관통해 온 봉건 통치 역정에 대해 식인의 역사 라고 갈파할 만큼 철저한 비판 의식을 게재해 왔습니다. 그러나 그의 반전통의 기치는 예약과 제도의 교합이라는 중국 도학 전통 에 대한 철저한 성찰의 필요성을 제기하는 것이었고, 거기서 장구 한 중국사의 전개를 이끌어 온 변혁적 사상 문화 전통의 역사적 맥락을 다잡아 내어 중국 사상 문화 전통의 근대적 재구성을 추동 하는 실천 운동의 방향타를 제시한 것이었습니다. 이는 타율적 근 대의 격변기에 중국 사상 문화의 통(統)과 변(變)의 과정에 대한 통찰 속에서 문화적 근대 경로를 열어 가는 루쉰식 '문'의 근대 기 획이라고 할 수 있습니다.

『고사신편』에서는 노장(老莊)이 모두 비판적으로 재조명되고 있는데, 한국어판 제목이 『호루라기를 부는 장자』(원제는 '죽은 자 를 일으키다'起死)이므로 장자에 대한 루쉰의 다시 쓰기를 톺아보 면 이 글은 『장자』 「지락」(至樂)에서 소재를 취하여 장자의 상대주 의 철학의 허구성을 풍자한 희곡 형식의 작품입니다. 내용은 장자 가 호기심에서 500년 전 친척을 찾아가다 피살된 한 시골 사람을 살려 냈다가 곤경을 당하게 되는데, 이에 고답적인 철학을 펼치지 만 결국엔 공권력의 힘에 의존할 수밖에 없는 광경을 그려 냅니다.

이 이야기는 작품의 전편을 '발가벗겨진' 분위기로 이끌고 가면서 그 사람의 절실한 현실인 '옷'과 장자의 고답적인 사상인 '무시비관'(無是非觀)을 극적으로 대비시킴으로써 장자 철학의 관념성을 드러냅니다. 이 작품의 정점은 장자가 미친 듯이 호루라기를 불어 순경을 부르고 순경의 도움으로 위기를 모면하는 대목입니다. 장자가 호루라기를 불다니 여러분도 상상이 가지 않지요? 그러나 우리는 바로 그 점에서 루쉰의 대가적 면모를 읽을 수 있었습니다. 첫째는 장자와 호루라기라는 극적 대비를 통하여 장자의 허구성을 선명하게 드러내는 것이 그 하나입니다. 그리고 또 하나는 장자의 무시비(無是非)란 결국 통치자에게 유리한 논리임을 보여 주는 것이지요. 호루라기는 권력을 상징하고 있기 때문이지요.

……장자 사상은 반체제적인 부정 철학(否定哲學)에 그치는 것이 아니라 궁극적으로 체제 그 자체를 부정하는 체제 부정의 해방론이라는 평가가 그러하다고 할 수 있습니다. 그러나 장자의 해방은 어디까지나 관념적 해방이며 주관적인 해방임은 부정할 수 없습니다. 장자 철학은 기본적으로 『노자』의 '상대주의'에서 입론(立論)하고 있습니다. 『노자』의 상대주의적 측면을 한층 심화하여 공간적, 시간적으로 확장해 갑니다. 그러나 그러한 과정에서 사상적 영역이 새롭게 확장된 것은 인정된다 하더라도 결과적으로 노자의 사회성과 실천성이 탈색될 수밖에 없는 것 또한 사실이라고 해야 할 것입니다.(『강의』, 316 ~ 317쪽)

루쉰은 스스로 노장사상에 깊은 영향을 받아 왔다고 한 바 있

신영복과 루쉰, 저항적 지식인의 초상

고, 장자의 문장에 대해 "열고 닫힘이 넓고 깊으며, 위용과 자태가 수천수만 가지 다양하여, 후기 주나라 시대의 여러 철학자의 작품 중에서도 이를 능가하는 것이 없었다"•고 하였습니다. 그런데 「관문을 떠난 노자」(出關)에 이어 장자에 대해 이런 비판의 화살을 겨냥한 것은 무엇 때문일까요? 그것은 1930년대 중국 지식계의 시시비비를 따지지 않는 기회주의적 풍조 때문입니다. 루쉰은 당시 「문인은 서로 경시한다」(文人相輕, 『문학』, 1935. 5.) 등 10여 편의 잡감을 써서 당시 일부 작가들이 '문인상경'(文人相輕)이라는 모호한 악명에 놀라 엄혹한 국면에서 진정한 비판을 무서워하며 저것도 하나의 이치이고 이것도 하나의 이치라는 식으로 회피를 일삼는 작태에 분노하였습니다. 그리고 장자의 우언 담론을 희극적 구조 속에 해학적으로 재구성해서 문제의 핵심을 드러냄으로써 '루쉰의 안목과 담력, 식견을 드러내 보여 주고 있는 소설'이라는 평가를 받은 바 있습니다.

신영복은 루쉰이 장자와 호루라기라는 극적 대비를 통해 장자가 노자의 상대주의 철학 사상에 주목하고 이를 계승하고 있지만 이를 심화해 가는 과정에서 노자로부터 결정적으로 멀어져 간 노자의 관념화, 개인주의적인 세계, 즉 정신의 자유로 옮겨 간 문제를 루쉰이 이 작품에서 신랄하게 비판하고 있음을 보아 냈습니다. 중국 근대 초기의 역사적 시공간에서는 그러한 해학적 비판의 독법이 요구되었다는 점에서 사상의 시제(時制) 문제에 대한 인식을 공유했던 것입니다. 이는 신영복이 21세기 자본주의의 복합적 모

• 魯迅, 「漢文學史綱要」, 《魯迅全集》 8, 人民文學出版社, 1973年, 270~271頁.

백원담

순 속에서 노자의 '자연' 사상과 장자의 '자유' 사상을 가져오기하는 것에서 확인할 수 있습니다.

「채미」(採薇), 「출관」(出關)에 이르러 백이·숙제, 노자, 공자라는 예봉이 꺾인 채 자신의 삶을 보듬기도 벅찬 지식인 군상들을 루쉰은 형상화해 냈지요. 그런데 「벼린 검」(鑄劍)에서는 명검의 장인인 간장(干將) 이야기를 다시 쓰기 해서, 아들 미간척(眉間尺)이 나약한 인간상으로부터 아버지의 복수를 위해 스스로 목을 베고 아버지의 원수이자 대다수 민중의 삶을 억압하는 압제자 초왕(楚王)과 펄펄 끓는 금 솥 안에서 사투를 벌이는 장면을 펼쳐 보입니다. 이는 당대 루쉰과 동행한 젊은 문예 일꾼들의 투혼을 진작하기 위한 것이지요. 어린 미간척의 궐기는 왕의 죽음으로 귀결되었지만, 대다수 민중은 그 궐기의 저항을 봉건 권력을 타파할 계기로 삼기는커녕 그저 재미있는 사태로 여기고, 구경거리가 사라지자 다시 수굿하게 일상으로 돌아가 버립니다.

1990년이면 한국의 중국 현대문학계도 전열을 정비하고 1980년대 중국 신시기 문학의 흐름에 대한 이해와 국가보안법의 서슬 아래 1927년 이후 작품 연구가 금기화되어 있었던 루쉰에 대한 본격적인 읽기와 연구가 시작하는 시점입니다. 그런데 신영복은 루쉰의 마지막 문학 작품을 한국에 번역·소개할 것을 전공자들에게 천거한 것이니 놀라운 일이 아닐 수 없습니다. 그것은 단지 그동안 우리와 소원했던 외국 문학 작품을 번역 소개할 필요성을 제기한 정도의 일이 아닙니다. 거기에는 20세기의 막바지 세계사의 전환 국면에서 그에 대응한 사상의 준비와 구성 과정에 대한 고뇌가 투영되어 있는 것입니다.

신영복과 루쉰, 저항적 지식인의 초상

이 지점에서 신영복의 『중국역대시가선집』(공편, 1994)과 『강의—나의 동양고전 독법』(2004) 등 저술 작업에 대한 의문도 해소될 수 있습니다. 그것은 신영복이 오랜 구금 상황에서 온몸의 세포 하나하나, 터럭까지 전부 다 바뀌지 않으면 안 된다는 절체절명의 자기부정과 성찰적 재구성의 과정을 통해 경험적 인식과 인문적 정향을 이룬 소산인 것입니다.

신영복은 20년 영어의 시간을 사회학, 역사학, 인간학을 '전공한' 또 다른 대학 시절이라 의미 짓습니다. 여기서 시서화악(詩書畫樂)의 정서적 인식의 중요성을 체득하고 신영복 서체와 같은 독특한 붓글씨 서체를 정립하기에 이르는 과정 또한 경이롭습니다. 출감 이후에는 1989년부터 성공회신학교에서 '동양철학'을 비롯하여 성공회대학교에서 '한국사상사' '동양고전강독' '사회과학개론' '정치경제학' 등을 강의하며, 루쉰 저작을 비롯한 방대한 저서들에 대한 독해와 번역 작업 등에도 힘을 기울였습니다. 또한 '동아시아문화공동체를 위한 포럼'(2002년 출범) 대표로서 학술회의, 강연 등을 통해 아시아 지식 문화계와 교통을 주도하였습니다. 신영복의 성찰적 관계론의 문명 사상은 이처럼 파란만장한 구성 과정을 통해 이루어진 것임은 말할 나위가 없습니다.

사상의 시제(時制)와 정동적 회통(回通)

여기서 중국 고전을 가져오기하는 루쉰과 신영복의 같지만 다른 지점을 대비하여 그 사상 회통의 맥락을 톺아볼 필요가 있겠습니다. 그것은 두 사람이 처한 시대와 한국과 중국이라는 공간의 차이 곧 역사적 시공간의 거리에 따른 것이지만, 사상의 선택과 그 실천 방식의 차이를, 그 다름이 각기 다른 동심원을 그리는 경관으로 눈여겨보고자 합니다. 그것은 루쉰의 반전통주의와 신영복의 '동양적 구성 원리로서 고전 가져오기'를 대비해 보는 작업입니다.

우선 루쉰은 반전통주의를 강력하게 주창했는데, 이는 신영복의 중국 고전 선택과는 정반대의 입장입니다. 루쉰의 반전통 주장과 실천은 중국 전근대 역사의 전개에 대한 완강한 부정이라는 성찰이 두드러지는데, 이와 함께 철저한 자기부정까지 포괄한다는 점에서 결코 간단하지 않습니다.

> 공자와 묵자는 모두 현상에 불만을 갖고 개혁을 하려고 했다. 하지만 그 첫 번째 일은 임금의 마음을 움직이는 것이었고, 임금을 굴복시키는 도구는 다 '하늘'이었다.(루쉰 저, 루쉰전집번역위원회 옮김, 「부랑배의 변천」流氓的變遷, 『삼한집』 三閑集, 《루쉰전집》 5, 그린비출판사, 2014)

중국 사상가이자 루쉰 연구자인 왕후이는 루쉰이 이러한 서술로 인해 당시에 급진적 반전통주의로 내몰렸다는 점을 주시했습니다. 그리하여 루쉰의 반전통주의 혹은 중국 문화에 대한 비판의 핵심은 "사람들에게 습관화된 보편적 신념과 도덕 뒤에 숨은 역사적 관계, 즉 지배와 피지배, 통치와 피통치의 사회 모델과 분리된 적이 없는 그 역사적 관계를 드러내는 데 있었다"고 해명한 바 있습니다.•

신영복과 루쉰, 저항적 지식인의 초상

루쉰은 그 대단한 중국의 문화나 전통은 사실 유사 이래, 봉건 통치 질서의 지배 관계에서 벗어난 적이 없었고, 오히려 문화와 전통이 통치 관계를 정당화하는 근거가 되는 '통치 방식의 형성과 재생산 과정이었다'고 끊임없이 문제 제기한 것입니다. 루쉰은 중국의 문명이란 사실 부자들이 누리도록 마련된 인육(人肉)의 연회에 지나지 않는다고 역설하였고, 그 4천 년 동안 '사람을 잡아먹는' 인육의 구조가 유지되고 온존되는 것에 강력한 문제 제기를 하며, '아직 사람을 잡아먹어 본 적이 없는 아이들을 구하라'고 절규했던 것이지요. 루쉰의 반전통의 기치는 만리장성에 관한 짧고 적확한 글에서 집약적으로 토로됩니다.

위대한 장성이여!
이 사업은 지도상에도 아직 그것의 작은 형상이 남아 있지만, 무릇 세계의 조금이라도 견식이 있는 사람은 대개 그 존재를 안다. 사실 종래 쓸데없이 많은 노동자들이 이 벽을 쌓다가 죽었을 따름이지, 이것으로 오랑캐들을 어찌 막을 수 있었겠는가. 지금은 고적에 불과할 뿐, 그러나 (역사상) 한 때도 소멸되지 않았고, 혹은 그것을 여전히 보존해야 했다. 나는 줄곧 주위가 장성으로 둘러싸여 있다는 것을 느낀다. 이 장성의 구성 재료는 오래전부터 있었던 옛날 벽돌과 보수하며 끼워 넣은 새 벽돌들이다. 이 두 가지 것이 한통

•   왕후이 지음, 김택규 옮김, 『죽은 불 다시 살아나』(死火重溫), 삼인, 2005, 410~418쪽.

228

백원담

속이 되어서 성벽을 이루어 사람들을 포위하고 있는 것이다. 어느 때나 비로소 장성에 새 벽돌을 끼워 넣지 않으려나?

이 위대하고도 저주스러운 장성이여!

(루쉰 저, 루쉰전집번역위원회 옮김, 「장성」長城, 『화개집』華蓋集, 《루쉰전집》 4, 그린비출판사, 2014)

　　루쉰은 만리장성이야말로 중국의 상징에 해당하는 위대한 건축물이지만 그러나 그것이 만들어지고 유지되어 온 역사를 문제 삼습니다. 봉건시대 전제군주의 지배 체제를 유지하기 위한 새로운 벽돌을 옛 벽돌에 보완한 바와 같이 타율적 근대 이후에도 수구 세력들은 지배 질서를 지탱하기 위한 보루의 벽돌을 장성에 끼워 넣기에 여념이 없었다는 것입니다.

　　그러나 루쉰은 반전통주의로만 일관한 것은 아니었습니다. 문학사 저작과 『산해경』(山海經)이나 『북경전보』(北京箋譜) 등과 민간 문화에 대한 애정, 그리고 세계 문화의 새로운 흐름을 이해하고 많은 저작을 번역·소개하였습니다. 또한 루쉰은 전통 비판과 함께 서구를 모방하기에 급급했던 전반서화(全般西化)론자들과 매판 세력(買奴)들도 가차 없이 비판했습니다. "폐허가 되는 것이 슬픈 것이 아니라 그런 폐허 위에서 옛것을 주워 맞추는 게 슬픈 것이다. 우리들은 혁신적인 파괴자가 필요하다."(루쉰 저, 루쉰전집번역위원회 옮김, 「다시 뇌봉탑이 무너진 데 대하여」再論雷峰塔的倒掉, 《루쉰전집》 1, 그린비출판사, 2010) '반전통'과 성찰적 근대 기획의 가치 지향을 견지하기 위해 루쉰은 '복수의 화신'처럼 많은 사람에게

신영복과 루쉰, 저항적 지식인의 초상

욕을 퍼붓고 끈질기고 집요하게 대적했습니다. '고약한' 루쉰의 붓 끝은 때로는 비수처럼 때로는 투창처럼 고대의 공자·노자·묵자· 장자·부처는 물론 당대의 정치계와 문화계 인사들까지 가리지 않 고 공격했습니다.

그러나 루쉰은 젊은 청년들에게는 무한한 신뢰와 지원을 아끼 지 않았지요. 과학과 민주를 표방한 5·4신문화운동과 반제국주 의 투쟁으로서 5·4운동의 성패에서 루쉰은 중요한 입지에 있었지 만, 진화론에 경도되었던 자신의 사상 문화적 한계 또한 직시했습 니다. 장제스에게 탄압당하는 좌익작가연맹의 청년 작가들과 목 판화 운동 작가들 등 약동하는 실천 역량들에게는 번역과 저술을 통해 받은 인세 등 혼신의 노력으로 마련한 수입과 격려를 아끼 지 않는 든든한 지원군이었습니다. 또한 루쉰을 찾아오는 수많은 해외 진보 세력과의 만남에도 적극적으로 응했고, 케테 콜비츠 등 서구 미술가 등과도 교류하며 중국 목판화 운동 등 당시 변혁적 사회 문화 운동을 활성화하는 데 힘썼습니다.

루쉰은 자신이 감당해야 하는 과거와 현재의 적대적 세계와 관계들에 대해서는 형체가 없는 '무물(無物)의 진(陣)'으로, 자신은 거기에 투창과 비수를 들고 과감히 뛰어드는 전사로 자처했습니 다. 마오쩌둥은 루쉰을 문학가, 혁명가, 사상가로 명명하고 존경 했지만, 루쉰은 자신을 영원한 중간물(中間物)로서 정체화했습니 다. '역사적 중간물'로서 루쉰의 일생을 관통한 삶의 방식은 철저 한 자기부정과 성찰이라고 해도 과언이 아니라고 하겠습니다.

신영복의 중국 전통 사상, 동양고전에 대한 입장은 루쉰과는 확실히 다릅니다. 신영복은 춘추전국시대라는 사회 변혁기, 거대

담론이 필요한 시기에 제자백가가 각기 사상을 개진한 것을 주목하고 그 사상의 면모들을 '고전 강독'으로써 역사적으로 생환했습니다. 그러나 공자·맹자·노자·장자·묵자·순자·한비자 등 각기 다른 사상 학파의 인물들이나 학파 자체에 특별한 의미 부여를 하지는 않았습니다. 학파 간의 차이는 그 시대의 과제를 인식하는 관점의 차이이고, 각 학파 간의 차별화 진행과 함께 각 학파 간에 침투가 진행되는 것이 사상사의 일반적 발전 과정이기 때문입니다. 여러 시내가 몸을 섞어 강이 되듯이 제자백가는 서로 영향을 주고받으며 상호 침투하고 회통하며 당대의 사상계를 구성해 갔다고 본 것입니다.

신영복은 전통 중국 사상의 맥락을 지배 담론인 유가 사상과 비판 담론인 노장사상의 두 개의 축으로 파악하고, 그것이 길항하며 중국 사상사의 오래된 심층 구조를 이루고 있음을 분명히 했습니다. 그런데 동양 사상의 정체성은 『논어』보다는 오히려 『노자』에서 더 분명하게 드러나고 있다는 점에서 인간관계론의 보고로서 『논어』와 유가 사상을 중시하면서도, 노장을 21세기에 보다 적실한 사상 유형으로 설명했습니다.

> 유가 사상은 서구 사상과 마찬가지로 '진'(進)의 사상입니다. 인문 세계의 창조와 지속적 성장이 진의 내용이 됩니다. 인문주의, 인간주의, 인간 중심주의라 할 수 있지요. 그에 비하여 노자 사상의 핵심은 나아가는 것(進)이 아니라 되돌아가는 것(歸)입니다. 근본으로 돌아가야 한다는 것이지요. 노자가 가리키는 근본은 자연(自然)입니다. 노자의

귀(歸)는 바로 자연으로 돌아가는 것을 의미합니다. 자연이란 문명에 대한 야만의 개념이 아님은 물론이고 산천과 같은 대상으로서의 자연을 의미하는 것도 아닙니다. 노자의 자연은 천지인(天地人)의 근원적 질서를 의미하는 가장 큰 범주의 개념입니다.(『강의』, 253~254쪽)

신영복이 중국 춘추전국시대 제자백가의 백화제방 백가쟁명의 담론에 대한 이해를 통하여 사회와 인간 그리고 인간관계에 관한 근본적 담론을 통찰하고 오늘날의 상황에 대한 비판적 전망을 모색하는 참조 체계로 삼고자 한 것은 춘추전국시대가 대전환기였고, 거기서 새로운 권력 질서가 어떤 사상을 통치 이데올로기로 하여 대두하는가도 중요하지만, 사상이 어떤 사회적 조건에서 어떻게 대두하고 상호 길항하며 새롭게 구성되는가를 주목하였기 때문입니다.

물론 신영복은 당시 제자백가 사상의 한계도 간과하지 않았습니다. 춘추전국시대라는 고대 중국의 분열 시기는 새로운 대일통을 이루어야 하는 사상의 대혼란기, 백화제방의 시대였습니다. 따라서 새로운 통일 국가를 이루기 위한 많은 정치 담론과 대안 담론이 700년의 혼란 속에서 부침을 거듭하며 통치 이데올로기로서 채택될 수 있는 내용적 수준과 파급력을 향상해 나갔던 것입니다. 그러나 그런 점에서 그들의 사상은 '그 시대를 조망하지 못하고 겨우 패권 경쟁을 위한 정책 대안의 수준을 벗어나지 못하는 것, 우물을 벗어나지 못한 개구리, 여름을 넘기지 못하는 메뚜기'로 한계가 분명한 흐름으로 파악했던 것입니다.

백원담

그러나 신영복은 모든 사상은 다른 모든 사상과 관련되며, 파란만장한 역사 전개 과정의 일환으로 출몰한다는 새로운 사상 담론의 구성 과정에 주목했습니다. 사회 변혁기로서 거대 담론이 필요했고, 그로 인해 제자백가가 각기 사상을 개진한 것이기 때문입니다. 여기서 제자백가의 인물들이나 학파 자체는 특별한 의미를 부여하지 않았지만, 개별 사상가들의 인간적인 면모에는 주목했습니다.

인간 사회 변화의 핵심은 인간관계의 변화이다. 인간관계의 변화는 사회 변화의 최초의, 그리고 최후의 준거이고, 그 변화를 인식하는 인간의 자각적 체계가 사상이다. 그 담당자로서 개인은 그 자체 독립적 의미를 갖기보다는 사상의 사회적 존재 양식의 일환이다. 한 사람의 사상가를 이해할 때 그의 인간적 면모에 주목해야 한다. 그 인간을 알지 못하면 그 사상을 알 수 없다. 사람과 사상은 서로 분리될 수 없으며, 사상과 시대, 사상과 사회 또한 분리될 수 없다. 그것의 분리가 바로 관념화의 과정이고 물신화의 과정이기 때문이다.(백원담, 「개념으로 보는 신영복 사상: 기존 개념의 확장을 중심으로」, '신영복 콜로키움' 발표문, 2024. 2. 7.)

사상이란 일정한 사회 조건에서 생성되지만, 그 사회적 조건이 변화하면 사상도 사상사(思想史)의 장(場)으로 물러나게 마련이란 점에서 신영복은 사상의 시대성과 구성성에 주목했습니다. 그리고 오늘날 춘추전국시대 제자백가의 사상을 가져오기하는

233

의미, 그 오래된 미래의 통찰이라는 사상의 시제(時制)를 염두에 두며, 그것이 21세기 사회적 조건과 사상사적 과제에 수렴할 수 있는 가져오기를 감행했습니다. 신영복의 관심과 지향은 이제까지와는 다른 새로운 문명론 그리고 최대한의 사회 건설 담론이 개화하기를 바라는 것이었습니다.

그만큼 노장의 독법이 중요합니다. 『노자』의 무위와 『장자』의 탈정은 여러분이 두고두고 그 내용을 채워 가기 바랍니다. 아마 앞으로 우리나라뿐만 아니라 일본도 마찬가지고, 미국, EU도 지금까지의 성장 패턴을 지속한다는 것은 불가능할 것입니다. 이미 반복되는 금융위기와 끝이 없는 불황이 그것을 예시하고 있습니다. '과학의 발전과 욕망의 해방' 그리고 '대량생산과 대량소비'가 쌍끌이해 온 자본주의의 구조와 운동이 거듭해서 위기를 드러내고 있습니다. 피케티는 『21세기 자본』에서 20대 기업의 300년간의 세무 자료를 분석하여 자본이윤(return to wealth)이 소득(growth rate)을 초과해 왔음을 입증하고 양극화에 경종을 울리고 있습니다. 우리가 피부로 느끼는 것은 국가 부채, 가계 부채, 양극화, 실업, 경기 침체, 집값 하락의 문제에 불과하지만 이것은 자본주의 체제 자체의 문제입니다. 앞으로 어떠한 국면을 경과할지 알 수 없지만 그것의 급격한 파탄을 저지하는 것이 당면의 과제입니다. 우리나라의 경우도 다르지 않습니다. 큰 기어에 물려 있는 기어를 기어 오프(Gear-off)하는 것입니다. 그러나 당장 기어를 오프할 수

백원담

있는 경제 구조가 못 됩니다. 적절한 중장기 정책과 강약, 단속(斷續)의 온-오프가 필요합니다. 이것은 3S(slow down, small down, soft down)의 연착륙 과정이며 과도한 대외 의존 경제 구조를 조정하는 것이기도 합니다. '기어 오프'와 '3S'가 노자의 귀(歸)라 할 수 있고, 지속 성장에 대한 환상을 청산하는 것이 장자의 탈정(脫井)이라 할 수 있을 것입니다.(『담론』, 153~154쪽)

신영복은 사상의 존재 형식이 담론이 아니라 실천임을 역설해 왔습니다. 새로운 담론의 구조가 아무리 논리적이라고 하더라도 인격으로서 육화된 것이 아니면 사상이라고 명명하기 어렵고, 책임이 따르는 실천의 형태야말로 사상의 현실적 존재 형태라는 것이 신영복의 일관된 입장입니다. 그리하여 어떠한 철학 체계라도 그것이 우리 인식을 제약해서는 안 된다는 것, 모든 사상은 기본적으로 기존의 관념으로부터 우리를 해방시키는 것이어야 하며, 궁극적으로는 개념적 인식으로부터 우리를 해방시키는 것이어야 함을 역설했습니다.

사상(思想)은 선택(選擇)이다. 사상은 일반적으로 이론이나 언술의 형태로 체계화되어 제시되기도 하지만, 일상적인 삶의 현장에서는 대체로 '어느 것을 선택할 것인가' 하는 선택의 형태로 현상화되어 나타난다. 사상은 바로 이 선택의 준거에 관여한다. 작게는 사소한 일상사의 선택에서부터, 크게는 목표의 설정과 방법의 확정 등 실천의 전 과정에 이

235

르기까지 사상은 어김없이 자신을 실현한다. 관습이나 상식에 따른 선택이라 할지라도 또 그것을 의식하든 의식하지 않든 상관없이 사상은 우리들의 가장 가까운 자리에서 자신을 관철한다.(기세춘·신영복 편역, 「머리말」, 『중국역대시가선집』 1, 5쪽)

이러한 고전 읽기란, 중국의 춘추전국시대 사상의 사상사적 부침과 그 21세기적 전화의 가능성을 가늠하며, 루쉰의 양심의 사상에 이어 고전을 사상적 선택으로 가져오기한 것입니다. 이는 루쉰이 중국 고전 사상들을 문제시한 것과는 확실히 다른 선택입니다.

고전 강독은 결코 과거로의 회귀가 아닙니다. 우리의 당면 과제를 재조명하는 것이 되어야 한다고 생각합니다. …… 미래로 가는 길은 오히려 오래된 과거에서 찾아야 한다는 것이지요. ……과거는 그것이 잘된 것이든 그렇지 못한 것이든 우리들의 삶 속에 깊숙이 들어와 있는 것이지요. 그리고 미래를 향해 우리와 함께 길을 가는 것이지요.(『강의』, 24~25쪽)

특히 신영복은 춘추전국시대의 장자로부터 자유의 사상을 새롭게 구성하고자 했습니다. 장자가 약소국의 가혹한 현실에서 자신의 사상을 키워 낸 사람으로 부자유와 억압의 극한 상황에서 그의 사상 세계를 구성하기 시작했기 때문입니다. 장자가 생각한 일차적 가치는 '생명 그 자체'이고, '생명 없는 질서'보다는 '생명 있

백원담

는 무질서'를 존중합니다. 반(反)생명적인, 반자연적인, 그리고 반인간적인 모든 구축적(construct) 질서를 해체(deconstruct)하려는 것이 장자 사상의 출발이라고 할 수 있고, 그것은 일차적으로 정신의 자유를 활연히 펼쳐 내는 경계입니다. 그 핵심은 바로 탈정(脫井), 자기가 기거해 온 '우물'에서 벗어날 수 있는 자유, 그 자가적 계기를 통해 새로운 사상적 지향을 이룰 수 있다고 기대하는 것입니다.

20세기 초 근대로의 전환기에서 루쉰은 전근대 지배 구조와 그것을 유지·온존하게 했던 구래의 사상과 봉건 예교에 대한 절규에 가까운 비판을 감행하였고, 북양 군벌과 국민당의 폭압에 저항하는 젊은 세대늘이 살육당하는 판에 다시 경서를 꺼내 들고 국고(國故)를 주장하는 반동 통치 세력과 지식인들의 현실 기만에 분노하며 '경서를 읽어 보았자 나라를 구할 수 없다는 것은 뻔히 알면서도 사람들을 우둔한 소로 만들어 버리는 잔재주 부리기'에 불과하다고 통렬하게 비판했습니다. 장자의 무시비론의 허무주의 비틀기까지 당시 중국의 시공간에서 루쉰의 갈파는 당대에 걸맞은 적확한 '탈정'의 방법이고 새로운 사상적 실천적 도정은 그로부터 가능했다고 하겠습니다. 그런데 그 지점에서 그친 것이 아닙니다. 루쉰은 좌익 작가들의 관념적 행태에 대해서도 비판의 화살을 거두지 않았습니다. 좌익 문인들이 새로운 강인한 전사로 거듭나지 않고 '구사회가 허용해서 골동품 사이에 끼워 놓아 별다른 운치를 허용하는 거친 사발 하나'에 불과하다는 것 또한 준엄하게 경계했습니다.•

그러나 21세기 자본의 전지구화 시대, 이 지구를 거주 가능한

신영복과 루쉰, 저항적 지식인의 초상

세계로 다시 회복시켜야 하는 지경에 이르러 신영복은 중국 고전이라는 오래된 미래로부터 이 자본주의 체제라는 우물에 갇혀 있는 사람들의 인식 체계를 발본적으로 벗어날 수 있는 계기와 방법을 고민했고, 고전 읽기라는 어쩌면 역사 거스르기를 감행했습니다. 그렇다면 사상의 시제(時制)를 놓고 두 분의 논전 경관을 펼쳐 보는 것 또한 사상 과제의 중요한 주제를 이루지 않을까 합니다.

그런데 두 분은 각기 동심원을 그리는 것 같지만 신영복의 루쉰 가져오기가 예견된 듯 두 형상이 마주치고, 그것이 더욱 큰 동심원을 같이 그려 가는 경이로운 순간이 있습니다. 그것은 이미 지나간 과거의 사건이 아니라 역사적 시공간을 넘어 부단히 만들어지는 새로운 관계의 행로(行路)를 이루고 있다는 점에서 문제적입니다. 우선 두 분의 사상의 동선은 고차원적 이론·담론의 장이 아니라 매일 매순간 일상에 닥쳐온 일감 곧 부단한 실천 속에서 자기부정과 성찰과 역사적 긴장의 시공간 속에서 마주치고 교감하고 상호 전화되고 있다는 점에서 현재진행형입니다. 그것은 한국과 중국의 시공간적 거리감 속에 각기 유산으로 놓인 것이 아니라 바지런한 문화 노동자의 '살이'와 실감으로 육화된 사상, 잠재되거나 다시 호출되는 감정들의 정동적 분출로 확인되고 있는 것입니다.

이는 포스트 지구화 시대라는 오늘의 시간성과 관련이 있습니다. 포스트 지구화 시대란 전쟁과 재난으로 점철된 역사적 현재로서 오늘날, 새로운 시대가 도래하지 않은 상황에서 식민—냉전—

• 　魯迅,「對於左翼作家聯盟的意見」,『萌芽月刊』第一卷 第四期, 1930. 4. 1.

백원담

지구화로 연속되는, 복잡하게 교차하고 중첩된 과거의 역사적 시간성들로서의 현재를 의미합니다. 그리고 또한 새로운 매체의 발달로 지구화는 글로벌리티(globality), 신자유주의 축적 체제가 세계를 거침없이 통합해 가는 것이자 그 후과로서 글로벌리티가 국민국가의 경계를 넘어 새롭게 구성되었거나 되고 있는 와중입니다. 따라서 그러한 글로벌리티를 신자유주의 통치성이 관철된 피해 양상으로만 파악할 것이 아니라 현존하는 국민-국가 체계 및 이와 관련된 내셔널한 상상을 넘어서 매우 높은 사회적 상호의존성에 대한 미래의 사회적 조건을 담지한 의미로서 의미화할 필요가 있습니다.

요긴대 루쉰은 어떤 수의에 얽매이지 않고 "권력관계와 억압, 불평등한 관계들을 정당화하는 모든 지식·설교·거짓을 증오했으며, 자기 자신을 포함하여 절충과 공평 타당(折中公允)의 말들이 만들어 내는 장막을 찢기 위해 평생을 바쳤다"고 해도 과언이 아닐 만큼 그 육화된 사상의 자리 혹은 '정동'(情動, Affection) 정치의 도저한 체현태에 다름 아닙니다.

그리고 신영복은 포스트 지구화의 중첩되는 시간성 속에서 정동이 형성되고 작동하는 정동 정치의 장을 이미 포착하고 그것을 새로운 관계론이 자라나는 대안적 문명 사상의 생장점으로 적시해 두었습니다.

> 사상은 감성의 차원에서 모색되어야 합니다. 사상은 이성적 논리가 아니라 감성적 정서에 담겨야 하고 인격화되어야 한다고 생각합니다. 감성과 인격은 이를테면 사상의 최

신영복과 루쉰, 저항적 지식인의 초상

고 형태이기 때문입니다. 이성적이고 논리적인 사상은 그 형식적 완성도에도 불구하고 한 개인의 육화(肉化)된 사상이 되지 못합니다.

……사상의 최고 형태는 감성의 형태로 '가슴'에 갈무리되고 있는 것이라 할 수 있습니다. 감성은 외계와의 관계에 있어서 일차적이고 즉각적인 대응이며 그런 점에서 사고(思考) 이전의 가장 정직한 느낌이라고 할 수 있습니다. 감성적 대응은 사명감이나 정의감 같은 이성적 대응과는 달리, 그렇게 하지 않으면 마음이 편치 않기 때문에 그렇게 할 수밖에 없는 마음의 움직임입니다.(『강의』, 509~510쪽)

따라서 두 분의 포스트 지구화 시대의 해후는 자본주의 체제를 인간의 본성에 부합하는 가장 자연스러운 체제로 규정하는 신자유주의가 만들어 낸 역설에 해당합니다. 본 글로벌리즘(Born Globalism)의 지구화 담론과 같은 경제적 가치의 극대화를 추구하는 기업가 정신의 편지(偏至)로 치달은 오늘의 이데올로기 환경에서 신자유주의적 신체이지만 거기에 각인되거나 체현된 '자기의 이유' 곧 진정한 자유를 찾아오는 길이 절실한 만큼, 오래된 탈정(脫井)의 항쟁을 집요하게 수행해 나가는 기획이 그것입니다. 신영복은, 모든 사상은 다른 모든 사상과 관련, 파란만장한 역사 전개 과정의 일환으로 출몰한다는 인식이 필요함을 강조했습니다.

백원담

나가며

이 글은 역사적 시공간의 차이를 넘어 루쉰과 신영복이 그리는 사상의 동심원을 확인하고 그것이 결국 마주치며 아시아적 사상 연쇄를 이루는 광경을 포착하는 것입니다. 그리고 그 역사적 시공간을 뛰어넘는 사상 회통은 21세기 오늘의 모순을 극복하기 위한 사상적 선택에 해당한다는 점에서 그것을 통해 패권적 자본주의 질서를 넘어설 새로운 사회 구성 원리의 맥락을 잡아 갈 가능성을 모색하는 일환이기도 합니다.

머리가 한없이 엉켜 있을 때나 세상일에 치이고 치일 때, 새벽녘에 일어나 창문을 열고 어두운 하늘을 바라보다 불을 켜고 하는 일은 루쉰을 읽는 것입니다. 그리고 신영복을 읽습니다. 일을 잘한다는 것은 일을 많이 감당하는 것보다 일을 더는 것(省事)이라고 따뜻하게 일러 주시던 선생님.

삶의 전범이 있다는 것은 행복한 일입니다. 따라갈 길이 보이기 때문입니다. 그러나 길이 나 있는 것 같아도 자꾸 가지 않으면 그 길은 점점 희미해지고, 결국은 앞이 보이지 않게 됩니다. 저항적 지식인의 '저항'이란 말이 무거운 것은 희망의 길은 자꾸 가서 열리지만, 따라가기만 하는 추수(追隨)에 대한 저항, 그리고 역사적 긴장 속에서 시세(時勢)를 정확하게 포착하고 사상적 선택을 하고 나아가야 하기 때문입니다.

역사는 강물의 속도로 강물과 함께 진행하는 것이라는 신영복 선생의 시간 개념은 시세(時勢)로서 이해할 수 있습니다. 시세란 서구적 진보 사관의 직선으로 나아가는 텅 빈 개념이 아니고, 역

신영복과 루쉰, 저항적 지식인의 초상

사 변화의 자연적 전개 과정과 이것의 내부적 동력에 대한 서술로서 형세 혹은 추세를 이르며, 자연적인 전개 과정 그 자체는 특정한 목적을 따르지 않는다는 개념입니다. 선생은 진보란 미래를 선취하는 것이 아니라는 과거에 대한 반성과 성찰이 필요하며 그 현재의 복잡한 관점을 정리할 수 있는 지점을 선택하는 것이라고 강조했습니다.

포스트 지구화 시대 개념을 가져온 바와 같이 그 시간적 연관은 모순의 중첩으로 현상합니다. 선생은 현재가 미래로 이어지면서 동시에 과거와 연결될 수 있는 지점에서의 현재이며, 현재와 미래라는 두 계기는 연관적 통일체임을 역설했지요. 현재와 통일된 계기로서의 미래라는 개념은 사유 과정에서 재구성된 관념이라는 사실을 잊지 않고, 미래를 현재로부터 이끌어 내는 제대로 된 실천적 행로에 부심하는 것이 저항적 지식인으로 사는 길임을 잊지 않습니다.

백원담

시적 언어, 시적 사유: 신영복 관계론의 단초

조병은

2015년, 병상에 계신 신영복 선생의 자필 서명이 담긴 선생 생전의 마지막 책 『담론—신영복의 마지막 강의』를 받아 든 순간 가슴이 먹먹했습니다. 상황이 상황인 만큼 '마지막'이라는 단어에서 풍기는 결단과 단념의 뉘앙스가 몹시 슬펐습니다. 책장을 넘겨 선생의 핵심 키워드로 등장하는 「가장 먼 여행」이라는 1장의 제목과 「사실과 진실」이라는 2장의 제목을 보며 이 책은 동양고전을 선생의 삶의 신념 혹은 화두와 연관 지어 해석한 책이라는 것을 느낄 수 있었습니다. 단지 구호가 아닌 실천과 경험에 기반한 선생 최상의 삶의 명제이자 결론을 담고 있는 책이라는 확신이 들었습니다.

「사실과 진실」이라는 제목은 그 자체로 많은 것을 시사합니다. 특히 요즘처럼 여러 형태의 미디어가 가짜 뉴스를 쏟아 내 시청자

시적 언어, 시적 사유: 신영복 관계론의 단초

를 호도하는 세상에서 과연 '사실'은 무엇이며—물론 '사실'만이라 도 우리가 정확히 알았으면 좋겠다 싶은 문제가 많은데—그것을 넘어서서 '진실'은 무엇이고, 그 '진실'에는 어떻게 도달할 수 있는 가, 어떤 효과적인 방법들이 있을까? '사실'과 '진실'의 파악은 왜 중요한가?

시적 언어의 특징에 기초한 시적 사유를 다룬 '잘 쓰인' 시의 지 침서인 이 장(章)을 오늘 수업 앞부분에는 시적 언어 사용은 다른 언어 사용과 어떻게 다른지 또 이런 특징적인 시적 언어 사용이 어떻게 시적 사유의 유연성과 자유를 담보하는지 살펴보고, 뒷부 분에는 사실과 진실의 전달자로서의 시의 사회적 역할, 사회미의 담론, 이어지는 여러 편의 중국 시와 한국 시, 한국 시와 영미 시, 중세 영미 시와 현대 영미 시 등을 통해 시공을 초월한 시적 정서 의 계승을 영향의 미학이라는 측면에서 다룹니다.

이 수업은 일방적 강의 형태보다는 신영복 선생의 글을 함께 읽고 핵심을 짚어 보며 의견을 교환하는 일종의 대화와 공론의 장 으로 진행됩니다. 여기서 제 역할은 일종의 중재자(mediator) 혹은 조정자(facilitator)로 저자와 학생들의 대화를 조금 더 용이하게 이 끄는 통로가 되었으면 합니다.

세계 인식의 틀로서 문사철의 한계

신영복 선생은 이 글을 통해 세상을 올바로 이해하고 변화시키기 위해서 우리가 세상을 바라보는 인식 틀을 반성하고 그 보충과 대

조병은

안을 모색합니다.

'세계 인식의 틀'은 우리가 세계를 이해하고 바꾸어 나가기 위한 우리의 사유에서 기준이 되는 큰 틀, 혹은 중심 관점으로 이해됩니다. 한 인터뷰에서 선생은 젊은 시절 사회경제적인 시각으로 세상을 인식했다고 하였습니다. 어떤 이들은 역사를 세계 인식의 틀로 삼아 어떤 상황에 대해 전례를 들어 현재를 파악하고 미래를 추측하기도 합니다. 또 어떤 이들은 종교적인 관점으로 세상을 해설하며, 다른 이들은 숫자와 통계로 대표되는 물질적 번영을 척도로 시대와 세상을 해석하기도 합니다. 결국, 세계 인식의 틀을 어디에 두느냐에 따라 세상을 바라보는 시각과 태도가 달라지고 미래에 대한 구성이나 기대노 달라집니다.

전통적으로 이성 훈련과 감성 훈련을 담당해 온 문사철과 시서화악이라는 두 사유의 틀 중 선생은 이성, 논리, 개념 중심의 언어 사용에 바탕을 두어 가장 믿을 만한 기준으로 삼던 문사철의 한계를 지적합니다. 문학과 역사와 철학은 기대와는 달리 진실을 정확히 보여 주지 못한다는 문제 제기로 담론을 시작합니다. 그리고 시서화악, 즉, 시와 서예, 미술, 음악을 그 대안과 보완으로 제시합니다.

혹자는 대안으로 제시된 '시'가 문학의 한 장르에 포함되기에 그 대안으로서의 적합성에 이의를 표할 수도 있겠지만, '시'는 일반적인 산문, 혹은 소설과는 그 언어 쓰임이 너무나 다르기에 그 특징적인 언어 사용만으로도 충분한 논의의 비중이 된다고 생각해서 굳이 '문'에 포함시키지 않는 것 같습니다.

동양고전에서 권위를 인정받고 오랫동안 지배해 온 문사철에

시적 언어, 시적 사유: 신영복 관계론의 단초

대한 이러한 문제 제기는 새로운 도전으로 여겨집니다. 더구나 뛰어난 경제학도로 냉철한 이성과 빈틈없는 논리로 무장했으리라 생각되는 당대 지식인인 신영복 선생에게서는 기대하지 않았던 의외의 도전인 셈이죠.

고전 '문학'이 사회를 제대로 보여 주지 못하는 예로 세르반테스의『돈키호테』가 소개됩니다. 소설이 문학의 한 장르로 등장하기 이전인 17세기 초에 '최초의 근대 소설'로 출간된 이 작품은 스페인의 하층 귀족인 주인공 돈키호테의 모험과 여행을 중심으로 구성됩니다. 당시 유행하던 기사문학에 지나치게 심취하여 자신이 세상을 바로잡을 기사라는 착각에 빠진 시대착오적인 몽상가 돈키호테를 통해 당시 기사문학을 비판하고 희화하며 풍자합니다.

독자에 따라서는 이 소설을 통해 올바른 중세 기사의 모습을 찾기 어렵다는 선생의 지적에 동의하면서도 '그럼 사실주의 문학 작품만이 당시 사회를 제대로 보여 주는가'라는 이의를 제기할 수도 있을 겁니다. 사실주의적 관점에서 돈키호테는 당연히 당시 기사의 정확한 모습을 그대로 보여 주지는 못하지만 풍자되고 희화화된 돈키호테를 바탕으로 어쩌면 올바른 기사의 모습을 유추해 낼 수 있기에 나름대로 의의가 있다고 주장할 수도 있겠지요. 개인별 해석이 달라질 수는 있지만 이어지는 역사와 철학에 관한 선생의 문제 제기는 훨씬 더 설득력 있게 다가옵니다.

선생은 역사의 불공정성을 증명하는 예로 사마천의『사기』를 듭니다. 작품에 등장하는 인물들이 대부분 작가처럼 비극의 인물로 구성되어 있다는『사기』는 주제의 선별 과정에서 이미 작가의 주관성이 개입되어 객관적이고 보편적인 역사의 모습을 담고 있

조병은

지 못하다고 평합니다. 그리스의 아리스토텔레스가 최초의 문예론인 『시학』에서 '역사는 특수한 것을 다루고 문학은 보편적인 것을 다루기 때문에 문학이 역사보다는 훨씬 더 철학적이고 믿음직한 매개'라며 역사를 문학보다 후순위에 놓았던 지적이나, 우리가 흔히 말하는 '역사'에 대한 비판—지금까지 인류 역사(history)는 '남성들의 역사'(his-story) 혹은 '승자의 역사'로 인류 절반의 이야기일 뿐, 나머지 반의 이야기(패자의 역사, 혹은 여성의 역사인 her story)는 빠져 있다는 주장—과도 상통하는 부분입니다. 즉 가장 불편부당한 당시 사회의 모습을 보여 주지 못한다고 선생은 주장합니다.

'세계의 운농이나 본질을 추상화'하는 철학에 대한 선생의 논점도 분명합니다. 물체의 근원에 관한 초기 자연 철학의 물활론적 논의를 넘어서서 우주와 인간의 존재와 관계를 정립하고 사회의 변화와 인간을 논하는 형이상학적인 철학, 예컨대 현대철학의 중추인 헤겔의 변증법도 자체로 도식화되고 추상적인 틀을 형성하여 유동적이며 변화무쌍하여 예측 불가능한 세상의 모습을 담기 어렵다고 주장합니다.

일반 언어와 메타랭귀지: 랑그와 빠롤

철옹성 같던 문사철의 전통적인 권위와 고정된 틀에서 비롯된 한계를 극복할 대안으로 신영복 선생은 시서화악을 이야기하고 대표적인 예로 '시'를 듭니다. 주목할 점은 여기서 '시'는 시의 구성

시적 언어, 시적 사유: 신영복 관계론의 단초

요소나 시의 운율 분석, 종류 등을 논하는 단편적이고 문학의 한 장르로서의 '시'에 대한 시론이 아닌 '시적 사유'를 담고 있는 예술 형식에 논의의 초점을 둔다는 것입니다. 그리고 그러한 시적 사유의 기본을 이루는 것이 시의 특별한 언어 사용임을 지적합니다. 시에 대한 정의나 종류, 시의 구성 등을 강조하는 시론을 넘어서서 시적 사유의 도구/매체로 시적 언어 사용의 특징을 지적하고 그 효용성을 밝힌 드문 주장으로, 시적인 사유를 세계 인식의 틀로 삼고 그것을 함께 생각해 보는 좀 더 근본적이고 큰 틀에서의 공론의 장이라고 할까요?

시는 문사철과 마찬가지로 언어 중심이기는 하지만 문사철의 논리적이고 완고하고 절대적인 개념 중심의 언어 사용을 벗어나 융통성 있고 자유롭고, 때로는 해석도 다층적이고 복합적인 언어의 사용에 바탕을 둡니다. 문사철로 대표되는 인간의 이성적이고 논리적이며 개념 위주인 사고보다는 인간의 감성적인 사고에 바탕을 둔 것으로, 언어의 사용에서 극명한 차이가 나타납니다. 문학적 비유로 표현하면 머리의 언어가 아닌 가슴의 언어에 관심을 기울이고 개별 단어의 존재론적 의미와 용도를 넘어서서 단어와 다른 단어의 맥락/컨텍스트/관계성 속에서, 혹은 시 구성 요소 간 협조와 합동으로 새로운 의미가 창출되는 관계론적 언어 사용에 중점을 둡니다.

이러한 시어의 특성을 선생은 '메타랭귀지', '랑그와 빠롤'이라는 언어학적 개념에 연관 짓습니다. 일상적으로 사용하는 언어를 '넘어서서' '더 상위'에 있는 메타랭귀지는 '언어의 일반적 사용을 재규정하고 그것을 다시 서술하는 또 다른 차원의 언어 사용'입니

조병은

다. 예로 든 안도현의 시 「너에게 묻는다」에서 사전적, 문자적 의미의 '연탄재'는 '연탄이 타고 남은 재로 연주황/살구색이고 태우기 전보다 더 부서지기 쉽다' 등으로 일반적으로 정의됩니다. 하지만 안도현의 시에서 '연탄재'는 전혀 다른 함축성을 보여 줍니다: "연탄재 함부로 발로 차지 마라. 너는 누구에게 한 번이라도 뜨거운 사람이었느냐."

부연 설명하면 시인은 '함부로'라는 부사를 연탄재와 결부시켜 '연탄이 타고 남은 쓰레기'라는 일상적인 이해를 '넘어'서는 의미를 부여하고, 이어서 "너는 누구에게 한 번이라도 뜨거운 사람이었느냐"라는 표현으로 연탄재를 우리와 빗대어 질의와 따끔한 질책(?)의 뉘앙스를 만들어 냄으로써 우리 자신을 돌아보고 부끄럽게 합니다. 평범한 단어(연탄재)를 특정한 문맥 속에 새롭게 적용해 그 단어에 일상적인 의미와는 다른 함축성(implication)을 부여합니다. 문맥 혹은 맥락이라는 일종의 관계성 안에서 시적 소재/사물을 보는 방식으로 일종의 '관계의 언어'라고 할 수 있죠. 문사철에서 사용하는 논리적이고 이성적이고 규정적인, 어쩌면 '존재로서의 언어 자체'를 넘어서서 훨씬 더 자유롭고 유연하고 맥락/관계에 따라 의미가 정해집니다.

선생은 이를 다시 스위스의 언어학자 소쉬르의 용어인, '랑그'와 '빠롤'에 적용합니다. '랑그'란 영어 '랭귀지'(language)의 프랑스어 대용어로 '사회적으로 통용되는, 나름대로 문법 체계와 규칙이 있고 의미가 불변하는 일상 언어', 즉 사전적인 의미의 언어를 칭하죠. 반면 '빠롤'은 프랑스어로 '말하다' 즉 영어 '스피크'(speak)의 뜻으로 '말하는 사람의 의도나 상황, 특정 문맥에 따라 대단히 가

변성 있는' 사용을 보여 줍니다. 역시 관계성과 맥락에 의해 생성되는 의미의 차이라고나 할까요?

시는 일반 언어가 아니라 메타랭귀지이고 시는 랑그보다는 빠롤에 속한다는 것을 강조하기 위해 선생이 인용한 안도현 시인의 또 다른 시 「스며드는 것」에 적용하면 시인은 간장게장 담그는 과정을 주재료인 꽃게의 시점에서 보여 줍니다. 내리쏟아지는 짜고 검은 간장에 아무 저항도 못 하고 단지 몸을 움츠려 덮어 꽃게 알을 보호하는 수동적이고 무력한 피해자(?)의 모습으로 의인화되는 어미 꽃게의 자식에 대한 모성애로 극화합니다. 그럼으로써 무고한 생명체를 인간의 이기적인 목적으로 별 가책 없이 잔인하게 죽이는 행동을 고발합니다. '랑그'와 '빠롤'을 적용하면 우선 "꽃게가 간장 속에 반쯤 몸을 담그고 엎드려 있다"는 첫 구절에서 시인은 꽃게를 의인화하고 알을 품은 상황을 독립된 주체로서의 어미와 자식의 관계로 표현합니다. "등판에 간장이 울컥울컥 쏟아질 때"라는 행에서 우리의 주의를 끄는 표현은 '울컥울컥'이라는 부사의 낯선 도입입니다. '랑그'로서 '울컥하다'라는 표현은 인간의 정서를 드러내는 형용사로, 사전적으로는 '격한 감정이 갑자기 치미는' 경우를 묘사하지만, 시인은 이 형용사의 의태적 부사 '울컥울컥'을 도입합니다. 일상적으로 우리는 간장이 '울컥울컥' 쏟아진다고 표현하지 않습니다. 대체로 '콸콸', '줄줄' 혹은 '주르륵' 등으로 표현하게 되죠. 이 시에서는 형용사의 의미를 부사에 접목하여 다소 낯선 문맥을 조성함으로써 간장이 '울컥울컥' 쏟아지기보다는 그 쏟아지는 간장에 꽃게가 '울컥울컥'하는 슬프고 절망적인 상황을 드러냅니다. 단어의 사용이 이례적이고 역치된 느낌이랄

조병은

까요? 마지막 부분에 나오는 "껍질이 먹먹해지기 전에 가만히 알 들에게 말했으리라"라는 시구에서 '먹먹하다'란 표현도 그렇습니다. 일상적으로 귀가 '막힌 듯이 소리가 들리지 않'거나 '어떤 감정으로 꽉 차거나 막힌 느낌이 있는 경우' 사용되는 표현을 '껍질이 먹먹해진다'에 적용했습니다. 동양의 붓글씨나 묵화에서 사용하는 검은 '먹'을 반복 사용함으로써 '검어진다'라는 뜻과 위에 언급한 압도된 슬픔, 혹은 고통과 정서적 궁지 같은 것을 함축하는 중의적 의미로 사용합니다. 즉, 껍질이 간장으로 '검어지기' 전에, 혹은 '껍질이 더 이상 살아 숨 쉬는 상태가 아닌', '생명을 잃기 전에'로도 해석되어 독자들에게 굉장한 페이소스(pathos)를 줍니다. 마지막 행에서 어미 꽃게의 "저녁이야. 불 끄고 잘 시간이야"라고 단념하듯 위로하듯 하는 말을 통해 시인은 가장 고통스런 죽음을 가장 편안하고 일상적인 잠과 쉼으로 역설적으로 표현함으로써 극치에 이른 '빠롤'의 시적 효과를 보여 줍니다. 일상적으로 사용하는 사전적이고 일반적인 언어 사용, '랑그'를 벗어나 시인이 강조하고 싶은 정서나 주제 의식을 가장 효과적으로 표현해 주는 자신만의 언어 사용의 결과입니다.

이 시는 직설적으로 '너 간장게장 좋아하지? 펄펄 뛰던 생명이 잔인하게 죽어 가는 장면 생각해 봤니?'라고 물어 독자에게 일침을 주는 대신 어미 게의 모성애라는 맥락/상황을 설정하여 꽃게를 고유한 생명체가 아닌 한낱 먹거리로 치부해 버리는 인간의 행태를 비판합니다. 직접적이고 표면적인 진술을 넘어 새로운 정서와 진실을 설파하는 힘을 시적 언어의 사용, 특히 '빠롤'의 적절한 구사로 이루어 냅니다.

251

시와 서는 문사철처럼 언어에 기반하지만, 언어의 일상적이고 고정적인 틀을 벗어나 "세계를 훨씬 더 풍부하게 담고 자유롭게 전달"하며 '화'와 '악'은 더 나아가 언어라는 틀까지도 벗어나 빛과 소리로 해방된다고 선생은 설명합니다. 선생이 제목 유무로 예를 든 차이콥스키 교향곡 6번 〈비창〉과 원래 제목 없이 발표되었던 베토벤의 〈운명교향곡〉은 언어 자체가 궁극적으로는 사물이나 상황을 어떻게 가두는지를 보여 줍니다. 제목을 붙이지 않았을 때 느껴지는 무한한 공간, 다양한 해석의 가능성, 그리고 풍요로운 의미가 말로 표현된 제목으로 규정되고 그 의미가 축소되어 한계에 갇혀 버린다는 선생의 통찰력 있는 지적은 더 나아가 언어의 효용과 한계를 동시에 상기시킵니다. 즉 사물을 지칭하는 단어들은 의사소통의 필요로 생긴 일종의 메타포로 볼 수 있지만, 그 메타포가 가장 깊은 속마음을 표현하는 데는 매우 부족한 것을 우리는 자주 경험합니다. 문화권에 따라 차이는 있지만 우리 세대까지만 해도 '사랑한다'는 말을 자주 하지 않습니다. '사랑한다'고 말하는 순간 그 말의 일상성 혹은 대중성에 갇혀 그보다 더 깊거나 더 간절한 '나만의 사랑'을 표현할 수 없기 때문입니다. 반면, 서양 영화에서 주인공들은 하루에도 여러 번 '사랑한다'는 말을 주고받습니다. 마치 말의 효력에 시간제한이 있어 간격을 두고 반복하지 않으면 사랑이 사라질까 두려워하는 것처럼 말입니다. 이처럼 언어는 나름대로 양면성이 있어 한편으로는 막연한 느낌이나 생각을 명확하게 해 주고 구체화시켜 주는 반면, 또 다른 한편으로는 일상적 의미마저 뛰어넘을 수 있는 섬세한 감정이나 깊은 생각을 다 담아내지 못하는 한계를 보여 줍니다.

조병은

영상 시대로 불릴 정도로 영상 매체가 두드러진 요즘, 우리는 다양한 매체로 작품과 공연을 보고 즐기며 순간적으로 각인되는 시각적 이미지가 문자보다도 훨씬 더 즉각적으로 메시지를 전달하는 것에 열광합니다. 속도 지향의 시대에 영상 서사를 선호하는 이유라고 할까요? 그러나 이러한 영상 서사 양식에 대해 선생은 모두가 공감할 수 있는 비판을 제기합니다. 여러분은 영화로 나온 작품과 책으로 읽는 원작 중 어떤 버전을 더 선호하세요? 예를 들어, 제인 오스틴의 소설을 바탕으로 한 영화 〈오만과 편견〉으로 우리는 작품의 배경이 된 영국 19세기의 시대상을 드러내는 복장이나 주거 형태, 다양한 사회 관습, 문화, 전통과 관련된 장면들을 봅니다. 제 영문학 수업에서는 학생들이 미리 소설을 읽고, 실제 수업 시간에는 함께 영화를 보고 논의를 진행했습니다. 첫 논점은 '영화(영상 매체)와 책(활자 매체) 중 어느 것을 더 나은 매체라고 생각하는지, 궁극적으로 어디에 더 높은 점수를 줄지'였습니다. 활자 매체의 위기를 염려하는 이들이 많은 요즘, 학생들은 활자 매체를 더 선호한다고 답합니다. 평소 영상 매체를 선호하는 학생들의 답변이라서 의외였지요. 화려한 의상의 멋진 주인공들이 등장하는 무도회나 웅장한 저택, 잘 가꿔진 정원 등 영화의 장면들은 눈을 떼지 못할 정도로 아름답고 매혹적이지만, 그럼에도 불구하고 화면에 투영된 특정한 시각적 이미지들에 고정되어 자유로운 상상력의 공간이 없어진다는 이유 때문입니다. 미처 끼어들 틈도 없이 일방적으로 주입되는 시각 이미지를 바꿀 수도, 변화를 줄 도리도 없는 거죠. 반면, 책으로 읽는 인물이나 장면 묘사는 각자의 마음속에 무한한 그림을 계속 그립니다. 상상력을 통한 상호작용이 가

시적 언어, 시적 사유: 신영복 관계론의 단초

능한 거죠. 선생이 표현하듯 영상 서사 양식의 한계는 그 압도적 전달력에도 불구하고 인식 주체인 '나'의 참여 기회를 빼앗아 감으로써 '나'를 소외시켜 수동적이고 무력하게 만듭니다.

세계를 이해하고 인식하는 틀로서의 문사철, 시서화악, 그리고 영상 매체에 관한 선생의 정확하고 객관적이며 균형 잡힌 관점은 우리에게 올바른 세계 인식이 얼마나 엄정하면서도 동시에 유연한 판단을 기초로 하는지 일깨웁니다.

> 우리는 문사철의 추상력과 시서화악의 상상력, 영상 서사의 압도적 전달력을 소중하게 계승하되 이것이 갖고 있는 결정적 장단점을 유연하게 배합하는 노력을 기울여 나가지 않을 수 없을 것입니다. 문사철의 추상력과 함께 그것의 동일성 논리, 시서화악의 상상력과 함께 그것의 주관성과 관념성 그리고 영상 서사의 압도적 전달력과 함께 인식 주체의 소외 문제를 해결해 가지 않을 수 없을 것입니다.(『담론』, 28~29쪽)

선생은 세상을 바라보고 이해하는 인식 틀에 대한 균형 잡힌 이해와 인식 주체인 우리 모두의 전인격적인 의지와 노력으로 세상을 바르게 이해하고 인식하며 더 나은 모습으로 바꾸어 나가기를 요구합니다.

조병은

시대의 정직한 서술: 사회미

이러한 시적 언어 사용은 선생이 강조하는 '관계론'의 실마리를 마련합니다. 즉 우리는 이 세상에 고립된 개체로 존재하는 것이 아니라 다른 사람, 사회, 자연과 맺는 관계로 규정되는 존재라는 '관계론'은 나무와 나무의 모임으로 이루어진 '더불어숲'과 같은 분명한 메타포로 표현되거나 「서도의 관계론」에서 제시하는 것처럼 획과 다른 획, 글자와 다른 글자, 행과 다른 행의 관계와 조화로 이루어지는 붓글씨와 유사하게 표현됩니다. 이처럼 특별한 언어 사용으로 시는 단어와 단어 사이, 구절과 구절 사이, 행과 행 사이, 그리고 연과 연의 조합과 협동으로 언어의 숲을 이루고, 덧붙여 상상력과 직관으로 포착되는 이미지, 은유, 상징 등에 힘입어 언어의 일상적인 의미, 논리적인 사용을 넘어서는 새로운 의미를 창출하게 됩니다.

동시에 언어 사용 자체가 함축적이고 시인들의 개인별 발화에 따라 다양하고 복잡한 정서를 표현하기에 시는 객관식 문제처럼 딱 떨어지는 정답보다는 독자 개인별 공감 능력과 상황에 대한 인식에 따라 이해의 폭과 깊이가 달라집니다. 이는 시적 언어 사용의 유연성, 혹은 시적 자유에서 기인합니다. 더불어 절제된 언어 사용과 짧은 텍스트, 행과 연이라는 구성의 여백이 독자의 참여 공간에 상상력, 공감, 공상을 결부시켜 시 해석의 탄력성을 담보합니다. 선생이 강조하는 '서삼독'(書三讀)이란 명구가 시사하듯― '시((詩) 삼독'으로 전환해 읽어도 좋습니다―독서는 첫째, 작품을 읽고 의미를 파악하는 작품과의 관계 수립 단계, 둘째, 작가와 시

시적 언어, 시적 사유: 신영복 관계론의 단초

대를 읽고 그들과의 새로운 관계를 수립하는 단계, 셋째, 독자가 자기 자신을 읽는 자신과의 대면, 성찰, 변화의 단계로 나아갑니다. 이처럼 독자도 작가, 작품, 성찰을 통한 자신과의 끊임없는 상호작용과 관계의 수립으로 다면적이고 유동적인 세상의 참모습을 이해하게 됩니다.

바람직한 시적 언어 사용으로 '사실과 진실'이 어떻게 구현되는지, 또 얼마나 효과적으로 그 기능을 수행하는지를 선생은 『시경』의 시들을 예로 들어 증명합니다. 고대부터 시는 사회를 파악하고 전달하는 사실과 진실의 매체로서의 기능을 수행했으며, 시공을 초월하여 계승되는 시적 정서는 한 시인과 다른 시인, 한 시대와 다른 시대, 한 문화권과 다른 문화권의 관계 수립의 가능성을 보여 준다고 강조합니다.

선생은 시가 민중의 삶을 보여 주는 훌륭한 사회적 매체로 작용하는 예로 『시경』「척호」(陟岵) 장을 듭니다. 만리장성 축조에 강제 동원된 노동자가 고향에 계신 부모와 형제를 그리워하면서 읊은 시를 통해 전쟁터에 끌려가고 노역에 동원된 이의 고단한 삶이 담긴 시의 '사실성', 혹은 당대 민중의 보편적 삶의 정서를 구현한 '사회미'(social beauty)를 파악합니다. 『시경』의 시 300여 편 중 절반을 차지하는 '풍'(風)은 채시관들이 마을을 돌며 노래를 수집한 중요한 사회적 기록임을 강조합니다. 현대 사회에서 다양한 매체나 미디어를 사용해 여론의 향방을 확인하고 통계 내듯, 고대 중국에서는 채시관들이 일일이 발품을 팔아 민중의 보편적 정서를 확인하고 기록했다는 사실 자체가 이미 시는 당시 민중 정서의 발현으로서 중요한 기능을 담당함을 입증합니다. 무작위로 모은

조병은

시 한 편 한 편이 공통되는 어떤 정서를 구현한다면 그것이 그 당시 서민/백성의 진실이 될 수 있다고 보는 시각은 시를 멀리하고 산문의 시대를 살고 있는 우리에게는 조금 낯설게 여겨집니다.

선생은 세계 인식의 가장 중요한 요건으로 '진실의 담지'를 강조하며 맹강녀 전설을 통해 전설/이야기를 사실과 진실의 담론이라는 관점에서 이야기합니다. 맹강녀 전설이 사실이 아닌 허구로 지어낸 이야기임에도 불구하고 "그 어떤 가능한 사실보다 더 진실"한 의미와 가치를 지니고 있음을 보여 줍니다. 그 진실은 구체적으로는 백성이 국가의 대공사에 강제 동원되어 많은 희생과 고통을 겪었다는 사회 비평적 요소와 전설의 주인공 맹강녀의 남편에 대한 지극한 사랑을 예로 부부 사이, 사람과 사람 사이에서 보이는 사랑의 영속성이라고 할 수 있습니다. 사실 여부로 결정할 수 있는 사안을 넘어서서 존재하는 사랑의 본질을 구사하고 있다는 것을 누구도 부인하기 어렵습니다. 이처럼, 선생은 때로는 사실이 아닌 지어낸 이야기에도 진실이 들어 있고, 또 때로는 작은 조각에 불과한 사실들을 모으면 진실이 된다고도 주장합니다. 전설의 서사가 "일상의 언어를 뛰어넘고 사실을 뛰어넘는 진실의 창조에 큰 기여를 하듯이" 우리의 세계 인식도 궁극적으로 진실의 창조로 이어져야 한다고 설파합니다.

감옥에서 만난 한 노인의 이야기는 선생이 인간관계의 핵심으로 파악하고 권장하는 '대인춘풍(待人春風) 지기추상(持己秋霜)'("다른 사람을 대할 때는 봄바람처럼 따뜻하게, 자신을 대할 때는 가을 서리처럼 엄정하게" 하라는 뜻으로, 선생은 이를 '춘풍추상'으로 줄여 자주 붓글씨로 쓰고 언급하셨다)이라는 구절의 구체적인 예시입니

257

다. 노인의 이야기가 거듭되면서 어떻게 각색되고 과장되는지, 그리고 다른 사람을 판단할 때 사실과 진실을, 때로는 사실을 넘어서는 개인의 진실을 어떻게 평가할 수 있을지를 선생 특유의 유머 감각과 페이소스를 가미해 들려줍니다. 두 부분으로 구성된 이야기 중, 첫 번째 노인 자신의 이야기를 통해 '대인춘풍'이 아닌 '지기춘풍'의 예를, 그런 노인을 보고 평가하는 선생의 해설을 통해 '대인춘풍'의 참뜻을 파악하게 합니다. '나는 말이야'로 시작하는 노인의 일화는 우리 모두가 삶에서 부끄럽거나 수치스러운 면을 빼고 스스로를 미화하고 합리화하는 존재임을 보여 줍니다. 회가 거듭될수록 과장과 자기 확신이 더해져 초라하고 평범한 모습이 아닌 억울한 사정으로 감옥에 머무르는 영웅 같은 모습으로 각색되는 노인의 이야기에 독자는 자신을 돌아볼 때 웃음으로 넘길 수만은 없는 자기반성, 그 노인과 별반 다르지 않다는 가책을 느낍니다. 남을 평가할 때는 봄바람같이 따뜻하게, 자신에 대해서는 가을 서리처럼 엄격하게 성찰하라는 선생의 글귀, '춘풍추상'이 아프게 와 닿는 지점이기도 합니다.

노인의 자신에 대한 각색은 자신의 사정을 잘 알기에 가능한 합리화이며 미화이지만 동시에 자신의 치부를 감추려는 면에서 무의식적으로나마 선을 지향하는 본능 또한 공유하고 있음을 실감하게 됩니다. 선생의 통찰력이 빛나는 지점입니다. 감옥에서 거의 일생을 보낼 정도로 전과도 많고 초라하게 산 노인이 스스로 과장하고 미화하는 이야기를 듣고 선생이 그 노인의 실제 인생사와 각색한 인생사를 사실과 진실이라는 측면에서 해석한 부분은 우리에게 망치로 얻어맞는 듯한 깨달음을 줍니다.

조병은

그렇다면 노인의 실제 인생사와 각색된 인생사를 각각 어떻게 평가할 수 있을까. 전자를 '사실'이라 하고 후자를 '진실'이라고 한다면 어느 것을 저 노인의 삶이라고 할 수 있을까. 소망과 반성이 있는 진실의 주인공으로 그를 이해해야 하지 않을까 하는 생각이 들었습니다. 어쩌면 그가 늘 이야기하던 일정 시대와 해방 전후의 험난한 역사가 그의 진실을 각색한 것이 사실로서의 그의 삶이 아닐까 하는 생각이 들었습니다. (『담론』, 31~32쪽)

선생의 해석과는 너무나 동떨어진, 위에 언급한 '춘풍추상'의 '춘풍'을 남이 아닌 스스로에게 적용하여 다른 사람을 대할 때 편견과 선입관으로 가득한 속 좁고 치우친 자신을 마주하게 됩니다. '기준'에 조금만 벗어나면 '저 사람은 이러이러해'라는 거의 '공식화된 문구'로 섣불리 상대방을 가두어 버리는 자신을 봅니다. 과연 다른 사람을 제대로 이해하려면 우리가 얼마나 더 그 사람 입장에서 생각해 보아야 할까 반성하게 됩니다.

선생도 수감 후 처음 몇 년간은 감옥의 다른 수형자들에게 비슷한 편견의 대상이었다고 합니다. 잡범, 살인범 등의 죄명으로 그 사람을 판단하는 감옥에서 지식인이며 사상범, 양심범으로 분류된 선생에게 동료 수형자들은 거의 4~5년간 마음의 문을 열지 않았다고 합니다. 함께 책도 읽고 이야기도 나누고 때론 항소이유서를 써 주기도 했지만 선생은 소외되었습니다. 인간적인 교류와 교감을 통해 친해지고 나서야 비로소 '선생님은 우리와는 다른 대단한 지식인이고, 환경도 너무 달라 결코 선생님과는 함께할 수

시적 언어, 시적 사유: 신영복 관계론의 단초

없는 존재라 판단해서 일부러 거리를 두었다'고 이야기했답니다.

『감옥으로부터의 사색』에서 감옥 생활을 인식만 있고 실천은 없는 한 발 걷기로 묘사한 글을 보면, 선생은 최선을 다해 동료 수감자들의 삶의 경험을 자신의 목발로 삼아 간접 체험하며 사회와 인생을 배우려고 노력했고, 특히 감옥이 사회의 부조리와 불의를 그대로 담고 있는 역삼각형 구조의 모순 공간이라는 사실을 깨닫고 치열하게 성찰하고 배우며 삶과 사회를 공부했다고 하였습니다. 성심껏 동료 수인들과 인간적으로 교류하고 그들을 존중하며 그들과 신뢰 관계가 쌓이면서 선생은 '정말 똑똑하고 이성적인', 그러나 '창백한 지식인'의 모습에서 차츰차츰 가슴 따뜻하고 넓은 시각으로 다른 이들을 올바로 이해하고 배려하며 세상을 더 넓게, 더 깊게 들여다보게 되었다고 해요. 선생은 이를 '자기 개조'로 표현하셨지요. 감옥에 계셨던 20년 20일 동안 치열한 '자기 개조'의 과정을 겪은 거지요. 물론 이 '자기 개조'라는 것도 자기라는 개인 단위의 변화가 아니라, 최종적으로는 '인간적 신뢰'에 바탕을 둔 '인간관계'로서 완성된다고 하였지만요.

이쯤에서 이 글 초반에 우리가 가졌을 법한 두 가지 궁금증에 대한 답을 찾을 수 있지 않을까요? 첫째, 왜 시적 사유를 강조하는 '사실과 진실'이라는 장을 동양고전을 주로 해석한 『담론』의 제일 앞부분에 배치했을까, 둘째, 우리의 또 다른 편견에서 비롯될 수도 있지만, 선생의 전공이나 평소 활동으로 보아서 어떻게 시를 이렇게 강조하게 되었을까? 『담론』 1, 2장은 선생 자신의 변화를 정리하고 동양고전을 독파하는 기준을 제시한 부분이 아닐까 생각합니다. 선생의 관계론의 단초가 되는 유연하고 자유로운 사유

조병은

를 통한 인간관계의 수립, 연대의 필요성 등을 시적 사유에서 찾았던 게 아닐까 생각해 봅니다.

시의 영향 주고받기: 시적 정서의 계승

시적 사유의 결과로 나타나는 소위 '사회미'는 문화권과 시대를 넘어 시적 정서로 계승되고 국경과 시대를 초월하여 인류의 보편적 정서와 인간관계로 나아갑니다. '시의 영향 주고받기'란 소제목이 잘 어울릴 것 같은 『담론』 「사실과 진실」 장의 뒷부분에서 선생은 『논어』와 김수영의 시, 이백과 서정주의 시, 김소월과 예이츠의 시, 초서와 엘리엇의 시 등 다양한 국적과 시간을 넘어 이어진 광범위하고 다양한 시적 정서의 계승과 그것을 통해 드러난 인간 경험의 보편성과 연대를 보여 줍니다. 선생이 강조하는 시적 영향의 주고받음은 따라서 시공을 넘어 시적 정서를 이어받는 것일 뿐 아니라 공통적인 인류의 유산을 나눔으로써 인간의 삶을 풍요롭게 하고 모두가 한 인류라는 접점을 만들어 냅니다. 이제 우리는 선생이 제목이나 한두 시구를 들어 언급한 몇 편의 시를 전문을 찾아 함께 감상하며 영향의 미학을 살펴보겠습니다.

선생이 시의 영향의 예로 드신 『논어』 「안연」 편의 시와 그 영향을 받은 것으로 이해되는 김수영의 시 「풀」은 두 시 간에 시공간을 뛰어넘은 관계 맺기의 좋은 예입니다. 두 시에서 공통으로 사용된 비유, 풀과 바람의 역학 관계는 백성과 위정자의 관계로 대치되어 처음에는 평범하고 힘없이 권력에 휘둘리는 듯한 백성

261

이—물론 김수영의 시 2연에서 풀로 대변되는 민중의 전환기적 양보, 혹은 자발적 굴복의 모습도 그려지지만—사실은 단단한 저항 의식과 주체성, 독립성을 가진 존재임을 보여 줍니다. 김수영의 시 마지막 연에서 '먼저 웃고' '먼저 일어나는' 풀의 모습은 민중의 최후의 승리, 연약하지만 끝까지 저항하는 의지의 힘과 희망을 드러냅니다.

소위 한국의 '국민 시'로 불리는 김소월의 「진달래꽃」에서 "사뿐히 즈려밟고"란 시구가 김소월이 오산학교 스승 김억 시인이 「꿈」이란 제목을 달아 번역한 예이츠의 시 「그는 천상의 천을 소망하네」(He Wishes for the Cloths of Heaven)에서 따온 것이라는 또 다른 예를 들며, 선생은 다시 한번 문화권을 넘어 이어지는 시적 정서와 그 정서를 담는 구체적인 표현들은 그 자체로도 중요한 의미가 있지만 당대의 한계를 넘어서는 통로를 제공한다고 합니다.

김소월의 「진달래꽃」은 거의 예외 없이 '이별의 정한'을 담고 있다고 말합니다. 혹자는 '떠나가는 님'이 조국을 의인화해 일제강점기에 조국을 상실한 슬픔을 표현한다고 해석합니다. 우리말의 고유한 리듬감을 잘 살린 이 시는 표면적으로는 사랑/조국이 떠나가는 상황을 묘사합니다. 여성스러운 말투를 사용하는 화자는 부드럽고 온순하고 참을성 있는 여인을 연상시킵니다. 하지만 이어지는 서술들에서 두 사람의 관계를 이제는 내가 보기 싫고 "역겨워" 떠나가는 님과 그것을 받아들여야 하는 슬픈 운명의 연인으로만 볼 수 있을까요? 요즘 젊은 세대는 어떻게 받아들일까요?

저는 영어로 번역하면서 나름대로 하나의 독법을 찾았습니다. "나 보기가 역겨워 가실 때에는 말없이 고이 보내 드리오리다"의

262

영어 번역은 "When you go away, being tired of seeing me/I will let you go without a word"입니다. 시의 시점이 현재가 아닌 미래 혹은 가정임을 분명히 보여 줍니다. 아직 '일어나지 않은 이별'을 전제로 한 이 시에서 두 사람의 현재 관계는 어떨까요? 혹 이별을 가정함으로써 현재의 관계를 강조하는 작품으로 볼 수는 없을까요? '지금 너를 너무너무 사랑해. 더 이상은 바랄 게 없어. 설사 날 보기 싫어 떠난다고 해도 아무 불평 없이 순순히 보내 줄게. 오히려 꽃을 가져다 네 앞길을 축복해 주고 싶어'처럼 학교에서 배우고 지금까지 당연히 받아들인 해설과는 반대되는 상황이 떠올랐습니다.

김소월 시에서 떠나는 연인에게 진달래꽃을 뿌려 주는 것과 유사하게 예이츠 시의 화자는 '천상의 수놓은 천'을 사랑하는 사람 발밑에 깔아 주고 싶지만 가난하여 자신의 꿈을 깔아 주니 "사뿐히 밟으"라고 합니다. 두 시 모두 유명 영화제에서 스타들을 위해 레드 카펫을 깔아 주는 것을 연상시키는, 사랑하는 연인에게 최고의 영예를 표현하는 모티브에 바탕을 둡니다. 그리고 이 모티브의 사용이 "사뿐히 즈려 밟"는다는 단순한 글귀를 넘어서서 두 시를 이어 주는 관계의 축이라고 여겨집니다. 우리는 사랑하는 사람에게 어떤 선물을 하고 또 받고 싶을까요? '천상의 수놓은 천'은 세상에서 볼 수 없는 가장 귀한 선물이겠지만 꿈밖에 없어 그 꿈을 깔아 주는 가난한 청년과, 너무나 사랑하여 원치 않는 이별까지도 불평 없이 받아들이고 꽃을 깔아 상대를 축복해 주는 진달래꽃의 화자는 어떤 태도로 사랑하는 사람과의 관계를 맺고 지켜 내야 하는지 그 사랑의 깊이를 가늠해 보게 합니다.

시적 언어, 시적 사유: 신영복 관계론의 단초

시적 영향: 전복적 계승

위 시들에서 시적 영향이 대개 시의 구조나 자구·구절의 인용, 시상·이미지의 차용, 공통된 모티브 사용 등으로 이루어진다면, 제프리 초서의 「캔터베리 이야기」 서문과 티 에스 엘리엇의 「황무지」 첫 부분에 묘사되는 봄의 이미지는 시적 메시지, 혹은 소재의 전통적 의미를 전복적으로 계승합니다. 김진만 교수가 번역한 초서의 서문을 같이 보죠.

> 4월의 달콤한 소나기가 3월의 가뭄을 속속들이 꿰뚫고 꽃을 피게 하는 습기로/온 세상 나뭇가지의 힘줄을 적시어 주면,/서녘바람 또한 잡나무밭 애송이 가지의 끝과 끝 속에/감미로운 입김을 불어넣어 준다./나 어린 태양은 람(Ram)의 반 행정을 마쳤을 뿐이며/작은 날짐승들은 저마다 노래를 부르고/—자연이 하도 그들의 가슴을 설레게 해서—/밤이면 온통 뜬눈으로 잠을 잔다./사람들이 순례를 갈망하는 것은 이때,/성지 순례자들은 낯선 나라들에 마음이 쏠리고/먼 나라 고장마다 널리 칭송되는 성인의 묘소를 찾으려 한다.(제프리 초서 작, 김진만 역, 『캔터베리 이야기 I』, 사단법인 올재, 2021, 22쪽)

4월, 봄비와 봄바람이 생명을 다시 꽃피우는 장면입니다. 계절과 자연의 여러 요소의 합작으로 생명이 피어납니다. 가장 여린 잎맥에서 시작하여 꽃이 피고 갓 피어난 나뭇잎에 생명의 숨결이

조병은

불어넣어지는 첫 장면은 봄을 맞이하는 설렘에 뜬눈으로 밤을 지
낸 새들이 노래하는 장면으로 이어집니다. 생명체 중 가장 가늘고
여리고 작은 잎맥(잎맥을 vein이라는 힘줄로 표현함으로써 인간의 참
여 가능성을 담지하고 있는)에서 시작되어 꽃으로, 다시 작은 새로,
차츰차츰 봄기운이 퍼져 나가 종교적인 기원과 1년의 평안을 위
해 순례를 떠나는 사람들에 이르기까지 생명의 그물망, 관계의 네
트워크가 작동합니다. 마치 애니메이션의 장면처럼 시각적으로
생동감 있게 확산하는 봄의 묘사는 생명의 활력, 새로운 출발, 희
망과 꿈 등을 시사하며 전형적인 봄의 이미지를 구축합니다.

하지만 이런 생명과 희망, 시작의 계절인 초서의 4월은 엘리엇
이 1922년에 발표한 시 「황무지」에서는 죽음과 불모의 이미지로
채워집니다. 앞부분만 짧게 발췌해 봅니다.

> 4월은 가장 잔인한 달
> 죽은 땅에서 라일락을 피워 내고
> 기억과 욕망을 뒤섞으며
> 봄비로 잠든 뿌리를 뒤흔든다
> 겨울은 우리를 따뜻하게 해 주었다
> 망각의 눈으로
> 대지를 덮고
> 마른 구근으로 가냘픈 생명을 키워 내며 (필자 역)

4월이면 많이 인용되는 구절 "4월은 가장 잔인한 달"이라는 엘
리엇의 선언적 명제는 이어지는 구절, "죽은 땅에서 라일락을 피

시적 언어, 시적 사유: 신영복 관계론의 단초

워 내고"로 대지와 그 대지를 자양분 삼아 생명을 틔워야 하는 생명체/식물 간 괴리와 단절로 구체화됩니다. 당연히 이어져 왔던 계절과 생명의 관계가 끊어지고 "기억과 욕망(이) 뒤섞(이)"는 인간 내면의 분열과 의식의 혼란이 초래됩니다. 고통스런 과거의 기억과 좌절된 소망, 현재와 미래에 대한 욕망이 마구 뒤엉킨 정서적 혼란, 감수성의 분열을 보여 줍니다. 봄비는 반가운 자양분이 아니라 뿌리를 뒤흔들어 생명이 깨어나도록 강요하는 훼방꾼으로 묘사됩니다. 대지와 생명, 환경과 대상, 현상과 인식 간의 이러한 혼동에서 우리는 "가장 잔인한 달"에 대한 근거를 찾게 됩니다.

충격적인 봄에 대한 선언에 이어 겨울은 "오히려 우리를 따뜻하게 해 주었다"는 역설로 표현됩니다. 겨울에 이은 봄이 아닌 봄과 겨울로 순서가 뒤바뀌어 계절의 질서마저 파괴된 세상에서 가장 추운 계절이 "따뜻하다"고 표현됩니다. 그 이유가 "망각의 눈으로 대지를 덮어" 주기 때문이라고 합니다. 이 지점에서 '망각'은 그전 시행의 '기억'과 반향을 하면서 의미의 관계망/컨텍스트를 만듭니다. 즉 악몽 같은 '기억'을 눈으로 덮어 오히려 따뜻했다는 역설이 성립됩니다. 전쟁의 참혹한 파괴와 폐허, 황무지로 변해 버린 서구 문명에 대한 아주 강한 비판적 진술이죠. 오히려 "마른 구근으로 가냘픈 생명을 키워 내며" 근근이 이어지는 생명이 활짝 피어나는 충만한 봄의 생명력보다 더 편안하고 위로가 된다고 주장합니다.

「황무지」는 'Great War'로 불리는 제1차 세계대전(1914 ~ 1918) 이후 폐허가 된 서구 사회를 묘사한 시로, 내용, 형식, 구성 모든 면에서 당시 독자들에게 큰 충격을 주었습니다. 이 전쟁으로 그때

조병은

까지 축적된 서구의 전통, 가치관, 문화 등 인류의 유산이 파괴되어 서구 사회가 완전히 '웨이스트랜드'(황무지)로 변화되었다는 것이 시인의 통찰입니다. 문자 그대로 기름기와 양분이 다 없어져 사막처럼 생명력 없고 황폐한 땅, '황무지'가 된 거죠. 첫 부분에서도 분명히 드러나듯, 「황무지」는 초서 시의 자연의 순환과 대지와 생명체 간 관계성이 끊어지고 삶의 전체성이 훼손되어 파편화되고 단편적인 장면들이 콜라주 기법처럼 구성되어 분열된 사회와 세계를 부각시킵니다. 이전까지 보았던 시공을 초월해 계승되던 시적 정서가 초서와 엘리엇의 위 두 시를 통해 전복적으로 이어집니다. 아예 영향을 주고받은 두 시 간의 관계론적 해석이 불가능할 정도로 그 자체로 관계성이 끊어진 사회를 그리는 「황무지」는 초서의 봄의 의미를 단절시킵니다.

문사철과 시서화악 대(對) 로고스와 미토스: 사실과 진실

세계의 인식 틀로서 문사철과 시서화악을 이번에는 서구의 전통적인 언어 사용과 관련한 두 개의 대별하는 개념, 로고스와 미토스에 접합시켜 봅니다.

　그리스에서 '로고스'는 모든 학문에서 사용되는 논리적이고 개념적이고 논증적인 언어의 사용으로 객관적인 사실의 일치 여부가 관건입니다. 동양고전의 문사철과 유사하게 언어 사용에서 이성에 호소하고 올바르고 논리에 닿을 경우에는 진실이고 그렇지 않은 경우에는 허위라고 판단할 수 있는 명확한 기준이 존재합니

시적 언어, 시적 사유: 신영복 관계론의 단초

다. 반면, mythology에서 온 미토스는 '사람이 하는 이야기', 혹은 넓은 의미의 '신화'를 의미합니다. 사실 여부를 떠나 서사 자체가 아름답거나 삶에 대한 진실을 담고 있습니다. 그리스, 로마 신화를 포함한 신과 영웅의 이야기, 인간의 기원과 고통, 죽음을 다루는 종교적 서사 및 공동체의 가치와 의미를 중요시하는 전설, 우화 등 인간의 이성적 이해를 넘어서서 깊은 감성에 호소하는 통합적이고 심미적이며 상상력이 깃든 언어 사용의 결정체라고 볼 수 있습니다. 선생이 본문에서 언급한 '맹강녀 전설'도 물론 미토스에 포함됩니다. 미토스는 때로 물질세계를 초월해서 존재하며 일상적인 언어 사용을 넘어서서 단어나 구절, 사유의 확장으로 새로운 진실을 창조하는 언어 사용법으로 관계론적 사유의 기초가 됩니다.

인간의 언어 사용을 로고스와 미토스의 두 영역으로 나누었다는 사실은 그 자체로 이미 온당한 인간 삶을 영위하기 위해 두 영역의 상호 보완에 대한 필요성을 함유하고 있었고 이러한 생각은 근대 이전까지 이어졌습니다. 기본적으로 "로고스는 효율적이고 실용적이며 합리적이지만, 인간 삶의 궁극적 가치에 대한 답을 주거나, 인간의 고통과 슬픔을 누그러뜨릴 수도 없었고, 미토스는 인간의 상상과 공상이 이성과 신앙의 중간 지대로까지 확장되는 비합리적 요소까지 포함하고 있었기 때문"에 당연히 두 언어 사용이 보완되어야 한다고 생각했던 것 같습니다(카렌 암스트롱 지음, 이다희 옮김, 『신화의 역사』, 문학동네, 2005). 안타깝게도 엘리엇의 「황무지」에서 보여 주듯 제1차 세계대전 이후로 이런 생각은 많이 위축되었고 일부 학문 연구에서의 간학제적/융복합적 접근 혹은

268

통섭적 시도를 제외하고는 어떤 상호 보완도 불가능한 파편화에 까지 이르렀지만 말입니다.

신영복 선생은 서구의 존재론에 대한 대항마로 동양의 사유 체계, 특히 관계론을 도입하여 파편화된 현대 서구 사회의 위기를 진단하고 새로운 가능성을 제시합니다. 서구의 로고스와 미토스 란 두 종류의 언어 사용을 문사철과 시서화악이라는 전통적인 동양의 두 인식 틀로 심화, 확장하여 논의합니다. 단순한 언어 사용을 넘어서서 구체적인 사유의 틀로서의 문사철과 시서화악의 장단점을 유연하게 배합하고 시의 언어 사용에 바탕을 둔 시적 사유를 권장함으로써 유동하는 세계에 대한 올바른 인식 틀을 마련하도록 강조합니디. 그럼으로써 다면적이고 복합적인 삶과 인간의 모습을 더 융통성 있고 자유롭게 이해하고 더 나은 모습으로 바꾸어 갈 수 있기 때문입니다.

선생이 추구하고 강조했던 시적 언어 사용의 관계성, 통합성, 연대성에 기반한 시적 사유는 선생의 긴 수감 생활 동안 다른 사람과의 관계에서 체화되어 이 책『담론』전체의 핵심인 1장「가장 먼 여행」으로 구체화된다고 결론지을 수 있을 것 같습니다. '가장 먼 여행'이라는 구절은 선생의 여러 저작에서 반복해서 언급되는 중요한 의제로 어쩌면 선생 개인의 머리에서 가슴으로의 여행 기록이며, 그 여행의 방법 혹은 매체가 시적 사유에서 보여 주는 관계성을 주축으로 한 언어 사용, 그리고 거기에서 비롯된 유연하고 통합적인 사유가 아닌가 합니다.

일생 동안의 여행 중에서

시적 언어, 시적 사유: 신영복 관계론의 단초

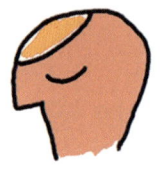  

가장 먼 여행은 머리에서 가슴까지의 여행이라고 합니다.
머리 좋은 사람과 마음 좋은 사람의 차이,
머리 아픈 사람과 마음 아픈 사람의 거리가
그만큼 멀기 때문입니다.

그러나 또 하나의 가장 먼 여행이 남아 있습니다.
가슴에서 발까지의 여행이 그것입니다.
발은 여럿이 함께 만드는 삶의 현장입니다.
수많은 나무들이 공존하는 숲입니다.

머리에서 가슴으로, 그리고
가슴에서 다시 발까지의 여행이 우리의 삶입니다.
머리 좋은 사람이 마음 좋은 사람만 못하고,
마음 좋은 사람이 발 좋은 사람만 못합니다.
(「가장 먼 여행」, 『처음처럼』, 264쪽)

　선생이 자주 사용하던 표현을 빌리면, '창백한 지식인'이 가슴
따뜻한 인간애를 갖춘 공감하는 인간으로 나아가고, 또 더 나아가
그 마음을 실천하여 함께 비를 맞음으로써 우산 없는 친구와 같

조병은

은 입장에 서는 과정이랄까요? "개인으로서의 변화를 '가슴'이라고 한다면 인간관계로서 완성되는 것을 '발'이라고 할 수 있"다는 (『담론』, 235~236쪽) 선생의 말처럼, 선생이 특히 강조하는 머리에서 가슴으로 가슴에서 다시 발까지 이르는 여행은 가장 중요한 만큼 이루기 어려워 '가장 먼 여행'이 됩니다. 물론 비유로써 발은 직접 참여한다는 현장성과 동시에 같은 '스탠스' 혹은 같은 입장에서 본다는 것을 뜻합니다.

문학의 중요한 역할 중 하나가 작중 인물의 입장에 서 보는 간접경험에 있고 이로써 다른 사람에 대한 좀 더 깊은 이해와 삶에 대한 깊은 통찰력을 얻게 된다고 볼 때, 선생의 "머리에서 발까지의 여행"은 다른 사람의 입장에 서 봄으로써 다른 사람과의 인간관계를 새롭게 정립하고 더 큰 이해와 공감에 이를 수 있다는 실천 원칙이라고 볼 수 있겠습니다. 그리고 이 과정에서 시적 언어 사용이 표상하는 관계론적 사고가 중요한 시작점임을 부인할 수 없을 것입니다.

시적 언어, 시적 사유: 신영복 관계론의 단초

신영복 서화의 미학

임규찬

오늘 우리는 어떻게 신영복과 만나야 할까?

신영복 선생과 관련된 강의를 하거나 글을 쓸 때는 문득 살아생전 선생의 모습과 그때의 분위기를 자연 떠올리며 오늘의 상황과 비교하게 됩니다. 그때마다 가슴 한편이 아련해지면서 오늘의 시대가 참으로 가벼워지고 있다는 생각을 지울 수 없습니다. 물론 감각상 무거운 시대가 꼭 좋은 것만은 아니겠지만, 예전보다 많이 왜소해졌다는, 아니 우리 자신이 왜소하다는 게 솔직한 심정입니다. 신영복 선생의 말을 빌리면 대의(大義)를 생각지 않고 그냥 대의동(大義洞)에 살아지고 있는 형국이라고나 할까요.

가령 지금 강의하는 성공회대학교부터 언제부턴가 '작지만 강한 대학', '작지만 큰 대학'이란 말을 쓰지 않습니다. 자연스럽게 사

272

라져 가는 말이 되어 버렸습니다. 한때는 정말 자랑스럽게 '작지만'을 앞장세우면서 '큰, 강한'을 말했지요. '더불어숲', '함께 맞는 비' 등 신영복 선생의 말들이 주변을 따뜻하게 감싸면서, 특별하고도 유일한 자긍심, 자존감이 살아 있었던 것 같은데 말입니다. 시대가 어떤 표정을 짓든 흔들리지 않고 자기 이유로 자기 삶을 사는 작은 공동체들의 아름다움, 큰 것에 휘둘리지 않고 펼쳐 내는 화이부동(和而不同)의 마당 같은 거 말입니다.

물론 지금도 신영복 선생의 성어(成語)들은 학교뿐만 아니라 우리 사회 곳곳에서 쉽게 만날 수 있습니다. 그러나 떠돌고 있다는 표현이 더 정직할 것 같습니다. 예전과 다르게, 뭔가 먼지가 쌓여 가고 있다는 느낌이랄까요, 형태만 남고 내용은 묻혀 버린 그런 형국입니다. 그럴듯한 멋진 깃발이나 아름다운 수식 구호로 말입니다. 꼭 우리 주변만이 아니고 '더불어' '처럼회' 등 저 정치권부터 우리 사회 곳곳에 신영복 선생을 연상시키고, 또 그것들을 활용한 것들은 많습니다. 그러나 왠지 바늘 끝을 멈춘 지남철처럼 박제화되고 있는 것은 아닌지 의심스럽습니다.

그래서 오늘의 관점에서 신영복 선생이 남긴 역사적·미학적 성취를 오늘의 지혜로 되살게 하고자 '신영복 서화(書畫)의 미학'이란 주제를 택했습니다. 단순한 정리나 소개가 아니라 오늘에 필요한 성찰의 언어로 선생을 만나고자 합니다. 물론 서화는 신영복 선생을 만나는 가장 쉽고도 편한 길일 수도 있습니다. 그러나 저의 시선은 선생이 우리 앞에 남긴 자산 가운데 가장 중요한 영역, 그 뿌리가 서화, 한마디로 시적이고 예술적인 성취에 있다는 데 있습니다. 전우익 선생께서 『감옥으로부터의 사색』 증보판(1998)

서문에서 진작 이야기한, "우리 시대의 고전으로 자리 잡은 이 책이, 내용과 형식의 양면에서 보다 완벽하고 새로워진 이번 재출간을 계기로 우리 시대의 고전을 넘어 민족의 고전으로 이어 가기"를 바랐던 꿈과 접맥합니다.

그렇다면 선생의 저작을 어떤 시선과 태도로 바라보아야 할까요? 가장 핵심에 놓아야 할 최상의 것은 무엇일까요? 저는 '엽서' 양식에 기반한 옥중 서간 문학 『감옥으로부터의 사색』과 그것의 축소판 같은 서화집 『처음처럼』을 주목합니다.

하나의 역사적 유산으로서 우리 앞에 놓인 저작들을 우리는 대개 그 생애와 변화 양상에 맞춰 정리합니다. 그래서 유홍준 선생의 다음과 같은 정리를 대체로 수긍할 것입니다.

> 『감옥으로부터의 사색』에서 '마음'을 다스리고, 『강의』에서 '동양고전을 어떻게 이해할 것인가'라는 탐색을 거쳐, 이제 그 두 가지 '사색'과 '강의'가 합쳐져서 '담론'이라는 이름으로 책이 나옵니다. '한 시대 한 지성의 삶과 철학이 이렇게 정리되는구나!' 하는 생각과 함께 '이 책을 통해서 이 시대 사람 혹은 후대 사람들이 지금 이 시대 사람들은 어떻게 생각하고 무엇을 지향했는가를 명확히 알게 되겠구나!' 하는 생각을 합니다.(유홍준, 『담론』 출간 기념 인터뷰 중에서)

니체가 역사적 태도의 하나로 명명한 '골동품적 관점'입니다. 골동품을 수집하는 것처럼 자신이 유래한 곳, 자신이 자란 곳을 신뢰와 사랑으로써 보존하고 회상하려는 관점입니다. 과거의 보

274

임규찬

존과 전승에 목표가 있습니다.

그런데 저는 이와는 다른 관점에서 "『감옥으로부터의 사색』이 중심에 놓이고, 나머지 텍스트들은 그 책의 해설서에 가까운 것은 아닌가"(임규찬, 「신영복과 文(學的)이라는 것」, 『기전문화예술』 2007년 가을호)라고 진작부터 이야기한 바 있습니다. 더구나 마지막이자 종합적 저작으로 일컬어지는 『담론』을 읽고 나서 이런 판단을 더 확신하게 되었습니다. 『담론』은 선생 자신이 직접 기술한 『감옥으로부터의 사색』 등에 대한 가장 뛰어난 자기 해설서입니다.

니체에 따르면 이런 접근은 '기념비적 관점'이라 할 법합니다. 기념비적 역사는 과거의 위대성에 대한 존경, 즉 탁월한 모범의 기익을 불러들입니다. 이미 오래전에 지나간 순간 중 '최고의 것을 현재화하는, 살아 있는 위대성'을 기억하려는 데 목표가 있습니다. 기념비적 역사의 유용성은 과거가 만든 위대함의 현재화와 재생입니다.

그 점에서 신영복 선생을 먼저 창조성을 생명으로 하는 창작가의 반열에 세우는 일부터 시작해야 합니다. 선생의 저작을 저술과 작품으로 분류하면 자연히 작품이 중심에 놓이고, 그에 따라 작품의 핵심 역시 선생이 가장 중요시했던 '시적인 것' '인문적인 것', 그래서 작품이 될 터입니다. 가령 『담론』 속의 '노인 재소자의 삶' 이야기는 고스란히 하나의 작품으로 『감옥으로부터의 사색』을 바라보게 만듭니다.

선생은 감옥에서 만난 한 노인 재소자의 이야기를 통해 사람을 이해하는 방식에 대해, 그리고 '진실'이 '사실'보다 더 정직한 세계 인식이라는 점을 이야기합니다. 신입자가 들어오는 첫날이면 어김없이 이 노인은 신입자를 옆에 불러 앉혀 놓고 자신의 긴 인생사를 이야기합니다. 이 인생사는 물론 사실이 아닙니다. 창피했던 일들은 빼고 무용담이나 미담은 부풀려 넣고 해서, 몇 년 뒤엔 제법 근사한 드라마의 주인공이 됩니다. '만약 저분이 인생을 다시 시작한다면 최소한 각색해서 들려주던 삶을 살려고 하지 않을까.' 그렇다면 이 노인을 온당하게 이해하려면 겉으로 보이는 재소자라는 '사실'의 삶이 아닌, 소망과 반성이 담겨 있는 '진실'의 주인공으로 봐야 하지 않을까요. "이 이야기는 우리가 사람을 이해하는 방식이 어떠해야 하는가에 관한 고민이기도 하지만 진실이 사실보다 더 정직한 세계 인식이라는 것을 이야기하기 위한 것입니다."(『담론』, 32쪽)

이러한 점은 자신의 글쓰기에 관해 이야기하는 대목에서도 잘 나타납니다. "내가 20년 수형 생활을 통해서 무엇을 버리고 무엇을 키웠는지 여기서 다 이야기하지 못합니다. 실수와 방황, 우여곡절의 연속이었기 때문입니다"(『담론』, 227쪽)라고 정직하게 고백합니다. 그런데 이와 반대로 편지글이 왜 그렇게 반듯하게 쓰일 수밖에 없는지, 책을 읽은 사람들은 '그 긴 징역살이에서 어쩌면 그렇게 흐트러진 모습 한번 없이 반듯할 수 있었냐?'고 의아해하지만, 실제 그의 징역살이가 편지글처럼 차분하고 평화로웠던 건 아니라는 거죠. 자신을 염려하는 가족에게 애달프고 괴로운 사정을 곧이곧대로 털어놓을 수는 없어서, 편지를 검열하는 교도소나 국가 권력 앞에 좌절하거나 무너지는 모습을 보이고 싶지도 않아서라는 거죠. 모든 필기도구가 금지된 상황에서 그나마 글을 적을 수 있는 기회가 한 달에 한 번 엽서를 쓸 때뿐이다 보니, 한 달 내

임규찬

내 머릿속에서 썼다 지우기를 반복하며 다듬은 글들이었다고 말합니다. 한마디로 '자기 성찰', '자기 창조적' 글쓰기였다는 겁니다. "지금 생각해도 그때의 심정을 다 헤아릴 수 없습니다. 왜 그렇게 쓸 말이 많았는지, 왜 그렇게도 편지에 공력을 들였는지. 나 자신도 의아할 정도입니다. ……그렇게 열심히 썼던 이유는 언젠가는 그 상념들을 다시 만나고 싶었기 때문입니다."(『담론』, 222~223쪽) 사마천의 『사기』에 견준 '암기', 워즈워스의 '시간의 점'에 빗댄 '응고'는 창작가가 아니면 나올 수 없는 발언인 것입니다.

이렇게 볼 때 『감옥으로부터의 사색』을 '편지글(서간문) 모음'이라는 형식으로 단순하게 정리하는 방식은 문제지요. 저는 서간체 형식을 활용한 옥중문학의 뛰어난 성취로 『감옥으로부터의 사색』을 위치 짓습니다. 서간체 형식은 그 뒤로 이어지는 『나무야 나무야』 등 기행문에서도 지속되는 것으로 선생의 말마따나 그 근간을 이루는 대표적인 양식입니다.

그렇다면 선생의 서화, 서화집 『처음처럼』은 이들 서간체 작품과 어떻게 연관되는가요? 『감옥으로부터의 사색』 등을 저작의 핵심에 두면 자연 이와 동반되는 것이 『엽서』와 서화집 『처음처럼』입니다. 내용 자체만을 따진다면 서화집 『처음처럼』은 『감옥으로부터의 사색』의 발췌문, 『엽서』의 축약본에 가깝습니다. 그렇게 뒤늦게 부록처럼 등장한 서화집이 독창적인 장르, 독자적인 작품집, 하나의 완성품으로 자리 잡고 독자들에게 널리 받아들여졌음을 주목해야 합니다.

역설적으로 『감옥으로부터의 사색』 등이 서화, 서화적인 것을 핵심 요소로 하는 서간체 산문집이라는 것, 또한 선생의 전(全)저

신영복 서화의 미학

작의 뿌리가 서화에서 출발하고 또 서화로 귀환한다는 의미이기도 합니다.

군자여향과 문자향 서권기, 박학설약

오늘 강의가 신영복 선생의 서화 작품 하나하나를 풍부하게 분석하는 데 있지 않다는 점은 이미 짐작할 것입니다. 가장 대표적인 서화 작품들을 대상으로 하여 그로부터 나오는 중요한 특징들을 찾아 나가는 과정으로 진행하고자 합니다. 그동안 틈나는 대로 자주 신영복 선생의 서화를 보고 읽으면서, 서화끼리 서로 어깨동무하며 자연스럽게 묶이는 서화 뭉치들이 생겨났습니다. 그리고, 그 뭉치마다 두드러지게 풍기는 미학적 특징들을, 선생을 이해하기 위한 몇 가지 중심 키워드로 정리했습니다.

　제가 가장 좋아하는 서화이기도 하고, 또 신영복 선생님의 서화나 글 전반의 특징을 두루 잘 보여 주는 서화 「군자여향」(君子如響)으로 출발하고자 합니다. 임금 군(君), 아들 자(子), 같을 여(如), 울릴 향(響), 간단히 번역하면, "군자는 메아리(종소리)와 같습니다." 이 말을 처음 만난 것은 선생의 책 『감옥으로부터의 사색』에서였습니다. 좀 더 정확히 말한다면 서화집 『처음처럼』이라고 해야겠습니다. 『감옥으로부터의 사색』에서 처음 스쳐 지나갔다가 서화집 『처음처럼』에서 확실한 눈도장을 찍었고, 다시 『감옥으로부터의 사색』을 통해 그 깊이와 여운을 찬찬히 헤아리게 되었습니다.

서화집 『처음처럼』엔 이렇게 쓰여있습니다.

사과 장수는 사과나무가 아니면서 사과를 팔고
정직하지 않은 사람이 정직한 말을 파는 세로(世路)에서
발파멱월(撥波覓月), 강물을 헤쳐서 달을 찾고
우산을 먼저 보고 비를 나중 보는
어리석음이 부끄러워지는 계절,
남들의 세상에 세들어 살 듯
낮게 살아온 사람들 틈바구니 신발 한 켤레의 토지에 서서
가을이면 먼저 어리석은 지혜의 껍질들은
낙엽처럼 떨고 싶습니다.
군자여향(君子如響), 종소리처럼 묻는 말에 대답하며
빈 몸으로 서고 싶습니다.

(『처음처럼』, 73쪽)

『감옥으로부터의 사색』에 '군자여향'이 쓰인 글 속 단락 그대로 따왔습니다. 원문 1980년 10월 10일자 엽서 「신발 한 켤레의 토지에 서서」에는 이 대목 앞에 세 단락의 짧은 글귀가 더 있습니다. 짧은 글이지만 여러 내용이 그 나름의 일관된 맥락으로 이어지는 깊은 글이었습니다.

아마도 신영복 선생의 글을 많이 읽고 좋아하는 사람은 '우산을 먼저 보고 비를 나중 보는 어리석음'이 맨 먼저 달려오지 않을까요. 해당 대목은 이후 「함께 맞는 비」라는 서화로 널리 알려졌습니다. 「처음처럼」 「더불어숲」 「여럿이 함께」 등과 함께 우리 주변

에서 널리 볼 수 있는 선생님의 대표적 서화 가운데 하나였습니다.

이 서화에 쓰인 내용은 단순합니다. 그러나 선생의 사상적 기반, 세계와 인간에 대한 이해의 가장 깊은 토대가 여기 있습니다. 단순한 연민이나 동정을 거부하고 진정한 공감과 이해에 기초한 사람 간의 소통과 결속, 바로 「여럿이 함께」 「더불어숲」이 이곳에서 출발합니다.

신영복 선생의 글이 갖는 진정한 매력이자 날카로움은 어느 수준의 상식적 지혜의 껍질을 깨뜨리고 보다 근원적이고 본질적인 진실을 대면케 하는 데 있습니다. 이 단락에서도 그런 수준의 진술이 도처에 있습니다. "사과 장수는 사과나무가 아니면서 사과를 팔고 정직하지 않은 사람이 정직한 말을 파는 세로(世路)"라는 말부터가 그러합니다. 그런 수준의 어리석음을 "우산을 먼저 보고 비를 나중 보는 어리석음"이라 말합니다. 스스로 성찰하는 자신을 실제 두 발로 발 딛고 있는 모습에 형용하여 "신발 한 켤레의 토지에 서서"라고 표현합니다. 하여 그는 범용한 우리가 가진 "어리석은 지혜의 껍질들"을 떨구고 "빈 몸으로 서"라고 말합니다.

이 글에서 매력적으로 다가오는 한자어, 그러니까 '발파멱월'이나 '군자여향'은 선생님 자신이 창안한 말은 아닙니다. 옛 고전들에 숨어 있던 말입니다. '발파멱월'은 『채근담』에서 가져왔고, '군자여향'은 『논어』와 『순자』에서 가져왔습니다. '발파멱월'로 우리의 섣부른 어리석음을 질타하고, '군자여향'으로 우리가 가야 할 길을 환기합니다. 이렇게 고전에서의 인유(引喩)가 절묘하고 탁월합니다. 신영복 선생의 특장 가운데 하나입니다. 우리가 흔하게 보는 고전 연구자, 아니 익숙한 일반적인 접근 방식은 지금까지

임규찬

계승과 발전이라 부르며 만들어 놓은 일정한 관행과 틀 안에서 맴돌이하고 있습니다. 그런데 선생은 그런 관행과 틀로부터 아주 자유롭습니다. 현재의 시선과 물음으로 자유롭게, 근본적으로 옛것을 불러들여 새로운 의미로 새롭게 살게 합니다. 무엇보다 옛 고전의 멋과 맛 그대로 음미는 음미대로 하게 만들면서 말입니다.

'군자여향'은 『논어』 「헌문편」과 『순자』 「권학편」에 실려 있습니다. '군자여향'이란 말을 더 좋아하게 만든 또 다른 지혜의 숲길이 거기 있습니다.

> 옛날에는 배움이 자신을 위한 것이었는데, 오늘의 배움은 남을 위한 것이 되었디. 군자의 배움이란 사신을 훌륭하게 하고자 함인데, 소인의 배움이란 가축이 되고자 함이다. 묻지도 않았는데 알려 주는 것을 일러 오(傲: 허세)라 하고, 하나를 물었는데 둘을 알려 주는 것을 일러 찬(囋: 수다)이라 하는데, 허세도 수다도 다 옳지 않다. 군자는 메아리와 같을 뿐이다.
>
> 古之學者爲己, 今之學者爲人. 君子之學也, 以美其身. 小人之學也, 以爲禽犢. 故不問而告謂之傲, 問一而告二謂之囋, 傲囋非也, 君子如響.

그리고 『논어』의 이 구절을 계승·확장하여 입과 귀, 몸 전체라는 인간의 신체에 멋지게 비유한 『순자』의 글이 뒤따릅니다.

군자의 배움은 귀로 들어와 마음에 새겨지고 온몸으로 퍼져서, 모든 행동에서 자연 드러나게 되니, 단정하게 말하고 점잖게 행동하는 것, 그 모두가 하나같이 모범이 될 만하다. 반면 소인의 배움은 귀로 들어와 입으로 바로 나가 버리고, 입과 귀 사이는 겨우 4촌(四寸)에 불과하니 어찌 충분히 7척(七尺)의 몸을 훌륭히 하겠는가. 그러므로 군자는 메아리와 같고, 소인은 그림자와 같다. 그림자는 형체를 따르고, 메아리는 소리를 따른다.

君子之學也, 入乎耳, 著乎心, 布乎四體, 形乎動靜. 端而言, 蝡而動, 一可以爲法則. 小人之學也, 入乎耳, 出乎口. 口耳之間則四寸耳, 曷足以美七尺之軀哉! 故君子如響, 小人如影. 影隨形, 響隨聲.

배움, 깨달음과 관련해서는 최고의 문장이 아닐까 싶을 정도로 모든 대목이 내겐 인상적이었습니다. 더구나 그 모든 것을 '군자여향'이란 말이 감싸 안으니 더더욱 이 말에 흠뻑 빠져듭니다. 우선 귀로 들어와 곧바로 입으로 나가는 소인의 배움에 대한 질타가 칼날입니다. 대인의 배움은 귀로 들어와 마음에 새겨지고 온몸으로 퍼져 마침내 자연스럽게 행동으로까지 나아간다고 했습니다. 4촌과 7척이라는 사람의 육신을 통한 산술적 비유도 멋지지만, 무엇보다 입과 마음의 대비가 선명합니다.

또 자기 자신을 위한 공부가 아니라 남에게 과시하기 위한, 결국 남을 위한 공부를 비판하면서 그것을 소나 말 같은 단순한 기능적 존재에 불과하다고 정확히 그 본질을 짚고 있습니다. 그리하여 마지막으로 "傲噱非也(오찬비야), 君子如響矣(군자여향의), 허세도 수다도 다 옳지 않다. 군자는 메아리와 같을 뿐이다." 볼수록

임규찬

멋진 표현입니다. 더 구체적으로 설명할 수도 있겠지만 '메아리와 같을 뿐이다' 혹은 '메아리일 뿐이다'로 단순하게, 그러나 이 말대로 울림이 있는 표현이 좋습니다.

그런데 '메아리'를 신영복 선생님은 '종소리'로 표현했습니다. 저 또한 일반적으로 많은 사람이 택하고 있는 '메아리'를 선호했습니다. 그러나 근자에 곰곰 생각해 보니 '종소리'가 더 근사합니다. 단순히 울려 퍼지는 메아리라는 비유보다는 '종', 그 온몸을 울려 토해 내는 그런 무게, 온몸의 울림이 체감되어서입니다.

게다가 제가 지금까지 이야기한 바를 아주 멋진 구절로 한눈에 담아낸 한자 성어를 뒤늦게 만났습니다. 부처님 손바닥처럼 감싸는 말이었습니다. 추사 김정희 관련 글을 읽다가 문득 추사를 대표하는 비평 용어로 무엇이 있을까 생각하다, 유홍준 선생도 힘주어 강조했던 '문자향 서권기'(文字香書卷氣)가 떠올랐습니다. '군자여향'(君子如響)은 '문자향'과 '서권기'를 고스란히 실감케 한, 동양의 지혜서(書卷)의 기운을 가득 품고 새롭게 퍼져 나오는 문자의 향원(香園)이 아니던가요.

사실 '문자향 서권기'를 떠올리고 보면 신영복 선생 스스로 최종 정리한 '박학설약'(博學說約)이 여기에 자연스럽게 합류합니다. '넓게 배우고 간략히 말한다', 신영복 선생이 『담론』에서 힘주어 강조한 공부와 저술의 핵심 방법론입니다. 둘을 연계시켜 '박학설약'으로 그려 낸 '문자향 서권기'야말로 신영복 서화의 대표적 미학이 아닐 수 없습니다.

신영복 서화의 미학

서화와 잠언—화광동진과 대교약졸

신영복 선생의 서화가 갈수록 더 좋아집니다. 서화집 『처음처럼』도 그렇습니다. 처음엔 비교적 손쉽게 접할 수 있는 일종의 좋은 안내서로 생각했습니다. 그러나 갈수록 서화집이 잠언집으로 깊어져 갑니다. 단순히 언어만의 것을 뛰어넘는, 독특한 시서화의 시 세계가 펼쳐 내는 상상력, 울림이 있고 깊이가 있고 여운이 있는 잠언집으로 말입니다. 근래 이만큼 뛰어난 우리의 잠언집을 만나 본 적이 있던가요?

이렇게 독자에게 접근하기 쉬운 좋은 안내서로서 서화집에서, 삶의 지혜가 가득 담긴 깊이 있는 잠언집으로의 상승과 도약, 이것이 오늘 가장 강조하고 싶은 신영복 서화의 한 모습입니다. 서화집 『처음처럼』의 탄생과 재탄생의 과정에 담겨 있는 변화도 이와 무관치 않습니다. 2007년 첫 출간된 서화집 『처음처럼』은 글·그림 신영복, 엮은이 이승혁·장지숙으로 되어 있습니다. 그러나 2016년 마지막 개정 신판은 글·그림 신영복으로만 되어 있죠. 별 차이가 아닌 듯 보이지만 예상치 못한 『처음처럼』의 성취와 독자의 호응이 저자의 직접적인 참여를 이끌었습니다. 이미 서화 달력 등 여러 형태로 흐트러져 있던 것들을 모아 놓은 듯한 글과 그림 들이라, 그리고 그것을 제삼자가 편집해 놓은 터라 처음 신영복 선생은 그 출간을 주저했다고 합니다. 그러나 출간 이후 예상치 못한 독자의 호응과 그 속에 독자들이 스며들어 가는 잠언집으로서의 면모를 선생님 자신 또한 외면할 수 없게 되었겠지요. 결국 병상에 계시면서 최종적으로 그림 분량을 줄이고 대신 글을 훨

임규찬

和光同塵

씬 더 늘려 '신영복의 언약'이란 부제가 달린 '서화 잠언집'으로 우리 앞에 자리 잡게 된 것입니다.

　이 점을 상징하는 하나의 키워드가 '화광동진'(和光同塵)과 '대교약졸'(大巧若拙)입니다. 대중적 서화집이 잠언집이라는 반전의 성격과 긴밀히 연결되는 말이면서, 동시에 뛰어난 개별 서화들의 뛰어난 성취를 잘 드러내는 말이 아닐까 싶습니다.

　화할 화(和), 빛 광(光), 한가지 동(同), 티끌 진(塵), '화광동진'은 『노자』(老子)에 나오는 구절입니다. 신영복 선생은 「화광동진」이란 서화에서 "그 빛에 화(和)하고 그 먼지를 함께한다"라고 번역한 원문만 간단히 기술하였습니다. 일반적으로 자기의 지혜와 덕을 밖으로 드러내지 않고 속인과 어울려 지내면서 참된 자아를 보여준다는 뜻으로 쓰입니다. 그러나 화광동진의 기본 얼개는 범속함에서 성스러움으로 나아갔다가 다시 범속함으로 돌아오는 것입니다. 이때의 범속함은 물론 단순한 범속함이 아니라 성스러움을 속으로 감추고 있는 범속함이라고 할 수 있습니다. 제가 눈여겨보는 대목이 바로 '성스러움을 속으로 감추고 있는 범속함'이고, 이런 특별한 대중성이야말로 신영복 선생이 가졌던 가장 중요한 특징이자 능력이라고 생각합니다. 단순한 유행의 차원이 아니라 한 차원 높은 수준에서 펼쳐진 그 특별한 대중성, 사회적 파급력은 누구나 실감했을 터입니다. 우리 시대 저명한 학자나 저술가 들과 구별되는 선생만의 독특하고 특별한 능력입니다. 그리고 이런 유일무이성이야말로 따지고 보면 저 고전 시대의 현자들이 보여주었던, 그러나 우리 시대가 잃어버린 지혜서의 한 모습일 것입니다. 서양의 압도적인 학문적 영향력 속에 놓여 있던 우리의 지식 사회에서 고전적 법고창신(法古創新)을 말 그대로 실천한 현자의 재림을 연상케 한 면이 없지 않습니다. 하지만, 화광동진을 이야기하고 현자의 재림을 이야기한다고 해서 신영복 선생을 노자나 공자의 반열에 놓겠다는 건 아닙니다. 우리가 잃어버린 현자의 길, 그 장도(長途)의 어디쯤에 선생을 놓고, 우리가 찾아가야 할 하나의 길을 함께 모색해 나가자는 뜻이지요.

그렇다면 신영복 선생의 서화 가운데 가장 대중적인 서화들을 화광동진의 관점에서 한번 살펴보기로 하죠. 너무나 유명한 서화 「처음처럼」부터 보겠습니다. 사실, 이 말을 대부분의 사람은 초심(初心)의 한글본 정도로 가볍게 생각하고 맙니다. 말하자면 초심이란 말의 더 대중적인, 쉽고도 아름다운 우리말 형태로요. 그러나 선생은 이 말의 숨은 뜻을 이렇게 표현하였습니다.

처음으로 하늘을 만나는 어린 새처럼, 처음으로 땅을 밟는 새싹처럼, 우리는 하루가 저무는 겨울 저녁에도 마치 아침처럼, 새봄처럼, 처음처럼 언제나 새날을 시작하고 있습니

임규찬

다. 산다는 것은 수많은 처음을 만들어 가는 끊임없는 시작입니다.(『처음처럼』, 21쪽)

여기에 등장하는 말을 하나하나 천천히 새겨 보십시오. 처음, 새로움, 시작. 초심의 뜻도 물론 담겨 있지만, 거기엔 일신우일신(日新又日新), "날로 새로워지려거든 하루하루를 새롭게 하고 또 매일 매일을 새롭게 시작하라"는 뜻도 겹쳐 옵니다. 단선적이고 고정적이고 일회적인 차원을 넘어서는 중층적이고 역동적이고 지속적인 삶, 실천에 대한 사유가 숨 쉬고 있습니다. 삶을 단 한 번의 시작으로 보아 끊임없이 초심을 되새김질하라는 것이 아니라, 매 순간 새로운 처음을 만들어 가는 연속적인 '생성(生成)의 과정'으로 이해하라는 것입니다. 우리가 살아가는 모든 순간이 '처음'이자 '새로움'이자 또 다른 '시작'이 될 수 있음을 의미합니다. 그러므로 '수많은 처음'은 끊임없는 성찰을 뜻하며, 매일 자신을 갱신하는 성찰적 삶을 환기시킵니다.

결국 삶을 특정한 목적지를 향해 나아가는 단선적인 여정으로 보지 않습니다. 서화 「미완성」을 보십시오. "세상에 완성이란 없습니다. 실패가 있는 미완(未完)이 삶의 참모습입니다. 그러기에 삶은 반성이며 가능성이며 항상 새로운 시작입니다."(『처음처럼』, 153쪽)

또한 초심의 관점으로 보더라도, 이때의 초심은 그저 붙잡아 두거나 보존해야 할 어떤 고정된 상태가 아닙니다. 오히려 초심은 매 순간 새로운 '처음'을 만들어 내고, 새로운 마음가짐으로 임하는 끊임없는 '생성'의 과정입니다. 따라서 초심을 이야기하더라도 그것은 과거의 어떤 순간에 머무는 것이 아니라, 늘 새롭게 시작

신영복 서화의 미학

하는 마음을 가지는 것을 의미합니다. 첫 서화 「처음처럼」에 이어지는 두 번째 서화 「소나무」를 보세요.

> 연초록 봄빛이 가장 먼저 나타나는 것은 양지의 풀밭이나 버들가지가 아니라 무심히 지나쳐 버리던 솔잎이었습니다. 꼿꼿이 선 채로 겨울과 싸워 온 소나무 잎새에 가장 먼저 봄빛이 피어난다는 사실은 우리가 다만 잊고 있었을 뿐 생각하면 너무나 당연한 일이 아닐 수 없습니다.(『처음처럼』, 22쪽)

삶의 다양성만큼이나 사방팔방으로 열어 가는 그물망 읽기가 필요합니다. 이렇게 또 서화끼리 어깨동무를 하고 있습니다.

어쨌든 산문으로 쭉 늘여 쓴 신영복 선생의 이 글을 두고 "'시'를 염두에 두고 쓴 작품이 아니다. 그러나 삶에 대한 해석이 가히 시라 해도 손색이 없다. 이게 시가 아니면 무엇이 시이겠는가"라는 어느 독자의 말이 인상 깊습니다. 그렇습니다, 한 편의 뛰어난 인생 시입니다.

그렇다면 서화 「더불어숲」은 또 어떤가요? 그 아래에는 이렇게 쓰여 있습니다. "나무가 나무에게 말했습니다. 우리 더불어 숲이 되어 지키자." 맞지요. 너무나 평범한 말로 너무도 당연한 말을 썼을 뿐입니다. 그래서 함께 아름답게 어울리는 공동체 혹은 조직 등을 형용하는 아름다운 말 정도로 생각합니다. 그런데 정말 그런가요? 대부분 우리는 '더불어 숲이 되자'는 데 그치고 맙니다. 그러나 신영복 선생님은 '더불어 숲이 되어 지키자'고 했습니다. 그러

임규찬

니까 '되자'보다 더 중요한 것은 '지키자'입니다. 선생이 일관되게 주장한, 목표가 아닌 과정 중심의 사유가 여기에도 살아 있습니다. 과연 더불어숲의 어떤 자랑, 어떤 꿈을 우리는 지키고 있는 것일까요? '되자'에서 적당히 멈춰 버린 사이 점점 고인 물이 되어 결국 썩어 가는 것은 아닐까요?

신영복 선생이 말하는 '더불어숲'의 진정한 의미는 무엇일까요? 거죽만 보지 말라는, 저 아래 뿌리부터 읽어 내는 깊은 독법이 필요하다는 것을 선생 자신이 직접 보여 주었습니다.

> 죽순은 뿌리 부분이 마디가 짧고 올라갈수록 마디가 점점 길어집니다. 짧은 마디가 만들어 내는 강고한 힘이 대나무의 큰 키를 지탱합니다. 죽순은 뿌리에서 돋아났죠. 깜깜한 땅속에 있는 죽순의 뿌리는 아예 마디투성이입니다. 그리고 이 대나무밭의 모든 뿌리들은 서로 연결되어 있습니다. 그래서 홍수 때에도 언덕을 지킬 수 있습니다. 함께여서 지킬 수 있는 겁니다.(신영복, 2015년 7월 강연 중에서)

물, 지자요수 인자요산

외형적으로 서화십을 눌러봤을 때 가장 많이 등장하는 이미지를 꼽자면 단연 물(水)과 관련된 서화일 것입니다. 선생 자신도 이 점을 잘 알고 있습니다.

신영복 서화의 미학

내가 『노자』를 읽으며 가장 놀란 것은 친숙함이었습니다. 뜻밖에도 나 자신이 물 이미지에 매우 친숙하다는 것을 발견했습니다. 어려서 강가에서 자라서 그런가 하는 생각도 들었습니다. ……강물의 이미지가 매우 친숙합니다. 나는 생각의 많은 부분을 강물의 이미지에 의탁하고 있기도 합니다. 『진보평론』에 기고한 논문의 제목이 「강물과 시간」이었습니다. 강물뿐만 아니라 비, 시내, 강, 바다 등은 내게 익숙한 이미지입니다.(『담론』, 131~132쪽)

실제로 서화집을 들추어 보면 도처에 물과 관련한 서화를 만날 수 있습니다. 「수」(水), 「샘터 찬물」, 「찬물 세수」, 「백천학해」, 「언약은 강물처럼」, 「무감어수」, 「강물처럼」, 「물통」, 「창랑청탁」, 「영과후진」, 「빗속」, 「시냇물」, 「함께 맞는 비」, 「관해난수」…… 신영복 선생이 물 이미지에 친숙하다는 것, 나아가 사유의 많은 부분을 물 이미지에 의탁하는 것은 노자 등 동양 철학의 주요한 특징이라고 일반화할 수 있습니다. 그러나 하늘, 땅, 흙, 나무, 달, 불 등 다른 이미지들의 활용 사례에 비추어 신영복 선생에게서 물의 이미지는 절대적 비중을 차지합니다.

그래서일까요, 낮은 데로 흘러 흘러 바다로 모두가 합류한다는 물의 이미지에서 연상되는 민중 사랑과 대동 세상의 꿈이야말로 가장 투명하게 다가오는 선생의 신념이라고 단언할 수 있을 겁니다. 물에 관한 선생의 사유는 그래서 더 깊게 이모저모를 살펴볼 필요가 있지만, 이 문제는 여기서 더 논하지 않겠습니다.

그 대신 '지자요수 인자요산'(智者樂水仁者樂山)이라는 공자의

임규찬

말에 기대어 신영복 선생의 흥미로운 면모 몇 가지를 이야기해 볼까 합니다. "지혜로운 사람은 물을 즐기고, 어진 사람은 산을 즐긴다." 흔히 인격의 두 가지 유형과 그들이 추구하는 삶의 태도를 비유적으로 설명한 대표적 한자 성어로 알려져 있습니다. 물처럼 유연하고 개방적이어서 변화에 잘 적응하는 지자(智者) 유형과 산처럼 고요하고 흔들리지 않는 인자(仁者) 유형으로 대별할 수 있다는 것이죠. 그래서 다소 두드러지는 측면으로서 지자(智者) 유형에 신영복 선생을 놓고 한번쯤 그 연관되는 측면을 적극 헤아려 보고 싶습니다. 무엇보다 지혜와 재주의 결합으로서, 지혜롭고 재기발랄한 지자(智者) 유형으로서 말입니다. 감옥이라는 공간은 일종의 고정된 공간이라 물보다는 산과 훨씬 가까운 이미지인데도 산과 관련한 서화는 드물고, 물과 관련한 서화가 압도적으로 많다는 사실, 그리고 출옥 후 선생이 보여 준 글쓰기가 국내외 여행을 통한 서간체 기행문이었다는 사실도 흥미롭습니다. 그리고 몇 안 되는 산 관련 서화 가운데 하나인 「지산겸」에서 『주역』의 이 괘는 땅속에 산이 있는 형상이라고 대개의 설명대로 이야기하면서 선생은 이를 겸손으로 해석합니다. 그런데 "산을 덜어서 낮은 곳을 메워 평지로 만드는 것을 뜻하는지도 모릅니다"라고 하여 산을 평지로 만들고 싶다는 평등주의를 은연중 덧붙입니다.

또 하나 흥미로운 서화가 「시냇물」입니다. 이 서화는 "냇물아 흘러흘러 어디로 가니"로 시작하는 잘 알려진 「시냇물」이란 동요를 그대로 옮긴 것입니다. 그런데 이 동요를 우리로 하여금 철학적 사유의 대상으로 만나게끔 하는 것도 신영복 선생의 솜씨입니다. 감옥이라는 닫힌 시공간에다 이 동요를 흘려 놓음으로써 자연

신영복 서화의 미학

스럽게 구체적인 서사, 스토리텔링화가 이루어지면서 끝내 모든 인간의 자유인으로서의 존재 문제를 강력히 환기시킵니다. 그래서 이 노래는 어느덧 신영복 선생을 추모하는 의식의 마지막 대미를 장식하는 숙연한 합창곡으로 자리 잡았습니다.

> 필재가 있는 사람의 글씨는 대체로 그 재능에 의존하기 때문에 일견 빼어나긴 하되 재능이 도리어 함정이 되어 손끝의 교(巧)를 벗어나기 어려운 데 비하여, 필재가 없는 사람의 글씨는 손끝으로 쓰는 것이 아니라 온몸으로 쓰기 때문에 그 속에 혼신의 힘과 정성이 배어 있어서 '단련의 미'가 쟁쟁히 빛나게 됩니다.(「서도와 필재(筆才)」, 『감옥으로부터의 사색』, 241쪽)

선생은 여러 글에서 재주, 재능, 기교에만 의존하는 것을 통렬히 비판했습니다. 항상 그 반대편에 스스로 서고자 했습니다. 그러나 저는 선생의 재주와 재능의 면을 특별히 주목해야 한다고 생각합니다. 왜냐하면, 지혜로우면서도 재주와 재능을 겸비한 사람들이 실상 드물기 때문입니다. 또한, 그러한 작가적 재주와 자질이 서화에 유감없이 투영되었고, 적어도 그 점에서 유일무이한 복합 장르의 작가·예술가이기 때문입니다. '지자요수 인자요산'을 주요 키워드의 하나로 내세운 것도 이 때문입니다. 아리스토텔레스에 따르면 실천적 지혜와 기술적 지혜를 함께 갖춘 이상적 인간 유형에 신영복 선생이 맞춤입니다. 신영복 선생은 '문사철의 추상력과 시서화의 상상력을 유연하게 구사하고 적절히 조화할 수 있

임규찬

는 능력'이 필요하다고 했습니다. 레오나르도 다 빈치의 저 유명한 "정신이 손과 함께 일하지 않으면, 예술은 없다"라는 말에 딱 부합하지 않는가요?

지혜로운 장인—은유와 유추가 만들어 내는 통찰력

'지자요수 인자요산'에 기대어 더 적극적으로 의미를 부여하고 싶은 키워드는 그래서 '지혜로운 장인'(기술자)입니다. 사실 철학사·예술사 전반에 걸쳐 지혜와 재주의 결합은 장인 정신의 핵심입니다. 이런 맥락에서 장인 정신이 돋보이는 기술적·기교적 측면도 주목해서 볼 필요가 있습니다.

> 추상력과 나란히 상상력을 키워야 합니다. 작은 것, 사소한 문제 속에 담겨 있는 엄청난 의미를 읽어 내는 것이 상상력입니다. 작은 것은 큰 것이 다만 작게 나타났을 뿐입니다. 빙산의 몸체를 볼 수 있는 상상력을 키워야 합니다.(『담론』, 52쪽)

선생 자신의 이런 진술에서 엿볼 수 있듯이 작은 것과 큰 것의 대비는 화광동진을 떠올리게 하면서, 동시에 그 방편으로 형상화된 작은 것이 펼치는 예술적 상상력을 주목하게 합니다.

그의 글이 갖는 최대의 강점 하나가 비흥(比興), 기탁(寄託)

신영복 서화의 미학

의 탁월한 활용인데 이거야말로 사실은 참으로 낯익은, 오래된 수사학이다. 동양 미학의 전통에서도 사물에 기탁해서 감흥을 일으키거나 사물을 통해 뜻을 비유하는 비흥은 『시경』에서부터 시작되어 수천 년 동안 시가 창작과 비평 이론에 이용되어 왔다. 그런데 그의 글을 이야기하고자 할 때 맨 먼저 떠오르는, 여름과 겨울의 징역살이를 통해 본 인간의 두 얼굴이나, 지붕부터 그리지 않는 목수의 집 그리기 이야기 등에서부터, 서로 어깨동무하는 붓글씨론, 나아가 동(同)과 화(和)에 대한 사유, 동서양과 연계된 존재론과 관계론의 대비 등등은 비흥, 기탁의 탁월한 사례들이다. 이들의 효과는 의외로 귀납의 가장 단순한 형태인 '예증법'에서 태생한 것이다.(임규찬, 「사색의 산책이 펼치는 언어의 숲」, 『신영복 함께 읽기』, 93쪽)

요즘 식으로 간단히 정리하면 추상화를 품은 은유와 대비 등을 통한 유추 등인데, 동서양을 망라하여 뛰어난 고전에서 두루 볼 수 있는 특징입니다. 그런데 그 바탕에 놓여 있는 것이 바로 통찰력입니다. 이를 두고 아리스토텔레스는 서로 다른 사물성의 유사성을 재빨리 간파할 수 있는 능력이라 했고, 물리학자 하이젠베르크는 "추상의 본질은 다른 속성에 비추어 특히 중요하다고 생각되는 한 가지 특징만 잡아내는 데 있다"라고 했습니다.

자, 하나의 구체적 사례로 서화 「걷고 싶다」를 보죠. 이 서화는 짧은 글귀와 함께 감옥 안에서 눈사람 위에 쓰인 글씨로 전해집니다. 작품에서 가장 인상 깊은 부분은 바로 '나는 걷고 싶다'는 글씨

임규찬

가 눈사람 가슴에 새겨져 있고, 거기서 한 걸음 더 나아가 "있으면서도 걷지 못하는 우리의 다리를 깨닫게 하는" 설명 글귀입니다. 선생은 눈이 사나흘 내린 어느 날 운동장 한쪽에다 청년들이 만들어 놓은 눈사람이라고 했습니다. 그러나 모든 형상이 절대 그렇게 '사실'로 다가오지 않습니다. 모르겠네요, 눈사람에 혹 밀짚모자를 씌워 놓을 수 있습니다. 그리고 고무신을 놓아둔 것도 가능할 법합니다. 그러나 가슴에 연탄 조각으로 쓰인 '나는 걷고 싶다', 이것은 '진실'로 신영복 선생이 쓰셨습니다. 저는 그렇게 확신합니다. "나는 별을 그리기 위해 하늘을 관찰하지만, 그 빛은 내 마음속에서 다시 태어난다"라는 고흐의 말이나, "예술가는 단순히 보는 사람이 아니라, 보이지 않는 것을 보는 사람이다"라는 피카소의 말처럼 신영복 선생이니까 가능할 예술적 형상입니다.

그렇다면 그냥 평범한 눈사람을 사소하게 한두 가지 변형시켰는데, 그 변형이 가저다준 놀라운 미학적 전율을 생각해 보세요. 작은 것을 크게 만드는, 작은 것에 큰 것을 깃들게 하는 예술적 상

신영복 서화의 미학

상력을 주목하지 않을 수 없습니다. 당연히 서화의 가장 직접적인 의미는 물리적인 구속으로부터의 해방, 즉 자유로운 몸으로 걷고 싶다는 간절한 염원일 것입니다. 좁은 공간에 갇힌 채 움직임이 제한된 상황에서 '걷는 것'은 인간에게 가장 기본적인 자유 행위이자 존재의 활력을 의미할 테니까요. 그러나 한 걸음 더 나아가 선생은 미셸 푸코를 이야기하며 들려주었던, 감옥 밖의 더 큰 감옥에다 우리를 둠으로써 이중적인 의미망을 구축합니다. 말하자면 감옥 밖의 우리가 연민으로 감옥 안을 바라볼 그 순간, 감옥 밖의 더 큰 감옥에 갇힌 우리 자신의 무지와 허위를 날카롭게 드러냅니다. 어쨌든 어느 그림 해설 유튜브 채널에서 직업적 미술가가 아닌 사람의 그림 중에서 「걷고 싶다」가 가장 많은 감동과 감흥을 줬던 그림 중에 세 손가락 안에 드는 작품이라는 평가가 기억에 남습니다.

피카소도 통찰력을 '눈이 아닌 마음으로 표면적인 것 배후에 숨어 있는 놀라운 속성을 찾아내는 행위'라 했는데, 이처럼 비범한 통찰력이 없고서는 복잡한 사태를 단순화하기도, 단순화된 핵심을 효과적으로 전달할 방법을 고안하기도 어렵기 때문입니다.

> 시를 만들어 보는 노력은 어느덧 생각을 정리해 주기도 합니다. 아마 깊은 통찰과 간결한 표현이 시의 방법이기 때문인지도 모릅니다.(「한가위 달」, 『감옥으로부터의 사색』, 149쪽)

신영복식 창작 방법론의 핵심이 여기에 있지요. 시를 쓰겠다는 것이 아니고, 그림이든 글이든 '깊은 통찰과 간결한 표현'이란

임규찬

시적 방법으로 대상과 상황에 맞게 자유롭게 구사한다는 사실입니다. 이를테면 "높은 곳에서 일할 때의 어려움은 글씨가 바른지 비뚤어졌는지 알 수 없다는 사실입니다. 낮은 곳에 있는 사람들에게 부지런히 물어보는 방법밖에 없습니다"(『처음처럼』, 46쪽)라는 서화 「높은 곳」의 그림이나, "노인 목수가 그리는 집 그림은 충격이었습니다. 집을 그리는 순서가 판이하였기 때문입니다. 지붕부터 그리는 우리들의 순서와는 반대였습니다. 먼저 주춧돌을 그린 다음 기둥, 도리, 들보, 서까래…… 지붕을 맨 나중에 그렸습니다. 그가 집을 그리는 순서는 집을 짓는 순서였습니다. 일하는 사람의 그림이었습니다"(『처음처럼』, 189쪽)라는 서화 「집 그리는 순서」의 글 등이 잘 예증해 줍니다.

이처럼 인식론적으로 볼 때 은유가 내포하는 유추는 새로운 것을 인식하는 방식입니다. 전혀 다른 듯한 두 사태에서 공통점을 발견하거나, 유사하다고 간주되는 것들에서 차이점을 발견하여 그것을 일반화함으로써 인식의 지평을 넓히는 역할을 하기도 합니다. 이를테면 서화 「동반」이란 작품은 그 점에서 매우 인상적입니다. '함께 간다'는 이 당연한 뜻의 '동반'을 신영복 선생은 피아노 건반 그림을 통해 새롭게 조형합니다. '동반'(同伴)의 '반'(伴)을 피아노 반음(半音)의 '반'(半)에 겹쳐 놓습니다. 그러면서 "반(半)은 절반을 의미하지만 동시에 동반(同伴)을 의미합니다. 모든 관계의 비결은 바로 이 반(半)과 반(伴)의 여백에 있습니다"(『처음처럼』, 139쪽)라고 말하며 "대적(對敵)의 언어라 하더라도 얼마든지 동반의 자리를 얻을 수 있다", 즉 피아노의 건반처럼 될 수 있다고 삶의 지혜를 들려줍니다.

297

그 외에도 "창문보다는 문이 더 좋습니다. 창문이 고요한 관조의 세계라면 문은 현장으로 열리는 실천의 시작입니다. 창문이 먼 곳을 바라보는 명상의 양지라면 문은 결연히 문 열고 온몸이 나아가는 진보 그 자체입니다"(『처음처럼』, 94쪽)라는 「창과 문」 같은 서화에서 보듯이 선생님은 또 유사하다고 간주되는 것을 대상으로 그 차이를 선명히 드러내는 대비를 통한 유추로도 인상적인 작품을 많이 산출하였습니다.

그런데 장인의 견지에서, 이른바 재주, 기술, 기교의 측면에서 가장 손쉽게 잡히는 형태가 「그리움」, 「사람과 삶」, 「바다」, 「자기 이유」, 「사일이와 공일이」 등 말놀이 같은 언어유희에서 출발한 서화일 것입니다. 아마도 한 번이라도 선생의 서화를 대면한 사람이라면 '아!' 하며 금방 그 문자 놀이를 기억할 것입니다. 이를테면 '그리움이 그림이다', '사람의 준말이 삶', '받아들인다 해서 바다', '자유는 자기+이유의 줄임말', '목숨 수(壽) 자를 파자(破字)한 사일(士一)이하고 공일(工一)이는 구촌(口寸→九寸)간'.

"자유는 자기(自己)의 이유(理由)로 걸어가는 것입니다"(『처음처럼』, 56쪽)라는 서화 「자기 이유」를 봅시다. 역시 말놀이 같은 언어유희인데, 그래서 표면적으로는 가벼운 농담 같은데, 실제로는 유추적 사고와 창의적 연결을 자극해서 복잡한 개념을 단순화하여 특별한 이해로 이끌어 가는 도구 역할을 합니다. 단순한 재미를 넘어 문자 해체·재결합을 활용한 철학적 은유이자 언어 놀이입니다. 간단하게만 언급하더라도 '자기의 이유'는 '스스로의 이유에 따라 산다'는 뜻으로, 자기 결정성(자율성), 자기 입법 등과 연결되면서 칸트를 연상시키기도 합니다. 단순한 문자 놀이로 특정 개

임규찬

념을 직관적으로 기억하기 쉽게 조형함으로써 표어와 같은 강렬한 효과를 발산합니다.

발음과 형태의 유사성을 활용한 「사람과 삶」 또한 삶의 본질이 사람 관계에 있다는 핵심 명제를 직관적으로 환기시킵니다. 더구나 자세히 보면 언어 차원('사람'과 '삶'의 유사성)에서 시작하여 철학적 진술("우리의 삶은 사람과의 만남")로 나아가, 다시 경험적 근거("70%가 사람과의 일")로 뒷받침한 다음 실천적 결론("좋은 사람을 만나고 스스로 좋은 사람이 되는 것")을 이끌어 내는 점층적 구조가 돋보입니다.(『처음처럼』, 296쪽)

이렇게 사소한 것까지도 지혜의 수단, 도구로 능수능란하게 활용하는 신영복 선생이기에 우리는 그의 남다른 재주, 장인적 특장을 결코 가볍게 지나쳐서는 안 될 것입니다.

추상력과 상상력—열린 해석의 길

이제 어느 정도 마무리 수순으로 들어가야겠습니다. 오늘은 중요

299

도에 따라 이야기하다 보니 자연 뒤로 미뤄진 것들이 꽤 있습니다. 이를테면 기념비적 관점의 접근에서 특히 염두에 두어야 할 비판적 관점은 대상 전체를 마냥 우상화해서는 안 된다는 것이며, 무엇보다 작가 내부와 작품들 간에도 치열한 분석을 통한 가치 평가의 전투가 있어야 한다는 것입니다. 말하자면 신영복과 신영복의 싸움도 필요합니다. 큰 문제만 잠깐 떠올려도 존재론과 관계론과 연계된 동서양의 비교, 그 과정에서 나타나는 소크라테스와 같은 주요 인물의 평가, 유항산(有恒産)과 유항심(有恒心)의 문제 등을 예시할 수 있습니다. 또한 신영복 선생 자신이 동양적 고전의 지혜 속에 나왔듯이 선생 또한 동서양을 망라한 지혜로운 자들의 숲에 위치시키고 그들 속에서 바라보는 작업도 요구됩니다. 신영복 선생이 경계했던 낙락장송(落落長松)의 인물로 고립화, 절대화시켜서는 안 된다는 것이죠. 실제로 오늘 이야기했던 내용들 하나하나에도 많은 역사적 인물들의 다채로운 지혜가 합류할 것입니다.

그러나 오늘은 제한된 시간이므로 마무리 겸 꼭 언급해야 할 대표적 서화 한두 가지를 살펴보면서 지금까지 분석한 바를 더 보충하고, 또 최상의 서화에 대한 개괄적 검토라는 이 글 본연의 임무를 어느 정도 완수할까 합니다.

이미 이런저런 형태로 많이 언급되었지만 "돕는다는 것은 우산을 들어 주는 것이 아니라 함께 비를 맞는 것입니다"라는 서화 「함께 맞는 비」를 그냥 지나칠 수는 없겠지요. 아마도 우리 사회 곳곳에서 가장 많이 인용되는, 참으로 아름다운 다짐의 구절입니다. 서화집에는 "함께 비를 맞지 않는 위로(慰勞)는 따뜻하지 않습니다. 위로는 위로를 받는 사람으로 하여금 스스로가 위로의 대상

임규찬

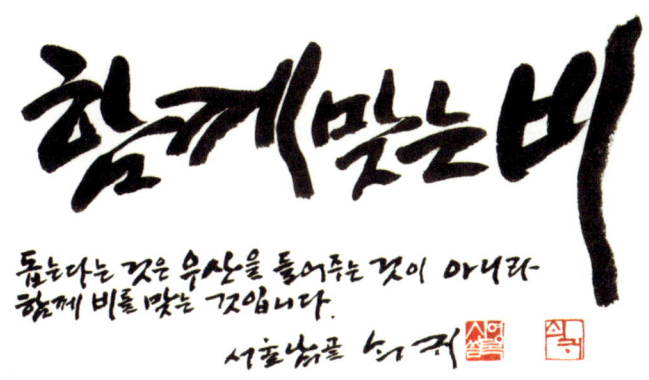

함께 맞는 비

돕는다는 것은 우산을 들어주는 것이 아니라 함께 비를 맞는 것입니다.

서툰 늙은 솔 신영복

이라는 사실을 다시 한번 확인시켜 주기 때문입니다"(『처음처럼』, 162쪽)라고 쓰여 있습니다. 출전이 되는 『감옥으로부터의 사색』에는 이렇게 쓰여 있습니다.

> 사람은 스스로를 도울 수 있을 뿐이며, 남을 돕는다는 것은 그 '스스로 도우는 일'을 도울 수 있음에 불과한지도 모릅니다. 그래서 저는 "가르친다는 것은 다만 희망을 말하는 것이다"라는 아라공의 시구를 좋아합니다. 돕는다는 것은 우산을 들어주는 것이 아니라 함께 비를 맞으며 함께 걸어가는 공감과 연대의 확인이라 생각됩니다.(『감옥으로부터의 사색』, 298쪽)

기본적으로 내용만을 보면 '돕다'라는 개념에 위로, 공감과 연대 등의 말이 관계의 그물망으로 펼쳐집니다. 그러나 사실 누구도 우산을 들어 주는 것과 함께 비를 맞는 것이 어떤 차이를 보이

신영복 서화의 미학

는지, 그리하여 돕는다는 것이 정확히 무엇을 의미하는지 딱 부러지게 설명하지 못하고 있습니다. 신영복 선생도 더 이상의 상세한 분석과 해석을 보여 주지 않았습니다. 오히려 『담론』에서 "'함께 맞는 비'는 돕는다는 것이 물질적인 것이 아니고 또 물질적인 경우에도 그 정이 같아야 한다는 뜻입니다"라고 하면서 KBS 노조에서 기념품으로 만든 우산에 '함께 맞는 비'라고 글씨를 넣은 걸 보고 "우산을 접고 함께 비 맞아야 된다는 글씨가 우산에 들어가다니요"라고 우스개 삼아 비판한 바 있습니다. 어쨌든 이 문장만을 놓고 보면 신영복 선생은 돕는다는 것이 정신적인 측면에 중점이 가 있고, 물질적인 경우에도 정이 같아야 한다(同情)는, 정신적인 측면과의 결합을 중시하고 있다는 정도쯤 추정할 수 있습니다. 사실 이와 관련해서 우리는 위로 외에도, 동정심, 연민, 공감, 연대, 동감, 자비, 측은지심 등 여러 용어를 떠올릴 수 있습니다. 그러나 '함께 비를 맞지 않는 위로'에 이르면, 어떤 말도 두 가지 은유로 구별할 수 있어서 말의 선택도 별 의미가 없어지고, 그래서 더 이해가 쉽지 않습니다.

이 서화에 각별한 애정을 가졌던 고 노회찬 의원의 말이 차라리 가장 솔직한 접근이 아닐까 싶습니다. "왜 제게 이 글을 주셨을까 생각해 보았지요. 국회의원으로 의정 활동을 할 때 권한을 행사하는 데 그치지 말고 도움이 필요한 사람들의 절절한 아픔까지도 함께 느껴야 한다는 가르침이 아니었을까 생각됩니다. 제가 국회의원으로 갖고 있는 많은 우산 중, 하나를 씌워 주는 데서 끝나지 말고 동고동락하는 자세로 현장에서 같이 비를 맞으며 아픔을 느낄 수 있는 의원이 되라는 가르침이라고 생각했습니다."(노회찬,

임규찬

「나의 스승 신영복 함께 맞는 비의 의미를 배우다」, 『국회보』 통권 554호, 2013. 1.) 그런데 곰곰 자세히 들여다보면 결국 동어반복입니다. 같이 비를 맞는 사람이 되겠다고 다시 돌아오고 마니까요.

전반적으로 많은 학자가 유추를 비논리적이고 판단을 그르치게 하는 것으로 평가절하합니다. 그러나 유추가 불완전하고 부정확한 것이기 때문에 알려진 것과 알려지지 않은 것들 사이의 다리가 될 수 있는 것입니다. 불완전한 일치라는 것을 전제로 할 때 유추는 기존의 지적 도구로 도달할 수 없는 새로운 이해의 세계로 도약하도록 우리를 도와줍니다. 서화 「함께 맞는 비」가 바로 그러합니다.

같은 맥락에서 「입장의 동일함」이란 서화 역시 쉽게 우리에게 이해의 문을 열어 주지 않습니다. 아니, 다른 어떤 서화보다도 아주 분명한 입장으로 이해해 왔다고 봐야겠죠. "머리 좋은 것이 마음 좋은 것만 못하고, 마음 좋은 것이 손 좋은 것만 못하고, 손 좋은 것이 발 좋은 것만 못한 법입니다. 관찰보다는 애정이, 애정보다는 실천적 연대가, 실천적 연대보다는 입장의 동일함이 더욱 중요합니다. 입장의 동일함 그것은 관계의 최고 형태입니다."(『처음처럼』, 233쪽) 역시 『감옥으로부터의 사색』에서 발췌한 글입니다. 신영복 선생의 대표적 스타일로 손꼽을 만합니다. 우리가 잘 아는 점층법과 대구법, 관념을 신체화하는 은유적 확장 등이 역시 돋보입니다. "머리 좋은 것→마음 좋은 것→손 좋은 것→발 좋은 것"으로 이어지며, 추상적·관념적인 것에서 점점 더 구체적이고 신체적·실천적인 차원으로 이동합니다. 이어서 "관찰→애정→실천적 연대→입장의 동일함"도 같은 구조로 진행됩니다. 바로 점층법을

신영복 서화의 미학

통해 가치의 우선순위가 점차 강화·심화되어 논리적·정서적으로 고조됩니다. 또한 각 구절이 비슷한 문장 구조를 반복하여, 구조적 반복은 리듬감과 함께 기억의 용이성을 높여 글 전체를 선명하게 만듭니다. 일반적으로 '머리가 좋다'는 것을 최상위 가치로 여기는데, 이를 뒤집어 행동과 실천의 우위를 강조합니다. 기존 가치관을 이렇게 뒤집고 전환합니다. 특히 '머리, 마음, 손, 발' 등 신체 기관을 통해 '관찰, 애정, 실천적 연대, 입장의 동일함'으로 확장시키는 연상의 비유적 은유 체계입니다. 앞서 보았던 「군자여향」 속의 순자가 신체에 비유했듯이 말입니다.

아마 이해의 관점에서 보면 '입장의 동일함'이 관건인데, 대체로 사회적 위치나 처지로 받아들여 그 견지에서 계급과 동일시해 왔던 게 일반적 관례일 것입니다. 그런데 이 역시 신영복 선생 스스로 반기를 듭니다.

여기서 우리는 '관계의 최고 형태는 입장의 동일함'이라는 명제를 다시 한번 생각해야 합니다. 내가 입장의 동일함을 계급의 의미로 좁게 읽지 않기를 바란다고 했습니다. ……
관계의 최고 형태는 입장의 동일함을 훨씬 뛰어넘는 곳에 있습니다. 서로를 따뜻하게 해 주는 관계, 깨닫게 해 주고 키워 주는 관계가 최고의 관계입니다. 입장을 경제적 계급의 의미로 읽는 것 자체가 자본주의적 이데올로기에 포획되고 있다는 증거이기도 할 것입니다. ……나를 보다 좋은 사람으로 변화할 수 있도록 이끌어 주는 관계야말로 최고의 관계입니다. 입장의 동일함을 좁은 의미로 읽지 않기 바

랍니다.(『담론』, 283~284쪽)

'입장의 동일함'을 계급의 의미로 좁게 읽지 말라고 경고합니다. 신영복 선생은 확실히 「함께 맞는 비」 때와 마찬가지로 윤리적 수준의 깊고도 깊은 호흡의 상상력을 원합니다. 심지어 "입장의 동일함 그것은 관계의 최고 형태입니다"라고 분명히 동일시했는데, 위치를 바꿔 관계의 최고 형태는 입장의 동일함을 훨씬 뛰어넘는 곳에 있다고 초월합니다. 추정컨대 개인에 근거한 '입장'보다 여럿이 만들어 가는 '관계', 관념적 규정보다 현실적 실천을 강조하는 신영복 선생의 쉬 논리화되지 않는 추상력과 상상력, 그 열린 해석의 길을 더 헤쳐 나갈 수밖에 없습니다.

신체를 윤리화하는 메타포가 가장 빛나는 서화는 단연 「가장 먼 여행」일 것입니다. "일생 동안의 여행 중에서 가장 먼 여행은 머리에서 가슴까지의 여행이라고 합니다. ……그러나 또 하나의 가장 먼 여행이 남아 있습니다. 가슴에서 발까지의 여행이 그것입니다."(『처음처럼』, 264쪽) 사실 「입장의 동일함」과 모든 면에서 유사합니다. 그러나 훨씬 더 강력합니다. 신체 대상 중 손이 빠지고, 무엇보다 머리·가슴·발의 차이를 '여행'이란 개념에 빗대어 표현했을 뿐인데도 말입니다. '여행'이라는 비유가 그만큼 강력합니다. "인생은 목적지가 아니라 여행 그 자체다"라고 랠프 월도 에머슨이 말했듯 우리는 인생을 곧잘 여행에 비유합니다. 그런데 신영복 선생은 익숙한 이 이미지에 우리 신체를 멋지게 대비시킵니다. '여행'이라는 단어는 장소, 풍경, 이동, 만남, 이별 같은 장면들을 불러옵니다. 그 덕분에 '머리→가슴→발'의 추상적 전환이 물리

신영복 서화의 미학

적 이동처럼 실감 납니다. 추상적인 삶의 질감을 여행이라는 구체적인 여정과 과정으로 표현함으로써 한번 보면 잊히지 않는, 아주 인상적인 이미지의 도식화입니다.

이들 열린 서화를 결론처럼 음미할 때 신영복 선생은 그 자체로 가치가 있는 앎이 목표가 아니라 인간이 어떻게 살아야 하는지, 무엇이 '좋은 삶'인지에 대한 성찰을 가장 중요한 대상으로 삼았습니다. 그래서 이에 대한 도덕적 윤리적 암반이 모든 서화의 배경에 짙게 깔려 있어서 우리로 하여금 너는 이 문제를 어떻게 생각하느냐, 그래서 어디로 어떻게 가고 싶으냐 묻고, 묻고 또 묻고 있습니다. 마지막 결론 삼아 신영복 선생의 서화를 대하는 마음가짐을 선생의 서화 「샘터 찬물」로 되울립니다.

어지러운 꿈을 헹구어 새벽 맑은 정신을 깨우는
맑고 차가운 샘이 있어야 합니다.
가까운 곳에 두고 자주 찾을 수 있어야 합니다.
(『처음처럼』, 37쪽)

임규찬

3

신영복의 정치경제학

김진업

우엘바와 바라나시

여러분 반갑습니다. 오늘은 '신영복의 정치경제학'이라는 제목으로 강의를 합니다. 강의에 참고할 글은 『담론』에 들어 있는 글, 「우엘바와 바라나시」입니다.

　「우엘바와 바라나시」의 열쇠 말은 '근대'(modern)입니다. 여러분은 중학교와 고등학교에서 '근현대사'를 배웠지요. 근대사는 가까운 과거의 역사이고 현대사는 현재의 역사라고 배웠습니다. 역사학에서는 시간의 흐름이 중요하니까 근대와 현대를 그렇게 구분합니다. 그러나 사회과학은 근대와 현대를 구분하지 않습니다. 영어로 말하면 둘 다 '모던'이지요. 왜냐하면 사회과학은 시간의 흐름보다 사회구조의 변화에 더 주목하기 때문입니다. 사회구조라는 말이 어렵게 느껴진다면 그냥 사회질서 또는 '법과 제도'로 이해하셔도 됩니다. 오늘날 지구촌의 거의 모든 나라는 헌법을 가지고 있고 그 헌법의 내용도 대체로 비슷합니다. 그 헌법들은 1789년 프랑스혁명으로 만들어진 지구촌의 새로운 사회구조를 거의 그대로 반영하고 있기 때문이지요. 사회과학은 이 새로운 사회질서를 근대사회 또는 줄여서 근대라고 부르는데, 오늘날의 사회질서도 이 새로운 사회질서에 기초하고 있습니다. 그래서 현대와 근대는 모두 근대에 포함되는 것이지요. 사회과학에서 근대는 특정의 사회구조—약 200년 전에 만들어졌고 지구촌의 많은 사람이 지금도 그 안에서 살고 있는 법과 제도—를 가리키는 말입니다.

근대의 사회구조를 내용적으로 서술하는 말이 바로 자본주의입니다. 그래서 근대사회를 자본주의사회라고 부르기도 합니다. 그러나 이 말은 틀리지는 않지만 꼭 맞지도 않습니다. 과거의 소련 사회나 오늘날의 북한 사회는 근대사회지만 자본주의사회가 아니니까 꼭 맞는 말은 아니지요. 그렇다고 틀리다고 할 수 없는 이유는 소련이나 북한도 자본주의 없이는 설명될 수 없는 사회이기 때문입니다. 근대사회는 자본주의에 의해서 대표되지만 자본주의의 대안 사회들도 포함하는 것이지요. 근대사회와 그 이전의 전근대사회를 구분하는 가장 중요한 기준은 신분제입니다. 물론 이 기준은 정치적인 것이지요. 시민혁명은 신분제를 무너뜨리고 민주사회를 만들어 낸 정치 운동을 지시하는 말입니다. 우리나라의 시민혁명은 동학혁명까지 거슬러 올라갈 수 있겠지만 가장 가깝게는 대통령 직선제를 제대로 정착시킨 1987년의 6월혁명이라

김진업

고 할 수 있을 것 같네요. 또 하나의 기준은 경제입니다. 전근대는 농업 경제였고, 근대는 공업 경제 또는 산업 경제이지요. 산업혁명은 농업 중심의 경제가 공업 중심의 경제로 이행하는 과정을 지시하는 말입니다. 우리나라의 산업혁명은 박정희 정부의 경제계획에서 본격적으로 시작되었다고 할 수 있겠지요. 이처럼 정치와 경제의 성격이 전근대와 분명하게 달라졌기 때문에 근대는 정치와 경제의 이중 혁명 즉 시민혁명과 산업혁명의 결과로 나타났다고 말하는 것이지요.

그런데 시민혁명이나 산업혁명은 도대체 어떻게 가능했을까요? 다양한 원인이 거론되지만, 17세기 유럽의 자연과학 혁명이야말로 누구도 부정하지 않는 중요한 원인입니다. 근대의 자연과학은 별과 같은 물체의 운동 법칙을 발견한 천체물리학에서 시작되었습니다. 하지만 오늘날의 과학은 비인간적 자연뿐만이 아니라 인간과 사회라는 자연도 자신의 연구 대상으로 삼고 있지요. 그래서 17세기의 자연과학 혁명을 그냥 과학혁명이라고 부르기도 합니다. 그런데 17세기에 등장한 새로운 자연과학이 왜 혁명일까요? 동서양을 막론하고 인간과 세계를 통틀어 설명하는 전근대사회의 학문은 경전학이었습니다. 불경이나 성경이나 사서삼경과 같은 종교의 경전이 전근대의 학문을 대표했지요. 경전학은 종교의 가르침을 서술하고 해석하는 학문이고, 종교는 유일신이든 자연신이는 세상 밖의 어떤 초월자가 세상 안의 모든 변화를 일으키고 관리한다고 가르칩니다. 그래서 종교를 믿는 사람들은 자신과 이웃의 삶을 위해서 신에게 기도를 올리는 것이지요. 그러나 과학은 자연의 모든 변화가 자연의 사물들이 본래적으로 가지고 있는

311

힘에 의해서 나타난다고 주장합니다. 초월자가 태양에게 지구 주위를 돌라고 명령하지 않는다는 것이지요. 갈릴레이와 뉴턴의 물리학이 널리 받아들여지면서 보통 사람들도 초월자가 자연의 변화에 개입하지 않는다고 생각하기 시작했습니다. 종교와 경전학에 대한 믿음이 크게 손상된 것이지요. 자연과학이 학문의 모범이 되면서, 학문은 초월자의 선택을 받은 소수의 특별한 사람이 그의 계시를 받아 적은 결과가 아니라, 보통 사람이 세계를 스스로 관찰하고 추리해서 얻어 낸 지식으로 이해되기 시작했습니다. 초월자가 아니라 인간이, 선택받은 일부가 아니라 모든 인간이 세계의 변화를 이해하고 설명할 수 있다고 믿게 되었지요. 그 결과 종교와 경전학은 점차 일상생활 바깥으로 밀려났습니다. 과학은 일상생활을 지배하던 신분제의 정신적 지주를 뿌리부터 흔들었던 것이지요. 과학은 전근대사회의 종교적 세계관을 무너뜨리고 새로운 근대적 세계관 즉 과학적 세계관을 만들어 냈습니다. 유럽에서는 전통적 경전학이 근대 철학으로 대체되었지요.

역사적으로 근대 철학은 근대 과학의 기초 위에서 발전한 학문입니다. 여러분이 알고 있는 유명한 근대 철학자, 이를테면 데카르트나 칸트는 당대의 자연과학을 잘 알았던 사람입니다. 근대 철학이 인간과 세계를 얼마나 잘 설명하고 있는지와 무관하게, 어쨌든 근대 철학은 자연과학을 부정하고 철학으로 전향한 것이 아니라 자연과학의 성과를 바탕으로 하는 철학이었습니다. 근대에 새롭게 등장한 철학은 근대 과학의 조상이 아니라 오히려 근대 과학의 후손이라고 할 수 있지요. 그러나 오늘날의 철학은 가문의 역사를 송두리째 잊어버린 것처럼 보입니다. 오늘날의 철학은 스

김진엽

스로를 과학의 부모라고 뻐기거나, 심지어 과학에 대립하는 학문이라고 말하니까요. 그런데 이러한 역사 왜곡이 문제가 되는 것은 이것이 철학 전문가들만의 생각이 아니라 여러분과 같은 보통 사람의 생각이기도 하기 때문입니다. 과학은 철학의 특수한 분야라는 주장이 당연한 상식이 되었고, 철학은 인간을 연구하고 과학은 자연을 연구한다는 주장도 의심의 여지가 없는 상식으로 받아들여집니다. 그렇지만 상식이기 때문에 오히려 되물어야 합니다. 인간 사회가 과학이 아니라 철학의 연구 대상이라면, 인간 사회가 자연의 일부가 아니라는 뜻일까요? 인간 사회가 자연의 일부라는 너무나 자명한 사실을 망각하지 않는다면, 자연을 연구하는 과학이 인간 사회를 연구하는 과학으로 발전되는 것이 더 자연스럽지 않을까요? 제가 학생들과 토론할 때 자주 던지는 질문이 있습니다. "플라스틱은 자연입니까?" 학생들은 거의 예외 없이 "아니오"라고 대답합니다. 인간의 손길이 묻은 것은 자연이 아니라는 것이지요. 인간은 자연의 일부가 아니라는 것이지요. 이처럼 인간과 자연을 별개로 나누는 생각이 바로 철학과 과학을 대립시키는 생각입니다. 그래서 문제입니다. 이게 왜 문제일까요?

이 질문에 대한 논의는 잠시 미루고, 일단 「우엘바와 바라나시」로 되돌아갑시다. 신영복 선생이 우엘바와 콜럼버스를 찾아간 이유는 우엘바에서 출발한 콜럼버스의 배가 바로 근대와 근대적 세계화의 줄발이었기 때문입니다. 여러분은 콜럼버스가 자신의 항해를 '발상의 전환'에 비유하면서 둥근 계란을 깨뜨려 세웠던 일화를 기억할 겁니다. 그러나 선생은 깨진 계란에서 흘러나오는 피를 놓치지 않습니다. 지구가 깨져서 피가 흘러나오는 그의 그림은

섬뜩하기까지 합니다. 아메리카 인디언과 동학 농민의 붉은 피가 생각나기도 하고, 기후 위기로 지구촌 곳곳에서 고통받고 있는 변방의 사람들이 더 흘리게 될 피가 걱정되기도 합니다. 어쨌든 선생은 '발상의 전환'에서 시작된 근대가 지구와 지구촌에게 저지른 폭력을 고발합니다. 그래서 그러한 '발상의 전환'을 묵인하는 것은 무심함을 넘어서는 '비정함'이라고 나무라시지요.

스페인의 우엘바를 살피고 나서 선생은 인도의 바라나시를 찾아갑니다. 힌두교의 성지인 이곳에서 사람들은 갠지스강에 유골을 뿌리고 갠지스강의 그 물을 마십니다. 삶과 죽음이 하나라는 하늘의 생각이 땅에서 온몸으로 실현되고 있지요. 그래서 바라나시는 근대의 시간에 전근대의 공간이 펼쳐지는 곳으로 보입니다. 그런데 왜 선생은 우엘바를 먼저 찾고 바라나시를 나중에 찾은 것일까요? 바라나시는 우엘바의 과거일까요 아니면 미래일까요? 언젠가 선생과 간디와 네루에 대해서 가볍게 이야기를 나눈 적이 있습니다. 젊을 때는 네루가 맞다고 생각했는데, 나이 들어 다시 생각하니 간디가 우리의 미래로 보이기도 한다셨지요. 참, 요즘

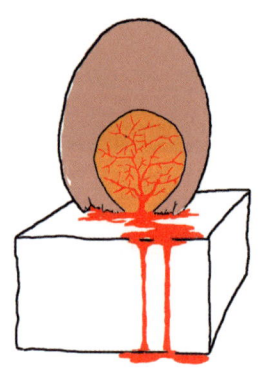

사람들에게 간디는 가물거리는 이름이고 네루는 처음 듣는 이름이라더군요. 간디와 네루는 인도의 독립운동 지도자였습니다. 네루는 인도의 근대화를 앞장서서 이끌었고, 간디는 근대 문명을 비판하면서 인도의 미래로 삼을 수 없다고 했지요.

김진업

정치경제학과 인문학

신영복 선생이 돌아가셨을 때 『한겨레』의 어느 기자가 선생에 관한 칼럼을 썼습니다. 2016년 1월 22일 기사니까, 돌아가시고 나서 일주일이 채 지나지 않았을 때지요.

"동양고전에 대한 해박한 지식과 시서화에 능한 인문주의자로 알려져 있지만, 신영복은 본디 자본주의의 문제점을 분석하고 규명하는 정치경제학자였다. 그는 대학 시절 '마르크스-레닌주의를 자본주의 분석에 있어서 가장 체계적인 이론으로, 가장 정합적인 실천과학'으로 받아들이며 정치경제학을 자기 학문의 밑절미로 삼은 '붉은 경제학도'였다."(「신영복, 그는 본디 붉은 경제학자였다」, 『한겨레』, 2016. 1. 22.)

젊은 시절 '붉은 경제학도'였던 신영복이 나이 들어 동양고전을 연구하는 인문주의자로 살아갔다는 사실을 기자는 일종의 '전향'으로 평가하는 것 같습니다. 어쩌면 여러분도 기자의 평가에 동의할 것 같고, 심지어 신영복 선생도 기자의 평가를 묵묵히 받아들이실 것 같습니다. 그러나 오늘 저는 이 강의에서 이러한 평가가 부당하다고 주장할 것이고, 이러한 부당한 평가는 '정치경제학'에 대한 오해에서 비롯되었다고 주장할 것입니다.

많은 사람이 인정하듯이, 정치경제학은 근대사회 즉 자본주의사회를 연구한 최초의 학문입니다. 경제학에 관심이 있는 분들은 케네, 스미스, 리카도 등의 이름을 들어 보셨을 텐데, 이들은 자신들의 학문을 경제학이 아니라 정치경제학이라고 불렀습니다. 왜냐하면 자신들이 연구하는 '나라의 부'는 먹고 사는 경제 현상이면서 동시에 지주와 자본가와 농민과 노동자의 이해관계가 서로 얽혀 있는 정치 현상이었기 때문이지요. 경제 현상과 정치 현상이 결코 분리될 수 없다는 사실을 고려하면 정치경제학이라는 이름은 오늘날의 경제학이라는 이름보다 훨씬 더 명실상부합니다. 그런데 근대의 거의 모든 학문과 마찬가지로 당대의 정치경제학은 자연과학을 모델로 하고 있었습니다. 자연과학의 연구 방법을 따라서 자본주의사회를 연구하려고 했던 것이지요. 마르크스도 마찬가지였습니다. 마르크스가 쓴 『자본론』의 부제목은 정치경제학 '비판'인데, 여기서 '비판'의 핵심은 케네와 스미스와 리카도 같은 선배 정치경제학자들의 이론이 충분히 과학적이지 않다는 데에 있었습니다. 마르크스도 그들과 마찬가지로 자연과학을 모델로 해서 자본주의사회를 연구해야 한다고 믿었던 것이지요. 그런데 여기서 말하는 과학은 여러분이 일상에서 사용하는 것과 같은 단순한 수식어가 아닙니다. 일상에서 과학은 '내 말이 옳다'를 표현하는 형용사로 쓰이고 있지요. '침대는 과학이다'라는 광고 카피가 하나의 사례입니다. 심령술을 심령과학이라고 부르고 인문학을 인문과학이라고 부르는 것처럼 아무 학문의 이름에 과학이라는 말을 덧붙이는 용법도 그러한 사례입니다. 그러나 정치경제학이 모델로 삼으려 했던 자연과학은 관찰, 실험, 수학 등의 단어로 표현되는 구체적 연구 방법을 갖고 있고, 정치경제학은 이러한 자연과학의 연구 방법에 따라 자본주의사회를 연구하는 학문이었습니다. 자연과학의 연구 방법을 따랐기 때문에 정치경제학은 사회에 대한 과학적인 학문 즉 사회과학이 될 수 있었고, 바로 그렇기 때문에 사회과학으로서 정치경제학은 자본주의사회라는 특수

김진업

한 '자연'을 연구하는 특수한 '자연'과학으로 이해되어야 하는 것
이지요.

　사회과학으로서 정치경제학은 생물학이나 지구과학처럼 자
연과학의 한 분야로 이해되어야 합니다. 하지만 여러분에게 이 말
은 매우 불편하게 느껴질 겁니다. 왜 그럴까요? 앞에서 말했듯이,
인간과 자연을 분리하고 심지어 대립시키는 생각에 익숙해져 있
기 때문입니다. 인간이 자연의 일부라는 사실, 자연에서 나온 인
간이 다시 자연으로 돌아간다는 사실, 삶과 죽음이 하나라는 사실
을 잊어버리고 살기 때문입니다. 그렇기 때문에 설사 정치경제학
이 '자연'과학이라는 사실을 어쩔 수 없이 인정하더라도 위의 기사
는 여전히 놀랍게 느껴질 것 같습니다. 기사가 쓰고 있듯이 신영
복이 정치경제학을 자기 학문의 밑절미로 삼았다면, 신영복은 정
치경제학자 즉 과학자였다고 말해야 하기 때문이지요. 과학자 신
영복은 어색하고 놀랍습니다. 이러한 놀라움을 달래기 위해서 사
람들은 과학자 신영복이 인문주의자로 '전향'했다고 생각하는 것
이지요.

　우리는 과학을 기초로 해서 인문학과 철학을 발전시키는 것이
불가능하다고 생각합니다. 과학은 사실을 다룰 뿐 가치를 다룰 수
없으며, 가치는 과학의 과제가 아니라 철학과 같은 인문학의 과제
라고 생각하기 때문이지요. '착하게 살자'는 철학의 말이지 과학의
말일 수 없다는 것이 상식입니다. '중력 때문에 그 건물이 내려앉
았다'는 과학의 말일 뿐 철학의 말일 수 없다고 생각하는 것과 같
지요. 이런 상식 때문에 우리는 과학자 신영복이 인문학자 신영복
으로 '전향'했다고 생각하게 됩니다. 젊은 신영복과 성숙한 신영복

사이에는 단절이 있어야만 하는 것이지요. 그런데 과연 정말로 그런 일이 있었을까요? 잘 알려져 있지 않지만, 신영복 선생은 성공회대학교에서 중국철학과 함께 정치경제학도 강의하셨지요. 서울대학교에서 정년퇴직하고 나서 성공회대학교로 오신 김수행 선생에게 넘길 때까지 그 강의를 계속 하셨으니까 거의 20년의 기간입니다. 만약 과학을 기초로 인문학을 발전시키는 일이 불가능하다면, 만약 과학과 철학이 서로 대립하는 것이라면, 만약 젊은 신영복과 성숙한 신영복 사이에 '전향'이나 단절이 있었다면, 중국철학과 정치경제학이라는 두 과목을 동시에 오랜 기간 동안 강의하는 일은 불가능했을 겁니다.

결론을 미리 말하자면, 당대의 자연과학에 정통했던 데카르트나 칸트가 자연과학을 버리고 철학으로 '전향'했던 것이 아니라 오히려 당대의 자연과학에 기초해서 자신들의 철학을 발전시켰던 것처럼, 마르크스의 정치경제학을 공부했던 신영복은 정치경제학을 버리고 중국철학의 인문주의로 '전향'한 것이 아니라 오히려 마르크스의 정치경제학에 기초해서 중국철학을 해석한 것으로 이해해야 합니다.

그렇다면 왜 우리는 앞의 기사를 쓴 기자처럼 신영복의 '전향'을 당연한 것으로 받아들이는 것일까요? 앞에서 저는 플라스틱에 관해서 얘기했습니다. "플라스틱은 자연입니까?" 학생들은 거의 예외 없이 "아니오"로 대답한다고 했지요. 그러나 제 강의를 듣고 정신을 가다듬은 학생들은 인간이 자연의 일부라는 사실을 환기해 내고 곧바로 플라스틱이 자연임을 인정하게 됩니다. 마찬가지로 여러분도 정신을 가다듬으면 과학에 기초해서 철학을 하는 일

김진업

이 전혀 이상한 일이 아니라는 것을 이해할 수 있게 될 겁니다. 마르크스처럼 과학적으로 경제 현상을 이해한 신영복이 인간의 인문학적 삶에 대한 논의로 발전하는 것이 '전향'이나 단절이 될 수 없다는 것을 곧바로 이해할 수 있게 된다는 것이지요. 이해할 수 있게 될 것 같지 않다고요? 그러면 '플라스틱' 이야기를 하나 더 해 볼까요?

우리가 쉽게 동의하고 심지어 감동하기까지 하는 유명한 말이 있습니다. "차가운 머리와 따뜻한 가슴"을 가져야 한다는 경제학자 마셜의 말입니다. 과학으로서 경제학은 사실을 차갑게 확인해야 하지만, 인간으로서 경제학자는 이웃이 겪는 경제적 고통을 외면할 수 없다는 것이지요. 그러나 마셜의 말 속에는 과학으로서 경제학이 '경제 정의'와 같은 가치에 대해서 아무 말도 해 줄 수 없다는 주장이 암묵적으로 포함되어 있습니다. 과학으로서의 경제학은 그러한 일을 할 수 없으니, 경제학자는 경제학을 잊어버리고 심장을 가진 인간으로 되돌아가서 그러한 일을 해야 한다는 것이지요. 그러나 경제학을 버린 경제학자가 도대체 어떻게 경제 문제를 해결할 수 있을까요? 경제학자가 경제학을 버린다면 그는 도대체 누구일까요? 과학으로서 경제학이 뜨거운 가슴이 해야 할 일에 대해서 아무런 말도 해 줄 수 없다면, 그러한 과학 또는 경제학을 도대체 왜 공부하는 것일까요? 하지만 마셜의 이야기는 그만의 이야기가 아니라 교과서 철학이 우리에게 귀에 못이 박히도록 가르치는 과학 이야기입니다. 우리 모두가 이미 너무나 잘 알고 있는 상식이지요. 그러나 조금만 정신을 가다듬으면, 우리는 마셜이나 교과서 철학이 가르치는 과학 이야기가 엉터리라는 것을 곧바로 꿰뚫어 볼 수 있습니다. 물리학은 만유인력의 공식만을 우리에게 알려 주는 것이 아니라 10층에서 뛰어내릴 때의 위험을 알려 줍니다. 화학은 원소의 주기율만을 우리에게 알려 주는 것이 아니라 자동차 배기가스의 위험을 알려 줍니다. 생태 과학은 대기 온도의 변화만을 우리에게 알려 주는 것이 아니라 기후 등 생태 위기의 위험을 알려 줍니다. 과학은 우리에게 적극적으로 무엇을 해야 한다고 말하지 않지만, 최소한 무엇을 해서는 안 된다는 것을 명확하게 알려 주는 것이지요. 그러니까 과학은 사실만을 말할 수 있을 뿐 가치를 말할 수 없다는 이야기가 적어도 절반은 틀린 것이지요.

지금까지 저는 우리가 과학에 대해서 갖고 있는 두 가지의 중요한 오해에 대해서 이야기했습니다. 하나는 인간 사회에 대한 과학과 자연과학을 별개의 과학으로 오해하지 말아야 한다는 것입니다. 물리학과 생물학은 서로 다른 대상을 연구하므로 서로 다른 과학이지만, 생물학은 물리학과 무관한 별개의 과학이 아니라 물리학의 기초 위에 서 있는 과학입니다. 물리학이 발견한 자연법칙에 어긋나는 생물 이론은 과학으로 인정받을 수 없다는 것이 그 증거지요. 이를테면 에너지보존법칙에 위배되는 세포의 물질대사 이론은 과학 이론이 될 수 없지요. 왜냐하면 물리학과 생물학이 다루는 서로 다른 대상들은 원래부터 서로 다른 것이 아니라 하나의 자연이 오랜 진화의 결과로 분화한 것이기 때문입니다. 과학은 생명체를 비물체가 아니라 새로운 형태의 물체라고 설명하는 것이지요. 마찬가지로 인간 사회에 대한 과학도 생물학이나 물리학의 기초 위에서만 과학으로 성립될 수 있습니다. 인간 사회

김진업

현상은 생명체의 오랜 진화로 나타난 새로운 형태의 생명 현상입니다. 따라서 생명을 연구하는 생물학이 물리학과 구별되는 특수한 과학으로 발전한 것처럼, 인간 사회를 연구하는 과학은 생물학과 구별되는 특수한 과학 즉 사회과학으로 발전할 수 있지요. 그러나 육체 없이도 정신이 작동한다고 주장하는 영혼불멸론 등의 사회 이론은 에너지보존법칙에 위배되기 때문에 과학 이론으로 인정될 수 없습니다. 사회과학이 과학일 수 있는 이유는 인간과 사회가 자연의 일부이기 때문입니다.

나머지 하나의 오해는 과학이 사실만을 다룰 수 있을 뿐 가치를 다룰 수 없다는 오해입니다. 이것이 오해인 이유는 자연 자체가 몰가치적 사실만으로 구성되어 있지 않기 때문입니다. 즉 자연 자체에 가치가 내재해 있기 때문입니다. 초기의 근대 철학은 자연을 목적이나 의도 없이 작동하는 기계로 이해했는데, 그들의 이러한 기계적 세계관은 당대의 미성숙한 자연과학에 기초하는 것이었습니다. 이를테면 데카르트는 인간 영혼이 불멸한다고 믿었고, 오리를 영혼이 없는 복잡한 시계라고 생각했지요. 영혼을 가진 인간에게서만 목적과 의도와 가치가 발견될 수 있고 비인간적 자연에는 그런 것이 없다고 생각했던 것이지요. 그러나 오늘날의 생물과학은 생명 현상의 근원이 되는 분자, 즉 DNA를 발견했습니다. 섭씨 0도에서 얼고 100도에서 끓는 현상이 물 분자의 속성에서 비롯되는 것처럼, 생명 현상은 DNA 분자의 속성이 만들어 낸다는 것이 밝혀진 것이지요. 생명체가 생명 보존이라는 목적을 이루기 위해서 하는 활동이 생명 활동이고, 목적에 부합하는 생명 활동이 생명체에게 가치 있는 활동입니다. 목적과 가치는 인간 정신에서만 나타나는 현상이 아니라 특수한 분자, 즉 DNA에 의해서 나타나는 자연현상이라는 것이 밝혀진 것이지요. 오리는 목적 없이 운동하는 시계가 아니라 생명 보존이라는 목적에 따라 움직이는 특수한 물체라는 것이지요. 오늘날의 과학은 몰가치적 사실 즉 생명 이전의 물질 현상으로부터 가치적 사실 즉 생명 현상이 나타났다는 것을 반론의 여지 없이 인정합니다. 자연에는 사실(몰가치적 사실)뿐만이 아니라 가치(가치적 사실)도 있는 것이지요. 따라서 자연을 연구하는 과학이 사실만을 다룰 뿐 가치를 다룰 수 없다는 교과서 철학의 주장은 현대 과학과 충돌하는 비과학적 주장이 되는 것이지요. 오늘날 생태 과학은 종의 다양성이 생태계의 보전을 위해서 필수적이라는 사실을 밝혀냈고, 이러한 사실로부터 우리는 멸종 위기의 생물을 보호하는 것이 가치 있는 일이라는 데에 동의하게 됩니다. 과학적 사실로부터 인문학적 가치가 합리적으로 추론될 수 있는 것이지요.

과학이란 무엇인가?

이제 두 가지 오해가 무엇인지 분명하게 느껴지지요? 그렇게 되었기를 바랍니다. 과학에 대한 우리의 오해를 어느 정도 걷어 냈으니, 이제 과학이 무엇인지를 본격적으로 이해해 봅시다. 앞에서 우리는 전근대 학문과 근대 학문이 각각 경전학과 과학에 의해서 대표된다고 했지요. 경전학은 세상의 모든 변화가 초월자의 의지에 의해서 일어난다고 설명하지만, 과학은 세상의 모든 변화가 자

김진업

연의 사물들이 본래적으로 가지고 있는 고유의 힘들에 의해서 일어난다고 설명합니다. 그런데 초월자 즉 신은 정말로 있나요, 없나요? 신이 있는지 없는지를 우리는 어떻게 알 수 있을까요? 경전학의 최종 근거인 초월자의 존재 여부가 의심스럽지 않습니까? 그렇다면 과학의 최종 근거인 자연의 사물은 어떤가요? 모든 자연물이 원자로 되어 있고, 원자는 기본 입자로 되어 있다는 물리학의 주장은 확실한가요? 140억 년 전에 한 점에 모여 있던 에너지가 폭발하여 기본 입자로부터 지구와 인간에 이르는 모든 것을 만들어 냈다는 빅뱅 이론은 믿을 만한가요? 신의 존재 여부와 마찬가지로 의심스럽지 않나요? 초월자든 에너지든 그것이 있는지 없는지를 우리는 어떻게 알 수 있을까요? 무엇인가가 존재해야 비로소 그것을 알게 되는 것일까요, 아니면 무엇인가를 알게 되어야 비로소 그것이 존재하게 되는 것일까요? 장자의 '나비의 꿈'에도 등장하는 이 오래된 질문을 철학에서는 '거짓말쟁이의 역설'이라고 합니다. 우리는 말로 생각을 하고, 말은 우리에게 세계에 대한 정보를 줍니다. 그런데 어떤 말이든 말에는 암묵적인 전제가 있습니다. 암묵적 전제가 없는 말, 즉 맥락 없는 말은 있을 수 없습니다. 암묵적인 전제는 물론 말하는 사람이 옳다고 믿는 전제입니다. 따라서 다른 누군가가 그 전제를 의심하면 어떤 말도 확실한 정보를 줄 수 없게 됩니다. 즉 우리 모두가 함께 공유하는 전제가 없다면 누군가에게 옳은 어떤 말도 다른 누구에게는 거짓말이 될 수 있지요. 여러분은 사전을 찾아본 경험이 있을 겁니다. 어떤 단어의 설명을 읽어 보면 모르는 단어가 나와서 그 단어를 다시 찾게 되고, 그 단어의 설명을 읽어 보면 또다시 모르는 단어가 나오고, 돌고 돌아서 다시 처음의 단어를 찾게 되는 경험을 해 보셨나요? '무슨 사전이 이따위야'라고 탓을 하지만 사전은 죄가 없습니다. 제아무리 좋은 사전도 '거짓말쟁이의 역설'을 해소할 수는 없기 때문이지요. 이러한 말의 한계를 수학자 괴델은 '불완전성 정리'로 논증하고 있습니다.

'거짓말쟁이의 역설'을 논리적으로 해소하려면 '존재'와 '인식'을 구분해야 합니다. '인식'은 대상에 대한 설명 즉 이론입니다. 따라서 인식과 이론은 대상을 필요로 합니다. 그런데 인식의 대상 즉 세계는 어떻게 설명될 수 있을까요? 유기체라는 대상은 분자 이론으로 설명되는데, 분자는 유기체와 마찬가지로 또 하나의 대상입니다. 분자는 원자 이론으로 설명되며, 원자는 기본 입자 이론으로 설명되지요. 이처럼 무엇을 무엇으로 설명하는 과정에 끝이 있을까요? 이처럼 난처한 상황을 벗어나려면 모든 것을 최종적으로 설명하는 대상은 설명될 수 없더라도 그냥 있다고 믿어야 합니다. 즉 이론의 최종 근거가 되는 이론은 증명 없이 그냥 옳다고 믿어야 합니다. 이처럼 어떤 이론의 옳음을 뒷받침해 주는 최종 근거 또는 이론의 암묵적 전제가 되는 이론, 즉 이론의 이론 또는 메타이론을 철학자들은 존재론 또는 형이상학이라고 부릅니다. 메타이론은 대상을 설명하는 이론과 달리 설명의 근거와 전제가 되는 이론입니다. 따라서 증명을 필요로 하는 일반적 이론과 달리 메타이론은 증명을 필요로 하지 않는 맹목적 믿음이 되는 것이지요. 이를테면 유클리드 기하학에서 공리는 대표적인 메타이론입니다. 유클리드 기하학의 모든 이론은 공리로부터 연역되지만 공리 자체는 증명할 수도 없고 증명할 필요도 없는 순수한 믿음이지요.

　과학은 에너지가 모든 현상의 최종 근거라고 믿습니다. 경전학은 모든 현상의 최종 근거가 초월적 신이라고 믿습니다. 학문은 객관적으로 입증된 이론들로 구성되어 있지만, 그럼에도 불구하고 모든 학문은 암묵적 전제를 갖고 있으며, 학문의 암묵적 전제를 의심할 경우 그 학문은 '거짓말쟁이의 역설'에 빠지지 않을 수 없습니다. 과학의 암묵적 전제인 에너지와 경전학의 암묵적 전제인 초월자를 의심할 경우, 과학이든 경전학이든 '거짓말쟁이의 역설'에서 벗어날 수 없지요. 일상에서 우리는 종교를 신앙과 믿음이라고 말하고 과학을 객관적으로 증명된 이론이라고 말하지만, 최종적인 암묵적 전제를 살펴보면, 과학도 종교외 미찬가지로 믿음 체계 위에 서 있는 건축물이라는 것이지요. 따라서 전근대의 종교적 세계관이 근대의 과학적 세계관으로 변동되는 과정을 종교의 개종에 비유하는 것은 결코 과장이라고 할 수 없습니다.

　그렇다면 과학 이론이 암묵적으로 전제하는 믿음 체계, 즉 과학의 형이상학은 구체적으로 무엇일까요? 첫째는 존재와 인식의 관계입니다. 과학에서 존재는 우리가 인식하든 말든 우리 외부에 있는 세계이고, 인식은 우리의 정신에 들어온 외부 세계 즉 알려진 외부 세계입니다. 따라서 존재는 인식에 앞서는 것이지요. 우리의 상식과 같습니다. 그러나 성경은 태초에 신의 말씀이 있었고 신의 말씀이 외부 세계인 자연을 창조했다고 기록합니다. 기독교에 따르면 존재보다 신의 말씀이, 즉 존재보다 '인식'이 앞서는 것이지요. 바로 여기서 종교와 과학의 믿음 체계의 차이가 드러납니다. 외부 세계가 우리의 인식과 무관하게 그 자체로 존재한다는 과학의 전제는 과학에 의해서 증명될 수 없는 믿음 체계, 즉 과학이라는 '종교'의 믿음 체계라고 할 수 있지요. 그렇다면 과학은 이러한 외부 세계를 어떻게 인식할 수 있을까요? 우리의 인식은 동물의 인식과 달리 경험에만 의존하는 것이 아니라 말로 하는 생각 즉 이성에도 의존합니다. 그렇다면 과학은 경험에 의존할까요, 아니면 이성에 의존할까요? 교과서 철학의 하나인 경험주의 철학은 생각 즉 이성도 결국은 경험에서 나온 것이라고 주장하고, 교과서 철학의 또 다른 하나인 이성주의 철학은 무의미하게 받아들여진 경험을 의미 있게 조직하는 이성 능력 덕분에 인간이 인식하게 된다고 주장합니다. 오늘날 심리과학은 지각과 감각을 구분하고 있고, 지각은 감각을 종합하는 두뇌의 기능에서 나온다는 것을 밝혀냈지요. 따라서 일반적인 상식과 달리, 과학적 지식이 오직 경험에서 온다는 주장이나 과학이 경험에 근거하기 때문에 객관적이라는 주장은 그다지 설득력이 없습니다. 물리학 교과서는 관찰 경험된 물리량의 수학적 관계를 발견하는 것이 물리학이라고 가르치는데, 수학은 경험이 아니라 이성에서 나온 것이지요. 이처럼 경험주의와 이성주의의 주장이 서로 다르지만 이들은 과학이 경험이든 이성이든 인간 능력에 의해서 만들어진 지식이라는 점을 공유하며, 이들에 의해서 쓰인 교과서 철학은 경험된 것들을 이성으로 조직한 것이 과학이라고 설명합니다. 과학은 외부 세계 자체에 대한 지식이 아니라 '우리에게 경험된 외부 세계'에 대한 지식이라는 것이지요. '원자'나 '기본 입자' 또는 '중력'이나 '전자기력' 등은 세계의 어떤 사물 자체를 지시하는 단어가 아니라 인간에 의해서 경험된 것들을 서술하는 단어라는 것이지요. 이 부분을 정신

김진업

바짝 차리고 들으셔야 합니다. 우리가 경험하는 것은 '원자'나 '중력'이 지시하는 사물 자체가 아니라 그것들이 만들어 낸 것으로 '추정되는' 경험적 현상일 뿐이라는 것이지요. 따라서 '원자'나 '중력' 자체가 세계 자체에 존재하는 사물인지는 알 수 없고, 따라서 외계인에게는 '원자'나 '중력'이라는 단어뿐만이 아니라 '원자'나 '중력'이라는 단어가 지시하는 사물 자체가 존재하지 않을 수 있다는 것이지요. 간단히 말해서, 과학은 원자나 중력을 '발견'한 것이 아니라 '발명'했다는 것이지요. 그러나 이러한 교과서 철학의 주장에 과학자들이 동의할까요?

바로 여기에서 과학의 두 번째 믿음 체계가 분명하게 드러납니다. 과학자들은 우리의 인식과 무관하게 세계의 모든 사건은 원인을 갖는다고 전제합니다. 우리가 인식하든 말든, 자연의 사건들은 자연적 원인에 의해서 촉발된다고 믿는 것이지요. 인과율은 자연 자체의 속성이고, 자연에는 필연성이 존재한다는 것이지요. 그렇기 때문에 과학자들은 물리량의 수학적 관계를 찾아낸 뒤에도 연구를 멈추지 않으며, 어느 변수가 자연적 원인과 자연적 결과를 지시하는지를 파악하려고 애씁니다. 수학 방정식 자체는 인과 관계를 서술할 수 없으니까요. 물리학이 수학으로 쓰여 있지만 수학으로 환원될 수 없는 이유는 바로 여기에 있습니다. 수학적 설명과 물리학적 설명의 차이도 바로 여기에 있는 것이고요. 그러나 과학이 전제하는 자연 필연성 또는 자연 인과율을 오해하지 않으려면 조금 더 자세히 들여다봐야 합니다. 자연의 개별 사물은 하나가 아니라 다양한 속성을 가지고 있습니다. 따라서 하나의 사물은 다양한 결과를 만들어 낼 수 있는 다양한 인과적 힘을 가지고 있지요. 이를테면 물은 생물을 키우는 인과적 힘과 불을 끄는 인과적 힘을 가지고 있습니다. 인간은 착한 일과 악한 일을 만들어 낼 수 있는 인과적 힘들을 가지고 있습니다. 그런데 자연에서는 하나의 원인 즉 하나의 인과적 힘이 독립적으로 작용하는 경우가 거의 없습니다. 하나의 원인이 다른 원인과 결합하여 함께 작용하고 있지요. 어떤 원인과 결합되는지에 따라서 하나의 원인이 서로 다른 결과를 만들어 낼 수 있고, 심지어 그 원인이 다른 원인과 상쇄되어 아무런 결과를 만들어 내지 않을 수도 있습니다. 게다가 원인들의 결합은 필연적일 수도 있고 우연적일 수도 있습니다. 따라서 자연 필연성이라는 말을 자연의 모든 변화가 이미 결정되어 있다는 말로 오해해서는 안 됩니다. 과학은 우주와 생물의 진화 경로를 결코 예측할 수 없다고 말합니다. 과학은 자연 필연성을 전제하지만, 결정론을 주장하지 않는 것이지요.

이처럼 원인들이 독립적으로 작용하지 않기 때문에 제아무리 경험을 많이 하더라도 경험만으로는 과학적 발견이 이루어지기 어렵습니다. 의사들은 병의 원인을 특정하기 위해서 수많은 임상 결과를 비교합니다. 이를테면 식중독이라는 임상 결과로부터 그 원인을 특정하기 위해서 고기 먹은 사람들만 식중독에 걸렸는지, 닭고기 먹은 사람들만 걸렸는지, 남자들만 걸렸는지, 노인들만 걸렸는지 등등을 조사합니다. 이러한 비교 과정은 결국 어떤 원인이 독립적으로 작용할 경우 어떤 결과를 만들어 내는지를 알아내기 위한 것인데, 이를 알아내기 위한 과학의 고유한 방법이 바로 실험입니다. 실험 장치는 원인으로 추정되는 하나의 요소만을 남기고 나머지 모든 요소는 작용하지 않도록 통제하는 장치입니다.

김진업

과학자들이 실험을 설계하고 실험 장치를 만든 뒤에 실제로 실험을 하는 이유는 일상의 자연이 실험실과 다르기 때문입니다. 자연적 세계는 인위적인 실험실과 달리 잡다한 원인이 함께 작용하는 공간이지요. 그렇다면 실험을 할 수 없는 대상은 과학적으로 연구할 수 없을까요? 기후, 지구 생태, 생물 진화, 인간 심리, 사회 등을 연구하는 과학은 그것이 연구하는 대상의 특성 때문에 사실상 실제의 실험을 할 수 없습니다. 그래서 앞에서 예로 들었던 의사들처럼 이미 일어난 사건을 기록한 경험 자료들을 실험의 논리에 따라 재구성하는 방법을 사용합니다. 비록 실제의 실험과 다른 것이지만 실험의 논리를 따르고 있으므로 이러한 재구성도 실험적 방법에 속합니다. 어쨌든 단순한 관찰 경험과 달리 실험이 과학에게 특별히 중요한 이유는 두 가지입니다. 하나는 과학의 목적이 사물의 인과적 힘을 밝히는 데에 있기 때문입니다. 제아무리 경험 많은 노인도 코로나의 원인을 특정할 수 없지만 젊은 과학자의 실험은 그 원인을 특정할 수 있게 해 줍니다. 다른 하나는 실험에서 만들어지는 사건이 인간과 무관하게 자연에 의해서 만들어지기 때문입니다. 실험을 설계하고 장치를 만들고 실험에서 일어난 사건을 기록하고 해석하는 일은 물론 인간이 합니다. 그러나 실험에서 일어나는 사건 자체는 자연에 의해서 만들어집니다. 어느 누가 실험하든지 똑같은 사건이 발생하지 않을 경우 실패한 실험으로 간주하는 이유도 여기에 있습니다. 그렇기 때문에 과학은 단순히 인간의 경험을 해석하는 학문이 아니라, 스스로 사건을 만들어 내는 자연 자체의 인과적 힘을 발견하는 학문인 것이지요. 과학자들이 원자를 발명품이 아니라 발견된 것이라고 믿는 이유는 그것이 실

신영복의 정치경제학

험에 의해서 확인되기 때문이지요. 과학자 사회는 수학적으로 입증되었더라도 실험을 통해서 확인되지 않은 이론은 과학 이론으로 인정하지 않습니다.

이제 과학이 어떤 학문인지를 간략하게 정리합시다. 과학은 자연에 존재하는 사물의 힘과 그 힘의 작동 방식을 발견하는 학문입니다. 물론 여기서 말하는 힘은 결과를 만들어 내는 원인, 즉 인과적 힘입니다. 이를 위해서 과학자들은 1단계에서 경험 자료를 수집하고 분류하며 이로부터 경험된 것들의 유형과 규칙성을 구별해 냅니다. 1단계의 과학은 경험에 의존하는 경험적 학문입니다. 그러나 과학은 2단계에서 경험적 규칙성이 왜 발생하는지 그 원인을 추정합니다. 이러한 추정은 물론 인간의 추리 능력 즉 이성 능력을 통해서 이루어집니다. 2단계의 과학은 이성에 의존하는 학문입니다. 3단계에서 과학은 추정된 원인이 외부 세계의 자연에서 실제로 작동하는 원인인지를 확인합니다. 이를 위해서 과학은 직접적으로 실험을 하거나 수집된 경험 자료들을 실험의 논리에 따라 재구성합니다. 3단계의 과학은 실험에 의존하는 학문입니다.

그러나 과학은 완전한 지식이 아니라 틀릴 수 있는 지식입니다. 과학이 의존하는 모든 실험은 인간이 만든 설계와 장치로 이루어지므로 완전할 수 없기 때문입니다. 더구나 실험은 겨우 하나의 인과적 힘을 발견하기 위한 것입니다. 반면에 자연에는 아주 많은 사물이 존재하고, 하나의 사물은 아주 많은 인과적 힘을 가지고 있으며, 인과적 힘들은 아주 복잡하게 결합되어 있지요. 그러므로 제아무리 실험을 많이 하더라도 실험을 통해서 발견된 자연의 힘들은 자연의 아주 작은 일부에 불과할 것입니다. 그렇기 때문에 과학은 결코 완성될 수 없지만 끝없이 발전할 수 있는 학문입니다. 과학의 역사는 발전과 진보의 역사라고 할 수 있는 것이지요. 그런데 교과서 철학은 뉴턴에서 아인슈타인으로의 변화를 진보로 단정할 수 없다고 주장합니다. 주장의 근거는 무엇일까요? 여러분은 패러다임이라는 단어를 들어 보셨을 겁니다. 우리 말로는 인식의 기본 틀 또는 사고방식의 기초 등으로 번역되지요. 뉴턴은 물체의 운동이 변하지 않는 시간과 공간 안에서 이루어진다고 주장했습니다. 변하지 않는 절대 시간과 절대 공간은 증명된 것이 아니라 가정된 것이지요. 따라서 인식의 기본 틀 즉 패러다임이라고 할 수 있습니다. 반면에 아인슈타인은 물체의 운동에 따라 시간과 공간의 관계가 변한다고 주장했고, 이를 위해서 자연의 모든 사물은 빛보다 빨리 운동할 수 없다고 가정했습니다. 빛이 세상에서 가장 빠르다는 것은 증명된 것이 아니라 가정된 것이지요. 따라서 이것도 인식의 기본 틀 즉 패러다임이라고 할 수 있습니다. 그렇다면 과학에서의 패러다임 변화는 세계를 해석하는 인식 틀의 변화에 그치는 것일까요, 아니면 과학의 진보일까요? 철학이나 역사 이론은 자신들의 인식 틀의 변화가 이론의 진보인지 퇴보인지를 판별할 객관적 근거를 갖고 있지 못합니다. 자연이 자신의 힘 자체를 스스로 알려 주는 실험에 의존하지 않고, 단지 자연에 내한 인간의 경험과 그에 대한 인간 이성의 해석에 의존하기 때문입니다. 그래서 자신들의 변화가 패러다임의 변화라고 주장하면서도 그러한 변화를 진보라고 말하는 것을 주저하지요. 그러나 과학자들은 어떨까요? 뉴턴 이론에서 아인슈타인 이론으로

331

의 변화가 과학의 진보라는 것을 부정하는 과학자는 아무도 없습니다. 아인슈타인 이론은 뉴턴 이론이 설명하는 모든 실험 결과를 설명할 수 있을 뿐만 아니라 뉴턴 이론이 설명하지 못하는 실험 결과까지도 추가로 설명할 수 있기 때문입니다. 과학은 인간이 아니라 자연이 스스로 만들어 내는 실험적 사건을 통해서 자연 자체의 작동 방식을 점점 더 자세히 알아 가고 있습니다. 따라서 인간의 경험과 해석에 의존하는 인문학과 달리 실험에 의존하는 과학은 한 방향으로 발전합니다. 과학은 절대적으로 완전한 지식이 아니지만 지속적으로 발전하는 지식이며 지금 여기에서 최선의 지식이라고 할 수 있지요.

해방의 사회과학

영국 총리 대처는 "사회는 없다, 개인만이 있을 뿐!"이라는 말로도 유명합니다. 유명한 만큼 많은 사람이 대처의 말에 공감하는 것 같습니다. 물론 개인과 달리 사회는 눈에 보이지 않습니다. 그러나 보이지 않는다고 공기 중에 산소가 없는 것은 아니지요. 누구도 사회가 개인에게 영향력을 행사한다는 사실을 부정하지는 못합니다. 어린아이가 어떤 어른으로 성장하느냐는 물론이고, 어른이 어떤 어른으로 사느냐도 사회에 달려 있기 때문입니다. 사회는 개인의 행위를 통제할 수 있는 인과적 힘이지요. 따라서 사회는 과학의 연구 대상이고 이를 연구하는 사회과학은 자연과학과 원칙적으로 다르지 않습니다. 사회는 자연의 일부이고, 과학은 자연

김진업

에 존재하는 사물의 힘과 그 힘의 작동 방식을 발견하는 학문이기 때문입니다.

그런데 사회가 인과적 힘을 갖는 이유는 무엇일까요? 답을 제대로 하려면 우선 좀 어려운 이야기를 해야 합니다. 과학은 에너지가 기본 입자로, 기본 입자가 원자로, 원자가 분자로, 분자가 생명체로, 생명체가 인간체로 진화했다고 말합니다. 그런데 원자의 속성과 원자로 이루어진 분자의 속성은 전혀 다릅니다. 분자의 속성과 분자로 이루어진 세포의 속성도 마찬가지로 다르고, 세포의 속성과 세포로 이루어진 생명체의 속성도 마찬가지로 다릅니다. 왜 그럴까요? 분자는 원자로 이루어져 있지만 단순한 집합물이 아니라 구조물이기 때문입니다. 세포는 분자로 이루어진 구조물이고, 생명체는 세포로 이루어진 구조물이며, 사회는 인간으로 이루어진 구조물입니다. 구조는 전체를 구성하는 요소들의 결합 방식을 지시하는 말입니다. 예를 들어 똑같이 2개의 수소 원자와 1개의 산소 원자로 구성된 분자라고 하더라도, 원자들의 결합 방식 즉 구조가 달라지면 그 분자는 물이 되기도 하고 물이 아닌 다른 것이 되기도 합니다. 물의 속성은 수소와 산소가 특정한 방식으로 결합되어 수소와 산소의 속성이 특정한 방식으로 통제되기 때문에 생겨납니다. 그렇기 때문에 우리는 어떤 사물의 속성을 구조적 속성이라고 부르는 것이지요. 축구팀은 선수로 이루어진 구조물입니다. 똑같은 선수들로 이루어져 있더라도 그 선수들이 어떻게 결합되어 있느냐에 따라 전혀 다른 팀으로 변모합니다. 사회도 마찬가지지요. 사람을 결합시키는 구조 즉 법과 제도가 달라지면, 사회가 가진 인과적 힘도 달라지고 그 힘의 통제를 받는 사람들도

신영복의 정치경제학

다른 사람이 된 것처럼 행위를 합니다.

　사회는 자연의 사물과 마찬가지로 구조물입니다. 따라서 사회 과학은 일반적인 과학과 마찬가지로 구조적 힘을 발견하는 과제를 갖게 됩니다. 이를테면 사회과학으로서 정치경제학은 자본주의 시장경제라는 사회구조가 무엇이고 사회구조의 힘이 어떻게 작동하는지, 즉 인간 행위를 어떻게 통제하여 사회구조를 재생산하는지를 밝히는 과제를 다룹니다. 그러나 사회과학은 자연과학에 없는 특수한 과제를 추가로 갖게 됩니다. 왜냐하면 인간에게는 일반적 동물에 없는 특수한 속성이 있기 때문입니다. 생물이 비생물에 없는 특수한 속성을 갖기 때문에 생물과학이 다른 과학에 없는 특수한 과제, 이를테면 진화 과정을 추가로 연구하는 것과 마찬가지지요. 그렇다면 인간의 특수한 속성은 무엇이고 그것은 사회에서 어떤 힘을 발휘할까요? 인간 사회든 동물 사회든 사회는 구조를 가지고 있습니다. 사회생활을 하는 침팬지 등의 동물이 사회적 규범, 즉 나름대로 '법과 제도'를 가지고 있다는 것은 잘 알려져 있지요. 그런데 이러한 규범은 오직 사회 구성원들의 행위에 의해서만 재생산됩니다. 사회 구성원들이 지키지 않을 경우 규범은 무력화되기 때문입니다. 동물 사회의 규범은 아주 오랜 시간을 통해서 우연히 변화될 수도 있지만 대체로 변하지 않습니다. 그러나 인간 사회의 개인은 규범이나 법과 제도를 의도에 따라 변화시킬 수 있는 힘을 갖고 있습니다. 인간은 생각하는 동물이기 때문이지요. 물론 여기서 말하는 생각은 동물의 생각과 구별되는 '정신'입니다. 철학이 오랫동안 분석해 온 '정신'은 거울을 보고 화장을 고칠 수 있는 자기의식 능력, 반성 능력, 비판 능력, 성찰 능력이지요. 덕분에 인간은 스스로 역사를 만들어 왔습니다. 그러나 일상에서의 인간 행위가 성찰을 따라 이루어질까요? '미네르바의 부엉이는 황혼이 되어야 날아오른다'는 말처럼 대부분의 성찰은 이미 일어난 행위에 대해서 이루어집니다. 성찰은 죽은 뒤에 약을 만드는 사후약방문이고, 소 잃은 뒤 외양간 고치는 일이지요. 일상에서 개인의 행위는 대부분 '아무 생각 없이' 이루어집니다. '아무 생각 없는' 생각은 성찰 없는 생각, 관습적인 생각, 즉 사회의 법과 제도에 의해서 길들여진 생각입니다. 오늘날 우리는 기우제나 가부장제를 옹호하는 생각을 잘못된 생각 즉 허위의 생각이라고 비판합니다. 성찰이 이루어졌기 때문이지요. 그러나 기우제와 가부장제는 성찰 없는 행위 '덕분에' 오랫동안 유지될 수 있었지요. 바로 그렇기 때문에 자연현상과 달리 사회현상은 현상 자체가 허위일 수 있습니다. 허위의 생각은 허위의 행위를 낳고, 허위의 행위는 허위의 사회를 낳고 재생산하기 때문이지요.

사회과학은 이러한 허위의 생각을 비판할 수 있습니다. 그러나 허위의 생각에 대한 비판은 사회과학뿐만이 아니라 철학이나 예술도 하고 있는 일입니다. 실제로 허위의 생각에 대한 비판은 사회과학보다 오히려 감수성이 높은 예술이나 상상력이 뛰어난 철학에서 먼저 이루어지는 경우가 더 많지요. 그러나 허위의 생각에 대한 비판에 의해서 허위의 사회구조가 바로잡히는 경우가 있을까요? 가부장주의, 학벌주의, 지역주의, 반북주의, 인종주의, 신자유주의 등의 생각과 제도는 성찰적 비판에도 불구하고 왜 여전히 지속될까요? 왜 자본주의는 마르크스의 과학적 비판에도 불구하고 여전히 지속되고 있을까요? 이러한 질문이 질문일 수 있는 이유는 사회에 대한 허위의 생각과 달리 자연에 대한 허위의 생각은 비판에 의해서 곧바로 바로잡히기 때문입니다. 이를테면 시간과 공간이 절대적으로 변하지 않는다는 생각은 오랫동안 엄청난 권위를 가졌지만 상대성원리에 의해서 허위로 비판되고 나서 곧바로 바로잡혔지요. 과학은 원인을 찾는 학문입니다. 따라서 사회과학은 '비판에도 불구하고 허위의 생각이 지속되는 현상'의 원인을 찾아야 합니다. 무엇이 허위의 생각을 지속시키는 인과적 힘일까요? 이 질문에 답해야 하는 과제는 사회과학만의 특수한 과제입니다. 비인간적 자연에서는 나타나지 않는 현상이기 때문이지요.

성찰 즉 비판은 허위의 생각을 폭로하는 일입니다. 대안적 상황을 제시하고 이를 현재 상황과 비교함으로써 현재 상황이 최선이 아님을 드러내는 것이 바로 허위의 생각을 폭로하는 비판입니다. 비판은 비교 판단의 준말이니까요. 물론 비판은 사실에 대한 비판뿐만이 아니라 가치에 대한 비판을 포함합니다. 사회는 생명으로 가득 찬 지구 자연의 일부로서 사실뿐만이 아니라 가치적 사실을 포함하기 때문이지요. 어쨌든 비판은 인간을 내적으로 해방시켜 줍니다. 이를테면 페미니즘은 가부장주의가 만들어 낸 심리적 억압을 해소합니다. 페미니즘을 알게 된 대부분의 여성과 일부의 남성은 해방감을 느끼는 것이지요. 그러나 비판의 외적 결과, 즉 비판에 따른 행위는 해방이 아니라 오히려 세상과의 불화와 갈등을 만들어 냅니다. 페미니즘을 알게 된 딸은 가부장적인 아빠와 싸우게 될 것이며, 집을 나올 것이며, 먹고살기 힘들어질 것입니다. 따라서 대부분의 딸은 페미니즘을 버리거나 숨기고 아빠와 화해하는 길을 선택할 것입니다. 살기 위한 선택이지요. 그러나 어떤 딸들은 질문할 겁니다. 비판에 따른 행위는 더 옳은 행위임이 분명한데도 왜 먹고사는 것을 어렵게 만드는 것일까? 아빠는 바로 규범이고 사회구조이기 때문입니다. 주어진 사회구조는 아빠의 생각과 행동 즉 인간 행위를 통제하는 힘입니다. 통제에서 벗어나는 행위에 대해서 벌을 내릴 수 있는 힘, 먹고사는 것을 어렵게 만들 수 있는 힘이지요. 가부장제는 개인이 자발적으로 선택할 수 있는 생각과 제도가 아니라 사회구조의 힘에 의해서 유지되고 재생산되는 생각이고 제도입니다. 이처럼 사회구조적 힘에 의해서 유지되기 때문에 가부장제와 같은 '허위의 의식과 허위의 제도'는 단순한 허위가 아니라 필연적 허위, 즉 인과적 힘에 의해서 야기되는 결과입니다. 비판에도 불구하고 지속될 수 있는 이유는 바로 여기에 있지요.

따라서 사회과학은 철학이나 예술처럼 허위의 생각을 비판할 수 있지만, 철학이나 예술과 달리 그러한 생각이 왜 나타나는지를, 즉 허위의 생각의 필연성을 비판해야 합니다. 철학이나 예술과 달리 사회과학은 인과적 힘을 발견하는 학문이니까요. 허위의 생각의 필연성은 허위의 생각을 재생산하는 사회구조의 힘에서 나옵니다. 따라서 허위의 생각의 필연성을 비판한다는 말은 결국 그것을 재생산하는 구조적 힘 즉 법과 제도를 비판한다는 말이 되는 것이지요. 사회과학이 법과 제도의 개혁이라는 실천적 사회운동과 무관할 수 없는 이유입니다. 이로부터 아빠와의 불화로 집을 나온 딸에게는 두 가지의 선택지가 생깁니다. 먹고살기 위해서 생각을 바꾸는 일, 즉 페미니즘을 버리거나 숨기는 일이 하나의 선택지입니다. 다른 하나의 선택지는 세상을 바꾸는 일, 법과 제도를 바꾸는 일에 뛰어드는 것입니다.

마르크스의 친구들은 그의 묘비에 그의 엄청난 글을 적어 놓았습니다. "지금까지의 학문은 세계를 해석하기만 했다. 그러나 문제는 세상을 바꾸는 일이다." 전근대의 경전학은 물론이고 근대의 철학도 세계를 해석하는 학문입니다. 초월자의 눈으로 해석하느냐 인간의 눈으로 해석하느냐의 차이가 있을 뿐입니다. 그러나 과학은 자연에 존재하는 사물의 힘과 힘의 작동 방식을 발견합니다. 물론 사물은 구조물이며 여기에는 사회구조도 포함됩니다. 그런데 힘과 힘의 작동 방식을 발견하는 일이 왜 필요할까요? 왜 근대 이후의 사람들은 경전학과 철학을 제쳐 두고 과학을 행위의 지침으로 선택했을까요? 힘과 힘의 작동 방식을 알면 세상을 우리의 의도에 따라 바꿀 수 있기 때문입니다. 기술은 자연을 변형하는 방법입니다. 전통적 기술은 시행착오를 포함하는 오랜 경험의 산물, 즉 장인의 기술이지요. 그러나 과학기술은 자연의 힘과 힘의 작동 방식에 기초해서 자연을 변형하는 기술입니다. 근대 문명의 발전 속도가 전근대 문명의 발전 속도와 비교될 수 없는 이유는 여기에 있습니다. 다른 한편, 사회라는 자연을 바꾸는 기술을 정치 또는 사회운동이라고 부를 수 있습니다. 전근대의 노예 반란이나 농민 반란은 의도대로 세상을 바꾸지 못한 사회운동이었습니다. 사회의 구조적 힘과 그 힘의 작동 방식을 제대로 알지 못했기 때문입니다. 자연을 바꾸는 과학기술처럼 사회를 바꾸는 과학적 정치와 과학적 사회운동이 요구되는 이유입니다.

문제가 세상을 바꾸는 일이라면 그 일에 적합한 학문은 과학입니다. 과학은 명시적이든 암묵적이든 해방을 지향합니다. 해방은 인간이 겪고 있는 문제를 해소하는 일이고, 사물의 힘과 힘의 작동 방식을 알아야 하는 이유는 문제를 해소하기 위해서지요. 물론 여기에서의 문제는 사실적 문제뿐만이 아니라 가치적 문제를 포함합니다. 반복해서 강조하는 말이지만, 우리가 살고 있는 생태계는 몰가치적 사실과 가치적 사실이 함께 포함되어 있는 공간이기 때문입니다. 그러나 해방은 자연에서 벗어나거나 사회에서 벗어나는 일이 아닙니다. 과학은 인간이 자연과 사회 속에서만 인간으로서 재생산될 수 있다는 사실을 알려 주기 때문이지요. 따라서 저승에서의 해방이나 마음의 해방을 찾는 경전학이나 철학과 달리, 과학적 해방은 개인의 재생산 조건인 자연과 사회를 바꾸는 일입니다. 사회과학은 현재의 사회구조를 밝혀내고, 대안적인 사회구조를 제시할 수 있습니다. 대안적 사회구조를 제시하고 이를 현재의 사회구조와 비교함으로 현재의 사회구조가 최선이 아님을 드러내는 것이지요. 물론 여기에서의 대안은 사실에 대한 대안뿐만이 아니라 가치에 대한 대안을 포함합니다. 따라서 사회과학은 인간이 보다 나은 사실과 보다 나은 가치를 실현할 수 있도록 돕는 것이지요.

강의를 마무리하겠습니다. 인간과 자연을 대립시키는 생각이 잘못이라고 말했습니다. 과학이 사실만을 말하고 가치를 말할 수 없다는 주장도 잘못이라고 말했습니다. 정치경제학자 신영복이 인문학자로 전향했다는 평가는 잘못이라고 말했습니다. 오랜 시간 들어 주셔서 고맙습니다.

소수자의 시선으로 읽는 변방론

박경태

소수자, 우리 안의 변방

저는 사회학을 전공했고, 그중에서도 소수자를 연구하고 있습니다. 특히 소수자 중에서도 인종·민족 관련 소수자에 대해서 공부하고 있어서, 최근 한국 사회를 설명하는 화두 중의 하나인 다문화 현상을 공부하고 있다고 할 수도 있습니다. 오늘 제가 드릴 말씀은 신영복 사상의 여러 측면 중에서 변방 사상 또는 변방론인데, 저는 이것이 제가 공부하는 주제인 소수자 문제와 밀접하게 연결되어 있다고 생각합니다. 그래서 저는 변방론을 인종·민족 관련 소수자, 특히 국제 이주와 관련된 소수자 문제와 연결해서 말씀을 드리도록 하겠습니다.

제 얘기의 출발점은 선생의 책 『변방을 찾아서』입니다. 이 책

"나는 도서관 현판 앞에서 아이들에게 물었다. '꿈을 담는 도서관이라고 했는데 어디다 꿈을 담지?'"(해남 송지초등학교 서정분교 꿈을담는도서관 앞에서; 『변방을 찾아서』, 47쪽)

에 실린 글들은 당신이 쓰셨던 글씨가 걸려 있는 곳을 찾아가서 그 글씨에 관한 이야기를 풀어낸 것들인데, 가 봤더니 그게 "대체로 '변방'에 있었다"고 합니다. "지역적으로도 중심에서 멀리 떨어져 있었고, 또 그곳의 성격 또한 주류 담론이 지배하는 공간이 아니었다"는 얘깁니다(『변방을 찾아서』, 7~8쪽).

여러분은 스스로 '나는 변방에 속하는 사람이야'라는 생각을 하시는지요. 또 제가 공부하는 화두인 소수자라는 단어를 사용하자면, 여러분은 '나는 소수자다'라는 생각을 가끔이라도 하시는지요. 선생은 이렇게 쓰셨습니다. "누구도 변방이 아닌 사람이 없고, 어떤 곳도 변방이 아닌 곳이 없고, 어떤 문명도 변방에서 시작되지 않은 문명이 없다. 어쩌면 인간의 삶 그 자체가 변방의 존재이기도 하다. 그런 점에서 변방은 다름 아닌 자기 성찰이다."(『변방을 찾아서』, 13쪽) 그렇습니다. 우리는 누구나 어떤 측면에서 변방

소수자의 시선으로 읽는 변방론

에 해당하는 속성이 있습니다. 물론 사람 중에는 스스로가 세상의 모든 기준에서 변방이 아닌 중심에 해당한다고 생각하는 경우도 있겠지만, 제가 볼 때 그런 사람은 별로 없을 것 같고, 설령 있다고 하더라도 자기 성찰을 하지 못하는 사람일 것이라고 생각합니다.

그런데 선생이 말씀하시는 변방은 특별한 의미가 있습니다. "중요한 것은 변방이 공간적 개념이 아니라는 사실이다. 그런 점에서 변방은 변방성, 변방 의식의 의미로 이해되어야 한다. ……그렇기 때문에 변방 의식은 세계와 주체에 대한 통찰이며, 그렇기 때문에 변방 의식은 우리가 갇혀 있는 틀을 깨뜨리는 탈문맥이며, 새로운 영토를 찾아가는 탈주(脫走) 그 자체이다."(『변방을 찾아서』, 26~27쪽) 변방이 단지 공간을 의미하는 것이 아니라는 점은 짐작할 수 있지만, 변방 의식을 통해서만이 우리를 가둔 문맥에서 벗어날 수 있다는 대목은 곱씹어 볼 필요가 있습니다. 중심은 이미 기득권을 갖고 있으니까 중심이며, 따라서 굳이 변해야 할 필요가 없습니다. 그렇다면 중심이 변화의 출발점이 될 가능성은 없을 것이고, 오히려 기존의 제도와 체계를 그대로 유지하는 것이 존재의 이유가 될 것입니다. 즉 중심은 기존의 문맥에 갇히는 것입니다. 그래서 모든 변화는 변방에서 시작될 수밖에 없습니다.

이제 제가 공부하는 쪽으로 연결시켜 보겠습니다. 저는 우리 안에 변방이 있다고 생각합니다. 즉 변방이 우리와 동떨어진 곳에 존재하는 것이 아니라 우리 안에, 우리 중에 변방이 공존하고 있다는 것입니다. 그리고 그에 해당하는 사람들이 소수자라고 생각합니다. 그중에서도 오늘 제가 말씀드릴 변방은 소수자 중에서도 제가 주로 공부하는 인종·민족 관련 소수자 이야기입니다.

박경태

먼저, 소수자의 정의에 관한 이야기를 하고, 소수자의 사례를 살펴본 뒤에, 소수자와 다수자가 함께 살고 있는 모습을 읽어 내는 이론 몇 가지를 소개하도록 하겠습니다. 그리고, 그다음에는 우리가 나아가야 하는 방향을 정리해 보겠습니다. 오늘 강의 중에는 다인종·다민족 사회 중에서도 영화와 드라마 등으로 우리에게 잘 알려진 미국의 사례를 많이 인용합니다.

소수자의 정의

소수자는 '신체적 또는 문화적 특징 때문에 사회의 다른 성원들에게 차별을 받으며, 차별받는 집단에 속해 있다는 의식을 갖고 있는 사람들'입니다. 일부 학자들은 이 정의의 앞부분만으로, 그러니까 어떤 특징 때문에 차별을 받는다는 것만으로 소수자를 정의합니다. 그런데 저는 집단 소속 의식을 갖는다는 뒷부분이 들어가야 소수자의 정의가 완성된다고 생각합니다. 앞부분은 소수자의 객관적 조건이고 뒷부분은 주관적 조건이라고 할 수 있는데, 소수자는 객관적 조건 때문에 차별을 받으며 주관적으로 스스로가 소수자 집단에 속한다고 느끼는 사람이라는 의미입니다.

그렇다면 왜 뒷부분이 필요한가를 생각해 봐야 합니다. 미국의 두 거대 정당을 사례로 설명해 보겠습니다. 미국의 정치 지형에서 민주당과 공화당은 모두 보수 정당이지만 약간의 차이는 있습니다. 예를 들어 소수자 우대 정책(적극적 조치)에 대한 입장을 살펴보면 큰 틀에서 민주당은 찬성, 공화당은 반대 입장을 갖고

소수자의 시선으로 읽는 변방론

있습니다. 그렇기 때문에 대부분의 흑인은 선거에서 주로 민주당을 찍습니다. 2024년 대통령 선거에서 미국 흑인의 86%가 해리스를 찍었습니다. 오바마가 두 번째 당선될 때인 2012년 선거에서는 흑인의 오바마 지지율이 93%였고요. 그러니까 대략 얘기해서 흑인은 압도적으로 민주당을 찍고 있다고 할 수 있습니다.

그런데 특이하게도 공화당에도 유력한 흑인 정치인들이 있습니다. 예를 들어 공화당의 조지 W. 부시 대통령 시절에 육군 장군 출신이면서 흑인으로서 최초로 국무장관을 지냈던 콜린 파월이 있었고, 그의 뒤를 이어 역시 국무장관이 된 최초의 흑인이자 여성이었던 콘돌리자 라이스가 있었습니다. 대통령과 부통령 바로 다음에 해당하는 미국 서열 3위 자리인 국무장관으로 임명된 이 사람들은 대다수 다른 흑인들의 지향과는 달리 공화당 정부에서 유력자가 된 사람들입니다. 존재 자체가 모순이라고 할 수 있습니다. 따라서 공화당에서 '출세'를 하기 위해서는 자기 존재에 대한 정당화가 필요합니다. 그래서 예를 들면 이런 생각을 갖춤으로써 모순을 해결합니다. "흑인 형제들이여, 내가 (예를 들면) 하버드 로스쿨을 나왔는데 내가 학교 다닐 때 백인 애들이 뒤에서 손가락질하면서 떠들더라. 쟤는 공부도 못 하는 게 흑인 우대 정책을 통해서 입학했을 것이다. 우리 동족들이 왜 이런 비난, 비판, 손가락질을 받아야 하는가! 형제들이여, 우리 이런 제도를 다 없애고 당당하게 우리 실력으로 대학에 가고 회사에 입사하자!"

만약 백인이 이런 얘기를 하면 인종주의자라는 비판을 받았을 텐데, 누가 시키지 않았는데도 흑인이 적극적으로 나서서 우대 정책을 없애자고 떠들고 있으니 백인 입장에서는 매우 흐뭇하겠습

박경태

니다. 그렇게 생각하고 말하는 사람들은 분명히 외관상으로는 흑인인데 머릿속에는 우대 정책을 철폐하라는 백인들의 사고방식이 들어 있습니다. 객관적으로는 흑인이지만 주관적으로는 머릿속에 백인의 두뇌가 들어앉아 있는 셈입니다. 그래서 저는 소수자이면서 오히려 자기가 속한 공동체의 '선한 이익'에 반하는 사고와 행동을 하는 사람들은 주관적 조건에서는 소수자 의식을 갖고 있지 않은 사람들로 보며, 따라서 소수자의 참된 정의는 뒷부분을 집어넣어서 완성해야 된다고 생각합니다.

참고로 이 정의는 숫자와는 관계가 없습니다. 비록 소수자라는 단어가 사전적으로는 '숫자가 적은 사람'을 뜻하지만, 사회과학에서는 숫자가 많더라도 차별의 대상이 된다면 소수자로 규정합니다. 남아프리카공화국에는 인구의 약 80% 정도가 흑인이지만 그들은 여전히 소수자입니다. 왜냐하면 차별을 받기 때문입니다. 대한민국 땅에는 주민등록 기준으로 2015년부터 여성의 숫자가 남성의 숫자보다 많아졌지만, 여성은 여전히 차별을 받고 있기 때문에 소수자입니다.

소수자의 사례들

소수자의 정의에 따르면, 소수자에 해당되는 사람은 신체적 또는 문화적 특징 때문에 차별을 받는다고 했는데, 우선 신체적 특징 때문에 차별을 받는 소수자에는 누가 있을까요. '명백한' 사례로 떠오르는 대상은 흑인, 여성, 장애인 등과 같이 외관상 '소수자성'

이 드러나는 사람들입니다. 넬슨 만델라는 흑인 최초로 1994년에 남아프리카공화국의 대통령이 되었습니다. 이 나라는 참으로 극심한 인종차별 국가였는데, 만델라가 취임할 때까지 아파르트헤이트(Apartheid)라는 인종 분리 정책을 국가가 공식적으로 시행했습니다. 거주 지역을 분리했고, 사용 시설도 분리했고, 흑인과 백인이 같은 팀에서 운동하는 것도 금지했고, 인종 간의 결혼은 물론 성관계조차 처벌했습니다. 흑인이 왜 차별을 받았을까요? 단지 백인과는 다른 신체적 특징을 가졌기 때문에, 즉 피부색이 달랐기 때문입니다. 마찬가지로 여성과 장애인이 차별을 받는 이유도 단지 다수자인 남성이나 비장애인과 다른 신체적 특징을 가졌기 때문입니다.

그렇다면 문화적 특성에 따라서 차별받는 사람들은 누구일까요? 여호와의증인, 무슬림, 재일조선인 등을 예로 들 수 있습니다. 제가 대학원에서 개설한 '소수자 연구'라는 과목을 10여 년 전에 수강한 30대 초반의 남학생이 생각납니다. 첫 시간에 수강생들에게 각자 소개를 하면서 왜 이 과목을 수강하는지도 함께 얘기해 보라고 했는데, 그 학생은 자신이 여호와의증인 신도인데 수업 제목이 자기 얘기를 하는 것 같아서 수강 신청을 했다고 했습니다. 그래서 양심적 병역거부에 관해 토론할 때 발표를 부탁했습니다. 그에 따르면 자기는 나이가 들면 당연히 감옥에 가는 것으로 생각하며 자랐다고 합니다. 왜냐하면, 아버지, 삼촌, 교회 어른 등 자기가 알고 있는 모든 남자가 감옥에 가니까 그런 줄 알았다고 합니다. 회사에 다니고 있었는데, 동료들과 잘 지내왔지만 어쩌다 자기가 여호와의증인임이 알려지면서 갑자기 사람들이 거

박경태

리를 두기 시작했답니다. 아마도 여호와의증인에 대해서 사람들이 갖는 이미지 때문이었을 겁니다. 광신도, 아이가 죽든 말든 수혈도 안 하는 사람들, 국기에 경례도 안 하고 국방의 의무도 이행하지 않는 존재들 등의 이미지 말입니다. 그 학생은 변한 것이 없는데도 단지 그의 종교가 알려진 순간부터 편견을 갖고 차별하는 것, 이것이 바로 종교라는 문화적 특성에 따라 차별을 받는 것입니다. 이 종교 또는 교단이 이단이냐 아니냐 하는 것은 지금의 주제가 아니므로 언급하지 않겠습니다.

이런 차별은 이슬람 종교를 가진 무슬림에게도 적용됩니다. 기독교 문명권인 서구 사회에서 일어나는 무슬림에 대한 대접과 차별은 우리가 잘 알고 있습니다. 한국에서두 마찬가지입니다. 2018년에 예멘 난민 500여 명이 제주도에 들어왔을 때 한국 사회는 거대한 이슬람 공포에 휩싸였습니다. 전쟁을 피해 도망쳐 왔을 뿐인데, '겨우' 500명 때문에 한국이 멸망할 것처럼 공포가 몰아친 것입니다. 이렇게 된 배경에는 우리가 기본적으로 오랜 시간 동안 이슬람에 대한 서구의 부정적인 시각을 학습한 것에 더해서 이슬람을 악마화하는 조직적인 가짜 뉴스 유포 때문이었습니다. 그들 때문에 한국의 여성들이 성폭행을 당해서 그들의 아이를 낳게 될 것이라는 둥, 부인을 네 명씩 거느리게 되어서 우리의 전통문화가 파괴될 것이라는 둥, 한국이 이슬람화될 것이라는 둥, 극우단체가 일부러 만들이 내고 확산시킨 서짓말이 우리를 공포에 떨게 했습니다. 이슬람과 그것을 믿는 무슬림을 이 땅에서 쫓아내야 한다는 명백히 차별적인 주장이 온라인에 넘쳐났습니다. 무슬림에 대한 공포는 종교가 다르다는 이유만으로 차별의 대상이 된 대표적인

소수자의 시선으로 읽는 변방론

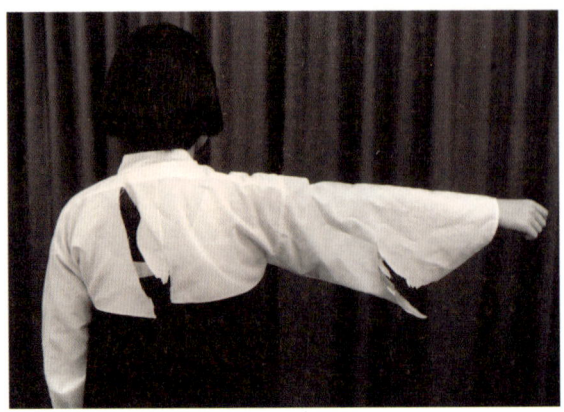

1994년 1차 북핵 위기 때 테러로 훼손된 조선학교 학생의 교복. 일본 사회에서는 이 사건을 '치마저고리 사건'이라 불렀다. 사진 출처: 민플러스

사례라고 할 수 있습니다.

　일본에는 현지 국적을 취득한 귀화자를 포함해서 약 90만 명의 재일조선인이 있고, 한국어로 교육하는 민족학교(조선학교)가 여러 곳에 있습니다. 이미 오래전부터 '욘사마'를 비롯한 한류가 인기를 끈다고는 하지만, 재일조선인은 여전히 일본에서 차별을 받고 혐오의 대상이 되고 있습니다. 한복 치마저고리 교복을 입고 등교하는 여학생에게 침을 뱉고 치마를 찢는 폭력도 발생하고, 조선학교 앞에서 확성기로 한국인(조선인)을 바퀴벌레라고 부르면서 한국으로 돌아가라고 외치는 혐한 시위도 발생했습니다. 왜 이런 일이 생길까요? 신체적 특징, 즉 생긴 게 달라서 차별을 받는 것이 아닙니다. 국적 또는 출신국이라는 문화적 상징을 공유하지 않는 존재이기 때문에 그런 것입니다.

박경태

다양성을 설명하는 이론들

다양한 소수자와 다수자들이 어울려서 살고 있는 모습들을 설명하는 여러 이론을 정리해 보면 크게 기능주의 시각과 갈등주의 시각이 있고, 그 안에 각각 3개와 2개의 이론이 있습니다.

1. 기능주의 시각

〔동화론〕

동화론을 기호로 표시해 보면 이렇습니다.

$$A+B+C=A$$

여기서 A, B, C는 각각 여러 인종 집단, 민족 집단 또는 문화권 출신 사람들을 의미하고 그중에서도 A는 주류 또는 다수자이고, 나머지는 비주류 또는 소수자를 의미합니다. 이것을 설명해 보면, 여러 인종, 민족, 문화권 출신 사람이 어울려 살다가 일정한 시간이 지나면 누구나 다 A가 된다는 것입니다. 그러니까 시간이 지나면 소수자가 다수자의 일원이 된다, 주류 사회의 성원이 된다는 의미입니다.

사실 동화라는 단어는 나쁜 의미가 아닙니다. 물론 강제 동화는 나쁜 것이지만, 본인이 원하는 동화는 괜찮은 것입니다. 예를 들어 내가 다른 나라로 이민 갔는데, 그 나라의 일원이 되고 싶어서 말도 배우고 문화도 배우는 것은 자연스러운 일입니다. 오히

아일랜드 사람
(Irish Iberian)

영국 사람
(Anglo-Teutonic)

흑인
(Negro)

H. 스트릭랜드 콘스터블이 1899년에 쓴 『한두 가지 간과된 관점에서 본 아일랜드』에 실린 삽화. 그는 이베리아 반도에 사는 사람들이 원래 아프리카 인종(흑인)이며, 그들이 수천 년 전 스페인을 통해 아일랜드에 들어왔고, 그 후로는 세계의 다른 지역으로부터 고립되어 살아왔다고 주장했다.

려 동화를 원하는 당사자가 동화되지 못하게 막는다면 문제입니다. 다양성을 긍정적인 가치로 여기는 요즘에는 동화론이 좀 낡았다는 느낌이 들 수도 있지만, 이 이론이 처음 나왔던 1920~30년대의 미국에서는 매우 진보적인 이론이었습니다. 당시 미국 사회에는 수많은 이민자가 오고 있었는데 먼저 이민 가서 살고 있던 앵글로·색슨계의 입장에서는 후발로 오는 이민자들이 못마땅했습니다. 영어도 못 하고 자기들끼리만 어울리고 자기네 음식만 먹기 때문에 과연 이들이 미국 사람이 될 수 있겠느냐고 생각할 때, 시간이 지나면 누구나 다 된다는 이론이었으니까요. 그러니까 동화론은 신규 이민자 집단에게 희망을 주는 이론이었습니다. 비록 우리가 지금은 힘들지만 시간이 조금만 지나면 우리 자식은 주류 사회에 진입할 수 있을 것이라는 희망을 주는 것이었습니다.

그런데 혹시 동화론에 문제는 없는가를 생각해 봅시다. 위의 그림을 보면 가운데에는 영국 사람(Anglo-Teutonic)을, 그리고 오

350

박경태

른쪽에는 흑인(Negro)을 그렸습니다. 흥미로운 것은 왼쪽에 흑인처럼 그려 놓은 아일랜드 사람(Irish Iberian)의 모습입니다. 당연히 '백인'인 아일랜드 사람을 왜 이렇게 그렸을까요?

이에 대한 답을 하려면 아일랜드가 겪은 슬픈 역사를 들여다봐야 합니다. 아일랜드는 하필이면 세계 최강국이었던 영국의 바로 옆에 붙어 있어서 수백 년간 지배를 받았습니다. 영국인은 아일랜드인을 게으르고 폭력적인 술주정뱅이로 여겼고, 그런 이미지는 다른 나라에도 퍼졌습니다. 실제로 그 사람들이 그런가는 중요하지 않았습니다. 지배자인 영국인이 '너희는 그런 존재다'라고 규정하면 그렇게 되는 것입니다. 피지배자인 하위 주체는 자기의 정체성에 대해서 스스로 말할 수가 없습니다. 지배자가 규정해 주는 정체성이 자기 정체성이 되고 그것이 세상에 알려집니다. 그래서 그들은 열등한 존재로 여겨졌습니다. 백인이 아닐 뿐만 아니라 인간으로도 여겨지지 않던 흑인과 다를 바 없는 존재로 규정되어서 '하얀 검둥이'(white nigger)로 불리기도 했습니다.

그런데 1840년대 중반에 아일랜드에서 주식이던 감자의 마름병이 번지면서 대기근이 발생합니다. 굶어 죽는 상황에서 살아남기 위해 수많은 사람이 신규 노동력을 받아들이는 미국으로 이민 갔습니다. 물론 미국에 먼저 와서 살고 있던 영국계 사람들 입장에서는 열등하다고 여기는 아일랜드인이 마음에 들지 않았지만, 농사를 싯고 공장을 놀려야 하니까 받아들이기는 하되 다양한 차별로 그들을 억압했습니다. 그러다가 해마다 몇 십만 명씩 들어오니까 시간이 갈수록 그들이 모여 사는 아이리시 타운이 점점 커지고 여러 군데 생기게 됩니다. 그렇게 숫자가 늘어나니까 과거와는

소수자의 시선으로 읽는 변방론

달리 이 사람들이 지지하는 후보가 시장이 되고 주지사가 되는 상황이 발생합니다. 더 이상 배제 전략이 통하지 않게 되자 결국 포섭 전략으로 가게 되었고, 그래서 아일랜드 사람들은 뒤늦게 백인으로 인정을 받게 되었습니다. 『아일랜드인은 어떻게 백인이 되었는가』(Noel Ignatiev, *How the Irish Became White*, 1995) 라는 책에 나오는 내용입니다. 아일랜드인에 이어서 이탈리아계, 그리스계, 그리고 비교적 최근에는 유대계 사람 등도 같은 과정을 거쳐서 백인으로, 그러니까 주류 사회의 성원으로 인정받게 되었습니다.

그런데 흑인은 어떨까요? 미국에 흑인이 처음 도착한 게 1619년이니까 흑인들은 영국계를 제외한 대부분의 다른 백인계 이민자들보다 먼저 미국에 갔습니다. 그러나 흑인들은 A가 되었을까요? 다른 백인계 이민자들은 하나하나 A가 되어 갔지만 흑인들은 그렇게 되었다고 보기 어렵습니다. 물론 오바마가 대통령이 되고, 해리스가 대통령 선거에 출마하는 사례도 있습니다. 그러나 심심치 않게 "흑인 생명도 소중하다"(Black Lives Matter)는 구호를 외치는 시위가 벌어지는 상황을 보면, 흑인은 아직 A가 되지 않았다 또는 못 됐다고 봐야겠습니다. 그렇다면 동화론은 누구에게는 적용이 가능한 이론이지만 또 다른 누구에게는 통하지 않는 이론이라는 비판이 가능합니다.

〔융합론〕

기능주의의 두 번째 이론은 융합론입니다. 역시 기호를 표시해 보면 다음과 같습니다.

박경태

A+B+C=D

여러 인종, 민족, 문화권 출신 사람이 모여 살다가 시간이 지나면 자기의 출신 국가 정체성을 내려놓고 현지 사회의 성원이라는 새로운 신분(D)으로 모두가 함께 거듭난다는 얘기입니다. 영국계, 중국계, 독일계 등의 정체성을 다 내려놓고, 누구나 이민 간 나라의 똑같은 시민이 된다는 얘기입니다. 이것은 미국 사람들이 자기네 인종 상황을 자랑스럽게 얘기하는 용광로 이론입니다. 이런저런 출신국 정체성을 가진 사람들이 모두 용광로에 들어가서 섞인 후에 나오는 결과물은 똑같은 미국인이라는 얘긴데, 소수자가 주류 또는 다수자 쪽으로 반드시 동화해야만 살아남는 게 아니라는 의미이므로 긍정적으로 볼 수 있겠습니다. 그렇지만 역시 또 비판적인 시선을 가져 봅시다.

미국의 피겨 스케이팅 선수인 미셸 콴은 김연아가 선수 생활을 하던 시절부터 존경한다고 얘기했던 사람입니다. 사실 김연아가 올림픽에서 금메달을 땄고 세계선수권대회에서도 두 번이나 금메달을 땄던 위대한 선수인데, 그런 사람이 존경하는 선수라면 얼마나 위대하겠습니까? 실제로 미셸 콴은 1990년대 중반부터 2000년대 중반까지 세계선수권대회에서 5회, 미국 선수권대회에서 9회 우승을 차지한 위대한 선수입니다. 피겨 스케이팅은 격렬한 훈련과 극심한 다이어트를 병행해야 하는 종목의 특성상 최고의 지위에 그렇게 오래 있기가 쉽지 않은데, 바로 그걸 해낸 선수였습니다. 그러나 그런 미셸 콴이었지만 놀랍게도 그에게는 올림

353

픽 금메달이 없습니다. 세계 최고의 지위에서 그렇게 오랫동안 있으면서 나가노(1998)와 솔트레이크(2002)에서 열린 동계올림픽에 두 번을 출전했지만 모두의 예상을 깨고 각각 은메달과 동메달에 그쳤습니다.

2002년 대회의 깜짝 금메달은 미셸 콴의 팀 동료인 16살의 어린 백인인 사라 휴스에게 돌아갔습니다. 그런데 피겨 스케이팅 시합이 열린 다음 날 아침 『시애틀타임스』 신문에는 기가 막히는 제목의 기사가 달렸습니다. "미국인이 콴보다 더 빛났다."(American Outshines Kwan) 콴은 미국인이 아니라는 의미로 읽혔습니다. 그러자 미국에 사는 아시아계 사람들이 항의 전화를 걸고 이메일을 보냈는데, 사흘 뒤에 나온 자그마한 해명 기사에는 이렇게 쓰여 있었습니다. "마감 시간에 쫓겨서 나온 실수였다." 아하, 마감 시간에 쫓기면 본심이 드러나는가 봅니다. 아시아계는 미국에서 미국인으로 취급을 받지 못합니다. 영원히 외국인 대접을 받는 것입니다.

2025년 7월 9일에는 트럼프 대통령이 공식 석상에서 라이베리아 대통령에게 영어를 잘한다고 칭찬해서 물의를 빚었습니다. 사실 라이베리아는 미국이 흑인들을 아프리카로 돌려보내기 위해서 개척한 식민지였다가 독립했기 때문에 영어를 공용어로 사용하는 나라인데, 그 나라 사람에게 영어를 잘한다고 칭찬하는 것은 역사에 무지한 우월주의자의 건방 떨기에 불과한 것입니다. 그런데 이런 일은 미국 안의 아시아계에도 벌어지고 있는 것입니다. 한국계 이민자 가정에서 태어나서 초중고를 다닌 후에 대학에 입학했는데, 새로 만난 친구들이 인사를 하다가 갑자기 영어 발음이 좋다고 칭찬하면서 어디에서 배웠느냐고 묻는 상황이 생기는 것

박경태

입니다. "과연 내가 백인이었어도 얘가 이런 소리를 했을까? 나는 백인이 아닌데, 심지어 미국인도 아닌가 보다. 그럼 난 누구지?" 아시아계는 쉽게 미국인으로 인정을 받지 못하고 있습니다.

이런 현실에서 시간이 지나면 자기의 출신 정체성을 내려놓고 모두가 현지 사회의 성원으로 똑같이 거듭난다고 할 수 있을까요? 누구(백인)는 자기의 출신 정체성을 버리기만 하면 새 성원권을 자동으로 획득하는 데에 비해서 또 다른 누구(비백인)는 애써서 내가 여기에 충성하고 있음을 입증해야만 하는 것 아닐까요? 만약 그렇다면 과연 융합론이 제대로 작동하는 거라고 볼 수가 있을까요? 이것이 융합론의 한계입니다.

〔문화적 다원론〕

기능주의의 마지막 이론인 문화적 다원론은 이렇게 표시할 수 있습니다.

$$A+B+C=(A, B, C)$$

여러 인종, 민족, 문화권 출신 사람이 모여서 사는데, 한 사회 안에서 자기의 원래 정체성인 A, B, C 등을 버리지 않고 유지하면서 평화롭게 공존한다는 의미입니다. 이것은 우리가 흔히 얘기하는 다문화주의와 같은 것이며, 캐나다 사람들이 자국의 상황을 자랑스럽게 얘기하는 모자이크 이론 또는 샐러드 볼 이론입니다. 샐러드를 만들기 위해서는 감자도 썰어 넣고, 오이도 들어가고, 계란도 넣어서 마요네즈 등으로 버무려서 그릇에 담습니다. 그릇 안

소수자의 시선으로 읽는 변방론

에는 오이의 정체성, 계란의 정체성이 그대로 유지된 채 함께 어우러져서 샐러드가 됩니다.

앞의 두 이론에 비해서 자기 정체성을 유지하면서 함께 어울려서 살아간다는 것은 좋은 일입니다. 그런데 평화로운 공존과 정체성의 유지는 좋지만, 과연 평등한 공존인가에 관한 질문을 던지지 않을 수가 없습니다. 저는 전공자이지만 텔레비전에서 결혼 이주 여성이 등장하는 다큐 프로그램을 잘 보지 않습니다. 예를 들어서 '베트남에서 시집을 와서 농촌에서 열심히 살고 있는데 어느날 시어머니한테 혼났다, 그래서 부엌에 가서 혼자 울고 있는데 시어머니가 지나가면서 이거 먹고 울어 하면서 옥수수를 주고 가셨다, 사실 우리 시어머니는 마음이 따뜻한 분이다'라는 식의 해설이 나오는 것이 불편해서 그렇습니다. 물론 차별하지 말고 잘 대해 주자는 의미인 것은 분명하지만, 이주민이 피해자 또는 희생자처럼 그려지고, '우리'의 도움을 받아야만 살 수 있는 사람으로 그려지는 방식은 그 사람들을 주체가 아닌 객체로 그리는 것 같아서 불편해집니다.

혹시 우리가 쉽게 얘기하는 '소수자를 차별하지 말자'는 것이 우리가 우월한 사람이니까 너그럽게 대해 주자는 의미는 아닐까요? 그렇다면 그럴 때의 소수자는 우리의 관용과 너그러움을 입증하는 대상이 되는 것은 아닐까요? 다수자의 우월성과 관용을 입증하는 도구나 소품으로 소비되는 소수자를 상징 소수자(token minority)라고 합니다. 평등과 권리의 개념이 없는 방식으로 그저 그들에게 잘해 주자, 그들의 정체성을 인정해 주자는 것은 그들을 우리 사회의 동등한 성원으로 인정하지 않는 것입니다.

356

지금까지 살펴본 기능주의 시각의 세 가지 이론은 각 행위 주체의 역할에 대해서 설명을 잘 하는 것에 비해서 권력의 문제와 분배의 문제에 대해서는 언급을 잘 하지 않습니다. 그쪽에 초점을 맞추는 것이 갈등주의 시각입니다.

2. 갈등주의 시각

〔내부 식민지론〕

내부 식민지론을 기호로 표시해 보면 이렇습니다.

$$A+B+C=\frac{A}{B,\,C}$$

A가 위에 있고, B와 C 등의 소수자는 밑에 있는 모습입니다. 여러 인종, 민족, 문화권 출신 사람들이 모여서 살고 있지만, 위에 있는 다수자가 아래의 소수자를 착취하면서 함께 '데리고 산다'는 의미입니다. 미국의 상황에 대입해 보면, 백인이 위에 있고 흑인, 라티노, 아메리칸 인디언 등이 밑에 있는 구조라고 할 수 있습니다. 평균적으로 보자면 미국에서는 백인이 잘살고 흑인은 가난합니다. 그런데 '왜 백인이 잘사는가'라는 질문은 사실은 '왜 흑인이 못 사는가'와 같은 질문이라고 할 수 있습니다. 왜냐하면 백인과 흑인의 경제적 차이는 밑에 있던 부가 위로 이선이 된 결과이기 때문입니다. 왜 그렇게 되었는가를 얘기하기 위해서는 미국의 노예제 얘기를 해야 합니다. 미국의 노예제는 정말 '특별한' 노예제이기 때문입니다.

소수자의 시선으로 읽는 변방론

잘 알려진 것처럼 서양의 고대인 그리스·로마 시대에는 노예와 그들을 거느린 주인이 존재하는 노예제도가 있었습니다. 중세 시대가 되면서 영주와 농노로 구성된 봉건제가 되었고, 그다음에 근대가 되면서 자본가와 노동자가 존재하는 자본주의 시대가 되었습니다. 그런데 미국의 노예제도는 근대 자본주의 체제가 출범할 때 다시 만들어진 것입니다. 이것은 더 많은 자유와 권리를 향한 역사의 흐름을 완전히 거슬러 간 것입니다. 이미 이성, 계몽, 합리성, 천부인권 개념이 확산된 시대에 노예제의 재탄생이란 자연스럽지 않은 것이었습니다. 따라서 이런 시대에 노예제도를 유지하기 위해서는 강한 물리적 폭력에 의존해야만 했습니다. 더 나아가서 흑인 노예에게 글자를 가르쳐 주다가 적발된 백인도 처벌을 받았습니다. 왜냐하면 흑인이 '무식'해야 계속 노예로 부릴 수 있기 때문입니다. 그런 상태에서 남북전쟁이 끝나고 1865년에 노예해방이 되었지만, 흑인은 글자도 읽을 줄 모르고 할 줄 아는 것은 면화 농사밖에 없었습니다. 과거의 농업 사회에서 산업 사회로 이행하는 길목에서 노예해방이 이루어졌지만, 이 사람들이 할 수 있는 것은 달라지지 않았습니다. 어제는 노예로서 면화를 땄는데 오늘부터는 농업 노동자로서 면화를 따는 정도의 변화밖에 없었습니다. 그리고 해방이 되었다고는 하지만 여전히 존재하는 엄격한 직업 구분, 엄격한 거주지 구분, 엄격한 학교 구분, 그리고 변함없는 인종차별 상황에서 흑인의 가난함은 대물림될 뿐이었습니다. 가난하면 자녀에게 교육을 못 하고, 자녀는 성장해서 저소득층이 되는 가난의 굴레는 결국 노예제의 유산 때문입니다.

물론 흑인을 아프리카로 돌려보내려는 시도가 있었습니다.

박경태

1816년에 만들어진 미국식민협회(American Colonization Society, ACS)는 늘어 가는 흑인의 숫자가 백인의 지위를 위협할 것이라는 생각에서, 그리고 (일부의 비판입니다만) 흑백 통혼이 늘어나서 백인의 피가 더러워질 수 있다는 두려움에서 모금을 통해 아프리카의 땅을 매입해 흑인들을 보내기 시작했고, 그래서 탄생한 나라가 앞에서 언급한 라이베리아입니다. 물론, 이미 긴 세월을 미국에서 살아온 대부분의 흑인이 이주하지 않아서 실패할 수밖에 없었습니다.

〔계급론〕

마지막 이론은 계급론입니다. 이것도 역시 기호로 표시해 보면 다음과 같습니다.

$$A+B+C=X:Y$$

여러 인종, 민족, 문화권 출신 사람이 어울려 살지만, 중요한 건 그것이 아니라 부자와 빈자, 자본가와 노동자라는 구도입니다. 피부색, 출신 국가, 문화 등이 중요한 것이 아니라는 의미입니다. 이것을 설명하기 위해서 미국의 노동운동을 사례로 들어 보겠습니다. 현재 미국의 노동조합 조직률은 약 10% 정도에 불과합니다. 물론 한국노 그것보다 소금 더 높은 정도에 불과하지만, 부의 수준이 비슷한 유럽 국가들과 비교하면 미국의 수치는 매우 낮은 것입니다. 참고로 OECD 국가의 평균은 약 30% 수준이고 북유럽 국가들은 60%를 넘기기도 하는데, 선진국 중에서 왜 미국만 유독

소수자의 시선으로 읽는 변방론

이렇게 낮은가를 생각해 봐야 합니다.

　한때 미국의 노동운동은 매우 활발했습니다. 우리가 매년 기념하고 있는 세계노동절도 미국 노동자들의 투쟁에서 나왔고, 세계 여성의 날도 미국의 여성 노동자들이 빵과 장미를 외치는 행진을 하면서 시작되었습니다. 그렇게 강력했던 미국의 노동운동이 약화된 이유를 설명하는 많은 이론이 있지만, 저는 과거 미국의 노동조합이 가졌던 폐쇄성에 주목합니다. 1900년대 초반까지만 해도 그곳은 오직 백인 남성들만을 조합원으로 받아들였고 여성과 비백인은 받아 주지 않았습니다. 이런 상황에서 노동조합이 파업하게 되면 고용주는 흑인을 고용했습니다. 백인 노동자 입장에서 보면 흑인은 자신들의 파업을 방해하고 권익을 침해하는 적이 되는 셈입니다. 원래 자본주의사회에서 자본가와 노동자는 각자의 이익을 추구하기 때문에 기본적으로 모순 관계에 놓여 있습니다. 그런데 파업 때 흑인 노동자를 고용함으로써 갈등의 핵심이 자본가와 노동자 사이의 갈등이 아닌 백인 노동자와 흑인 노동자 사이의 갈등으로 변화하게 됩니다. 계급이 아니라 인종을 경계선으로 하는 대결 구도가 만들어지는 것이죠.

　이것은 우연이 아닙니다. 미국의 노예제 시절부터 있었던 백인 농장주들의 전략이 그대로 계승된 결과물입니다. 당시의 농장주에게 가장 두려운 것은 노예 반란이었습니다. 그래서 그것을 미리 감지하고 막기 위해서 백인 농장주들은 같은 농장에서 일하는 백인 하층 노동자와 흑인 노예 사이를 갈라놓고 서로 대결하도록 만드는 전략을 오랫동안 구사해 왔고, 그런 것의 현대적 표현이 흑인과 백인 노동자 간의 갈등으로 나타난 것입니다. 인종 갈등을

박경태

조장함으로써 계급 갈등이 감춰지는 결과를 낳았고, 그 결과로 노동조합이 약화되었습니다. 흔히 우리는 어떤 사람이 어느 나라에서 왔느냐, 인종이 뭐냐, 종교가 뭐냐를 중요시하지만, 자본주의 사회에서 가장 중요한 것은 계급 갈등, 불평등, 양극화임을 강조하는 것이 계급론입니다.

지금까지 여러 이론을 소개했는데, 어떤 이론이 제일 좋은 이론인가에 대한 기준이 존재하는 것은 아닙니다. 다만 한국 사회의 다양성과 관련된 상황을 어떤 이론이 가장 잘 설명하는가에 대해서 각자가 선호하는 이론이 있을 수 있겠습니다. 저는 소수자 관련 공부를 하면서 갈등주의 시각, 그중에서도 계급론의 관점을 놓치지 않으려고 애를 쓰고 있습니다. 왜냐하면 소수자를 연구하는 학자 중에는 계급 문제에 대해서 덜 주목하는 경향이 있기 때문입니다. 각 소수자 집단을 들여다보면 여러 측면에서 수많은 내적 다양성이 존재한다는 것을 발견할 수 있습니다. 같은 소수자라도 계급·계층이 다르면 매우 다른 문제에 직면해 있을 가능성이 있습니다. 그래서 저는 소수자에 대한 연구가 계급·계층의 시각을 놓치지 않아야 한다고 생각하고 있습니다.

변화를 위한 방향

그렇다면 우리가 가야 할 방향은 어디일까요? 신영복 선생이 쓰신 서예 작품 중에 『논어』의 구절인 화이부동(和而不同)이 있습니

소수자의 시선으로 읽는 변방론

다. 사람들 사이의 관계를 조화롭게 하되, (자신의 원칙을 잃어버리면서) 남과 같아지지는 않는다는 의미입니다. 소수자에게 대입해서 제 방식대로 해석해 보면, 조화롭게 살되 동화를 강요하지 않는다고 할 수 있겠습니다. 이런 입장에서 제가 우리 안의 변방인 소수자와 관련해서 내리고 싶은 결론은 세 가지입니다.

첫 번째는 통합 지향입니다. 그러니까 분리가 아닌 통합을 지향한다는 얘기입니다. 예전에 제가 살던 동네에 이주 가정의 아이들을 위한 다문화 리틀야구단이 생겼습니다. 좋은 취지에서 시작된 프로그램이어서 언론에도 많이 나왔는데, 저는 약간의 불편함을 느꼈습니다. 왜냐하면, 그 동네에 원래 리틀야구단이 있었기 때문입니다. 원래 있던 곳에 들어가서 함께하면 될 텐데 왜 따로 만들었을까 하는 의문과 아쉬움이 있었습니다. 그러고 보면 다문화를 내걸고 별도로 운영되는 프로그램들이 제법 많이 있음을 보게 됩니다. 물론 별도의 프로그램이 필요한 경우가 있습니다. 예를 들어 중도 입국 청소년들을 위한 특별한 학교를 들 수 있습니다. 여러 이유로 청소년기에 한국으로 처음 이주해 온 학생은 한국어를 못 해서 일반 학교에 다닐 수 없기 때문에 이런 특별한 학교에서 각 과목 공부와 함께 한국어 공부를 병행합니다. 그러다가 일정한 시간을 보낸 후에 한국어가 가능해지면 일반 학교로 옮겨서 평범한 한국 청소년들과 함께 공부하고 어울리게 하는 일종의 징검다리 역할을 하고 있습니다. 이런 경우가 아니라면 부모가 또는 부모 중의 한 명이 외국에서 왔다고 해서 아이들을 따로 모아서 뭔가를 하기보다는 모두가 함께하는 것이 바람직합니다.

두 번째는 변방의 문제를 바라볼 때 계급·계층 문제를 포함하는 방향으로 가자는 것입니다. 앞의 계급론에서 언급했습니다만, 소수자 문제를 바라볼 때 계급·계층의 시각을 포함하지 않으면 전체 문제에 온전하게 접근하기 어렵습니다. 예를 들어 정부가 국제결혼 가정을 위해서 좋은 프로그램을 운영하는데, 옆집에 사는 선주민 가정의 입장에서는 그것을 역차별이라고 느낄 수가 있습니다. 요즘은 그런 일이 줄었지만, 과거에는 학교에서 '다문화 아이들'을 따로 모아서 놀이공원에 보내곤 했습니다. 그러면 같은 반에 있는 경제적으로 풍족하지 않은 선주민 아이들은 불만을 가질 수밖에 없습니다. 이주민 가정이라고 선별적으로 지원하는 것이 아니라, 당당한 시민으로 살기 위해서 지원이 필요한 모든 사람에게 공평하게 지원해야 합니다. 물론 선별적으로 해야 하는 프로그램이 있습니다. 예를 들면 한국어 교실과 같은 프로그램은 이주민에게만 제공해도 괜찮습니다.

마지막으로는 소수자 문제의 해결은 전체 사회 정의 문제와 함께 가야 합니다. 그동안 다문화 관련 예산은 굉장히 빠른 속도로 늘어 왔지만 일반 사회복지 예산은 매우 느린 속도로 늘어서 여전히 OECD에서도 바닥권에 해당할 정도입니다. 그렇다면, 가난한 한국인 입장에서 볼 때 '만약 저 사람들이 안 왔으면 그 지원이 나한테 왔을 것 같다'는 생각을 할 수 있습니다. 다문화 예산만 대폭 증가한다고 우리 사회가 좋은 사회가 되는 것은 아닙니다. 이쪽 벽돌을 뽑아서 서쪽 구멍을 막는 방법으로는 곤란합니다. 전체 사회복지 예산을 늘릴 수 있는 방법이 무엇인가를 고민하는 와중에 다문화에 관련된 것들이 함께 성장해야만 합니다. 다문화는 우리가 원래 소중하게 여겨 왔던 가치들인 인권, 민주주의, 정의

소수자의 시선으로 읽는 변방론

와 함께 성장할 때 더 나은 방향으로 나아갈 수 있습니다.

변방을 위하여

이제 '변방이 자기 성찰'이라는 신영복 선생의 표현으로 돌아가 보겠습니다. 기득권을 갖고 있는 중심은 변화해야 할 필요성을 못 느끼고 굳이 성찰하지 않아도 됩니다. 그러나 변방의 눈으로 보면 얘기가 달라집니다. 시대가 변하고 세상이 변했는데도 그것을 인정하지 않고 유지하려는 중심은 구시대의 유물에 불과합니다. 마찬가지로 우리 안의 변방인 소수자의 눈으로 세상을 보면 그동안 보이지 않던 것들이 보입니다. 다수자의 눈에는 안 보이는 옳지 않은 것, 정의롭지 않은 것, 변해야 하는 것들이 드러납니다. 그래서 우리는 소수자의 시선으로 세상을 볼 필요가 있습니다.

그런데 여기에는 한 가지 기억할 것이 있습니다. 자신이 갖고 있는 변방성, 소수자성을 인정하고 그것이 더 나은 세상을 위한 변화의 출발점임을 깨닫는 것입니다. 그러기 위해서는 중심을 향한 동경과 미련이 없어야 합니다. "변방이 창조 공간이 되기 위해서는 콤플렉스가 없어야 한다는 것이다. 중심부에 대한 열등의식이 없어야 하는 것이다."(『변방을 찾아서』, 27쪽) 중심부에 대해서 열등감을 가진 변방이라면 빨리 중심부로 들어가서 자신도 기득권층의 일부가 되기를 열망할 뿐, 변화의 주체가 될 수 없습니다.

앞에서 말씀드린 것처럼 소수자는 우리 안의 변방입니다. 그런데 모든 것이 그렇듯이 변방도 변하고 있습니다. 양적으로 볼

박경태

때 한국에 체류하는 외국인의 수는 2025년 8월에 273만 명에 이르렀고, 한국의 총인구가 줄기 시작한 것에 비해 이 숫자는 더욱 가파르게 늘어 갈 것으로 예측됩니다. 갈수록 국제 이주와 관련한 소수자가 더욱 많아지고 총인구 대비 비율이 더욱 높아질 것이며, 따라서 우리 안의 변방은 더욱 커질 것입니다. 게다가 변방의 성격도 변하고 있습니다. 국제 이주와 관련한 소수자는 결혼 이주 여성이나 이주 노동자만이 아니라 유학생, 난민, 귀환 동포 등 다양한 주체로 구성되어 가고 있습니다. 이주민뿐만 아니라 그동안 자신의 소수자성을 드러내지 못했던 다양한 사람이 인권 개념의 확산에 힘입어 서서히 그리고 당당하게 말하기 시작했습니다. 변방이 변화의 출발점임을 기억한다면 우리 사회의 변화는 이미 시작된 것이라고 할 수 있습니다. "변방을 찾아가는 길이란 결코 멀고 궁벽한 곳을 찾아가는 것이 아님을, 각성과 결별 그리고 새로운 시작이 있는 곳이라면 그곳이 바로 변방"(『변방을 찾아서』, 144쪽)임을 기억하면서 변화를 향해 '여럿이 함께' 나아가시기를 기원합니다. 감사합니다.

소수자의 시선으로 읽는 변방론

노동의 시각으로 본 신영복 사상

하종강

신영복 선생과의 인연

20년 전, 신영복 선생이 성공회대학교 노동대학을 설립하고 초대 학장을 맡으셨을 때, 저는 1기 수강생으로 등록했습니다. 저는 그 무렵 한울노동문제연구소 소장으로 일하고 있었는데, 입학식에서 만난 교수님들이 모두 한마디씩 했습니다. 김동춘 교수는 "아마추어가 강의하는데 프로가 와서 듣겠다고 앉아 있으니 참······." 하면서 혀를 차셨고, 사회를 맡은 박경태 교수는 굳이 저를 일으켜 세워 소개하면서 "노동대학이 강의를 제대로 하는지 못 하는지 감시하러 오신 모양입니다"라고 했습니다. 노동조합 간부 수강생들도 저와 마주칠 때마다 한마디씩 했습니다. 한 후배 활동가는 "하종강 소장이 노동대학에 입학했다고 하는데, 지금은 공부할 때가 아니라 투쟁해야 할 때다"라면서 공개적으로 비판하는 글을 쓰기도 했습니다.

학기마다 입학식 첫 강의를 신영복 선생께서 하셨고, 선생이 돌아가신 뒤로는 제가 하고 있습니다. 신영복 선생의 입학식 첫 강의를 들으며 저는 '아, 내가 여기 오기를 정말 잘했구나'라고 생각했습니다. 선생께서 이런 말씀을 하셨거든요.

> 자신이 알고 있는 제한된 지식만을 반복적으로 사용할 것을 강요받는 삶, 그것이 자본주의사회 노동자의 가장 큰 비극입니다.

바로 저를 두고 하는 말씀처럼 들렸습니다. 그 무렵 저의 활동이 너무 소모적이라는 반성을 하면서 노동대학에 입학한 것이었거든요. 그런데, 저는 노동대학 1기, 2기, 3기를 연달아 세 번이나 낙제했습니다. 출석 일수를 도저히 채울 수가 없더군요. 그래도 세 번이나 입학했다는 것은 어떻게든 공부를 해 보려고 노력했다는 가상한 의지의 표현이라고 볼 수 있습니다. 결국 졸업은 못 했습니다.

그 낙제생을 11년 뒤에 노동대학 학장으로 불러 주신 분이 바로 신영복 선생입니다. 23년 동안 몸담았던 노동문제연구소가 문을 닫고 실업자가 됐을 때, 성공회대학교로부터 노동대학 학장으로 일해 줄 수 있겠냐는 연락을 받았습니다. 고민 끝에 수락했고 임용 결정이 됐는데, 제가 참 건방지게도 나중에 마다했습니다.

그 무렵 성공회대학교에서 비정규직 조교 문제가 발생했거든

노동의 시각으로 본 신영복 사상

요. 대학원에서 1년 계약직 조교를 몇 명 채용했는데, 1년이 지나 계약이 종료되면서 문제가 된 겁니다. 학생들이 발 벗고 나선 거예요. 이를테면 이런 주장입니다. "법률적으로 문제가 없다는 것은 안다. 그런데 한국 진보의 상징인 성공회대학교에서조차 법을 앞세워 비정규직 노동자를 해고하는 것은 옳지 않다."

출퇴근 시간과 점심시간에 그 조교들과 학생들이 일인 시위를 하기도 했습니다. 저는 일찍이 그 싸움을 밖에서 지원하고 있었습니다. 학교가 재정적 문제로 비정규직 조교들을 해고했는데, 하종강이 그 학교에 새로 취업한다? 아무래도 안 되겠더라고요.

고민 끝에 김진업 부총장께 정중하게 편지를 썼습니다. "비정규직 조교 문제가 해결되기 전에는 제가 이 학교에 올 수 없습니다. 이상하게 보일지 모르지만, 저같이 살아온 사람에게는 중요한 원칙입니다." 그렇게 시작하는 내용이었습니다. 대학원에서 박사 과정을 밟고 있던 후배가 저를 만나더니 "연구실에 이름이 붙은 걸 봤는데, 학교에 왜 안 오시냐?"고 묻기도 했습니다.

저의 건방진 결정을 헤아려 주시고, 비정규직 조교 문제가 해결된 다음 학기에 저를 다시 불러 주신 분이 신영복 선생입니다. 나중에야 들었는데, 쉽지 않은 결정이었다고 합니다. "하종강이 외부에서 비정규직 조교들의 투쟁을 지원했다는 것은 우리가 다 아는 사실이다. 그런데 앞으로 또 그런 일이 발생했을 때, 내부 구성원이 돼서 발 벗고 지지하고 나서면 어떻게 할 거냐?" 그런 이유로 반대하는 분들도 있었다고 하더군요. 그런데 신영복 선생을 중심으로 몇 분의 교수님들이 "그래서 하종강이 우리에게 필요한 것이다. 학교가 비정규직 조교를 해고하면서 교수로 초빙했다고 선뜻 오는 사람이라면 우리에게 필요하지 않다. 그런 이유로 교수 초빙을 마다할 수 있는 사람이기 때문에 우리에게 필요한 것이다." 그렇게 학교 구성원들을 설득하셨다는 얘기를 제가 이 학교에 와서 10년이나 지난 뒤에 들었습니다.

그 계약직 교원들이 정규직이 돼서 신영복 선생의 장례식장을 밤늦게까지 지키는 모습을 보면서 감개무량했습니다.

노동운동, 양적 변화에서 질적 변화로

신영복 선생이 생전에 자주 쓰시던 붓글씨로 통할 통(通) 자가 있습니다. 이 글자 아래에는 세필로 이렇게 적혀 있습니다.

窮則變 變則通 通則久(궁즉변 변즉통 통즉구)
궁극에 처하면 변화하고 변화하면 열립니다.
열려 있으면 오래갑니다. 변화와 소통이 생명입니다.

『주역』의 핵심 사상입니다. 즉, 양적 축적이 질적 변화를 가져오며, 질적 변화가 막힌 상황을 열어 줍니다. 그리고 열려 있을 때만 그 생명이 지속됩니다. 부단한 혁신의 교훈입니다. "양적 변화가 축적되면 질적으로 변화한다"는 철학적 명제와 일맥상통합니다.

오래전, 대학생들 행사에 초청받았는데, 행사 이름에 '알' 자가 들어가고 포스터에는 달걀에서 병아리가 태어나는 그림이 있더군요. 새로운 지식을 깨우치는 '알다'와 새로운 존재로 태어나는

369

변증법적 진보를 동시에 뜻하는 절묘한 작명입니다.

우리 세대는 이런 포스터를 보면 바로 머리에 떠오르는 소설이 있습니다. 헤르만 헤세의 『데미안』입니다.

새는 알에서 빠져나오려고 몸부림을 친다. 알은 세계이다. 태어나려고 하는 자는 하나의 세계를 파괴해야만 한다. 그 새는 신을 향해 날아간다. 그 신의 이름은 아브락사스(ABPAEAΣ)다.

데미안이 싱클레어에게 남기고 간 이 글귀가 싱클레어의 삶에 변곡점이 되었고, 소설을 읽은 많은 사람의 인생의 전환점이 되기도 했지요.

마침, 그해가 『데미안』 출간 100주년이기도 했습니다. 강의를 시작하며 "헤르만 헤세의 소설 『데미안』 읽은 사람 손 들어 보세요"라고 물어봤습니다. 한 명도 없더군요. 다시 질문했습니다.

하종강

"『데미안』은 잘 모르지만 헤르만 헤세라는 이름은 한 번쯤 들어 본 것 같다는 사람 손 들어 보세요." 역시 한 명도 없었습니다. 인문학에 관심 있는 학생들 수십 명이 모였는데도 그 정도여서 당황스러웠습니다. "우리 세대는 헤르만 헤세 모르면 요즘 BTS 모르는 사람 취급받았거든요"라면서 웃고 넘어갔습니다. 그 자리에서 "요즘 젊은이들은 책을 너무 안 읽는다"고 말해 봐야 꼰대가 될 뿐입니다. 두꺼운 명작을 읽지 않을 뿐 정보 습득량은 어마어마하게 많은 청년에게 책을 읽어야 한다고 목소리를 높일 것이 아니라, 우리 세대가 변해야 한다는 생각이 들었습니다. 시대가 바뀐 거죠. 『데미안』을 읽지 않고 헤르만 헤세를 전혀 몰라도 아무런 흉이 되지 않는 시대입니다. 그러면 우리 나이 든 사람들이 바뀌어야죠.

이 내용은 변증법적 유물론의 "양적 변화가 축적되면 질적으로 변화한다"는 양질 전화의 법칙을 설명할 때 곧잘 인용됩니다. 달걀 속에서 노른자와 흰자가 세포 분열을 계속합니다. '양적 변화'입니다. 아무리 세포 수가 증가해도 그 성질은 달걀에 불과해요. 그렇게 계속 세포 분열을 하다가 이루 헤아릴 수 없을 만큼 많은 세포가 되면 껍질을 파괴하고 달걀과 전혀 다른 새로운 존재인 병아리로 태어나는 거죠. 바로 '질적 변화'입니다.

같은 내용을 물의 비등점으로 설명하기도 하죠. 물에 열을 가하면 온도가 계속 오릅니다. 양적 변화입니다. 온도가 아무리 올라도 에너지가 축적될 뿐 그 성질은 여전히 물, 곧 액체입니다. 그러다가 1기압에서 100℃에 이르면 액체와 전혀 다른 존재인 기체로 변하는 거죠. 정체성이 바뀌잖아요. '질적 변화'인 겁니다. "양적

노동의 시각으로 본 신영복 사상

인 변화가 축적되면 질적으로 변화한다." 철학적으로 중요한 명제입니다.

마찬가지로 노동운동이 발전하면 노동조합이 점점 많아지고 노조에 가입하는 노동자의 수도 많아지면서 노동운동 역량이 축적됩니다. 그렇지만 어디까지나 노동운동일 뿐입니다. '양적 변화'인 거죠. 그러다가 일정한 수준에 도달하면 노동자 중심의 진보정당을 결성하고 다수당이 되거나 집권하면서 지금까지와는 다른 새로운 세상을 건설하게 됩니다. 유럽의 복지 국가들은 대부분 그러한 과정을 거쳤습니다. 바로 '질적 변화'입니다. 유럽의 청소년용 철학 교과서에서는 이러한 유럽의 정치사를 "양적인 변화가 축적되면 질적으로 변화한다"는 명제가 현실에서 실현된 대표적인 예로 설명하기도 합니다.

신영복 선생은 내부의 주체적 역량과 외부의 객관적 조건이 동시에 이루어져야 한다고 강조합니다. 이것이 사회 변화의 가장 중요한 두 가지 변수입니다. 내부의 주체적 역량만으로 사회는 변화하지 않고, 외부의 객관적 조건만으로도 사회는 변화하지 않습니다.

내부의 주체적 역량이 아무리 무르익었다 해도 외부의 객관적 조건이 허락하지 않으면 변화를 위한 노력은 성공하기 어렵습니다. 반대로 외부의 객관적 조건이 잘 형성됐다고 해도 내부에서 주체적으로 움직이지 않으면 사회는 변화하기 어렵습니다. 항상 이 두 가지가 동시에 이루어져야 사회가 바람직한 방향으로 변화 발전할 수 있습니다.

주체적 역량만 강조하면서 성급하게 행동하는 활동가는 '모험

줄탁동시 啐啄同時
너와 나 안과 밖이 만나 생명이 태어납니다.
교학상장 敎學相長 가르치면서 배우고
배우면서 가르칩니다. 신영복

주의'의 오류에 빠지게 되고, 객관적 조건만 강조하면서 소극적으로 행동하는 활동가는 '준비론'의 오류에 빠지게 됩니다. 과거 사회 변화 실패의 경험 속에는 항상 그 두 가지 오류가 있었습니다.

'줄탁동시'가 우리에게 주는 교훈이 바로 그러한 내용이라고 생각합니다. 우는 소리 '줄', 쫄 '탁'입니다. 병아리가 알 속에서 우는 소리를 내면 어미가 밖에서 껍질을 쪼아 새 생명이 세상에 태어납니다. 곧 내부의 주체적 역량과 외부의 객관적 조건이 동시에 이루어져야 한다는 뜻입니다. 새로운 탄생을 알리는 줄과 탁은 동시에 이루어져야 합니다.

촛불로 대통령을 두 번이나 바꿨는데도 왜 우리 사회의 정체성은 자본주의사회의 모순을 그대로 지닌 채 다른 사회로 바뀌지 않고 있을까요? 어느 한쪽만 과도하게 이루어졌기 때문입니다. 항상 두 가지가 동시에 이루어져야 사회가 바람직하게 발전합니다.

1980년대 말, 전교조(전국교직원노동조합)에 가입했다는 이유로 교사 2천여 명이 해직당했습니다. 간부를 맡았던 교사나 남달리 열심히 활동한 교사가 해직당한 게 아닙니다. 정부가 일단 명단을 모두 파악한 뒤에 노동조합원 탈퇴서를 제출하지 않은 교사를 모두 해직시킨 겁니다.

노동의 시각으로 본 신영복 사상

저는 전국 초·중·고등학교에 교사협의회, 교사평의회, 평교사 협의회 들이 만들어졌다가 전교조로 통합되는 과정을 전국을 다니며 같이 겪었기 때문에 내부 사정을 조금 아는 편인데, 당시 노조 집행부가 방침을 정하지 못했습니다. 못했다기보다 안 했습니다. 철저히 교사들 개인의 선택과 결단에 맡겼습니다. 저도 궁금했습니다. 노동조합을 지키기 위해서 교직을 포기하는 교사가 몇 명이나 나올까? 전국에서 한 100여 명 나올까? 그런데 1,600여 명이 나온 겁니다. 그 뒤 2천 명까지 늘어난 거죠.

어떤 교사들이었을까요? 그 당시 문교부(현 교육부)가 교육청에 보낸 공문이 있었습니다. 공문의 제목은 '전교조 교사 식별법'입니다. 어떤 교사들인지 공문 내용을 한번 보겠습니다.

〈전교조 교사 식별법〉
- 촌지를 받지 않는 교사
- 학급 문집이나 학급 신문을 내는 교사
- 형편이 어려운 학생들과 상담을 많이 하는 교사
- 신문반, 민속반 등의 특활반을 이끄는 교사
- 지나치게 열심히 가르치려는 교사
- 반 학생들에게 자율성, 창의성을 높이려 하는 교사
- 탈춤, 민요, 노래, 연극을 가르치는 교사
- 생활한복을 입고 풍물패를 조직하는 교사
- 직원회의에서 원리 원칙을 따지며 발언하는 교사
- 아이들한테 인기 많은 교사
- 자기 자리 청소 잘하는 교사

하종강

- 학부모 상담을 자주 하는 교사
- 사고 친 학생을 정학이나 퇴학 등 징계를 반대하는 교사
- 『한겨레신문』이나 『경향신문』을 보는 교사

(1989년 문교부: 일선 교육청 공문 내용. 출처: 신동아 1989년 7월호)

지금 보면 정말 유치하고 어이없지요? 과거 군사독재 정권 시절 한국 사회 수준이 이 정도밖에 되지 않았습니다. 그래서 많은 사람이 다시는 과거와 같은 사회로 돌아갈 수 없다고 생각하는 것입니다. 지금은 초등학생들도 비웃을 만한 코미디 같은 일이지만 당시는 이게 코미디가 아니었습니다.

10여 년 세월이 지난 뒤 공무원노조가 거의 똑같은 길을 따라 밟습니다. 공무원노조를 설립하는 과정에서 3천여 명의 공무원이 징계를 당합니다. 노동조합을 설립해 활동했다는 이유로 수천 명의 교사와 공무원을 징계한 나라는 제가 아는 범위 내에서 대한민국밖에 없습니다.

중요한 사실은, 막강한 권력의 힘으로 그렇게까지 했지만 이 땅에 교사노조와 공무원노조가 설립되는 걸 막을 수는 없었다는 것입니다. 사회의 변화를 보는 사람들에게는 그러한 관점이 중요합니다. 징계를 받은 교사와 공무원 들이 없었다면 대한민국은 아직도 교사노조와 공무원노조가 없는 미개한 나라로 남았을 것입니다.

인류 사회는 이렇게 수천 년 동안 일하는 사람들 곧 노동자의 주장이 조금씩 실현되는 방향으로 변화해 왔고, 앞으로도 그럴 것입니다. 역사가 엎치락뒤치락하기도 하고 가끔 퇴행하기도 하지

노동의 시각으로 본 신영복 사상

만, 긴 호흡으로 인류 역사를 지켜보면 그 방향이 변하지 않았다는 것을 알 수 있습니다. 그래서 노예제도는 철폐되고, 노비제도도 사라지고, 지금 많은 선진국에서 비정규직에 대한 차별을 철폐하고 있는 것입니다. 그것이 사회가 변화 발전하는 방향이거든요.

인류 사회는 계속 변화하는 방향이 있고, 그것을 "역사의 강물이 흘러간다"고 표현하기도 합니다. 오늘 이 강의도 그 역사의 강물 속에서 진행되고 있는 것입니다. 그 방향을 파악하는 능력이 '역사의식'입니다. 역사의식이 있어야 그 강물 속에서 자신의 위치를 가늠할 수 있습니다. 한국 사회가 이렇게 저렇게 변화하는 과정 중에 내가 지금 여기쯤 있구나, 더 나아가 인류 역사가 이렇게 진행되는 과정 중에 내가 지금 여기쯤 있구나, 그것이 보여야 내 삶의 의미도 잘 깨달을 수 있을 것입니다.

한국이 배출한 경제학 분야의 석학으로 장하준 교수가 있습니다. 학자들 사이에서는 노벨경제학상보다 더 권위가 있다는 뮈르달상을 받은 분입니다. 『그들이 말하지 않는 23가지』(부키, 2010) 이 책 속표지에 친필로 쓴 글을 인쇄해 넣었습니다.

200년 전에 노예해방을 외치면 미친 사람 취급을 받았습니다.

100년 전에 여자에게 투표권을 달라고 하면 감옥에 집어넣었습니다.

50년 전에 식민지에서 독립운동을 하면 테러리스트로 수배당했습니다.

단기적으로 보면 불가능해 보여도 장기적으로 보면 사회

하종강

는 계속 발전합니다.

그러니 지금 당장 이루어지지 않을 것처럼 보여도 대안이
무엇인가 찾고 이야기해야 합니다.

장하준

이렇게 써 놓고 보니 얼마나 당연한 얘기입니까? 그렇다면
200년 동안, 100년 동안, 50년 동안 누군가 그 사회에서 계속 활동
하며 싸웠다는 뜻입니다. 어떤 사람들이었을까요? 바로 오늘 이
강의에 오신 여러분 같은 사람들이었습니다. 굳이 성공회대학교
대학원에 찾아와 신영복 선생의 사상을 공부하는 우리 같은 존재
가 어느 사회에나 있었습니다.

이렇게 얘기하면 "아, 그런데 그 일이 50년, 100년, 200년씩이
나 걸리지 않습니까? 그 세월 동안을 어떻게 기다립니까?"라고 말
할지 모르겠습니다. 하지만, 그 세월 동안 이 세 가지만 바뀌었을
까요? 수천, 수만 가지의 제도가 바뀌었습니다. 그렇게 보면 사회
는 굉장히 빠른 속도로 변화하고 있는 거예요. 사회는 반드시 진
보한다고 제가 쉽게 증명할 수 있습니다. 지금 이 자리에서 바로
증명할 수도 있습니다.

오늘 이 강의가 끝난 뒤 집으로 돌아가시다가 이런 내용의 강
의를 저한테 두 시간 동안 들었다는 이유로 갑자기 아무도 모르는
곳으로 붙들려 가서 조사받다가 어두운 지하실까지 끌려가 고문
당하고 감옥에 몇 년 다녀올까 봐 걱정하는 분 계십니까? 한 분도
안 계시잖아요. 그러나 생각해 보세요. 우리 사회가 이렇게 된 지
얼마 안 됐습니다.

노동의 시각으로 본 신영복 사상

제가 노동운동에 처음 발을 들여놓았을 무렵 여성 노동자들과 둥그렇게 둘러앉아 모임을 할 때면, 제가 늘 문 가까운 쪽에 앉아 있었습니다. 왜 그랬을까요? 당시 통용되던 '활동가 수칙'에 그런 내용이 있었습니다. "모임을 할 때는 항상 체격이 건장한 사람이 문 쪽에 앉는다." 그 이유는 짐작하실 수 있죠? 정보기관이나 수사 기관에서 언제 들이닥칠지 모르는 상황이었으니까요.

합법적인 공개 사회운동 단체가 단 한 개도 없었던 숨 막히는 상황을 여러분 상상할 수 있습니까? '참여연대' 같은 시민단체조차 꿈도 못 꾸고…… 대여섯 명밖에 안 되는 모임도 모두 숨어서 활동해야 하는 '비합'의 시대, 그러다가 한 명이 드러나면 나머지 사람들이 줄줄이 모두 잡혀가는 암흑 같은 시대였습니다. 불순분자를 체포하거나 불순 조직을 적발해서 '일계급 특진'하겠다고 수사관들이 정말 엄청 열심히 잡으러 다녔습니다.

제가 수배된 적이 있었는데, 집에 형사들이 대여섯 명이나 와 있었답니다. 모두 다른 기관에서 온 사람들입니다. 안기부, 보안사, 대공, 도경, 시경 정보과, 형사과…… 어머니가 나중에 면회 오셔서 하시는 말씀이 "그때 불고기 값만도 엄청 많이 들었다"고 하십니다. 점심때마다 어머니가 불고기를 해서 그 사람들을 대접하셨답니다. 왜 그랬겠습니까? 혹시 나중에라도 자식이 잡히면 좀 잘 대해 달라고…… 그게 부모님 마음이잖아요.

그러니까 그 시대에는 오늘 같은 이런 프로그램을 진행하려면, 몇 명이 문 잡고 버티는 동안 몇 명은 창문 넘어 도망가고, 그것이 일상이었습니다. 지금은 두 시간 동안이나 마음 놓고 이야기할 수 있잖아요. 그러니 사회가 얼마나 많이 바뀐 겁니까? 우리가

하종강

그동안 싸워서 이만큼 바꾼 겁니다.

생성형 AI에게 저도 궁금해서 한번 물어봤습니다. "하종강은 어떤 사람입니까?" 이렇게 답하더군요.

"하종강은 한국의 노동운동가로 사십 년간 노동 상담, 강연 등을 해 왔습니다. 그는 학생운동을 하다가 통닭구이 가게에서 일하면서 노동자의 삶과 꿈에 대해 생각하기 시작했습니다. ……"

제가 통닭구이 가게에서 일한 적이 없거든요. AI 개발자들이 자신들도 두렵다고 고백하는 내용 중에 그런 내용이 있습니다. AI가 그럴듯하게 설명하면서 사실과 거짓을 적당히 섞어서 답한다는 것입니다. 그런데 어느 부분이 거짓인지 잘 모른다는 것입니다. 그런데 AI가 아무런 근거도 없이 거짓말을 하지는 않습니다. 어떤 근거로 그런 거짓말을 만들었을까요? 짐작되는 이유가 있습니다. 제가 했던 인터뷰 중에 "통닭구이, 비녀꽂기 고문을 당한 적이 있다"는 내용이 있었거든요. 고문은 형태에 따라 이름이 붙는데, 통닭구이, 비녀꽂기 등입니다. 비녀꽂기 고문은 일제 시대에 순사가 독립운동가를 고문하던 방법이 그대로 전수돼 내려온 것이라더군요. 저는 전기고문이나 물고문은 당해 보지 않았습니다. 통닭구이, 비녀꽂기까지만 당해 봤습니다.

그때 대단한 일 했다고 잡혀간 게 아닙니다. 학생운동 할 때는 학생들과 책 읽고 공부하다가, 노동운동 할 때는 노동자들과 책 읽고 공부하다가 잡혀간 겁니다. 물돈 내자보를 붙이거나 유인물을 뿌리기는 했습니다. 지금은 사회 변혁에 대한 진보적 내용의 공부를 한다는 이유로 잡혀가지는 않잖아요. 얼마나 사회가 많이 바뀐 겁니까? 우리가 그동안 싸워서 바꾼 겁니다. 그래서 우리가

노동의 시각으로 본 신영복 사상

희망을 버리지 않는 거예요.

〈송곳〉이라는 드라마가 있습니다. 최규석 작가의 웹툰 〈송곳〉이 원작입니다. "하종강이 주인공 구고신 노동상담소장의 실제 모델"이라는 언론 보도가 몇 차례 나오기는 했지만, 제가 인터뷰할 때마다 "사실 저 한 사람의 이야기라기보다 여러 활동가의 이야기를 모아서 만든 주인공"이라고 솔직히 밝힙니다.

그 드라마에 보면 주인공 구고신이 노동자들에게 교육하면서 이렇게 말하는 장면이 나옵니다.

> 법 없을 때도 노조 했어. 그래도 이렇게 모여서 노동법 공부했다고 끌려가서 고문당하지는 않잖아. 우리가 여기까지는 왔다고……. 1800년대 유럽에서 노동자 2명이 술집에 모이는 것도 불법이던 시절, 7살짜리에게 하루 14시간 일을 시켜도 그게 '고용의 자유'였던 시절, 그런 시절부터 피 흘려 가면서 만든 법이야, 노동법이……. 누가? 당신 같은 사람들, 시키면 시키는 대로 못 하고, 주면 주는 대로 못 받는 인간들, 세상의 걸림돌 같은 인간들…….

다른 사람들이 볼 때 우리는 항상 걸림돌처럼 보입니다. 여러분이 이 과목에서 배운 여러 가지 지식을 일가친척이 모인 명절이라든가 학교 동창 모임 같은 곳에 가서 한번 얘기해 보세요. 사람들에게 좋은 소리 들을 것 같습니까? "넌 또 어디서 이상한 소리를 듣고 왔냐?"라는 핀잔을 듣게 될 가능성이 큽니다. 우리는 항상 걸림돌처럼 보였습니다. 그렇게 걸림돌처럼 보일지라도, 노동자들

380

이 행복하게 살기 위해서 전개하는 노동운동이 세상을 더욱 바람직하게 변화시키는 겁니다.

"물은 낮은 곳으로 흘러서 바다가 됩니다." 신영복 선생의 이 글귀를 볼 때마다 저는 "역사의 강물이 흘러간다"는 말이 생각나고, 내가 지금 만나는 사람이나 하고 있는 일도 모두 그 역사의 강물에 몸담고 진행되고 있는 것이니 '그 역사의 강물을 거스르는 사람이 되지는 말자'고 다짐합니다.

기본이 '변방'입니다

중심부는 중심을 지키는 것에 급급할 뿐, 창조는 변방에서 이루어집니다. 변방이 창조의 공간입니다. 좀 어려운 말인데요, 변방은 단순히 지리적, 공간적 개념이 아니라 모든 새로운 창조가 시작되는 곳입니다.

어느 노동운동 조직이든 '현장으로 돌아가자!'고 강조하는 정파가 있습니다. 흔히 '현장파'라고 부릅니다. 민주노총 내에서도 그런 면을 강조하는 활동가들이 있는데, 그 '현장'이 바로 변방입니다. 노동운동이 위기에 처할 때마다 하는 말이 있습니다. "어려울 때일수록 기본으로 돌아가자!" 그 '기본'이 바로 변방입니다.

영화 〈쇼생크 탈출〉의 주인공 역할을 맡았던 팀 로빈스라는 배우가 있습니다. 미국에서는 나름 사회운동가입니다. 로스앤젤레스 시민단체가 주는 상을 받은 적이 있는데, 그 수상 소감이 짧지만 명문입니다.

진정한 변화는 워싱턴의 칵테일파티나 백악관에서 이루어지는 것이 아닙니다. 진정한 변화를 가능하게 하는 것은 바로 풀뿌리 운동입니다. 넘어서기에 두려움이 앞서는 문지방이지만 정말 멋있는 일입니다.

여러분이 몸담은 직장이나 단체가 풀뿌리 운동의 현장입니다. 사회운동이 벽에 부딪혔을 때, 그 문제점을 돌파할 수 있는 것이 풀뿌리 운동이고, 그 풀뿌리 운동이 바로 변방입니다.

현재, 한국 사회의 다양한 노동문제 중에서 가장 중요한 이슈는 비정규직 문제입니다. 그 '비정규직'이 바로 한국 사회의 변방인 거죠. 그런데 왜 그곳이 창조의 공간일까요? "새로운 창조는 변방에서 시작된다"는 건 무슨 뜻일까요?

원로 경제학자 이정우 선생이 이런 주장을 하십니다.

하종강

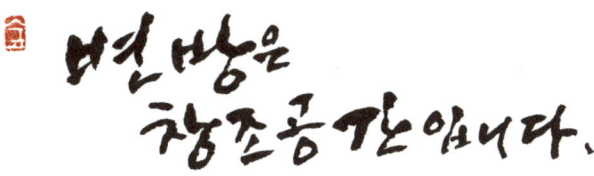

변방은
창조공간입니다.
2012. 5. 21.
신영복

비정규직이 한국만큼 많은 나라는 지구상에 없다. 한국의
비정규직은 노동자의 50%로서 세계 1위다. 유럽에서는 스
페인이 30%를 넘는 것으로 악명이 높다. 다른 나라들은 비
정규직 비율이 10 내지 20%에 불과하다. 한국 비정규직의
월급은 정규직의 50 내지 60%밖에 안 되는데 이렇게 큰 차
별을 받는 나라는 거의 없다. (「[시대의 창] 노동법, 개혁이냐
개악이냐?」, 『경향신문』, 2015. 12. 10.)

한국은 비정규직이 너무 많고 차별이 심각한 나라입니다. 부
인할 수 없는 사실입니다.

크게 세 가지 형태로 비정규직을 구분합니다. 직접고용 비정
규식, 간접고용 비정규직, 특수고용 비정규직입니다. 간단히 설명
해 보겠습니다.

직접고용 비정규직은 예전부터 있었던 비정규직 형태입니다.
제가 노동 상담을 처음 시작하던 시기에도 있었습니다. 흔히 계약
직, 임시직 등으로 불렸던 사람들이죠.

노동의 시각으로 본 신영복 사상

간접고용 비정규직은 지나치게 비인간적인 고용 계약 형태여서 예전에는 불법으로 금지돼 있었으나 'IMF 외환위기'를 기점으로 허용된 고용 형태라고 할 수 있습니다. 너무 많은 기업이 도산하니까 '우선 기업을 살리자' 그런 기조가 사회 전체에 확산하면서 합법화된 고용 계약입니다. 파견법, 기간제법이 만들어지면서 폭발적으로 늘었습니다.

특수고용 비정규직은 플랫폼 노동자 등 앞으로 더욱 많아질 노동자들인데, 법률적으로 아직까지 노동자로 인정받지 못하는 사람들입니다.

제가 다녔던 학교의 청소 노동자 한 분이 글을 쓰셔서 전태일 문학상을 받았습니다. 그 긴 글 중에서 몇 줄만 소개하겠습니다.

그 당시 우리는 점심으로 싸 가지고 온 찬밥을 여자 화장실 맨 구석 좁은 한 칸에서 둘이 무릎을 세우고 먹었습니다. 학생들이 바로 옆 칸에 와서 '푸드득' 용변을 보면 우리는 숨을 죽이고 김치 쪽을 소리 안 나게 씹었습니다.

왜 이렇게 식사했을까요? 휴게실이 없으니까. 전국의 대학 건물 중에서 설계할 때부터 환경 미화 노동자들의 휴게실을 만든 대학은 제가 아직까지 못 봤습니다. 노동조합을 결성한 뒤에 열심히 싸워서 조금씩 확보한 거죠.

제가 졸업한 뒤 20여 년 만에 모교에 청소 노동자 노동조합을 조직하러 갔는데, 저를 기억하는 분이 계셨습니다. "오래전 학교 강당에서 결혼식 올렸던 학생이죠? 그날 우리가 의자 날라 주고 그랬잖아. 데모하다가 잡혀가서 고생도 많이 하더니, 여전히 열심히 사시네"라고 말씀하셔서 울컥했습니다. 제가 대학을 워낙 오래 다녀서 나이가 많아지는 바람에 졸업도 하기 전에 결혼부터 해야 하는 상황이었는데, 예식장 빌릴 돈이 없어서 학교 강당에서 결혼식을 했거든요.

원청 회사가 직접 고용한 비정규직은 비록 비정규직이라 해도 한 직장에서 그렇게 오래 일하는 것이 가능한 경우가 많았습니다. 그래서 '상용직'이라고 불리기도 했습니다.

간접고용 비정규직은 그렇지 않습니다. 원청 회사와 비정규직 사이에 하청 용역 회사가 끼어 있어서 원청과 하청의 계약이 끝날 때마다 고용 승계 투쟁을 해야 합니다. 한동안 전국 대학의 청소 노동자들이 연말 가장 추운 시기에 학교에 농성 천막을 쳐야 했습니다. 이러한 일은 '절대로' 사회가 바람직하게 발전하는 방향이 아닙니다.

직접고용 비정규직들이 'IMF 외환위기'를 기점으로 '아웃소싱'되면서 간접고용 비정규직으로 바뀐 경우가 많았습니다. 그렇게 되면 노동자들에게는 어떠한 영향을 끼치게 될까요? 예를 들어 행정관청에 직접 고용돼 있던 비정규직 청소 노동자들이 용역 회사 소속으로 바뀌게 되면 임금이 대폭 삭감됩니다. 행정관청에서는 기존 청소 노동자들에게 지급하던 인건비 예산만큼의 금액으로 하청 용역 회사와 계약하기 때문입니다. 직접고용을 간접고용으로 전환하면서 예산이 더 소요된다면 행정관청은 굳이 아웃소싱을 할 필요가 없습니다. 하청 회사는 행정관청에서 받은 사업비에서 자신들의 이윤을 확보하고 관리자들 임금도 지급해야 하

노동의 시각으로 본 신영복 사상

므로 노동자들에게 지급하는 임금액을 대폭 삭감할 수밖에 없습니다. 그런데 하청 회사가 사업을 인수하면서 가능한 인원을 줄이기 때문에 노동자들의 업무량은 더욱 늘어나게 됩니다. 노동자들 입장에서 보면 일은 더욱 많아지면서 임금은 대폭 삭감됐으니, 그러한 상황에서는 싸우지 않는 것이 오히려 이상할 정도입니다. 그래서 그 무렵 많은 청소 노동자가 파업 농성을 할 수밖에 없었습니다.

그러나 이른바 'IMF 외환위기' 상황에서는 '우선 경제를 살려야 한다'는 명분으로 노동자도 고통을 분담해야 한다는 정서가 사회 전체를 지배하고 있을 때여서 전국 대부분의 행정관청, 공기업, 사기업 등에서 아웃소싱이 관철됐습니다. 서울의 한 구청 소속 청소 노동자들이 고가도로 밑에서 파업 농성을 시작했을 때, 지인의 결혼식에 참석했다가 연락을 받고 부리나케 달려갔던 기억이 지금도 생생합니다.

결국 정치인의 정책 판단이나 기업인의 경영 전략의 오류 때문에 야기된 경제 위기의 책임을 고스란히 노동자에게 전가한 것이나 마찬가지입니다. 그러니까 간접고용 비정규직을 직접고용으로 전환하는 것은 특혜가 아니라 본래의 고용 형태로 원상회복되는 것이라고 봐야 합니다. 경제 위기 상황에서 어떻게든 기업을 살리자는 취지로 비인간적 간접고용 계약을 확산시켰던 것이니, 경제가 회복된 뒤에는 다시 직접고용으로 전환하는 것이 순리에 맞습니다.

그러나 아웃소싱되면서 형성된 우리 사회 이권이 워낙 커져서 쉽지는 않을 것입니다. 공기업과 사기업을 막론하고 퇴직하는 임원들이 마지막에 한몫 챙길 수 있도록 거쳐 가는 곳이 바로 하청 회사 사장 자리입니다. 임원진들이 자신의 노후 대책인 하청 회사를 없애는 결정을 할 리가 없습니다. 기업 소유자의 일가친척이 하청 회사를 경영하는 경우도 많습니다. 인사 노무 관리의 부담도 줄어듭니다. 비정규직 고용은 경영자에게 달콤한 유혹일 수밖에 없습니다. 노동자의 희생을 바탕으로 경영진이 사리사욕을 취하고 있는 것이나 마찬가지입니다.

고속도로 요금소 수납원이나 인천국제공항 비정규직의 직접 고용 전환 요구에 대해 회사는 '자회사 정규직'이라는 이상한 방식을 채택했습니다. 자회사 정규직은 흔히 '무늬뿐인 정규직'이라고 합니다. 자회사 사장이었던 제 후배도 원청 회사와의 계약이 끝나면서 실직했습니다. 경영진도 실직하는 '자회사 정규직'이 비정규직 노동자의 안정적 일자리를 위한 대안이 될 수는 없습니다.

인천국제공항 비정규직의 정규직화로 한때 세상이 온통 시끄러웠습니다. 사실 인천국제공항의 경우는 '정규직화'가 아닙니다. 기존의 노동 조건 곧 임금이 크게 오르거나 복지가 대폭 향상되거나 하지는 않은 채, 소속만 하청 회사에서 인천국제공항 본사로 바뀌는 것입니다. 그러니까 '정규직화'라기보다는 '무기계약직화'가 더 적절한 표현입니다.

당시 문재인 대통령이 집권 초기 인천국제공항에 직접 찾아가 "공공 부문 비정규직 제로 시대를 열겠다"는 선언을 했습니다. 담당 실무자들이 이 공적을 좀 강조하고 싶어서 '무기계약직화'를 '정규직화'로 표현했을 것이라는 게 제 짐작입니다. 과장한 거죠. 그러니까 일반 사람들은 언론 보도만 보고 이 보안 검색 담당 직원들이 평균 연봉 9천만 원인 공항공사 정규직이 되는 것이라고 오해했습니다.

인천국제공항에 갔을 때 여러분 눈에 보이는 직원들은 거의 다 비정규직입니다. 공항 본사 사무실에 앉아 있는 정규직은 눈에 띄지 않습니다. 이렇게 비정규직이 많은 나라는 거의 없습니다.

고속도로 요금소 수납원 문제를 한번 들여다봅시다. 〈거리의 만찬〉이라는 TV 프로그램에서 이 문제를 다뤘습니다. 저도 패널로 출연했습니다. 고속도로 요금소 수납원들은 본래 2008년까지 한국도로공사에 직접 고용돼 있던 계약직 사원이었습니다. 이명박 정부가 '공기업 선진화'를 추진했는데 정확하게 표현하면 '공기업 재벌 기업화'라고 할 수 있습니다. 당시 민주노총과 한국노총이 결합해서 몇 달 동안 격렬하게 싸우지 않았으면 우리나라의 고속도로, 수도, 전기 사업은 지금쯤 재벌의 계열사가 돼 있을 겁니다. 재벌에게 매각하려면 흔히 말하는 '다운사이징'을 해야 합니다. 재벌이 인수할 때 부담이 적도록 규모를 줄일 필요가 있습니다. 그래서 직접 고용돼 있던 수납원들을 용역 하청으로 뺀 겁니다. 도로공사 직원 수를 줄이느라고.

"사장뿐 아니라 사장님 부인 수발까지 들었어요", "출퇴근할 때마다 사장 기사 일을 하느라고 한 시간 일찍 나갔다가 한 시간 늦게 들어왔어요", "관리자 속옷도 빨아 오라고 하고 회식 자리에서는 성희롱에 시달렸어요", "일이 끝나면 사장님 집 텃밭을 가꿨어요."

모두 제가 수납원들에게 직접 들었던 얘기들입니다. 요금소 수납원들은 왜 이렇게 굴욕적인 상황을 견뎌야 했을까요? 1년 단

하종강

위 재계약에 탈락할까 봐 두려웠기 때문입니다. 요금소 수납원들의 요구는 이러한 비인간적인 상황에서 벗어나고 싶다는 것뿐입니다. 현재의 노동 조건, 곧 임금, 노동시간, 복지 등을 그대로 유지한 채 2008년 이전처럼 직접

도로공사 들어가기 위해 특출난 노력을 하지도 않았으면서 정규직은 들어가고 싶다는 그 발상이 놀랍다.

학위와 자격이 있는 것도 아닌데 자회사라도 고용해주면 스스로들의 지위에서 감사하다고 여겨야지.

민주노총 들어가서 땡깡부리면 공부같은건 안해도 되는구나. 아름다운 민노총공화국.

고용으로 전환해 달라는 것뿐이지 기존 도로공사 정규직과 동일한 대우를 받겠다는 요구는 아니었거든요. 그런데 비난들이 쏟아진 겁니다.

청년들이 워낙 취업이 잘 안 되니까 이렇게 반발하는 겁니다. 사실 이렇게 비난받을 일이 아니거든요. 임금 등 각종 노동 조건이 지금보다 나아질 것이 전혀 없는 상태로 고용 계약 형태만 간접고용에서 직접고용으로 바뀌는 겁니다. 1년이 될 때마다 해고될까 봐 두려워해야 하는 '노예계약'에서 벗어나고 싶다는 요구일 뿐이지, 이렇게 비난받을 일은 아닙니다.

양희은 씨가 거의 마지막 질문으로 저에게 "직접고용이 꼭 노동자 입장에서만 좋은 건 아니잖아요?"라고 물었습니다. 직접고용이 기업이나 사회에 끼치는 좋은 영향은 없느냐는 뜻인데, 솔직히 제가 기다렸던 질문입니다.

예를 들어 설명했습니다. 대표적 경우가 서울지하철입니다. '구의역 사건' 기억하시죠? 2016년 5월, 열아홉 살 청년 노동자 김 군이 구의역에서 스크린도어를 수리하다가 열차에 부딪혀 사망

노동의 시각으로 본 신영복 사상

한 사건입니다. 서울시가 그 사건을 계기로 스크린도어 수리공 418명을 직접고용으로 전환했습니다. 처음부터 완벽한 정규직으로 흡수한 것은 아니었습니다. 기존 호봉 승급 체계에 새로운 직급을 하나 더 만들어서 흡수했던 것이니까요.

3년이 지난 뒤 이 사람들에게 "가장 크게 달라진 점이 뭡니까?"라고 물어보면 뭐라고 답할까요? 임금, 노동 시간, 복지 등이 아니라 "위험하다고 말할 수 있는 권리가 생겼습니다", 이렇게 답합니다. 하청업체 비정규직 노동자의 상황이 그렇습니다. 위험한 업무를 지시했을 때 거부하면 "넌 그러면 그런 곳에 가서 일해" 그런 말을 들으면서 '지시 불이행'을 이유로 해고당할 수도 있으니까요.

그렇다면 간접고용 비정규직 노동자를 직접고용으로 전환한 뒤 회사는 어떤 영향을 받았을까요? 스크린도어 고장 건수가 5분의 1로 줄었습니다. 하청업체 비정규직이 업무를 담당했을 때는 1년에 2만 건 정도의 고장이 발생했습니다. 직접고용으로 전환했더니 3,500건 정도로 줄었어요. 당연한 결과이긴 한데, 효과가 극대화된 경우입니다.

자기 직장에 애정을 가질 수 없는 구조가 비정규직 고용 계약입니다. 많은 비정규직 노동자가 평소 어떤 마음으로 일할 것 같습니까? 노동 조건이 워낙 안 좋으니까 '계약 기간까지만 일하고 더 좋은 직장을 찾아봐야지' 그런 생각으로 일할 수밖에 없는 경우가 많습니다. 일하다가 문제점이 발견돼도 바로잡을 의지가 생기지 않습니다. 떠나면 그만이니까요.

그런데 정규직이 됐다고 해 봅시다. '내가 앞으로 30여 년간 여기에서 일하게 될 거야' 그런 생각으로 일하다가 문제점이 발견되

하종강

면 스스로 계속 개선합니다. 자신의 미래 삶의 터전이니까요.

비정규직을 정규직화하면 생산성이 매우 높아져 장기적으로 회사 경영에도 유익한 영향을 끼칩니다. 비정규직은 기업이 단기적으로 노동 비용을 절약한다는 것 외에는 긍정적인 효과가 거의 없는 고용 구조입니다. 기업의 단기적 이익이 사회 전체의 이익과 일치하지는 않습니다. 오히려 반대의 경우가 많습니다.

2014년 세월호 사건이 발생했을 무렵 제가 쓴 칼럼 내용 중 일부를 소개합니다.

> 세월호 승무원 29명 중 15명이 비정규직이었다. 핵심 부서인 갑판부와 기관부 선원 17명 중에서는 70%가 넘는 12명이 비정규직이었다. 위기 발생 시 인명 구조를 끝까지 책임져야 할 선장도 1년짜리 계약직이었고, 선장의 손과 발이 되어야 할 조타수 3명도 모두 6개월 내지 1년짜리 계약직이었다. 문제점이 발견되면 고쳐서 계속 일하고 싶은 것이 아니라 6개월만 때운 뒤 더 좋은 직장을 찾아 떠나고 싶은 사람들이었다. 정규직과 비정규직은 평소 이름도 서로 모르고 지냈다고 하니, 위기 상황에서 이름을 불러 업무를 지시할 수 있는 관계도 아니었다. 어느 누가 세월호의 선원이었다 해도 마찬가지였을 것이다.(「[하종강 칼럼] 세월호 승무원만 탓할 일이 아니다」, 『한겨레』, 2014. 8. 12.)

출항 당일 채용돼 "일단 제주도에 갔다 온 뒤 계약하자"는 말만 듣고 근로계약서 없이 승선한 조기장도 있었습니다. 조기장은

노동의 시각으로 본 신영복 사상

기관부 관리직입니다. 요즘은 편의점 아르바이트 노동자들도 대부분 근로계약서를 작성하는데, 관리직 사원조차 근로계약서도 작성하지 않고 일을 시킬 정도로 인사 노무 관리 수준이 낮은 회사였던 거죠. 일하는 사람들이 자기 직장에 애정을 가질 수 없는 고용 구조였다는 뜻입니다. 세월호 사건이 발생한 뒤 "세월호에서 일했지만 너무 위험하고 무서워서 그만두었다"라는 인터뷰를 한 사람들이 여럿 있었습니다. 노동 조건이 좋은 직장이었다면 위험한 상황을 개선하면서 일하고 싶었을 것입니다.

너무나 비극적이었던 세월호 사건은 한편으론 노동자에게 정당한 대우를 하지 않으려는 비정상적 경영 방식이 불러온 비극이기도 합니다. 세월호 승무원들이 대부분 정규직이었고 좋은 노동 조건을 갖춘 상황이었다면 이 사건이 발생하지 않았거나, 사건이 발생했다 해도 희생자가 훨씬 적었을 것입니다.

국제통화기금(IMF)이 2004년 「한국 경제 주요 현안 보고서」를 통해 "신규 고용의 70%가 비정규직 노동자이다. 이 같은 노동 시장의 이중적 구조가 한국 경제의 저해 요소가 됐고, 향후 발전도 제약하게 될 것이다"라는 경고를 했습니다. 비정규직 고용 계약이 당사자인 비정규직 노동자 개인에게만 해로운 것이 아니라 한국 경제 저해 요소가 됐다고 분석한 것입니다. 이미 20여 년 전부터 국제금융자본이 한국에 투자할 때 걱정을 해야 할 정도로 우리 사회의 비정규직 고용은 심각한 문제였습니다. 2012년에는 IMF가 "한국이 비정규직을 없애면 앞으로 10년간 연평균 1.1% 추가 성장률이 발생할 수 있다"는 분석을 하기도 했습니다.

비정규직 고용을 없애면 기업의 인건비 부담이 증가하게 될 텐데, 어떻게 경제성장률이 높아질 수 있을까요? 이것이 어떤 경제 원리일까요? 비정규직을 정규직화하면 생산성이 높아진다는 것에 대해서는 앞에서 간단히 설명했고, 하나만 더 설명하면 이렇습니다.

"임금이 낮고 고용이 불안한 비정규직이 소비를 늘리지 않으니, 장기적으로 국내 소비력이 떨어져 경제 성장의 기반이 파괴될 수밖에 없다."

이 경제 원리가 증명된 사례가 코로나19 팬데믹 상황에서 정부와 지방자치단체들이 시행한 재난기본소득입니다. 일하지 않았는데 정부와 지방자치단체가 돈을 나눠주기 시작했습니다. 왜 그랬을까요? 소비가 멈추니까 사회 전체가 무너진 겁니다. 우리가 어릴 때 배웠던 경제 성장의 3요소 기억나시죠? '수출', '투자', '소비'입니다. 한국 경제는 지금 수출이나 투자보다 소비의 부가가치 유발계수와 취업 유발계수가 훨씬 더 높은 단계에 접어들었습니다. 수출이나 투자보다 소비가 경제 성장에 끼치는 효과가 훨씬 더 커졌다는 뜻입니다.

그러니까 비정규직을 가능한 한 정규직화해야 하는 이유는 첫 번째, 비정규직 노동자도 인간답게 살 수 있어야 한다는 고전적 휴머니즘에 입각한 측면이 당연히 가장 중요한 것이고, 그에 못지않게 중요한 두 번째 이유는, 비정규직을 정규직화하는 것이 사회 전체에 유익하기 때문인 겁니다. 비정규직을 정규직화하면 저에게, 여러분에게, 여러분의 자녀에게, 결국 사회 전체에 유익한 결과를 가져오게 되는 것입니다.

어릴 때부터 다른 사람과의 경쟁을 통해 승리한 사람만이 안

노동의 시각으로 본 신영복 사상

정적 삶을 누리는 것이 당연하고 그것이 마치 '공정'한 일인 것처럼 잘못 인식해 온 우리는 비정규직을 보기를 마치 "젊었을 때 노력하지 않은 사람이 당연히 감수해야 할 형벌"처럼 바라보는 이상한 시각이 형성돼 있습니다. 그러한 시각으로는 기능직 노동자와 의사의 소득이 크게 차이 나지 않는 다른 선진국의 체제를 이해하기 어렵습니다. 비정규직 고용 문제를 해결하는 것이야말로 '변방'이 아니라 우리 사회가 더 나은 방향으로 나아가기 위한 '중심'인 것이고, 새로운 창조의 시작인 것입니다.

변방으로 가자!는 신영복 선생의 가르침을 저는 그렇게 받아들였고, 그것이 저를 비롯한 많은 사람이 노동문제에 관심을 갖고 노동운동에 투신한 철학의 바탕이라고 생각합니다.

노동운동에서 가장 중요한 몇 개의 개념을 설명하고 지탱하는 데에도 신영복 선생의 말씀은 여전히 유효할 뿐 아니라 더욱 소중한 시대가 되었습니다. 이러한 생각으로 오늘 강의를 마무리하겠습니다. 고맙습니다.

하종강

소수의 지배를 넘어 다수가 연대하는 세상으로
— 자본주의와 제국주의 논리에 대한 신영복의 비판적 인식

김창진

어느 날 갑자기, 일격을 맞은 민주 공화정

안녕하세요? 오늘이 이번 학기 수업 마지막 날이네요.

그런데 오늘은 "안녕하세요?"라는, 너무나 익숙하고 당연한 이 인사말이 전혀 예사롭지 않게 느껴집니다. 우리 모두 어젯밤 실로 충격적인 사건을 겪었기 때문입니다! 현직 대통령이 계엄령을 선포하고 친위 쿠데타를 일으켰지요. 뜬눈으로 밤을 새운 사람이 많았을 겁니다. 국회의장이 '계엄 해제'를 선언하는 의사봉을 힘차게 두드릴 때까지, 국회 앞에 집결한 용감한 시민들의 적극적 서항과 국회로 파견된 계엄군들의 수상한 동태를 초조하게 화면으로 지켜보면서, 이 끔찍한 사태의 주모자가 마지못해 계엄령 해제를 선언할 때까지, 우리는 '영혼을 잠식하는 불안'의 시간을 견뎌야 했

습니다. '초겨울 밤의 꿈' 같은 시간이었습니다.

이 역사적 사건의 배경과 원인, 그 성격에 대해서는 앞으로 다각적인 검토와 깊은 연구들이 이루어지겠습니다만, 우선은 교육적 차원에서 한마디 언급하고 넘어가도록 하겠습니다. 그것은 계엄령 선포에서 해제까지, 대한민국을 뒤흔든 이 여섯 시간이 한국 사회의 젊은 세대—대략 10대에서 40대까지—에게 계엄령이란 것이 무엇인지, 군사 쿠데타란 무엇인지를 어느 날 길을 걷다 갑자기 자기 앞에 떨어진 폭탄을 보고 혼비백산하는 만큼이나 뚜렷하게 각인된 계기가 된 것입니다. 평생 잊지 못할 사건이 될 겁니다. 교과서에서나 보았던 단어들, 그저 옛날 일이라고 치부했던 사건들이 생생하게 현실로 되살아나는 장면을 두 눈으로 똑똑하게 목격했기 때문입니다. 그렇게 우리는 시대의 목격자, 역사의 증언자로 남게 되었습니다.

그런 점에서, 역설적으로, 21세기 대한민국에서 친위 쿠데타를 감행한 윤석열 일당은 '민주시민 교육'에 혁혁한 기여를 한 셈입니다. 저 같은 사회과학 전공 교수나 많은 학교 교사가 수십 년 공을 들여 민주주의의 소중한 의미와 독재의 해악을 아무리 설명해도 이룰 수 없었던 성과를 그자들이 단숨에 달성해 버렸기 때문입니다. 그것은 다시는 반복하지 말아야 할 쿠데타요, 상상하기 힘든 희생을 초래할 수도 있었을, 민주 공화정에 대한 명백한 반역이지만, 또 그만큼 크고 무거운 교훈을 안겨 준 사건이었다고 할 수 있을 것입니다.

먼저, 우리가 하나의 정치제도로서 당연시하는 민주주의는 헌법과 제도만으로는—물론 훌륭한 헌법과 각종 민주적 제도는 필

김창진

요한 장치입니다만—결코 완벽하게 이룰 수 없다는 사실을 새삼 말하지 않을 수 없습니다. 고대 로마의 장군 시저도 (귀족)공화정 시기에 독재 체제를 수립했고, 나폴레옹은 프랑스혁명의 깃발을 들고 황제의 자리에 올랐으며, 그의 조카 나폴레옹 3세 또한 공화정에서 대통령으로 선출되고 난 뒤 스스로 그 체제를 전복하고 황제로 등극했다는 사실을 기억해야 합니다. 20세기의 파시스트 아돌프 히틀러도 바이마르 공화국에서 선거를 통해 다수당 대표가 되고 당시 독일 대통령의 합법적 지명을 통해 결국 인류사에서 유례없는 악마 같은 통치자가 되었다는 사실을 명심해야 합니다. 한국에서도 초대 대통령 이승만은 1952년 '부산정치파동'과 기상천외한 '사사오입' 개헌을 통해 장기 집권을 도모했고, 1961년 군사 쿠데타로 권력을 장악한 박정희는 1972년 '10월 유신'이라는 친위 쿠데타를 통해 그나마 형식뿐이던 자유민주주의마저 부정하고 절대 권력자로 군림하게 되었습니다. 1973년 칠레에서는 그 3년 전 합법적으로 집권한 대통령 살바도르 아옌데 자신이 임명한 총사령관 피노체트가 미국 CIA와 내통, 군사 쿠데타를 일으켜 민주 공화정을 전복하고 17년 동안 극도로 야만적인 군부독재를 이어 갔습니다. 1979년 12·12 군사 반란과 1980년 5월 광주 학살을 주도한 전두환은 국제사회에서 '한국의 피노체트'로 불렸습니다. 그런가 하면 최근 미국과 유럽의 여러 나라에서 극우 세력이 점점 더 세력을 불리면서 권위주의 체제가 확산하고 있습니다.

이렇듯 민주주의와 공화정은 결코 불가역적인 제도가 아니라는 것, 그것은 안팎으로 끊임없이 도전과 위험에 직면할 수 있는, 현재 진행형인 정치사회적 과정이요, 사회를 구성하는 다양한 요

소수의 지배를 넘어 다수가 연대하는 세상으로

소가 상호작용하는 산물이라는 생각을 가질 필요가 있겠습니다. 평온한 일상을 살아가길 원하는 보통 사람들은 물론 국가 운영을 책임진 정치가와 군부·사법부·행정부 등 각 분야 국가 기구를 움직이는 관료들 한 명 한 명이 '민주 시민'이 되지 않는다면 민주공화국은 결코 쉽게 지켜질 수 없다는 사실입니다. 그런 점에서 역사 교육과 사회 교육, 정치 교육이 매우 중요하다는 사실을 아무리 강조해도 지나치지 않을 것입니다.

하지만 우리가 민주공화국의 수호를 말할 때 그 책임을 사회 구성원 각자의 양심과 소양에만 기댄다면, 그것만으로는 매우 부족합니다. 왜냐하면 시저에서 나폴레옹까지, 피노체트에서 윤석열까지, 장기 집권과 절대 권력을 갈구한 자들은 모두 그 시대의 산물이었기 때문입니다. 그들 각자의 특이한 성격과 결단이 중요한 역할을 했지만, 다른 한편 그들의 등장을 요구한 대중과 그들의 권력 장악을 허용하고 편승한 기득권 집단 및 국가기관 담당자들의 협력이 없었다면 그들의 정치적 모험은 성공하지 못했을 것이기 때문입니다. 따라서 우리는 일상을 살아가고 있는 현실, 그 대내외적 환경과 구조를 직시하고 그 작동 메커니즘을 잘 이해하는 것이 꼭 필요하다고 봅니다.

한국 사회 구성원들의 삶에 지속적으로 근본적인 영향을 미치는 요인들로는 남북 분단 체제, 자본주의 국가, 그리고 한미 동맹의 구조라고 할 수 있겠습니다. 1945년 이후 그 숱한 계엄령과 쿠데타가 '반공·반북 자유민주주의 체제' 수호를 명분으로 실행되었습니다. 또한, 대한민국 군대의 전시작전권이 여전히 주한미군 사령관에게 맡겨져 있는 상태에서 계엄령을 발동해 전방 부대를 시

398

민 학살용으로 동원하고, 쿠데타 주모자들은 집권 이후 경제적 지배계급과 한통속이 되어 이권을 주고받으면서 이 나라를 다스렸습니다. 윤석열은 어젯밤 계엄령을 선포하면서 "북한 공산 세력의 위협과 반국가 세력으로부터 자유 민주국가를 수호"하겠다고 외쳤습니다. '국내 정치용으로 언제든 이용할 수 있는 편리한 적'이 되어 버린 북한, 그리고 정상적인 방식으로는 상대하지 못하는 국내의 반대 세력을 이참에 하나로 묶어 '처단'하겠다는 발상을 보여 준 것입니다.

이런 문제들 하나하나를 이 자리에서 다 다룰 수는 없습니다. 따라서 오늘 수업에서는 신영복 선생이 여러 저술에서 피력하신 문명론의 개략적인 모습을, 특히 서구식 자본주의와 제국주의 질서의 극복이라는 관점에서, 주로 사상적·이론적 측면에서 살펴보도록 하겠습니다. 이런 논의는 앞서 언급한, 우리 한반도 주민의 일상적 삶을 구조적으로 규정하는 요인들에 대한 보다 깊은 이해와 바로 맞닿아 있다고 할 수 있겠습니다.

서구 문명에 대한 비판적 인식

근대 문명에 대한 신영복 선생의 관점을 한마디로 요약하자면, 그것은 "서구 문명 자체에 모순 구조가 내재해 있다"라는 주장이라고 할 수 있겠습니다. 자본주의 체제와 서구 중심의 세계 질서를 단지 정치경제학이나 국제정치 관점에서만 바라보는 것이 아니라 근본적으로 인식론적 관점에서 파악하는 것입니다. 그렇게 되

399

면 한편으로 서구의 고전고대와 근대 이후를 특징짓는 합리적 이성 및 과학의 논리, 다른 한편으로 중세를 지배한 기독교라는 종교적(곧 비합리적) 논리가 서로 모순적으로 결합해 있는 것으로 보입니다.

여러분이 잘 아시다시피 고대 그리스에서는 특정 종교가 강압적으로 부과하는 제약 없이 과학 정신이 발휘되어 인간 세계와 자연에 대한 이성적 탐구가 가능했던 것으로 기록되어 있습니다. 소크라테스와 아리스토텔레스는 물론 피타고라스, 헤라클레이토스, 데모크리토스, 아르키메데스 등 수많은 철학자와 과학자가 이 시대에 활동하면서 서구 문명의 초석을 깔았습니다. 그러다 로마 제국 말기에 기독교가 번성하면서 국교로 인정되고, 서기 5세기 후반 서로마 제국의 멸망 이후 봉건 체제로 들어선 서방측(로마 가톨릭)과 동로마(비잔티움) 제국으로 이어지는 동방측(동방정교)에서 공히 전체 사회 구성원의 삶을 규제하는 기본 원리로 기독교가 자리 잡게 됩니다. 기독교를 합리적 관점에서 재구성하려는 일부의 시도가 없는 것은 아니지만, 인간 사회에서 기본적으로 모든 종교는 그 자체로 비합리적인 현상이라고 보아야 할 것입니다(물론 여기서 '비합리적'이란 말이 비윤리적이라거나 잘못된 것이라는 뜻은 아니고 중립적인 의미에서 쓰는 용어입니다. '합리적'인 것이 얼마든지 윤리적으로 바람직하지 않은 것일 수도 있습니다).

그런데 여기서 잠깐, "중세는 암흑시대였다!"는 근대 서구 계몽주의자들의 주장을 비판적으로 검토해 볼 필요가 있습니다. 한편으로는 15~18세기까지 유럽 곳곳에서 수만 명이 마녀재판에 넘겨져 사형선고를 받고, 그중 대다수가 여성이었던 것으로 알려

400

김창진

졌습니다. 1424년 처음으로 '마법'을 규제하는 법안이 스페인에서 만들어지고, 마녀로 지목된 이들은 흉작 등 자연재해나 아이들의 갑작스러운 죽음에 책임을 뒤집어쓰고 화형을 당하기도 했습니다. 카탈루냐 일부 마을에서는 자체적으로 '마녀 조사원'을 고용했고, 조사원 한 명이 여성 33명을 교수형에 처하도록 한 사건도 있었다고 합니다. 봉건 영주의 절대 권력하에 있었던 당시 유럽의 농촌 지역에서는, 강압에 못 이긴 자백만으로도 유죄 입증이 충분한 걸로 간주되었다고 합니다. 스페인의 마녀사냥에 대한 매우 흥미로운 일화로서, 어느 부유한 상인의 딸이 타지로 여행을 다녀와서 어떻게 가톨릭교회의 사냥감이 되었는지, 그리고 그 사냥을 주도한 신부가 기어이 그 딸을 찾아내려는 가족으로부터 어떻게 되치기당했는지를 흥미롭게 보여 주는 장면이 영화 〈고야〉에 생생하게 묘사되어 있습니다. 지난 2022년 1월 카탈루냐 지방의회는 약 400년 전 마녀사냥으로 숨진 희생자 최대 1천 명을 사면하는 결의안을, 너무나 뒤늦게, 통과시켰다고 합니다(연합뉴스, 2022. 1. 27.).

이처럼 서유럽의 중세가 '비합리적 종교 교리가 지배한 야만의 시대'였음을 분명하게 증언하는 사례들이 적지 않습니다. 하지만 다른 한편으로, 중세 자유도시에서 꽃핀 찬란한 문명을 찬양하는 논자들도 있습니다. 근래 이루어진 많은 역사학 연구가 '중세=암흑시대'론을 반박하는 자료들을 보여 주고 있습니다. 러시아 출신의 아나키스트 혁명가요 사상가인 크로폿킨은 이미 100여 년 전 20세기 초반에 펴낸 저서에서 '중세=찬란한 문명의 시대'였음을 인상적으로 강조하고 있습니다. 『만물은 서로 돕는다』라는 책에서 크로폿킨은 11~12세기 중세 유럽의 자유도시들에서야말로

소수의 지배를 넘어 다수가 연대하는 세상으로

인간 지성이 최고 수준에 이르렀다고 하면서, 그 구체적 예시로서 여러 도시 곳곳에 세워진 아름다운 건축물을 들고 있습니다. 그는 또한 자유도시의 구성원들이 각종 길드(동종 조합)를 통해 상호 부조의 정신으로 자치 도시를 훌륭하게 꾸려 나갔다는 점을 수많은 사례를 들어 설득력 있게 논증하고 있습니다.

또한 우리가 유럽 밖으로, 더 동쪽으로 시야를 돌려 보면 동로마 제국, 이슬람 문명, 중국의 당·송 문명, 그리고 우리의 고려에 이르기까지 중세 문명은 세계 곳곳에서 그 어둠 못지않게 밝은 빛으로 인류를 발전의 길로 안내해 왔다는 사실을 알게 될 것입니다. 이처럼 인류 문명사에서 서구적 근대의 진보성과 그 위대함을 강조하기 위해 계몽주의 지식인들이 주장했던 '중세 암흑시대'론이 매우 일방적인 것이었음이 드러납니다.

다시 신영복 선생의 관점으로 돌아가 보면, 근대 이후 서구는 사적 소유와 개인주의에 기초한 자본주의 제도와 제국주의 질서를 지배적으로 구축, 확산하면서 진리와 선을 추구하는 종교적 영역, 영성 추구의 사유가 극히 축소되거나 사실상 사라지는 과정을 겪었습니다. 근대 이후 서구의 가치는 개인의 존재성을 강화하고 개인의 물질적, 사회적 조건을 확대하고 해방하는 방향으로 직진하게 되었다는 것입니다. 주체로서 '나'의 존재가 가장 중요하고, 그다음 '너'가 있고, 그다음 각자 자신의 존재 조건과 욕망의 실현을 추구하는 과정에서 발생할 수 있는 마찰과 충돌을 합리적으로 조절하고 규율하기 위한 장치로서 각종 법률과 사회제도가 생성되었다는 것이지요. 이런 세계관을 갖게 되면 처음부터, 곧 인간 존재의 탄생과 사회생활의 조건으로서 '우리'라는 관념은 설 자리

김창진

가 없게 됩니다. 사회 구성원의 마음속에 기본적으로 '개인주의'가 깊이 자리 잡게 되고, 학교에서도 그런 관념에 기초한 교육을 시행하게 됩니다.

하지만 동양적 세계관, 신영복 선생의 표현으로는 '관계론'적 사유는, 그런 식의 생각을 거부합니다. 사람은 태어날 때부터 '우리 가족'의 일부이고, 철이 들면서 '우리 함께' 평생을 살아가고, 이 세상을 떠난 다음에도 '우리의 일부'로서 기억됩니다. 세상에 '우리' 아닌 것이 없습니다. 인간관계뿐만 아니라 인간과 동물, 인간과 자연의 상호 관계도 모두 '우리 세계'를 구성하는 '전체=총체'의 서로 다른 측면에 불과하다는 겁니다. 불과 몇 년 전, 전 세계에 코로나바이러스가 창궐할 때 미국과 유럽 여러 나라에서 많은 사람이 "마스크 착용은 개인의 자유이니 국가가 이래라저래라 간섭하지 말라"고 했습니다. 그 결과는 어떠했나요? 바이러스에 취약한 노약자들이 계속 죽어 나갔습니다. 21세기 들어 지구를 강타하고 있는 기후 위기 현상도 개인적 수준에서, 개별 국가나 개별 기업 수준에서 충분히 대응할 수 있을까요? 당연히 불가능합니다. 만시지탄이지만, 그래도 '우리 모두' 지혜와 힘을 모아야 지구적 재앙을 그나마 조금 속도를 늦추고 그 피해를 조금 더 줄일 수 있겠지요.

신영복 선생은 '근대성을 반성하고 새로운 문명을 모색하는' 사유를 자신의 과제로 삼았습니다. 그는 20세기 서구 문명이 가져온 막대한 물질 생산력과 개인 자유의 확대, 그리고 합리적 사회 제도의 발전이라는 서구적 가치의 긍정적 현실화를 부정하지는 않습니다. 그러나 그런 긍정적 계기가 오히려 사람에 대한 사람의

소수의 지배를 넘어 다수가 연대하는 세상으로

지배, 약소국에 대한 제국주의자들의 정복, 자연에 대한 인간의 약탈이라는 부정적 계기와 유기적으로 연결된 현상이라는 점에 주목하고 있는 것입니다. 이 두 가지, 얼핏 모순적으로 보이는 현상은 그야말로 동전의 앞뒷면처럼 불가분의 관계에 있다는 것입니다. 부정적 현상들이 긍정적 발전의 단순한 부산물, 또는 불가피한 비용 정도로 치부될 수 없다는 것입니다.

따라서 신영복 선생이 동서양을 막론하고 지배적인 문명 형태에 굴복하지 않는 대안을 구상하면서 서구 문명의 구성 원리에 대한 반성과 동양적 구성 원리에 주목하고 있는 것은 자연스럽다고 하겠습니다. 그리하여 다시 그가 역설하는 것은 자본주의 체제가 양산하는 물질의 낭비와 인간의 소외, 그리고 인간관계의 황폐화를 보다 근본적인 시각으로 재조명할 수 있는 '성찰적 관점'의 필요성입니다. 그것은 근대 이후 서구, 세계를 지배해 온 경쟁과 갈등과 패권의 추구를 주로 하는 세계관의 역사, 즉 '개인, 집단, 국가 등 모든 주체가 자신의 존재를 강력한 것으로 만들기 위하여 진력해 온 강철의 역사'를 근원적으로 재조명해 볼 수 있는 관점이라고 할 수 있겠습니다(『강의』, 507쪽).

시민의 삶, 자본주의를 넘어

우리의 사회생활은 크게 두 가지 측면으로 이루어져 있다고 하겠습니다. 하나는 공화국의 시민으로서 살아가는 사회·정치 생활이요, 다른 하나는 자본주의 시장에 소비자로서 참여하는 일상입니

김창진

다. 고대 그리스의 철학자 아리스토텔레스는 폴리스(polis)의 일에 참여하는 이들만이 진정한 시민이라고 말했지요. 우리가 "대한민국은 민주공화국이다"라고 말할 때 '공화국'은 라틴어 Res Publica를 번역한 말입니다. 그것을 직역하면 '공공의 일'이라는 뜻입니다. 따라서 사회 구성원 전체에게 영향을 미치는 중요한 사안에 관심을 가지고 그 토론과 결정에 참여하는 사람들을 가리켜 공화국의 시민이라고 할 수 있겠습니다. 나 자신만의, 우리 가족만의 문제에만 몰두하고, 이 사회에서 살아가는 '우리 공통의 문제'에 도무지 무관심한 사람이라면 그저 수동적인 국민의 한 사람은 될 수 있을지언정 진정한 시민이라고 할 수는 없을 것입니다. 안타깝게도 적지 않은 한국인이 시민이 아닌 국민의 수준에 머물러 있는 경우가 많은 것 같습니다.

민주공화국의 시민으로서보다는 자본주의 제도의 소비자로서 살아가는 정체성을 더욱 크게 가지고 있는 사람들이 우리나라뿐만 아니라 세계 대부분의 나라에서 훨씬 많은 것이 현실입니다. 근대 자본주의 제도가 물질적으로뿐만 아니라 정신적으로도 그만큼 흡인력이 크고 성공적으로 작동하고 있기 때문일 것입니다. 사람들은 이제 '자본주의가 아닌 다른 경제 제도'를 상상하지도 못하게 되었을 정도입니다. 하지만 과연 자본주의는 '인류가 발명한 가장 효율적이고 훌륭한 제도'일까요? 신영복 선생은 생전에 왜 '성공회대학교 사회적경제학교' 교장으로서 전형적인 자본주의 제도와는 다른 경제활동의 교육 문제에 진지한 관심을 기울이셨을까요?

오스트리아-헝가리 출신의 경제사학자 칼 폴라니에 따르면,

소수의 지배를 넘어 다수가 연대하는 세상으로

19세기 유럽에서 전 세계로 확산한 자본주의 문명은 "인간 사회의 역사에서 옳다고 인정된 적도 없고, 일상생활의 모든 행위를 정당화하는 원리로까지 격상되었던 적은 더더욱 없었던 동기, 즉 이득과 이윤에 기초를 둔" 것이었습니다. 그것은 고대 이래 대부분의 공동체에서 죄악시된 인간의 탐욕을 윤리적으로 정당화하고 제도적으로 부추기는 것이었습니다. 자본주의 경제 체제는 결코 자연발생적으로 발전한 것이라고 할 수 없습니다. 그것은 근대 유럽의 정치가들과 경제 정책 담당자들의 의식적인 설계를 통해 법적 근거가 마련되고 적극적으로 확대된 것이었습니다. 심지어 '자유방임 경제'마저도 당대의 지배 엘리트와 국가가 그런 방식의 경제 체제를 확립하고 유지하기 위해 개입한 결과였다는 것입니다(로버트 L. 하일브로너 외, 『자본주의 어디서 와서 어디로 가는가』, 미지북스, 2011, 116쪽).

그런데 오늘날 '시장경제'와 그것의 특수한 기생 형태로 서식하면서 무차별적 이윤 활동을 전개하는 '자본주의'*를 구분하지 않고 동일시함으로써 이념적, 정책적, 실천적 혼동이 일어나고 있습니다. 곧 '시장경제는 자본주의의 고유한 속성'이라고 간주함으로써 '비자본주의적 시장경제', '비자본주의적 사회'의 존재 가능

---

* 19세기 중반부터 정확한 정의 없이 쓰이던 '자본주의'라는 말이 학문의 세계에 나타난 것은 20세기 초라고 한다. 하지만 그것은 엄밀한 경제(학) 용어라기보다는 정치적인 단어였다. 당시 사회주의에 대한 반대말로서 정치 논쟁의 와중에 튀어나와 이후 많은 사람이 쓰게 되자 학자들도 어쩔 수 없이 받아들이지 않으면 안 되었다는 것이다. 일부 논자들이 그 뜻이 모호하다면서 학문 용어로서 이것을 폐기하려고 했던 시도는 성공하지 못했다.

김창진

성을 아예 인식론적으로 차단해 버리기 때문입니다. 이런 인식은 무엇보다 먼저 자본주의 제도를 역사적 진화의 산물로 파악하지 않고 어떤 보편적인 제도로 잘못 추상화하는 데서 비롯된 것이라고 하겠습니다. 하지만 '시장'은 서구식 근대 자본주의 체제의 산물이 아니며, '시장경제=자본주의'라는 등식이 자동으로 성립하는 것도 아닙니다. 우리는 '자본주의 경제 체제'와 '자본주의사회(들)'을 구별해야 할 것입니다.

프랑스의 경제사학자 페르낭 브로델의 표현을 빌리자면, 역사적으로 자본주의는 '밤의 손님'입니다. 곧 자신의 이익을 위해 이용할 수 있는 모든 조건이 다 갖추어졌을 때 자본주의가 당도했다는 것입니다. 브로델에 따르면, 자본주의는 시장경제라는 층위를 밟고 올라선, 반(反)시장의 영역입니다. 왜냐하면 그곳은 가장 약삭빠르고 가장 강력한 자가 지배하는 세상이기 때문입니다. 시장경제와 자본주의가 다른 점은, 전자가 발전함에 따라 전문화와 분업이 빠르게 진전되지만, 상품 또는 교환의 세계를 특징짓는 수직적 위계의 꼭대기에서는 오히려 비전문화가 지속된다는 점입니다. 19세기까지 최상층 상인의 활동 영역은 어느 하나에 국한되지 않았으며, 상황에 따라 선주(船主)이기도, 보험업자이기도, 대부업자이기도, 금융가이기도, 기업가이기도, 농장 경영주이기도 했습니다(페르낭 브로델, 『물질문명과 자본주의 II-1: 교환의 세계 상』, 까치, 1995, 326쪽). 자본주의는 상황의 변화에 민첩하게 석응하면서 게걸스럽게 먹잇감을 찾아다닙니다.

역사적으로 자본주의는 여러 가지 수단을 순차적으로 또는 한꺼번에 활용하여 재산과 권력을 단단히 구축해 갔습니다. 상거래

407

와 고리대금업, 원거리 무역을 주요한 디딤돌로 삼았고, 정부 관료를 활용하기도 했으며, 또 안전하고 확실한 가치였던 토지도 이용했습니다. 이런 자본주의 과정을 주도한 부르주아지는 수백 년 세월 동안 중세의 지배계급인 봉건 영주에게 들러붙어 기생하다가 결국 스스로 특권계급이 된 것입니다. 그런데 자본주의가 성장하고 성공하려면 필수적인 조건이 갖추어져야 합니다. 그것은 사회질서가 안정적이어야 하고, 국가가 자본주의에 대해 중립적이거나, 호의적이거나 아니면 부르주아들이 마음대로 이용할 수 있을 정도로 허약해야 한다는 것입니다.

다른 한편, 오늘날에 이르기까지 시장경제의 가장 뚜렷한 표식이자 장점으로 여겨지는 '경쟁'이 모든 경제 영역을 지배하고 있지도 않습니다. 오히려 다양한 규모와 방식의 독과점이 '진정한 자본주의의 표식'으로서 지배적인 현상으로 나타나고 있습니다. 또한 오늘날에는 대기업들이 막강한 효과를 나타내는 광고를 통해서 소비자들의 수요에 커다란 영향을 미치고 가격을 상당히 자의적으로 결정하기도 합니다. 이런 상황에서 자유경쟁 같은 시장경제 법칙은 제대로 통하지 않습니다. 따라서 브로델은 자본주의를 일컬어 "시장경제의 투명성 위에 위치하면서 자신에게 유리하게 교환 과정을 왜곡하고, 기존 질서를 교란하는 활동적인 사회적 위계"라고 규정합니다. 자본주의라는 경제활동은 시장경제 없이는 생각할 수 없는 불투명한 영역이며, 시장경제 위에 자리 잡고 그곳에서 번영을 누린다는 것입니다(페르낭 브로델, 『물질문명과 자본주의 읽기』, 갈라파고스, 2012, 45~83쪽).

사회적 효용의 관점에서 볼 때도 시장경제의 목표와 자본주

김창진

의의 목표는 서로 다르다는 점을 인식할 필요가 있습니다. 이탈리아의 경제학자이자 협동조합 전문가인 스테파노 자마니 교수는 "시장경제의 목표는 공동선(common good)이고, 자본주의 시장경제의 목표는 산물의 총량(total good) 확대"라고 말합니다. 그는 인간 중심의 시민 시장경제가 17세기 초반부터 이윤 중심의 자본주의 시장경제로 변질되었다고 지적합니다. 달리 말하면 (시장경제가 지향하는) 공동선의 원칙에서는 사회의 어느 한 계층을 희생하는 대가로 다른 계층의 이익을 훨씬 더 키워 주는 방식은 허용될 수 없습니다. 사회 구성원 모두는 인간으로서 기본권을 누려야 한다는 것이 자명한 사실로 간주됩니다. 하지만 (자본주의가 추구하는) 산물 총량 확대의 원칙에서는 사회적 약자의 몫은 무시되어도 상관없고, 수치상으로 전체적인 경제활동—설령 그것이 부동산 투기나 조직폭력배의 고리대금업처럼 사회적으로는 파괴적인 영향을 미치더라도—의 합계만 커지면 그것이 '경제 발전'이요, '국부 증가'로 간주됩니다(스테파노 자마니·베라 자마니, 『협동조합으로 기업하라』, 한국협동조합연구소/북돋음, 2012, 33쪽). 그렇게 되면 기본적인 생존권은 물론 품위를 누리면서 자신과 공동체의 행복을 추구하는 인간은 사라지고, 이윤의 극대화를 추구하는 개인과 기업만 남게 되겠지요. 더 이상 '사회' 또는 '사회적 책임'이라는 개념은 들어설 여지가 없게 될 것입니다. 거기에서는 민주공화국의 시민은 찾아보기 어렵게 될 것입니다.

　이처럼 시장경제와 자본주의를 개념적으로 구분하는 것은 매우 중요하면서 또한 실천적으로도 유용합니다. 이런 구분은 양자의 역사적 발전 궤적—즉 시장경제가 자본주의보다 훨씬 앞선 것

소수의 지배를 넘어 다수가 연대하는 세상으로

이라는—을 동일시하는 혼동을 피하게 해 주며, '시장경제=자본주의=자유경쟁'이라는 이데올로기적 도식에 빠지지 않도록 해 줍니다. 자본주의는 시장경제라는 메커니즘을 딛고 그 위에서 자기 이윤을 추구하는 데 몰두하지만, 시장경제는 반드시 자본주의를 전제로 하는 것이 아니라는 것입니다. 이 둘을 구별할 줄 알아야만, 실제로는 소수 대기업과 '총량 확대'만을 중시하는 자본주의 체제를 극력 옹호하는 사람들이, 말(言)로는 자신들을 시장경제 옹호자라고 하는 '선전'의 의미를 비판적으로 판별할 수 있게 됩니다. 그런가 하면 이와는 반대편에서 본질적으로 '자본주의' 체제의 근본적 한계를 비판하고자 의도한 사람들이 '시장' 또는 '시장경제' 자체를 부정해 버리는 이론적 오류를 벗어날 수 있게 해 줍니다. 인간이 문명을 이루고 사는 사회에서 재화와 서비스의 불가결한 교환의 체계로서 시장과 시장경제의 현실성을 인정하는 바탕 위에서도 자본주의를 비판하고 그 대안을 모색하는 것은 얼마든지 가능한 일입니다.

인간 사회가 엮어 내는 거의 모든 현상이 일면적이거나 단선적이지 않고 모순적이며 역설적이듯이, '자본주의 시장경제' 또한 모순적이고 역설적인 메커니즘이지 않을 수 없습니다. 또한 그것은 우리가 자본주의만이 아니라 '자본주의사회들', 즉 '자본주의가 작동하는 사회들'(capitalist societies)에 주목하지 않으면 안 되는 이유이기도 합니다. 자본주의 자체는 일반적인 원리를 가지고 있지만 그것이 뿌리내리고 작동하는 환경 조건까지 언제, 어디서나 동일한 것은 아닙니다. 오늘의 자본주의는 이윤 극대화 또는 경제의 논리로만 전모가 파악될 수 없는, 대단히 복합적인 사회적·정치

김창진

적·심리적 현상이자 국제적 현상이라고 할 수 있습니다. 따라서 우리는 시장경제의 건전성을 파악하고 자본주의의 해악을 분명하게 인식하면서도 '사회적 재구성'이라는 관점에서 시장경제와 자본주의의 문제에 접근할 수 있을 것입니다.

이런 맥락에서 우리가 사회연대경제(social & solidarity economy)에 주목하고 그것을 논하는 이론적·실천적 의미를 찾을 수 있을 것입니다. 사회연대경제는 실제로 일상을 살아가는 사람들의 필요에 부응하는, 그럼으로써 생산과 유통, 소비, 교육, 보건의료, 사회보장 등 다양한 영역에서 실물경제와 건전한 시민 생활에 기여하는 그런 경제·사회 활동 형태입니다. 오늘날 사회연대경제 영역에는, 나라마다 그 구분 기준이 조금씩 다릅니다만, 다양한 형태의 협동조합과 마을(지역사회) 기업, 비영리 조직, 신용조합을 비롯한 각종 사회연대기금, 공익재단 등 사회적 가치를 추구하는 기업과 조직 들이 포함됩니다.

따라서 사회연대경제는 사적 소유에 기초한, 개인적 이익 추구를 첫 번째 목적으로 삼는 자본주의와는 그 성격을 달리합니다. 또한 자본주의 기업처럼 회사 소유주나 대주주가 봉건적으로 지배권을 휘두르는 반민주적 경영 형태를 취하지 않습니다. "민주주의는 기업의 문 앞에서 걸음을 멈춘다"는 말이 있지요. 자본주의적 민주주의 제도에서 민주주의는, 헌법의 규정과는 달리, 실제로는 정치적 영역에서 형식적인 수준에 그치고 마는 경우가 대부분입니다. 반면, 자본가들은 기업의 울타리 안에서 제왕적인, 반민주적인 지배 행태를 당연시하고 있습니다. 사회연대경제는 그 구성원 모두가 동등한 자격으로 1인 1표의 의결권을 행사하면서 민

소수의 지배를 넘어 다수가 연대하는 세상으로

주적 방식의 의사결정을 바탕으로 조직을 운영합니다(김창진, 「서장」, 『퀘벡 모델』, 가을의 아침, 2015 참조).

관계론의 관점에서 제국주의 너머를 바라보기

성찰적 관점으로 새로운 사회와 문명의 구성 원리를 생각할 때 신영복 선생이 말하는 세계관의 전환이 바로 '존재론으로부터 관계론으로'입니다. 유럽 근대사의 구성 원리는 나와 너라는 개별적 존재를 세계의 기본 단위로 인식하고 그 각자에게 고유의 실체성을 부여하는 '존재론'이라고 하겠습니다. 그렇다면 동양의 '관계론'은 무엇을 뜻할까요?

하나의 인식론으로서 '관계론'은 사람과 사람, 사물과 자연, 문명과 문명의 관계를 고려할 때 개개 존재의 '차이'를 드러내 그 특성과 우열을 '비교'하는 방법, 그럼으로써 종국에는 그 존재들에 대한 사상적, 사회적 '차별'을 초래하는 관점을 비판하는 것입니다. 신영복 선생이 제안하는 것은, 어떤 대상을 제대로 이해하고자 한다면 먼저 그것의 독자성과 정체성을 최대한 수용하는 방식으로 접근할 필요가 있다는 것입니다. 그리고 세상의 모든 존재는 수많은 관계, 수많은 시공(時空)으로 열려 있는 관계망 속에 자리잡고 있기 때문에 '궁극적으로 차이보다는 관계에 주목하는 것이 바람직'하다는 것입니다(『강의』, 28~29쪽).

그에 반해 '자기 존재의 해방과 강화'를 극단으로 밀고 나감으로써 문명과 문명 사이 불가분의 연계성과 상존성(相存性)을 무시

김창진

한 현상이 바로 우리가 제국(Imperium, Empire)이라고 부르는 것입니다. 인류사에서 수많은 제국이 세상을 호령하며 자신의 권력과 부를 극단까지 추구하다가 사라져 갔습니다. 대표적인 사례만 보더라도 서양에서는 고대 그리스(아테네 동맹), 로마, 중세의 비잔티움 제국과 합스부르크 제국, 그리고 근대의 스페인 제국, 네덜란드 제국, 프랑스 제국, 독일 제국, 러시아 제국, 영국 제국이, 동양에서는 중원을 통일했던 중화 제국과 한때 세계 최대 영토를 정복했던 몽골 제국이, 그리고 이슬람 제국이 역사에 커다란 족적을 남긴 동서고금의 제국들입니다. 오늘도 우리는 세계에 우뚝 선 미국이라는 이름의 세계 패권 제국—하지만 정점을 지나 쇠퇴 국면에 접어든—을 생생하게 목격하고 있습니다.

시대적, 지리적 조건에 따라 차이가 있지만, 제국은 대개 우세한 군사력을 앞세워—종종 우세한 기술력과 경제력, 그리고 상대적으로 더 많은 인구가 그것을 뒷받침하지만, 항상 그런 것은 아닙니다—주변 또는 해외 영토와 민족들을 침탈함으로써 시작됩니다. 제국은 우선 무자비한 팽창과 중심부 권력의 지배권 확장을 수반하는 것이기 때문에 그 속에 다양한 인종과 풍토, 언어, 습속, 종교 따위를 끌어안게 마련입니다. 전성기 제국은 이질적인 문명의 요소를 포용하고 시민권을 확대하는 조처를 하기도 하지만, 제국의 존속 기간을 통틀어 그러한 관용을 베푸는 것은 아닙니다. '제국'의 논리와 '관용'의 원리 사이에는 본질적으로 긴장과 모순이 상존하며, 후자에는 항상 전자의 '권위와 이익을 침해하지 않는 한'이라는 단서가 붙게 됩니다. 요행히 정복 전쟁에서 살아남아 제국의 품속에 겨우 존속을 허락받은 민족과 문화들은 끊임없

소수의 지배를 넘어 다수가 연대하는 세상으로

이 '선진적인' 중심부 문화에 흡수·동화되기를 요구받는 한편, 항상 일탈과 반란의 음모를 꾸미는 것으로 의심받게 됩니다. 제국에서 구성원들이 다양성을 추구하는 것은 제국 중심부가 허용하는 한계를 넘을 수 있는 위험한 행동으로 치부되며, 그 수도(首都)로부터 발신되는 코드를 추종하는 통일성에 편승하는 것이야말로 생존과 자기 존재의 강화에 필수적으로 인식됩니다.

제국은 식민지·종속국·보호령에서 이민족에 대한 착취와 복종만을 요구하는 것이 아니라, 본국 안에서도 지배와 피지배, 중심부와 주변부의 사회적 분할을 필요로 합니다. 제국의 지배자들과 그들로부터 '시민권'을 하사받은 소수 시민의 '문명화된' 생활은 그 사회의 재생산에 긴요한 생산과 가치 창조에 종사하는 다수의 노예, 소작농, 하인, 노동자, 다른 인종, 죄수들의 피와 땀과 눈물의 소산입니다. 예컨대 로마 제국의 전성기였던 트라야누스 황제 시절 전체 로마 인구 120만 명 중 약 3분의 1인 40만 명이 노예 신분이었습니다. 제국에서 '시민'의 경계 밖에 사는 자는 '영혼을 가진 존재'로 인정받지 못합니다. 그것은 고대의 노예로부터 21세기 아메리카 제국의 유색인종 노동자들—사실상 자본주의 제국의 노예들이라고 할 수 있는—에 이르기까지 근본적으로는 변하지 않았다고 해야 할 것입니다.

제국은, 그러나 일부 군사 지도자들과 탐욕스러운 자본가들의 이기심으로부터만 비롯된 것이 아니었음을 염두에 두어야 합니다. 역사상 제국들의 일반적인 통치 형태는 '제정'(帝政)이었지만, 그와 대조적인 '공화정' 시대에도 제국은 엄청난 팽창과 번성을 구가했습니다. "왔노라, 보았노라, 이겼노라"를 외친 시저는 바로 로

김창진

마 공화정의 산물이었습니다. 19세기 말~20세기 초 '해가 지지 않는 나라' 영국의 제국주의는 자유주의 이념이 넘치던 당대 '제국의 영광'에 환호했던 대중의 열광으로 추동되었습니다. 히틀러를 지지했던 집단은 극소수 장군들이나 청년 돌격대, 그들과 협력한 부르주아들에만 한정되지 않았고, 대다수 평범한 독일인들도 포함되었습니다. 2001년 9·11사태 이후 이슬람권과 의도적인 '문명의 충돌'을 감행한 '자유민주주의의 표상', '공화국의 이상' 미국 제국의 집집마다 펄럭인 성조기는 무엇을 말하는 것이었을까요? '문명'과 '야만'의 이분법을 기본 이데올로기로 하는 제국의 깃발과 그 사회의 호화로운 외관은 급기야 '시민'들의 영혼마저 마비시켜 제국의 '경계' 밖에서 자신들의 제국을 내리히는 자들이 벌이는 전쟁과 약탈이 얼마나 부당하고 야만적인 것인지를 알지 못하게 만드는 것입니다. 미국의 역사학자 윌리엄 윌리엄스는 미국인들에게 "제국주의는 하나의 생활양식이 되어 버린, 아편과 같은 것"이라고 일갈했습니다.

신영복 선생은 근대 서구 사회의 구성 원리, 즉 존재론의 현실태가 자본과 권력의 무한한 자기 증식 운동으로 나타나고 그것이 결국 정복 전쟁과 약탈, 식민 통치로 얼룩진 19~20세기 문명의 야만성을 초래한 것으로 보고 있습니다. 서구의 패권주의적 세계 전략은, 하지만 결과적으로 위기를 심화할 뿐입니다. 겉으로는 세계의 모든 다른 존재를 자신의 손안에 쥐고 있는 것처럼 보이지만, 정점에 선 자본과 권력의 위력은 '자기의 목표를 부단히 허물어 버리는 모순 운동 그 자체'로서 스스로 자기 존재의 기반을 침식하고 있기 때문입니다.

415

오늘의 세계를 지배하는 약육강식의 논리에서 볼 때, 수많은 민족이 엮어 내는 개별 문화들의 다양성과 대등한 교류를 부정하고 패권 제국의 이익에 모두가 복종하기를 강요하는 세상에서, '관계론'은 순진한 감상으로 비칠지도 모릅니다.

하지만 우리는 기억해야 할 것입니다. 세상의 어떤 제국도 종말을 피하지 못했으며, 어떤 황제도 불로초를 찾지 못했다는 사실을……. 제국은 광대한 영토를 제 맘대로 장악하고 무시무시한 군사력으로 숱한 생명을 파괴하고, 세상의 온갖 부를 끌어모음으로써 자신의 권력을 더욱더 강대하게 만들고자 합니다. 그러나 제국은 상대를 '정복'함으로써 종국에는 그 피정복민들의 '반란'을 예비하고, '신민들'을 지배함으로써 '공존'을 거부하고, 노예들로부터 인간의 영혼을 빼앗음으로써 스스로 영혼이 타락하며, 권력자들과 부자들의 '공모'를 통해 시민권 밖에 사는 하인들의 '음모'를 도와주는 것입니다. 역사상 화려한 왕관을 쓰고 '세계 평화'—팍스 로마나에서 팍스 브리타니카를 거쳐 팍스 아메리카나까지—를 장담한 제국들은 그 화려한 왕관 밑에서 자신들의 무덤이 파이고 있다는 사실을 알지 못했습니다. 일사불란하고 영원할 것 같은 제국은 기실 화해할 수 없는 모순의 집합체요, 균열의 일시적 봉합자에 불과할 뿐입니다. 제국이 강요하는 '평화'는 결국 그 내부로부터 무너져 갔습니다. 패권자들의 권력과 타락, 자신들의 복종과 궁핍이 불가분의 관계에 있음을 눈치챈 수많은 민족과 민중이 보다 평등하고 평화로운 세상을 향해 뭉치고 전진해 나갔기 때문입니다.

김창진